全 世 界 无 产 者，联 合 起 来！

马克思主义理论研究和建设工程重点项目

列宁专题文集

论社会主义

中共中央 马克思 恩格斯 列 宁 斯大林 著作编译局编

人民出版社

弗·伊·列宁

（1918年）

编　辑　说　明

　　《列宁专题文集》是马克思主义理论研究和建设工程的重点项目,旨在为广大干部群众提供学习马克思列宁主义基本理论的读本。经中共中央批准,这部文集的编辑工作由中央编译局组织实施。

　　《列宁专题文集》分五个专题,编为五卷:《论马克思主义》、《论辩证唯物主义和历史唯物主义》、《论资本主义》、《论社会主义》、《论无产阶级政党》。文集精选了列宁各个时期的重要著作、文章、报告、笔记和书信,既注重反映列宁毕生坚持和发展马克思主义的主要理论成果以及对无产阶级革命和社会主义建设实践经验的科学总结,又着眼于适应干部群众学习和研究中国特色社会主义理论体系的实际需要。

　　《列宁专题文集》采用文献选编与重要论述摘编相结合的形式。各卷精选了列宁最具代表性的著作,或全文收录,或部分节选,同时从本卷未选收的著作中摘选与本专题有关的重要论述,编成《重要论述摘编》,作为本专题所收文献的补充。这种新的编辑形式既能反映列宁相关思想的完整性和系统性,又能体现收文少而精的原则。

　　《列宁专题文集》各卷著作的编排按各卷的不同特点采取不同方式。《论资本主义》、《论社会主义》、《论无产阶级政党》采用编年原则,《论马克思主义》、《论辩证唯物主义和历史唯物主义》采用以理论逻辑为主和以重点著作为主的编排方式。

《列宁专题文集》采用《列宁全集》中文第二版的译文,其中,马克思和恩格斯的引文选自《马克思恩格斯全集》和《马克思恩格斯选集》中文第一版,本文集未作变动。

《列宁专题文集》各卷均附有注释和人名索引。为了帮助读者把握各篇著作的理论精髓,每篇著作都附有导读性的题注,力求言简意赅地介绍每篇文章的核心内容和理论要点。

《列宁专题文集》沿用《列宁全集》中文第二版的技术规格。每篇文献标题下括号内的写作或发表日期是编者加的,文献本身在开头已注明日期的,标题下不另列日期。1918年2月14日以前俄国通用俄历,此后改用公历。两种历法所标日期,在1900年2月以前相差12天(如俄历为1日,公历为13日),从1900年3月起相差13天。编者加的日期,公历和俄历并用时,俄历在前,公历在后。引文中尖括号〈 〉内的文字和标点是列宁加的。未说明是编者加的脚注为列宁的原注。文中的[……]为编者加的删节号。《人名索引》条目按汉语拼音字母顺序排列,条头括号内用黑体字排的是真姓名。

马克思主义理论研究和建设工程咨询委员会对文集整体方案、各卷文献篇目以及各篇著作的题注进行了认真审议并提出许多宝贵意见,这对提高文集编辑工作的质量起到了重要作用。

本卷收入列宁著作35篇,相关重要论述51条。列宁在这些著作和论述中阐述了马克思根据现代社会的经济运动规律得出的资本主义社会必然为社会主义社会所取代的科学结论;揭示了帝国主义时代资本主义经济和政治发展不平衡的规律,提出了社会主义将首先在少数甚至在单独一个国家内获得胜利的科学论断;论述了马克思关于从资本主义向共产主义过渡时期的理论和无产阶级专政学说；阐发了马克思关于共产主义社会发展阶段的学说。列宁回答了俄国从民主革命阶段向社会主义革命阶段过渡的一系列重大理论和实践问题；论述了实行新经济政策的目的和意义；阐明了合作社原则对于建设社会主义的重大意义；总结了苏维埃政权建立初期探索社会主义道路的经验和教训。这些文章体现了列宁对什么是社会主义和怎样建设社会主义的理论思考和艰辛探索，内容涉及社会主义事业的各个方面。他紧密联系社会主义革命和建设的伟大实践，深刻地指出：取得执政地位的无产阶级政党必须清醒地认识到自身地位的历史性变化，不断加强党的建设，履行好执政职能；无产阶级在夺取政权后要把主要力量转向经济建设，努力提高全社会的劳动生产率；无产阶级政党必须不断巩固无产阶级专政，加强工农联盟，积极引导农民走社会主义道路，努力激发工人阶级和广大劳动群众的首创精神；党和国家的各级领导机关、领导干部要适应社会主义建设的需要，努力学会做经济工作；必须加强法制建设，严惩经济犯罪，保证社会主义建设事业健康发展；要适当借鉴和吸收资本主义在劳动组织方面的一切有价值的科学技术成果，加快发展社会生产力；要重视文化建设，尊重知识，尊重各种专门人才，发展科学和教育事业，同时加强舆论引导，提高群众的思想、道德和文化素质；要积极进行国家机关改革，切实改进工作作风，大胆使用优秀人才，努力提高领导水平和工作效率；在国际舞台和外交领域，要始终如一地执行和平政策，同时必须加强人民军队和国防建设，以确保在国内集中全部力量专心从事经济建设，推动社会主义事业生机勃勃地不断发展。

目　　录

插　图

论欧洲联邦口号

（1915年8月10日〔23日〕）

  我们在《社会民主党人报》[1]第40号上曾报道说，我们党的国外支部代表会议[2]决定把"欧洲联邦"口号问题推迟到报刊上讨论了这个问题的**经济**方面之后再来解决。①

  我们的代表会议上就这个问题进行的争论，只涉及政治一个方面。其部分原因也许是因为中央委员会的宣言把这个口号直截了当地表述为政治口号（宣言说："当前的**政治**口号……"），同时，宣言不但提出了共和制的欧洲联邦，而且还特地着重指出，"如果不提以革命推翻德、奥、俄三国的君主制度"，这个口号便是毫无意义的和欺骗性的。②

  在对这个口号作政治评价的**范围内**反对这样提出问题，例如，认为这个口号会模糊或削弱……社会主义革命口号，那是完全错误的。真正民主的政治改革，尤其是政治革命，无论何时，无论在何种情形和何种条件下，都不会模糊或削弱社会主义革命口号。相反，它们总是在促使社会主义革命早日到来，为它扩展基础，吸引更多的小资

  列宁在本文中根据帝国主义时代资本主义经济和政治发展不平衡的规律，第一次提出了关于社会主义可能首先在少数甚至在单独一个资本主义国家内获得胜利的思想。

---

  ①见《列宁全集》第2版第26卷第163页。——编者注
  ②同上书，第17—18页。——编者注

产阶级和半无产阶级群众参加社会主义斗争。另一方面,政治革命在社会主义革命的过程中是必不可免的,不能把社会主义革命看做是一次行动,而要把它看做是一个充满剧烈的政治和经济动荡、最尖锐的阶级斗争、国内战争、革命和反革命的时代。

但是,如果说同以革命推翻欧洲三国最反动的君主制度(以俄国君主制度为首)联系起来提出的共和制的欧洲联邦这一口号,作为一个政治口号是无懈可击的,那么这里还有一个极其重要的问题,就是这一口号的经济内容和经济意义问题。从帝国主义的经济条件来看,即从"先进的"和"文明的"殖民大国的输出资本和瓜分世界这一点来看,欧洲联邦在资本主义制度下不是无法实现的,便是反动的。

资本已经变成国际的和垄断的资本。世界已经被少数几个大国即依靠大规模掠夺和压迫其他民族而强盛起来的国家瓜分完毕。欧洲四个大国英、法、俄、德,共有25 000—30 000万人口和将近700万平方公里土地,而它们所占领的殖民地却有**近5亿**(49 450万)人口和6 460万平方公里土地,即差不多占全球面积的一半(全球面积除两极地区外,共有13 300万平方公里)。此外还有亚洲三个国家,即中国、土耳其、波斯,现在正遭到日、俄、英、法这四个进行"解放"战争的强盗的分割。亚洲这三个可以称之为半殖民地(其实它们现在十分之九已经是殖民地)的国家,共有人口36 000万,土地1 450万平方公里(也就是说差不多等于全欧洲面积的一倍半)。

其次,英、法、德三国在国外的投资不下700亿卢布。保证从这笔相当可观的款项上每年能够得到30亿卢布以上的"正当"收益的,是百万富翁们的全国委员会即所谓的政府。这些委员会拥有陆军和海军,把"亿万富翁"的子弟"安置"在殖民地和半殖民地充当总督、领事、大使、各种官员、牧师和其他吸血虫。

在资本主义发展到最高程度的时代,少数几个大国对地球上将近10亿人口的掠夺,就是这样组织的。在资本主义制度下,也只能这样组织。能够放弃殖民地,放弃"势力范围",放弃资本输出吗?谁这样想,谁就是把自己降低到牧师的水平,这些牧师每礼拜天都向富人宣扬基督教的崇高教义,劝他们周济穷人……每年如果不能拿出几十亿卢布,至少也拿出几百卢布。

在资本主义制度下建立欧洲联邦,就等于缔结瓜分殖民地的协定。可是在资本主义制度下,除了实力以外,不可能根据别的基础、别的原则进行瓜分。一个亿万富翁只能"按资本"所占比例同别人瓜分资本主义国家的"国民收入"(而且还要多一点,要让最大的资本得到比它应得的更多)。资本主义就是生产资料的私有制和生产的无政府状态。鼓吹在这样的基础上"公平地"分配收入,便是蒲鲁东主义[3],便是小市民和庸人的痴想。瓜分只能"按实力"进行。而实力是随着经济发展的进程而变化的。1871年以后,德国实力的增强要比英法快两三倍;日本要比俄国快十来倍。而要测定一个资本主义国家的真正实力,除了战争以外,没有也不可能有别的办法。战争同私有制的基础并不矛盾,而是这些基础的直接的和必然的发展。在资本主义制度下,各个经济部门和各个国家在经济上是不可能平衡发展的。在资本主义制度下,除工业中的危机和政治中的战争以外,没有别的办法可以恢复经常遭到破坏的均势。

当然,资本家之间和大国之间缔结**暂时的**协定是可能的。在这个意义上说,建立欧洲联邦,作为**欧洲**资本家之间的协定,也是可能的……协定的内容是什么呢?仅仅是共同镇压欧洲社会主义运动,共同保卫已经抢得的殖民地,**不让**他们被日本和美国夺走,因为这两个国家对于当前这种瓜分殖民地的状况感到极端委屈,而它们近半个世纪以来实力增强之快,远非落后的、君主制的、已经开始老朽的欧洲所能比拟。与美国相比,欧洲整个说来意味着经济上的停滞。在现代经济基础上,即在资本主义制度下,建立欧洲联邦就等于把反动势力组织起来去阻碍美国的更为迅速的发展。民主事业和社会主义事业仅仅同欧洲相联系的时代,已经一去不复返了。

在共产主义的彻底胜利使一切国家包括民主国家完全消失以前,世界联邦(而不是欧洲联邦)是同社会主义相联系的、各民族实行联合并共享自由的国家形式。然而,把世界联邦口号当做一个独立的口号未必是正确的,第一,因为它是和社会主义交融在一起的;第二,因为它会造成一种曲解,以为社会主义不可能在一个国家内获得胜利,并且会使人曲解这样的国家和其余国家之间的关系。

经济和政治发展的不平衡是资本主义的绝对规律。由此就应得出结论:社会主义可能首先在少数甚至在单独一个资本主义国家内获得胜利。这个国家的获得胜利的无产阶级既然剥夺了资本家并在本国组织了社会主义生产,就会奋起同其余的资本主义世界**抗衡**,把其他国家的被压迫阶级吸引到自己方面来,在这些国家中发动反对资本家的起义,必要时甚至用武力去反对各剥削阶级及其国家。无产阶级推翻资产阶级而获得胜利的社会所采取的政治形式将是民主共和国,它将日益集中该民族或各该民族的无产阶级的力量同还没有转向社会主义的国家作斗争。没有无产阶级这一被压迫阶级的专政,便不可能消灭阶级。没有各社会主义共和国对各落后国家的比较长期而顽强的斗争,便不可能有各民族在社会主义下的自由联合。

正是基于这些考虑,并根据在俄国社会民主工党国外支部代表会议上以及在会议以后对这个问题的反复讨论,中央机关报编辑部得出如下的结论:欧洲联邦口号是不正确的。

选自《列宁全集》第2版第26卷
第364—368页

无产阶级革命的军事纲领⁴

（1916年8月9日〔22日〕以前）

在荷兰、斯堪的纳维亚和瑞士，在同社会沙文主义者编造的在这场帝国主义战争中"保卫祖国"的谎言作斗争的革命社会民主党人中间，有人主张取消社会民主党的最低纲领中的"民兵制"或"武装人民"这项旧条文，而代之以"废除武装"的新条文。《青年国际》杂志⁵已经就这个问题展开讨论，并且在第3期上发表了一篇主张废除武装的编辑部文章。很遗憾，罗·格里姆最近的提纲⁶也对废除武装这一思想作了让步。《新生活》杂志⁷和《先驱》杂志⁸展开了讨论。

现在我们就来研究一下主张废除武装的人的论点。

列宁在本文中进一步阐发了社会主义可能首先在少数甚至在一个国家内获得胜利的思想，指出社会主义不可能在所有国家内同时获得胜利，而将首先在一个或者几个国家内获得胜利。他批评"废除武装"和"反对任何战争"的错误观点，指出任何战争都不过是政治通过另一种手段即暴力手段的继续。在帝国主义时代，不仅有帝国主义战争，还有进步的革命的民族战争、阶级斗争引起的国内战争，以及胜利了的无产阶级进行自卫以反对其他各国资产阶级的战争，因此，社会主义者不能不加区别地反对任何战争。列宁认为，革命阶级唯一可行的策略是武装无产阶级，以便战胜、剥夺资产阶级，并且解除其武装。无产阶级只有把资产阶级的武装解除以后，才能销毁一切武器而不背弃自己的世界历史任务。

一

基本的论点是：要求废除武装，就是最明确、最坚决、最彻底地表示反对任何军国主义和任何战争。

可是，主张废除武装的人的基本错误恰恰在于这个基本论点。社会主义者如果还是社会主义者，就不能反对一切战争。

第一，社会主义者从来不是，而且永远不可能是革命战争的反对者。各帝国主义"大"国的资产阶级已经反动透顶了，所以我们认为**这个**资产阶级现在进行的战争是反动的、奴隶主的、罪恶的战争。而**反对**这个资产阶级的战争的情形又是怎样的呢？例如，受这个资产阶级压迫和支配的民族或殖民地民族争取自身解放的战争的情形又是怎样的呢？我们在"国际"派⁹的"提纲"第5条中看到这样一种说法："在这猖狂的帝国主义的时代，不可能再有任何民族战争。"这显然是不正确的。

20世纪这个"猖狂的帝国主义"世纪的历史，充满了殖民地战争。但是我们欧洲人，压迫世界大多数民族的帝国主义者，从自己固有的卑鄙的欧洲沙文主义出发称之为"殖民地战争"的，往往是这些被压迫民族的民族战争或民族起义。帝国主义最基本的特性之一恰恰在于，它加速最落后的国家中的资本主义的发展，从而扩大和加剧反对民族压迫的斗争。这是事实。由此必然得出结论：帝国主义势必经常产生民族战争。**尤尼乌斯**在自己的小册子里赞成上述"提纲"，并说：在帝国主义时代，任何反对一个帝国主义大国的民族战争，都会导致同这个大国竞争的另一个帝国主义大国的介入，因此，任何民族战争也会转化为帝国主义战争。但是这个论点也是不正确的。这种情形是**可能的**，但并不总是如此。在1900—1914年间，许多次殖民地战争走的就不是这条道路。如果我们声称，例如在当前这场战争结束以后(假如这场战争将以各交战国打得筋疲力竭而告结束)，"不可能"有"任何"进步的革命的民族战争，如中国同印度、波斯、暹罗等国联合进行的反对大国的战争，那简直是可笑的。

否认在帝国主义条件下有发生民族战争的任何可能性，在理论上是不正确的，而且显然不符合历史事实，在实践上则无异于欧洲沙文主义：我们属于压迫欧洲、非洲、亚洲等数亿人的民族，我们应当对各个被压迫民族说，它们进行反对"我们"这些民族的战争是"不可能的"！

第二，国内战争也是战争。谁承认阶级斗争，谁就不能不承认国内战争，因为在任何阶级社会里，国内战争都是阶级斗争的自然的——在一定的情况下则是必然的——继续、发展和尖锐化。所有的大革命都证实了这一点。否认或忘记国内战争，就意味着陷入极端的机会主义和背弃社会主义革命。

第三，在一国取得胜利的社会主义决不能一下子根本排除一切战争。相反地，它预计到会有战争。资本主义的发展在各个国家是极不平衡的。而且在商品生产下也只能是这样。由此得出一个必然的结论：社会主义不能**在所有**国家内同时获得胜利。它将首先在一个或者几个国家内获得胜利，而其余的国家在一段时间内将仍然是资产阶级的或资产阶级以前的国家。这就不仅必然引起摩擦，而且必然引起其他各国资产阶级力图打垮社会主义国家中胜利的无产阶级的直接行动。在这种情况下发生的战争，从我们方面来说就会是正当的和正义的战争。这是争取社会主义、争取把其他各国人民从资产阶级压迫下解放出来的战争。恩格斯在1882年9月12日给考茨基的信中直接承认**已经胜利了的**社会主义有进行"自卫战争"的**可能性**①，他说得完全正确。他指的正是胜利了的无产阶级进行自卫以反对其他各国的资产阶级。

只有在我们推翻、彻底战胜并剥夺了全世界的而不只是一国的资产阶级之后，战争才会成为不可能的。如果我们恰恰回避或掩饰最重要的事情，即镇压资产阶级的反抗——在向社会主义**过渡**时最艰巨、最需要进行的斗争，那么，从科学的观点来看便是完全不正确的、完全不革命的。"社会"神父和机会主义者总是情愿幻想未来的和平社会主义，而他们与革命社会民主党人不同的地方恰恰在于，他们不愿设想，不愿考虑为实现这个美好的未来而进行的残酷的阶级斗争和阶级**战争**。

我们决不应该受别人的言词的欺骗。例如，很多人痛恨"保卫祖国"这个概念，因为露骨的机会主义者和考茨基主义者用这个概念来遮盖和掩饰资产阶级在**这场**强盗战争中所说的谎话。这是事实。但不能由此得出结论说，我们应当不再考虑政治口号的意义。认可在这场战争中"保卫祖国"，就意味着认为这场战争是符合无产阶级利益的"正义"战争，——如此而已，再没有别的意义。因为在任何战争中都不排除入侵。否定被压迫民族**方面**在它们**反对**帝国主义大国的战争中"保卫祖国"，或者否定胜利了的无产阶级方面在**它**反对资产阶级国家的某个加利费的战争中"保卫祖国"，那简直是愚蠢的。

如果忘记任何战争都不过是政治通过另一种手段的继续，那在理论上是完全错误的；现在的帝国主义战争是两个大国集团的帝国主义政治的继续，而这种政治是由帝国主义时代各种关系的总和所

---

① 参看《马克思恩格斯全集》第1版第35卷第353页。——编者注

产生和培育的。但是这个时代又必然产生和培育反对民族压迫斗争的政治和无产阶级反对资产阶级斗争的政治，因此就可能有而且必然会有：第一，革命的民族起义和战争；第二，无产阶级**反对**资产阶级的战争和起义；第三，这两种革命战争的汇合等等。

二

此外，还要补充下面这个一般的考虑。被压迫阶级如果不努力获得有关武器的知识，学会使用武器，占有武器，那它只配被压迫，被虐待，被人当做奴隶对待。我们如果不想变成资产阶级和平主义者或机会主义者，就不能忘记，我们是生活在阶级社会里，除了进行阶级斗争之外，我们没有而且也不可能有其他摆脱这个社会的出路。在任何一个阶级社会里，不管它建立在奴隶制、农奴制或现在的雇佣奴隶制之上，**压迫**阶级总是**武装起来的**。不仅现在的常备军，而且**现在的**民兵，连瑞士的民兵也不例外，都是资产阶级**反对**无产阶级的武装。我认为，这个基本的道理用不着加以说明。只要指出**一切**资本主义国家发生罢工时都出动军队就够了。

武装资产阶级以反对无产阶级，这是现代资本主义社会的一个最重大、最基本和最重要的事实。面对这样的事实，有人竟劝告革命社会民主党人提出"废除武装"的"要求"！这就等于完全放弃阶级斗争的观点和任何革命的念头。我们说：武装无产阶级，以便战胜、剥夺资产阶级**并且解除其武装**，——这是革命阶级唯一可行的策略，这种策略是由资本主义军国主义的整个**客观发展**所准备、奠定和教给的。无产阶级只有把资产阶级的武装解除以后，才能销毁一切武器而不背弃自己的世界历史任务,无产阶级无疑会做到这一点,但**只能在那个时候,决不能在那个时候以前**。

如果说当前的战争在反动的社会神父和动辄哭泣的小资产者中间只会引起恐怖和惊慌,只会使他们厌恶一切使用武器的行为,厌恶死亡和流血等等,那么,相反地我们则说:资本主义社会历来就是**永无终结的恐怖**。如果说当前这场在一切战争中最反动的战争正在进行准备,使这个社会**以恐怖而终结**,那么我们就没有任何理由陷于绝望。现在大家都看到,正是资产阶级自己在准备一场唯一正当的革命战争,即反对帝国主义资产阶级的国内战争,在这种情况下,关于废除武装的说教、"要求"(正确些说,是梦想),客观上正是绝望的表现。

如果有谁认为这是一种"灰色的理论"、"干巴巴的理论",那我们就要提醒他注意两件具有世界历史意义的**事实**:一方面是托拉斯和妇女从事工厂劳动的作用;另一方面是1871年的巴黎公社和俄国1905年的十二月起义。

资产阶级的事业就是发展托拉斯,把儿童和妇女赶进工厂,在那里折磨他们,腐蚀他们,使他们过着极端贫困的生活。我们不"支持"这种发展,不"要求"这种发展,我们反对这种发展。但是**怎样**反对呢?我们知道,托拉斯和妇女从事工厂劳动是**进步的**。我们不愿意倒退到手工业,倒退到垄断前的资本主义和妇女从事家务劳动。要通过托拉斯等等前进,并且要超过它们走向社会主义!

这一论断只要相应地改变一下,就可适用于现在人民的军事化。今天,帝国主义的以及其他的资产阶级,不仅使全体人民而且使青年军事化。明天,它也许要使妇女军事化。对此我们回答说:那更好!快点前进吧!军事化进行得愈快,反对资本主义的武装起义就来得愈快。社会民主党人如果没有忘记巴黎公社的例子,那么怎么会被青年的军事化等等所吓倒而灰心丧气呢?这并不是什么"理论",也不是什么幻想,而是事实。如果社会民主党人竟无视一切经济的和政治的事实,开始对帝国主义时代和帝国主义**战争必然**会使**这些**事实重演表示怀疑,那就真会使人感到绝望。

有一位看到过巴黎公社的资产者,1871年5月曾在一家英国报纸上写道:"如果法兰西民族都是妇女,那是一个多么可怕的民族啊!"[10]在公社时期,妇女和13岁以上的儿童同男子并肩战斗。在未来的推翻资产阶级的战斗中,也不可能不是这样。无产阶级的妇女决不会坐视武装精良的资产阶级去枪杀武装很差或手无寸铁的工人,她们会像1871年那样,再次拿起武器,而且从目前"被吓倒了的"或灰心丧气的民族中,正确些说,从目前与其说是被各国政府破坏不如说是被机会主义者破坏的工人运动中,虽然迟早不定,但无疑会产生一个革命无产阶级的"可怕的民族"的国际同盟。

现在军事化正在深入到全部社会生活中。军事化成为一切。帝国主义就是大国为瓜分和重新瓜分世界而进行的残酷斗争,因此它**必然**导致包括小国和中立国在内的一切国家的进一步军事化。对此无产阶级的妇女该怎么办呢?? 只是咒骂任何战争以及和军事有关的一切,只是要求废除武装吗?真正革命的被压迫阶级的妇女,决不会甘心充当这种可耻的角色。她们会对自己的儿子说:"你快长大了。人家会给你枪。你要拿起枪来,好好地学习一切军事方面的东西——这是无产者所需要的,这并不是为了去打自己的兄弟,像在当前这场掠夺战争中所做的那样,像社会主义的叛徒劝你去做的那样,而是为了反对'自己'国家的资产阶级,为了不是靠善良的愿望,而是用战胜资产阶级和解除**它的**武装的办法来消灭剥削、贫困和战争。"

谁由于当前的战争而拒绝进行这种宣传——恰恰是这种宣传，——那他就最好干脆别说什么国际革命社会民主运动、社会革命、以战争反对战争的大话。

三

主张废除武装的人反对武装人民，其理由之一就是认为这个要求似乎容易导致对机会主义让步。我们已经考察了废除武装同阶级斗争和社会革命的关系这一最重要的问题。现在我们来考察一下废除武装的要求同机会主义的关系问题。不能接受这个要求的最重要原因之一，就是它和它必然产生的幻想会削弱和冲淡我们同机会主义的斗争。

毫无疑问，这个斗争已提上了国际的议事日程。反对帝国主义的斗争如果不同反对机会主义的斗争紧密地联系起来，那只是一句空话或欺人之谈。齐美尔瓦尔德[11]和昆塔尔[12]的主要缺点之一，第三国际[13]的这些萌芽可能遭到失败的基本原因之一恰恰在于，关于同机会主义作斗争的问题甚至没有公开地提出，更不用说在必须同机会主义者决裂这个意义上加以解决了。机会主义在欧洲工人运动中暂时取得了胜利。在所有大国中都形成了两个主要的机会主义派别：第一，普列汉诺夫、谢德曼、列金、阿尔伯·托马以及桑巴、王德威尔得、海德门、韩德逊等先生们公开的、无耻的因而危险比较小的社会帝国主义。第二，隐蔽的、考茨基主义的机会主义，如德国的考茨基—哈阿兹派和"社会民主党工作小组"[14]，法国的龙格、普雷斯曼、迈耶拉等人，英国的拉姆赛·麦克唐纳和"独立工党"[15]的其他首领，俄国的马尔托夫、齐赫泽等人,意大利的特雷维斯和其他一些所谓左派改良主义者。

公开的机会主义公开地直接地反对革命,反对正在开始的革命运动和革命爆发,同政府直接结成联盟,尽管这种联盟有各种不同的形式,从参加政府起到参加军事工业委员会[16](在俄国)止。隐蔽的机会主义者,即考茨基主义者对于工人运动更有害得多,更危险得多,因为他们用娓娓动听的"马克思主义的"词句与"和平"口号,把他们为自己同前一类人结成联盟和实行"统一"作辩护的行为掩盖起来,并且说得头头是道。反对这两种占统治地位的机会主义的斗争,应当在无产阶级政治的**一切**领域内,即在议会活动、工会、罢工和军事等等领域内进行。这两种占统治地位的机会主义的**主要特点**就是:对**革命的具体问题**以及**当前战争同革命的联系**的一般问题闭口不谈,加以掩盖或者在不触犯警察禁令的条件下"加以回答"。尽管**在这场战争之前**不久人们曾无数次非正式地指出过并且在巴塞尔宣言[17]中又正式明确地指出过**这场**即将到来的战争同无产阶级革命的联系,但他们还是这样做!废除武装的要求的主要缺点,恰恰在于它避开了革命的一切具体问题。也许主张废除武装的人赞成进行一种不要武装的完全新式的革命吧?

其次,我们决不反对争取改良的斗争。我们不想忽视这样一种令人失望的可能性,即尽管群众的不满和骚动多次爆发,尽管我们很努力,但是仍然没有从**这场**战争中产生革命,在这种最坏的情况下人类还会经历第二次帝国主义大战。我们赞成的是那种**也**应当反对机会主义者的改良纲领。假如我们把争取改良的斗争完全让给机会主义者,而自己却躲到某种"废除武装"的幻境中去,逃避可悲的现实,那他们只会感到高兴。"废除武装"就是逃避丑恶的现实,而决不是反对这种现实。

在这样的纲领中，我们大概会这样说："在1914—1916年的帝国主义战争中提出保卫祖国的口号，认可保卫祖国，这完全是用资产阶级的谎言去败坏工人运动。"这样具体地回答具体问题，比要求废除武装和拒绝"任何"保卫祖国，在理论上更加正确，对于无产阶级要有益得多，对于机会主义者来说会更加感到难以忍受！我们还可以补充说："所有帝国主义大国，即英、法、德、奥、俄、意、日、美等国的资产阶级都已经反动透顶了，他们处心积虑地力图统治世界，所以**这些**国家的**资产阶级**进行的**任何一次**战争，都只能是反动的战争。无产阶级不仅应当反对一切这样的战争，而且应当希望'自己的'政府在这样的战争中遭到失败，并利用这种失败去举行革命起义，——如果以阻止战争为目的的起义没有成功的话。"

关于民兵制问题，我们要说：我们不赞成资产阶级的民兵制，而只赞成无产阶级的民兵制。因此，我们不仅不用一个人和一文钱去帮助常备军，而且不去帮助资产阶级的民兵，即使在美国、瑞士、挪威等这样的国家里也应当如此，况且我们亲眼看到：在最自由的共和国（例如瑞士）内，特别是从1907年和1911年以来，民兵愈来愈普鲁士化，它已堕落到被用来镇压罢工者。我们可以要求：由人民选举军官，废除一切军法，外国工人和本国工人享有同等权利（这一条对于像瑞士这样的帝国主义国家尤其重要，因为它们无耻地剥削愈来愈多的外国工人，使他们处于无权的地位）；其次，给予国内比如每一百居民以建立学习军事的自由团体的权利，自由选举教官，由国家支付薪金，等等。只有这样，无产阶级才能真正**为自己**而不是为奴隶主去学习军事，而这是完全符合无产阶级的利益的。俄国革命证明，革命运动的任何一次胜利，哪怕是局部的胜利，比如夺取了某个城市、某个工厂区、某一部分军队等等,都必然迫使胜利了的无产阶级**恰恰**要实现这样的纲领。

最后,单靠纲领当然永远不能战胜机会主义,要战胜它只能用行动。破产了的第二国际的一个最大的和致命的错误就在于,人们言行不符,昧着良心提倡虚伪和讲革命空话(请看考茨基之流今天对待巴塞尔宣言的态度)。废除武装作为一种社会思想,是由一定的社会环境产生的,并且能够影响社会环境,而不仅是某个人的古怪想法,显然,这种思想来源于个别小国的狭小的、例外的"安静"生活条件,这些国家置身于世界的流血战争之外,并且希望这样继续下去。且看挪威那些主张废除武装的人的论点:我们国小兵少,我们无法反对大国(因此也就无法反对别人强迫我们去**同**某一大国集团结成帝国主义联盟……),我们希望在自己的偏僻的一隅安安静静地过日子,执行与世无争的政策,我们要求废除武装,成立有约束力的仲裁法庭,保持"永久"(大概是比利时那样的吧?)中立等等。

小国想站在一旁;小资产阶级企图远远离开世界上的大搏斗,利用自己的某种垄断地位来维持消极守旧的状态,——这就是使废除武装的思想能够在某些小国内收到一定的成效并得以传播的**客观**社会环境。当然,这种企图是幻想的和反动的,因为帝国主义总是要把小国卷进世界经济和世界政治的漩涡。

试以瑞士为例。它的帝国主义环境客观上决定了工人运动的两条路线:机会主义者力图同资产阶级联合起来,把瑞士变成一个民主共和制的联盟,以便从帝国主义资产阶级的游客身上捞取利润,并且得心应手地、安静地保持这种"安静的"垄断地位。我们瑞士的真正社会民主党人则力图利用瑞士的相对的自由和"国际"地位,来帮助欧洲各国工人政党中革命分子的亲密联盟获得胜利。值得庆幸的是瑞士没有"自己独立的"语言,而是讲三种世界语言,即与它毗邻的各交战国的语言。

如果瑞士党的两万个党员每周都能交纳两个生丁的"战时特别税",那我们每年就能得到两万法郎,——这个数目就足以使我们用三种语言为各交战国的工人和士兵定期出版各种印刷品,并且不顾各国总参谋部的禁令广为散发,说明关于工人日益愤慨、他们在战壕中联欢、他们希望用革命方式利用武器去反对"自己的"帝国主义资产阶级等等事实真相。

这一切都不是什么新奇的事情。像《哨兵报》[18]、《民权报》[19]、《伯尔尼哨兵报》[20]这几家优秀的报纸都已经在这样做,只可惜还做得不够。只有通过这样的活动,阿劳党代表大会[21]的出色的决议才不致仅仅是一个出色的决议。只要提出一个问题就够了:"废除武装"的要求是不是符合社会民主党工作的**这种**方针?

显然,不符合。废除武装客观上符合工人运动中机会主义的、狭隘民族的、受小国眼界限制的路线。废除武装客观上是小国地地道道民族的、特殊民族的纲领,而决不是国际革命社会民主党的国际性的纲领。

选自《列宁全集》第2版第28卷
第86—97页

论无产阶级
在这次革命中的任务[22]（节选）

（1917年4月4日和5日〔17日和18日〕）

4月3日夜里我才回到彼得格勒，所以我在4月4日的会议上作关于革命无产阶级任务的报告时，当然只能用我个人的名义，并且预先声明没有充分准备。

为了使我自己和**诚实的**反对者便于工作，我唯一能做到的，就是准备了**书面**提纲。我宣读了这份提纲，并把它交给了策列铁里同志。当时我读得非常慢，而且读了**两次**，第一次是在布尔什维克的会议[23]上，后来一次是在布尔什维克和孟什维克的联席会议[24]上。

现在我把我的这份提纲交去付印，只加了一些极其简短的注释，而在报告的当时，这些注释要发挥得详尽多了。

本文是列宁为正式发表他在二月革命胜利后拟定的《四月提纲》而写的，这里只节选了《提纲》。列宁在这个提纲中回答了俄国从民主革命阶段向社会主义革命阶段过渡的一系列紧迫问题，提出全部国家政权归工人代表苏维埃、将地主土地收归国有、组建全国性的银行、由工人代表苏维埃监督社会的产品生产和分配等重要思想。

列宁在塔夫利达宫作报告，阐述四月提纲

提　　纲

1. 这次战争从俄国方面来说,在李沃夫之流的新政府的条件下,无疑仍然是掠夺性的帝国主义战争,因为这个政府是资本主义性质的;在我们对这次战争的态度上,决不允许对"革命护国主义"作丝毫让步。

觉悟的无产阶级只有在下列条件下,才能同意进行真正能够证明革命护国主义是正确的革命战争:(1)政权转到无产阶级以及跟随无产阶级的贫苦农民手中;(2)不是在口头上而是在实际上放弃一切兼并;(3)真正同资本的一切利益完全断绝关系。

拥护革命护国主义的广大阶层的群众无疑是真心诚意的,他们认为只是出于不得已才进行战争,而不是为了侵略去进行战争;他们是受了资产阶级的欺骗。因此,我们必须特别细致地、坚持不懈地、耐心地向他们说明他们的错误,说明资本与帝国主义战争的不可分割的联系,反复证明,要缔结真正民主的非强制的和约来结束战争,就**非推翻资本不可**。

要在作战部队中广泛宣传这种观点。

举行联欢。

2. 俄国当前形势的特点是从革命的第一阶段**向**革命的**第二阶段过渡**,第一阶段由于无产阶级的觉悟和组织程度不够,政权落到了资产阶级手中,第二阶段则应当使政权转到无产阶级和贫苦农民手中。

这个过渡的特点是:一方面有最大限度的合法性(**目前**在世界各交战国中,俄国是最自由的国家),另一方面没有用暴力压迫群众的现象,而且群众对这个资本家政府,对这个和平与社会主义的死敌,抱着不觉悟的轻信态度。

这种特点要求我们,在刚刚觉醒过来参加政治生活的极广大的无产阶级群众中进行党的工作时必须善于适应这种**特殊**条件。

3. 不给临时政府[25]任何支持;指出它的任何诺言,特别是关于放弃兼并的诺言,完全是谎话。要进行揭露,而不是"要求"**这个**政府即资本家政府**不再是**帝国主义政府,这种要求是散布幻想,是不能容许的。

4. 必须承认这样的事实:在大多数工人代表苏维埃中我们党处于少数地位,比起受资产阶级影响并把这种影响带给无产阶级的**一切**小资产阶级机会主义分子的**联盟**——从人民社会党人[26]、社会革命党人[27]起直到组织委员会[28](齐赫泽、策列铁里等)、斯切克洛夫等等止——暂时还处于较弱的少数地位。

要向群众说明:工人代表苏维埃是革命政府**唯一可能的**形式,因此,当**这个**政府还受资产阶级影响时,我们的任务只能是耐心地、系统地、坚持不懈地、特别要根据群众的实际需要来**说明**他们的策略的错误。

只要我们还是少数,我们就要进行批评,揭示错误,同时宣传全部国家政权归工人代表苏维埃的必要性,使群众从实际经验中纠正自己的错误。

5. 不要议会制共和国(从工人代表苏维埃回到议会制共和国是倒退了一步),而要从下到上遍及全国的工人、雇农和农民代表苏维埃的共和国。

废除警察、军队和官吏。①

————————————

① 即以普遍的人民武装代替常备军。

一切官吏应由选举产生，并且可以随时撤换，他们的薪金不得超过熟练工人的平均工资。

6. 在土地纲领上，应把重点移到雇农代表苏维埃。

没收地主的全部土地。

把国内**一切**土地收归国有，由当地雇农和农民代表苏维埃支配。单独组织贫苦农民代表苏维埃。把各个大田庄（其面积约100俄亩至300俄亩，根据当地条件和其他条件由地方机关决定）建成示范农场，由雇农代表进行监督，由公家出资经营。

7. 立刻把全国所有银行合并成一个全国性的银行，由工人代表苏维埃进行监督。

8. 我们的**直接**任务并不是"实施"社会主义，而只是立刻过渡到由工人代表苏维埃**监督**社会的产品生产和分配。

9. 党的任务：

　　（1）立刻召开党代表大会；

　　（2）修改党纲，主要是：

　　　　（a）关于帝国主义和帝国主义战争；

　　　　（b）对国家的态度以及**我们**关于"公社国家"①的要求；

　　　　（c）修改已经陈旧的最低纲领；

　　（3）更改党的名称②。

10. 革新国际。

---

①即由巴黎公社提供了原型的那种国家。

②社会民主党的正式领袖在世界**各地**都背叛社会主义，投奔资产阶级了（如"护国派"和动摇的"考茨基派"），所以我们不应再叫"社会民主党"，而应改称共产**党**。

　　发起建立革命的国际,同**社会沙文主义者**和"中派"①相对立的国际。

选自《列宁全集》第2版第29卷
第113—116页

────────────

　　①所谓"中派"就是国际社会民主党中摇摆于沙文主义者(="护国派")和国际主义者之间的那个派别,即德国的考茨基之流,法国的龙格之流,俄国的齐赫泽之流,意大利的屠拉梯之流,英国的麦克唐纳之流等等。

国家与革命

马克思主义关于国家的学说与无产阶级在革命中的任务[29](节选)

(1917年8—9月)

第 五 章

国家消亡的经济基础

马克思在他的《哥达纲领批判》(即1875年5月5日给白拉克的

这是列宁系统阐述马克思主义国家学说、无产阶级革命和无产阶级专政理论的重要著作。在节选的部分,列宁根据马克思的论述,阐明了从资本主义向共产主义过渡时期实行无产阶级专政的必要性,分析了无产阶级专政与民主的关系、国家消亡与经济基础的关系。列宁系统阐发了马克思在《哥达纲领批判》中提出的关于共产主义社会分为第一阶段和高级阶段的学说,论述了这两个阶段的基本特征,指明它们是共产主义在经济上成熟程度不同的两个阶段,并把马克思所说的"共产主义社会第一阶段"或低级阶段称为社会主义。列宁分析了共产主义社会第一阶段在消费品分配上存在的形式上的平等和事实上的不平等,指出:从形式上的平等即"按劳动"分配进到事实上的平等即"各尽所能,按需分配",究竟需要经过哪些阶段和通过哪些实际措施,我们不可能预先知道,这个问题只能通过实践来回答。社会主义不是僵死的、凝固的、一成不变的东西,它将在迅速的、真正的、群众性的前进运动中不断发展。

信,这封信直到1891年才在《新时代》³⁰第9年卷第1册上发表,有俄文单行本)^①中对这个问题作了最详尽的说明。在这篇出色的著作中,批判拉萨尔主义的论战部分可以说是遮盖了正面论述的部分,即遮盖了对共产主义发展和国家消亡之间的联系的分析。

1. 马克思如何提出问题

如果把马克思在1875年5月5日给白拉克的信同我们在前面研究过的恩格斯在1875年3月28日给倍倍尔的信粗略地对照一下,也许会觉得马克思比恩格斯带有浓厚得多的"国家派"色彩,也许会觉得这两位著作家对国家的看法有很大差别。

恩格斯建议倍倍尔根本抛弃关于国家的废话,把国家一词从纲领中完全去掉而用"公团"一词来代替;恩格斯甚至宣布公社已经不是原来意义上的国家。而马克思却谈到"未来共产主义社会的国家制度"^②,这就是说,似乎他认为就是在共产主义下也还需要国家。

但这种看法是根本不对的。如果仔细研究一下就可以知道,马克思和恩格斯对国家和国家消亡问题的看法是完全一致的,上面所引的马克思的话指的正是**正在消亡的**国家制度。

很清楚,确定**未来的**"消亡"的日期,这是无从谈起的,何况它显然还是一个很长的过程。马克思和恩格斯之间仿佛存在差别,是因为他们研究的题目不同,要解决的任务不同。恩格斯的任务是要清楚地、尖锐地、概括地向倍倍尔指明,当时流行的(也是拉萨尔颇为赞同

---

①见《马克思恩格斯选集》第3卷人民出版社1972年版第3—25页。——编者注
②同上书,第21页。——编者注

的)关于国家问题的偏见是十分荒谬的。而马克思只是在论述另一个题目即共产主义社会的**发展**时,顺便提到了**这个**问题。

马克思的全部理论,就是运用最彻底、最完整、最周密、内容最丰富的发展论去考察现代资本主义。自然,他也就要运用这个理论去考察资本主义的**即将到来的**崩溃和**未来**共产主义的**未来的**发展。

究竟根据什么**材料**可以提出未来共产主义的未来发展问题呢?

这里所根据的是,共产主义是从资本主义中**产生出来**的,它是历史地从资本主义中发展出来的,它是资本主义所**产生**的那种社会力量发生作用的结果。马克思丝毫不想制造乌托邦,不想凭空猜测无法知道的事情。马克思提出共产主义的问题,正像一个自然科学家已经知道某一新的生物变种是怎样产生以及朝着哪个方向演变才提出该生物变种的发展问题一样。

马克思首先扫除了哥达纲领[31]在国家同社会的相互关系问题上造成的糊涂观念。

他写道:"……'现代社会'就是存在于一切文明国度中的资本主义社会,它或多或少地摆脱了中世纪的杂质,或多或少地由于每个国度的特殊的历史发展而改变了形态,或多或少地有了发展。'现代国家'却随国境而异。它在普鲁士德意志帝国同在瑞士不一样,在英国同在美国不一样。所以,'现代国家'是一种虚构。

但是,不同的文明国度中的不同的国家,不管它们的形式如何纷繁,却有一个共同点:它们都建立在资本主义多少已经发展了的现代资产阶级社会的基础上。所以,它们具有某些根本的共同特征。在这个意义上可以谈'现代国家制度',而未来就不同了,到那时'现代国家制度'现在的根基即资产阶级社会已经消亡了。

于是就产生了一个问题:在共产主义社会中国家制度会发生怎样的变化呢?换句话说,那时有哪些同现在的国家职能相类似的社会职能保留下来呢?这个问题只能科学地回答;否则,即使你把'人民'和'国家'这两个词联接一千次,也丝毫不会对这个问题的解决有所帮助。……"①

马克思这样讥笑了关于"人民国家"的一切空话以后,就来提出问题,并且好像是告诫说:要对这个问题作出科学的解答,只有依靠确实肯定了的科学材料。

由整个发展论和全部科学十分正确地肯定了的首要的一点,也是从前被空想主义者所忘记、现在又被害怕社会主义革命的现代机会主义者所忘记的那一点,就是在历史上必然会有一个从资本主义向共产主义**过渡**的特殊时期或特殊阶段。

2. 从资本主义到共产主义的过渡

马克思继续写道:"……在资本主义社会和共产主义社会之间,有一个从前者变为后者的革命转变时期。同这个时期相适应的也有一个政治上的过渡时期,这个时期的国家只能是**无产阶级的革命专政**。……"②

这个结论是马克思根据他对无产阶级在现代资本主义社会中的作用的分析,根据关于这个社会发展情况的材料以及关于无产阶

---

① 见《马克思恩格斯选集》第3卷人民出版社1972年版第20—21页。——编者注

② 同上书,第21页。——编者注

级与资产阶级对立的利益不可调和的材料所得出的。

从前，问题的提法是这样的：无产阶级为了求得自身的解放，应当推翻资产阶级，夺取政权，建立自己的革命专政。

现在，问题的提法已有些不同了：从向着共产主义发展的资本主义社会过渡到共产主义社会，非经过一个"政治上的过渡时期"不可，而这个时期的国家只能是无产阶级的革命专政。

这个专政和民主的关系又是怎样的呢？

我们看到，《共产党宣言》是干脆把"无产阶级转化成统治阶级"和"争得民主"①这两个概念并列在一起的。根据上述一切，可以更准确地断定民主在从资本主义向共产主义过渡时是怎样变化的。

在资本主义社会里，在它最顺利的发展条件下，比较完全的民主制度就是民主共和制。但是这种民主制度始终受到资本主义剥削制度狭窄框子的限制，因此它实质上始终是少数人的即只是有产阶级的、只是富人的民主制度。资本主义社会的自由始终与古希腊共和国的自由即奴隶主的自由大致相同。由于资本主义剥削制度的条件，现代的雇佣奴隶被贫困压得喘不过气，结果都"无暇过问民主"，"无暇过问政治"，大多数居民在通常的平静的局势下都被排斥在社会政治生活之外。

德国可以说是证实这一论断的最明显的例子，因为在这个国家里，宪法规定的合法性保持得惊人地长久和稳定，几乎有半世纪之久（1871—1914年），而在这个时期内，同其他国家的社会民主党相比，德国社会民主党又做了多得多的工作来"利用合法性"，来使工人参加党的比例达到举世未有的高度。

---

①见《马克思恩格斯选集》第1卷人民出版社1972年版第272页。——编者注

这种在资本主义社会里能看到的有政治觉悟的积极的雇佣奴隶所占的最大的百分比究竟是多少呢?1 500万雇佣工人中有100万是社会民主党党员!1 500万雇佣工人中有300万是工会会员!

极少数人享受民主,富人享受民主,——这就是资本主义社会的民主制度。如果仔细地考察一下资本主义民主的结构,那么无论在选举权的一些"微小的"(似乎是微小的)细节上(居住年限、妇女被排斥等等),或是在代表机构的办事手续上,或是在行使集会权的实际障碍上(公共建筑物不准"叫化子"使用!),或是在纯粹资本主义的办报原则上,等等,到处都可以看到对民主制度的重重限制。用来对付穷人的这些限制、例外、排斥、阻碍,看起来似乎是很微小的,特别是在那些从来没有亲身体验过贫困、从来没有接近过被压迫阶级群众的生活的人(这种人在资产阶级的政论家和政治家中,如果不占百分之九十九,也得占十分之九)看起来是很微小的,但是这些限制加在一起,就把穷人排斥和推出政治生活之外,使他们不能积极参加民主生活。

马克思正好抓住了资本主义民主的这一**实质**,他在分析公社的经验时说:这就是容许被压迫者每隔几年决定一次究竟由压迫阶级中的什么人在议会里代表和镇压他们![1]

但是从这种必然是狭隘的、暗中排斥穷人的、因而也是彻头彻尾虚伪骗人的资本主义民主向前发展,并不像自由派教授和小资产阶级机会主义者所想象的那样,是简单地、直线地、平稳地走向"日益彻底的民主"。不是的。向前发展,即向共产主义发展,必须经过无产

---

[1] 参看《马克思恩格斯选集》第2卷人民出版社1972年版第376页。——编者注

阶级专政,不可能走别的道路,因为再没有其他人也没有其他道路能够**粉碎**剥削者资本家的**反抗**。

而无产阶级专政,即被压迫者先锋队组织成为统治阶级来镇压压迫者,不能仅仅只是扩大民主。**除了**把民主制度大规模地扩大,使它**第一次**成为穷人的、人民的而不是富人的民主制度**之外**,无产阶级专政还要对压迫者、剥削者、资本家采取一系列剥夺自由的措施。为了使人类从雇佣奴隶制下面解放出来,我们必须镇压这些人,必须用强力粉碎他们的反抗,——显然,凡是实行镇压和使用暴力的地方,也就没有自由,没有民主。

读者总还记得,恩格斯在给倍倍尔的信中很好地阐明了这一点,他说:"无产阶级需要国家不是为了自由,而是为了镇压自己的敌人,一到有可能谈自由的时候,国家本身就不再存在了。"①

人民这个大多数享有民主,对人民的剥削者、压迫者实行强力镇压,即把他们排斥于民主之外,——这就是民主在从资本主义向共产主义**过渡**时改变了的形态。

只有在共产主义社会中,当资本家的反抗已经彻底粉碎,当资本家已经消失,当阶级已经不存在(即社会各个成员在同社会生产资料的关系上已经没有差别)的时候,——**只有**在那个时候,"国家才会消失,才**有可能谈自由**"。只有在那个时候,真正完全的、真正没有任何例外的民主才有可能,才会实现。也只有在那个时候,民主才开始**消亡**,道理很简单:人们既然摆脱了资本主义奴隶制,摆脱了资本主义剥削制所造成的无数残暴、野蛮、荒谬和丑恶的现象,也就会逐渐**习惯于**遵守多少世纪以来人们就知道的、千百年来在一切行为守则

---

① 见《马克思恩格斯选集》第3卷人民出版社1972年版第30页。——编者注

上反复谈到的、起码的公共生活规则,而不需要暴力,不需要强制,不需要服从,**不需要**所谓国家这种实行强制的**特殊机构**。

"国家**消亡**"这个说法选得非常恰当,因为它既表明了过程的渐进性,又表明了过程的自发性。只有习惯才能够发生而且一定会发生这样的作用,因为我们在自己的周围千百万次地看到,如果没有剥削,如果根本没有令人气愤、引起抗议和起义而使**镇压**成为必要的现象,那么人们是多么容易习惯于遵守他们所必需的公共生活规则。

总之,资本主义社会里的民主是一种残缺不全的、贫乏的和虚伪的民主,是只供富人、只供少数人享受的民主。无产阶级专政,向共产主义过渡的时期,将第一次提供人民享受的、大多数人享受的民主,同时对少数人即剥削者实行必要的镇压。只有共产主义才能提供真正完全的民主,而民主愈完全,它也就愈迅速地成为不需要的东西,愈迅速地自行消亡。

换句话说,在资本主义下存在的是原来意义上的国家,即一个阶级对另一个阶级、而且是少数人对多数人实行镇压的特殊机器。很明显,剥削者少数要能有系统地镇压被剥削者多数,就必须实行极凶狠极残酷的镇压,就必须造成大量的流血,而人类在奴隶制、农奴制和雇佣劳动制下就是这样走过来的。

其次,在从资本主义向共产主义**过渡**的时候镇压**还是**必要的,但这已经是被剥削者多数对剥削者少数的镇压。实行镇压的特殊机构,特殊机器,即"国家",**还是**必要的,但这已经是过渡性质的国家,已经不是原来意义上的国家,因为由**昨天**还是雇佣奴隶的多数人去镇压剥削者少数人,相对来说,还是一件很容易、很简单和很自然的事情,所流的血会比镇压奴隶、农奴和雇佣工人起义流的少得多,人类为此而付出的代价要小得多。而且在实行镇压的同时,还把民主扩展到绝大多数居民身上，以致对实行镇压的**特殊机器**的需要就开始消失。自然，剥削者没有极复杂的实行镇压的机器就镇压不住人民，但是**人民**镇压剥削者却只需要有很简单的"机器"，即几乎可以不要"机器"，不要特殊的机构，而只需要有简单的**武装群众的组织**（如工兵代表苏维埃，——我们先在这里提一下）。

最后，只有共产主义才能够完全不需要国家，因为**没有人**需要加以镇压了，——这里所谓"没有人"是指**阶级**而言，是指对某一部分居民进行有系统的斗争而言。我们不是空想主义者，我们丝毫也不否认**个别人**采取极端行动的可能性和必然性，同样也不否认有镇压**这种**行动的必要性。但是，第一，做这件事情用不着什么实行镇压的特殊机器，特殊机构，武装的人民自己会来做这项工作，而且做起来非常简单容易，就像现代社会中任何一群文明人强行拉开打架的人或制止虐待妇女一样。第二，我们知道，产生违反公共生活规则的极端行动的根本社会原因是群众受剥削和群众贫困。这个主要原因一消除，极端行动就必然开始"**消亡**"。虽然我们不知道消亡的速度和过程怎样，但是，我们知道这种行动一定会消亡。而这种行动一消亡，国家也就随之**消亡**。

关于这个未来，马克思并没有陷入空想，他只是较详细地确定了**现在**所能确定的东西，即共产主义社会低级阶段和高级阶段之间的差别。

3. 共产主义社会的第一阶段

马克思在《哥达纲领批判》中，详细地驳斥了拉萨尔关于劳动者在社会主义下将领取"不折不扣的"或"全部的劳动产品"的思想。马克思指出,从整个社会的全部社会劳动中,必须扣除后备基金、扩大生产的基金和机器"磨损"的补偿等等,然后从消费品中还要扣除用做管理费用以及用于学校、医院、养老院等等的基金。

马克思不像拉萨尔那样说些含糊不清的笼统的话("全部劳动产品归劳动者"),而是对社会主义社会必须怎样管理的问题作了冷静的估计。马克思**具体地**分析了这种没有资本主义存在的社会的生活条件,他说:

> "我们这里所说的〈在分析工人党的纲领时〉是这样的共产主义社会,它不是在它自身基础上已经**发展了的**,恰好相反,是刚刚从资本主义社会中**产生出来的**,因此它在各方面,在经济、道德和精神方面都还带着它脱胎出来的那个旧社会的痕迹。"①

就是这个刚刚从资本主义脱胎出来的在各方面还带着旧社会痕迹的共产主义社会,马克思称之为共产主义社会的"第一"阶段或低级阶段。

生产资料已经不是个人的私有财产。它们已归全社会所有。社会的每个成员完成一定份额的社会必要劳动,就从社会领得一张凭证,证明他完成了多少劳动量。他根据这张凭证从消费品的社会储存中领取相应数量的产品。这样,扣除了用做社会基金的那部分劳动量,每个劳动者从社会领回的正好是他给予社会的。

似乎"平等"就实现了。

但是,当拉萨尔把这样的社会制度(通常叫做社会主义,而马克思称之为共产主义的第一阶段)说成是"公平的分配",说成是"每人

---

① 见《马克思恩格斯选集》第3卷人民出版社1972年版第10页。——编者注

有获得同等劳动产品的平等的权利"的时候,他是错误的,于是马克思对他的错误进行了分析。

马克思说:这里确实有"平等的权利",但这**仍然是**"资产阶级权利",这个"资产阶级权利"同任何权利一样,**是以不平等为前提的**。任何权利都是把**同一**标准应用在**不同的**人身上,即应用在事实上各不相同、各不同等的人身上,因而"平等的权利"就是破坏平等,就是不公平。的确,每个人付出与别人同等份额的社会劳动,就能领取同等份额的社会产品(作了上述各项扣除之后)。

然而各个人是不同等的:有的强些,有的弱些;有的结了婚,有的没有结婚,有的子女多些,有的子女少些,如此等等。

马克思总结说:"……因此,在提供的劳动相同、从而由社会消费基金中分得的份额相同的条件下,某一个人事实上所得到的比另一个人多些,也就比另一个人富些,如此等等。要避免所有这些弊病,权利就不应当是平等的,而应当是不平等的。……"①

可见,在共产主义第一阶段还不能做到公平和平等,因为富裕的程度还会不同,而不同就是不公平。但是人**剥削**人已经不可能了,因为已经不能把工厂、机器、土地等**生产资料**攫为私有了。马克思通过驳斥拉萨尔泛谈**一般**"平等"和"公平"的含糊不清的小资产阶级言论,指出了共产主义社会的**发展进程**,说明这个社会最初**只能**消灭私人占有生产资料这一"不公平"现象,却**不能**立即消灭另一不公平现象:"按劳动"(而不是按需要)分配消费品。

庸俗的经济学家,包括资产阶级教授,包括"我们的"杜冈在内,

---

① 见《马克思恩格斯选集》第3卷人民出版社1972年版第12页。——编者注

经常谴责社会主义者,说他们忘记了人与人的不平等,说他们"幻想"消灭这种不平等。我们看到,这种谴责只能证明资产阶级思想家先生们的极端无知。①

马克思不仅极其准确地估计到了人们不可避免的不平等,而且还估计到:仅仅把生产资料转归全社会公有(通常所说的"社会主义")还**不能消除**分配方面的缺点和"资产阶级权利"的不平等,只要产品"按劳动"分配,"资产阶级权利"就会**继续通行**。

马克思继续说道:"……但是这些弊病,在经过长久阵痛刚刚从资本主义社会产生出来的共产主义社会第一阶段,是不可避免的。权利决不能超出社会的经济结构以及由经济结构制约的社会的文化发展。……"②

因此,在共产主义社会的第一阶段(通常称为社会主义),"资产阶级权利"**没有**完全取消,而只是部分地取消,只是在已经实现的经济变革的限度内取消,即只是在同生产资料的关系上取消。"资产阶级权利"承认生产资料是个人的私有财产。而社会主义则把生产资料变为**公有**财产。**在这个范围内**,也只是在这个范围内,"资产阶级权利"才不存在了。

但是它在它的另一部分却依然存在,依然是社会各个成员间分配产品和分配劳动的调节者(决定者)。"不劳动者不得食"这个社会主义原则**已经**实现了;"对等量劳动给予等量产品"这个社会主义原则也**已经**实现了。但是,这还不是共产主义,还没有消除对不同等的人的不等量(事实上是不等量的)劳动给予等量产品的"资产阶级权利"。

---

① 对杜冈的批判,还可参看《列宁全集》第2版第24卷第390—393页。——编者注

② 见《马克思恩格斯选集》第3卷人民出版社1972年版第12页。——编者注

马克思说,这是一个"弊病",但在共产主义第一阶段是不可避免的,因为,如果不愿陷入空想主义,那就不能认为,在推翻资本主义之后,人们立即就能学会**不要任何权利准则**而为社会劳动,况且资本主义的废除**不能立即为这种**变更**创造**经济前提。

可是,除了"资产阶级权利"以外,没有其他准则。所以就这一点说,还需要有国家在保卫生产资料公有制的同时来保卫劳动的平等和产品分配的平等。

国家正在消亡,因为资本家已经没有了,阶级已经没有了,因而也就没有什么**阶级**可以**镇压**了。

但是,国家还没有完全消亡,因为还要保卫那个确认事实上的不平等的"资产阶级权利"。要使国家完全消亡,必须有完全的共产主义。

4. 共产主义社会的高级阶段

马克思接着说:

"……在共产主义社会高级阶段,在迫使个人奴隶般地服从分工的情形已经消失之后;在脑力劳动和体力劳动的对立也随之消失之后;在劳动已经不仅仅是谋生的手段,而且本身成了生活的第一需要之后;在随着个人的全面发展生产力也增长起来,而集体财富的一切源泉都充分涌流之后,——只有在那个时候,才能完全超出资产阶级权利的狭隘眼界,社会才能在自己的旗帜上写上:'各尽所能,按需分配'。"①

---

①见《马克思恩格斯选集》第3卷人民出版社1972年版第12页。——编者注

　　只是现在我们才可以充分地认识到，恩格斯无情地讥笑那种把"自由"和"国家"这两个名词连在一起的荒谬见解，是多么正确。还有国家的时候就没有自由。到有自由的时候就不会有国家了。

　　国家完全消亡的经济基础就是共产主义的高度发展，那时脑力劳动和体力劳动的对立已经消失，因而现代**社会**不平等的最重要的根源之一也就消失，而这个根源光靠把生产资料转为公有财产，光靠剥夺资本家，是决不能立刻消除的。

　　这种剥夺会使生产力有蓬勃发展的**可能**。我们看到，资本主义目前已经在令人难以置信地**阻碍**这种发展，而在现代已经达到的技术水平的基础上本来是可以大有作为的，因此我们可以绝对有把握地说，剥夺资本家一定会使人类社会的生产力蓬勃发展。但是，生产力将以什么样的速度向前发展，将以什么样的速度发展到打破分工、消灭脑力劳动和体力劳动的对立、把劳动变为"生活的第一需要"，这都是我们所不知道而且也**不可能**知道的。

　　因此，我们只能谈国家消亡的必然性，同时着重指出这个过程是长期的，指出它的长短将取决于共产主义**高级阶段**的发展速度，而把消亡的日期或消亡的具体形式问题作为悬案，因为现在还**没有**可供解决这些问题的材料。

　　当社会实现"各尽所能，按需分配"的原则时，也就是说，当人们已经十分习惯于遵守公共生活的基本规则，他们的劳动生产率已经极大地提高，以致他们能够自愿地**尽其所能**来劳动的时候，国家才会完全消亡。那时，就会超出"资产阶级权利的狭隘眼界"，超出这种使人像夏洛克[32]那样冷酷地斤斤计较，不愿比别人多做半小时工作，不愿比别人少得一点报酬的狭隘眼界。那时，分配产品就无需社会规定每人应当领取的产品数量；每人将"按需"自由地取用。

从资产阶级的观点看来,很容易把这样的社会制度说成是"纯粹的乌托邦",并冷嘲热讽地说社会主义者许诺每个人都有权利向社会领取任何数量的巧克力糖、汽车、钢琴等等,而对每个公民的劳动不加任何监督。就是今天,大多数资产阶级"学者"也还在用这样的嘲讽来搪塞,他们这样做只是暴露他们愚昧无知和替资本主义进行自私的辩护。

说他们愚昧无知,是因为没有一个社会主义者想到过要"许诺"共产主义高级发展阶段的到来,而伟大的社会主义者在**预见**这个阶段将会到来时所设想的前提,既不是现在的劳动生产率,也**不是现在的庸人**,这种庸人正如波米亚洛夫斯基作品[33]中的神学校学生一样,很会"无缘无故地"糟蹋社会财富的储存和提出不能实现的要求。

在共产主义的"高级"阶段到来以前,社会主义者要求社会**和国家**对劳动量和消费量实行**极严格的**监督,不过这种监督应当从剥夺资本家和由工人监督资本家**开始**,并且不是由官吏的国家而是由**武装工人**的国家来实行。

说资产阶级思想家(和他们的走卒,如策列铁里先生、切尔诺夫先生之流)替资本主义进行自私的辩护,正是因为他们一味争论和空谈遥远的未来,而**不谈目前**政治上的迫切问题:剥夺资本家,把**全体**公民变为**一个大"辛迪加"**即整个国家的工作者和职员,并使这整个辛迪加的全部工作完全服从真正民主的国家,即**工兵代表苏维埃国家**。

其实,当博学的教授,以及附和教授的庸人和策列铁里先生、切尔诺夫先生之流谈到荒诞的乌托邦,谈到布尔什维克的蛊惑人心的许诺,谈到"实施"社会主义不可能做到的时候,他们指的正是共产主义的高级阶段,但是无论是谁都不仅没有许诺过,而且连想也没有想到过"实施"共产主义的高级阶段,因为这根本无法"实施"。

这里我们也就接触到了社会主义和共产主义在科学上的差别问题,这个问题在上面引用的恩格斯说"社会民主党人"这个名称不正确的一段话里已经谈到。共产主义第一阶段或低级阶段同共产主义高级阶段之间的差别在政治上说将来也许很大,但现在在资本主义下来着重谈论它就很可笑了,把这个差别提到首要地位的也许只有个别无政府主义者(在克鲁泡特金之流、格拉弗、科尔纳利森和其他无政府主义"大师"们已经"像普列汉诺夫那样"变成了社会沙文主义者,或者如少数没有丧失廉耻和良心的无政府主义者之一格耶所说,变成了无政府主义卫国战士以后,如果无政府主义者当中还有人丝毫没有学到什么东西的话)。

但是社会主义同共产主义在科学上的差别是很明显的。通常所说的社会主义,马克思把它称做共产主义社会的"第一"阶段或低级阶段。既然生产资料已成为**公有**财产,那么"共产主义"这个名词在这里也是可以用的,只要不忘记这还**不是**完全的共产主义。马克思的这些解释的伟大意义,就在于他在这里也彻底地运用了唯物主义辩证法,即发展学说,把共产主义看成是**从**资本主义**中**发展出来的。马克思没有经院式地臆造和"虚构"种种定义,没有从事毫无意义的字面上的争论(什么是社会主义,什么是共产主义),而是分析了可以称为共产主义在经济上成熟程度的两个阶段的东西。

在第一阶段,共产主义在经济上还**不**可能完全成熟,完全摆脱资本主义的传统或痕迹。由此就产生一个有趣的现象,这就是在共产主义第一阶段还保留着"**资产阶级**权利的狭隘眼界"。既然在**消费**品的分配方面存在着资产阶级权利,那当然一定要有**资产阶级国家**,因为如果没有一个能够**强制**人们遵守权利准则的机构,权利也就等于零。

可见，在共产主义下，在一定的时期内，不仅会保留资产阶级权利，甚至还会保留资产阶级国家，——但没有资产阶级！

这好像是奇谈怪论，或只是一种玩弄聪明的辩证把戏，那些没有花过一点功夫去研究马克思主义的极其深刻的内容的人，就常常这样来谴责马克思主义。

其实，无论在自然界或在社会中，实际生活随时随地都使我们看到新事物中有旧的残余。马克思并不是随便把一小块"资产阶级"权利塞到共产主义中去，而是抓住了**从资本主义脱胎**出来的社会里那种在经济上和政治上不可避免的东西。

在工人阶级反对资本家以争取自身解放的斗争中，民主具有巨大的意义。但是民主决不是不可逾越的极限，它只是从封建主义到资本主义和从资本主义到共产主义的道路上的阶段之一。

民主意味着平等。很明显，如果把平等正确地理解为消灭**阶级**，那么无产阶级争取平等的斗争以及平等的口号就具有极伟大的意义。但是，民主仅仅意味着**形式上的**平等。一旦社会全体成员**在**占有生产资料**方面**的平等即劳动平等、工资平等实现以后，在人类面前不可避免地立即就会产生一个问题：要更进一步，从形式上的平等进到事实上的平等，即实现"各尽所能，按需分配"的原则。至于人类会经过哪些阶段，通过哪些实际措施达到这个最高目的，那我们不知道，也不可能知道。可是，必须认识到：通常的资产阶级观念，即把社会主义看成一种僵死的、凝固的、一成不变的东西的这种观念，是非常荒谬的；实际上，**只是**从社会主义实现时起，社会生活和个人生活的各个领域才会开始出现迅速的、真正的、确实是群众性的即有**大多数**居民参加然后有全体居民参加的前进运动。

民主是国家形式,是国家形态的一种。因此,它同任何国家一样,也是有组织有系统地对人们使用暴力,这是一方面。但另一方面,民主意味着在形式上承认公民一律平等,承认大家都有决定国家制度和管理国家的平等权利。而这一点又会产生如下的结果:民主在其发展的某个阶段首先把对资本主义进行革命的阶级——无产阶级团结起来,使他们有可能去打碎、彻底摧毁、彻底铲除资产阶级的(哪怕是共和派资产阶级的)国家机器即常备军、警察和官吏,代之以武装的工人群众(然后是人民普遍参加民兵)这样一种**更**民主的机器,但这仍然是国家机器。

在这里,"量转化为质",因为**这样**高度的民主制度,是同越出资产阶级社会的框子、开始对社会进行社会主义的改造相联系的。如果真是**所有的人**都参加国家管理,那么资本主义就不能支持下去。而资本主义的发展又为真是"所有的人"**能够**参加国家管理创造了**前提**。这种前提就是:在一些最先进的资本主义国家中已经做到的人人都识字,其次是千百万工人已经在邮局、铁路、大工厂、大商业企业、银行业等等巨大的、复杂的、社会化的机构里"受了训练并养成了遵守纪律的习惯"。

在这种**经济**前提下,完全有可能在推翻了资本家和官吏之后,在一天之内立刻着手由武装的工人、普遍武装的人民代替他们去**监督**生产和分配,**计算**劳动和产品。(不要把监督和计算的问题同具有科学知识的工程师和农艺师等等的问题混为一谈,这些先生今天在资本家的支配下工作,明天在武装工人的支配下会更好地工作。)

计算和监督,——这就是把共产主义社会**第一阶段**"调整好",使它能正常地运转所必需的**主要条件**。在这里,**全体**公民都成了国家(武装工人)雇用的职员。**全体**公民都成了**一个**全民的、国家的"辛迪加"的职员和工人。全部问题在于要他们在正确遵守劳动标准的条件下同等地劳动,同等地领取报酬。对这些事情的计算和监督已被资本主义**简化**到了极点,而成为非常简单、任何一个识字的人都能胜任的手续——进行监察和登记,算算加减乘除和发发有关的字据。①

当**大多数**人对资本家(这时已成为职员)和保留着资本主义恶习的知识分子先生们开始独立进行和到处进行这种计算即这种监督的时候,这种监督就会成为真正包罗万象的、普遍的和全民的监督,对它就绝对无法逃避、"无处躲藏"了。

整个社会将成为一个管理处,成为一个劳动平等和报酬平等的工厂。

但是,无产阶级在战胜资本家和推翻剥削者以后在全社会推行的这种"工厂"纪律,决不是我们的理想,也决不是我们的最终目的,而只是为了彻底肃清社会上资本主义剥削制造成的卑鄙丑恶现象**和为了继续**前进所必需的一个**阶段**。

当社会全体成员或者哪怕是大多数成员**自己**学会了管理国家,自己掌握了这个事业,对极少数资本家、想保留资本主义恶习的先生们和深深受到资本主义腐蚀的工人们"调整好"监督的时候,对任何管理的需要就开始消失。民主愈完全,它成为多余的东西的时候就愈接近。由武装工人组成的、"已经不是原来意义上的国家"的"国家"愈民主,则**任何**国家就会愈迅速地开始消亡。

因为当**所有的人**都学会了管理,都来实际地独立地管理社会生产,对寄生虫、老爷、骗子等等"资本主义传统的保持者"独立地进行

---

① 当国家的最主要职能简化为由工人自己来进行的这样一种计算和监督的时候,国家就不再是"政治国家","社会职能就由政治职能变为简单的管理职能"(参看上面第4章第2节恩格斯同无政府主义者的论战)。

计算和监督的时候，逃避这种全民的计算和监督就必然会成为极难得逞的、极罕见的例外，可能还会受到极迅速极严厉的惩罚（因为武装工人是重实际的人，而不是重感情的知识分子；他们未必会让人跟自己开玩笑），以致人们对于人类一切公共生活的简单的基本规则就会很快从**必须**遵守变成**习惯于**遵守了。

到那时候，从共产主义社会的第一阶段过渡到它的高级阶段的大门就会敞开，国家也就随之完全消亡。

选自《列宁全集》第2版第31卷
第79—98页

布尔什维克
能保持国家政权吗?[34]（节选）

（1917年9月底—10月1日〔14日〕）

    无产阶级革命的主要困难,就是在全民范围内实行最精确的、最认真的计算和监督,即对产品的生产和分配实行**工人监督**。

    《新生活报》[35]的撰稿人反驳我们,说我们提出"工人监督"口号就是陷入工团主义。这种反驳是小学生蠢笨地运用不是经过思考而是像司徒卢威那样**死背下来的**"马克思主义"的典型。工团主义就是否认无产阶级的革命专政,或者是把它和任何政权一样放在最末一位。而我们把它放在第一位。如果照新生活派[36]的意思直说:**不是**实行工人监督,**而是**实行国家监督,那得出的是一句资产阶级改良主义的空话,实质上是一个纯粹立宪民主党人[37]的公式,因为立宪民主党人一点也不反对工人**参加**"国家"监督。立宪民主党科尔尼洛夫分子非常清楚,这种参加是资产阶级欺骗工人最好的办法,是在政治上极

    列宁在本文中论证了布尔什维克能够依靠无产阶级和人民群众夺取政权并保持政权。在节选的部分,列宁论述了"工人监督"的必要性和可行性。列宁指出,俄国社会主义革命面临的主要困难、主要任务,就是在全国范围内对产品的生产和分配实行最精确、最认真的计算,并依靠工人阶级进行监督。全国性的产品生产和产品分配的计算机关,可以说是社会主义社会的骨骼,这种机构不能打碎,也用不着打碎,而应使它们摆脱资本家的控制,服从无产阶级的苏维埃,为实现无产阶级革命的目标服务。无产阶级革命只有依靠大资本主义所取得的成就,才能达到自己的目的。

巧妙地**收买**格沃兹杰夫、尼基京、普罗柯波维奇、策列铁里之流以及所有这帮歹徒的最好的办法。

我们一谈到"工人监督",总是把这个口号和无产阶级专政放在**一起**,总是**跟着**无产阶级专政提出的,以此说明我们谈的是什么样的国家。国家是**阶级**统治的机关。是哪个阶级的统治呢?如果是资产阶级的统治,那就是立宪民主党人—科尔尼洛夫—"克伦斯基的"国家,俄国工人群众在它的统治下"遭受科尔尼洛夫和克伦斯基的折磨"已经有半年多了。如果是无产阶级的统治,如果谈的是无产阶级的国家**即**无产阶级专政,那么工人监督就**可以**成为对产品的生产和分配实行全民的、包罗万象、无处不在、最精确、最认真的**计算**。

这是无产阶级革命即社会主义革命面临的主要的困难,主要任务。没有苏维埃,这个任务至少在俄国是解决不了的。苏维埃**正在筹划**无产阶级的这种**可以**解决具有重大世界历史意义的任务的组织工作。

这里我们就涉及国家机构问题的另一个方面。在现代国家中,除常备军、警察、官吏这种主要是"压迫性的"机构以外,还有一种同银行和辛迪加关系非常密切的机构,它执行着大量计算登记工作(如果可以这样说的话)。这种机构不能打碎,也用不着打碎。应当使它摆脱资本家的控制,应当**割去**、**砍掉**、**斩断**资本家影响它的线索,应当使它**服从**无产阶级的苏维埃,使它成为更广泛、更包罗万象、更具有全民性的机构。只要依靠大资本主义所取得的成就(一般说来,无产阶级革命只有依靠这种成就,才能达到自己的目的),这些都是**可以**做到的。

资本主义建立了银行、辛迪加、邮局、消费合作社和职员联合会等这样一些计算**机构**。**没有大银行,社会主义是不能实现的。**

大银行**是**我们实现社会主义**所必需**的"国家机构"，我们可以把**它当做现成的机构**从资本主义那里**拿过来**，而我们在这方面的任务只是**砍掉**使这个极好机构**资本主义畸形化**的东西，使它成为**更巨大**、更民主、更包罗万象的机构。那时候量就会转化为质。统一的规模巨大无比的国家银行，连同它在各乡、各工厂中的分支机构——这已经是十分之九的**社会主义**机构了。这是全国性的**簿记机关**，全国性的产品生产和分配的计算机关，这可以说是社会主义社会的**骨骼**。

这个"国家机构"（它在资本主义制度下，不完全是国家机构，但是在我们社会主义制度下，它将完全是国家机构），我们下一道命令一下子就能够把它"拿过来"，使它"运转起来"，因为这里的簿记、监督、登记、计算和核算等实际工作都是由**职员**来进行的，而他们本身大多数处于无产阶级或半无产阶级的地位。

无产阶级政府用一道命令就能够而且定会把这些职员变成国家职员，这正像资本主义的看门狗白里安等资产阶级部长用一道命令把罢工的铁路员工变成国家职工一样。我们需要而且**能够**找到更多的这样的国家职工，因为资本主义简化了计算和监督的工作，使之成为每个识字的人都能胜任的并不那么复杂的**记录**工作。

把银行、辛迪加、商业等部门的大批职工"国家化"，无论在技术上（由于资本主义和金融资本主义给我们作好了准备工作），或者在政治上（在**苏维埃**进行监督和监察的条件下），都是完全可以实现的。

但是对待极少数跟着资本家跑的高级职员，应当和对待资本家一样，只能"从严"。他们一定会和资本家一样起来**反抗**。一定要**粉碎**这种反抗；一贯天真得可爱的彼舍霍诺夫是一个真正的"政界的黄口小儿"，他早在1917年6月就咿咿呀呀地说过，"资本家的反抗已经被粉碎了"，而**无产阶级一定会认真地把**这句小孩子话、这句幼稚的狂

言变成现实。

这是我们能够做到的,因为问题只是粉碎极少数人,简直可以说是一小撮人的反抗;职员联合会、工会、消费合作社和苏维埃将对他们每个人实行**监察**,使所有的季特·季特奇[38]之流都受到**包围**,就像一个法国人被困在色当[39]城下一样。只要弄到一张经理、董事、大股东等的名单,我们就可以知道这些季特·季特奇的名字。他们在**全俄国总共只有几百人**,最多也不过几千人,拥有苏维埃、职员联合会等机构的无产阶级国家,可以给他们每个人指定10个甚至100个监督者,这样一来,甚至通过**工人监督**(监督资本家)也许就能使任何反抗都成为**不可能的**事情,而用不着去"粉碎反抗"了。

问题的"关键"甚至不在于没收资本家的财产,而在于对资本家及其可能有的拥护者实行全民的包罗万象的工人监督。单靠没收是无济于事的,因为其中并不包含组织要素和计算正确分配的要素。我们可以轻而易举地用征收**公正的**捐税(甚至按"盛加略夫的"税率)的办法来代替没收,不过需要排除一切逃避公开账目、隐瞒真相、回避法律的可能性。而可以**排除**这种可能性的**只有工人国家**的工人监督。

强迫辛迪加化,即强迫参加受国家监督的联合组织,这就是由资本主义准备好了的办法,这就是容克[40]国家在德国已经实现、苏维埃即无产阶级专政也完全可以在俄国实现的办法,它将**保证我们有**一个无所不包的、最新式的和非官僚主义的"**国家机构**"。①

*   *   *

资产阶级辩护士的第四条理由是:无产阶级不能使国家机构

---

①参看我的小册子《大难临头,出路何在?》,那里更详细地说明了强迫辛迪加化的意义。(见《列宁全集》第2版第32卷第202—205页。——编者注)

"运转起来"。这个理由同前一个理由比起来，也不是什么新鲜东西。旧机构我们当然既不能掌握也不能使它运转起来。新机构苏维埃则借助"猛烈迸发出来的真正人民的创造力"**已经**运转起来了。不过必须解除领导这个机构的社会革命党[27]和孟什维克的领袖套在它身上的**羁绊**。这个机构**已经**在运转，不过必须去掉那些妨碍它全速前进的畸形的小资产阶级赘瘤。

为了补充以上所述，还应当研究两点：第一，**不是**我们而是资本主义在军事帝国主义阶段创造出来的新的监督方法；第二，在**管理**无产阶级类型的国家方面加强民主制的意义。

粮食垄断和面包配给制不是我们而是一个正在打仗的资本主义国家创造的。这个国家已经建立了资本主义范围内的普遍劳动义务制，这是用来对付工人的一种军事苦役监狱。但是，无产阶级在这方面，也和它整个历史创造活动一样，是从资本主义那里获得自己的武器，而不是"臆造"和"凭空创造"这种武器。

粮食垄断、面包配给制和普遍劳动义务制，在无产阶级国家手中，在拥有充分权力的苏维埃手中是一种实行计算和监督的最强有力的手段。这个手段一旦用来对付资本家和**所有富人**，一旦由**工人**用来对付这班人，它就会产生一种历史上空前未有的力量，使国家机构"运转起来"，以镇压资本家的反抗，使他们服从无产阶级的国家。这个监督和**强迫劳动**的手段比法国国民公会[41]的法律和断头台还要厉害。断头台**只能**起震慑的作用，只能粉碎**积极的**反抗。**对我们来说，这是不够的。**

对我们来说，这是不够的。我们不仅要"震慑"资本家，使他们感到无产阶级国家具有无限威力，不敢再存积极反抗它的念头，而且还要粉碎**消极的**、无疑是更危险更有害的反抗。我们不仅要粉碎任何反抗，而且还要**强迫**他们在新国家组织范围内**工作**。"赶走"资本家是不够的，还应当（在赶走恶劣的不可救药的"反抗分子"以后）要他们**重新为国家服务**。无论是对资本家，或者是对资产阶级知识分子的某些上层人物以及某些高级职员等等，都应当如此。

我们也有做到这一点的手段。一个正在打仗的资本主义国家向我们提供了做到这一点的手段和武器。这个手段就是粮食垄断、面包配给制和普遍劳动义务制。"不劳动者不得食"，——这是工人代表苏维埃掌握政权后能够实现而且一定要实现的最重要、最主要的根本原则。

每个工人都要有一本劳动手册。那时，这个证件对他并不是一种侮辱，虽然**现在**它无疑是资本主义雇佣奴隶制的证件，是劳动者隶属于某个寄生虫的证明。

苏维埃将首先**在富人中间，然后**逐渐在全体居民中间推行劳动手册的制度（在一个农民国家里，绝大多数农民大概在一个长时期内还是用不着劳动手册的）。劳动手册将不再是"贱民"的标志，不再是"下"等人的证件，不再是雇佣奴隶制的证明。它将是新社会里不再有"工人"但人人又都是**工作者**的证明。

富人应当向最接近他们的工作范围的工人联合会或职员联合会领取劳动手册，每周或每隔一定时间必须从该联合会取得他们工作踏实的证明；否则他们就不能领到面包配给证和其他一切食品。无产阶级的国家会说：我们需要银行业的和企业联合的优秀组织者（在这方面，资本家有比较多的经验，而使用有经验的人，工作就比较容易进行），我们需要比从前愈来愈多的工程师、农艺师、技术人员以及各种具有科学知识的专家。我们要所有这类工作人员担任他们能胜任的和熟悉的工作，我们大概只能逐渐实现报酬的完全平等，在过渡期间将保留这些专家较高的报酬,但是,我们要使他们受到工人的全面监督,我们要彻底地无条件地实行"不劳动者不得食"的原则。我们并不臆造什么工作组织形式,而是从资本主义那里把银行、辛迪加、最好的工厂、试验站、科学院等这些现成的组织形式拿过来;我们只能借鉴先进国家最好的经验。

选自《列宁全集》第2版第32卷
第298—304页

工人同被剥削劳动农民的联盟

给《真理报》编辑部的信

(1917年11月18日〔12月1日〕)

今天,11月18日星期六,我在农民代表大会[42]上发言时,有人当众向我提出一个问题,我立刻作了答复。这个问题以及我的答复必须立即让所有读者都知道,因为,从形式上说,我只是以个人名义讲话,而实质上我是代表整个布尔什维克党讲话的。

事情是这样的。

我在讲话中提到工人布尔什维克同目前许多农民所信任的左派社会革命党人[43]的联盟问题时作过论证,这个联盟**可以**成为"真诚的联合",真诚的联盟,因为雇佣工人和被剥削劳动农民的利益**没有**根本相悖的地方。社会主义**完全**能够满足两者的利益。而且**只有**社会主义才能满足他们的利益。因此,无产者同被剥削劳动农民之间的"真诚的联合"是可能的,也是必要的。相反地,以被剥削劳动阶级为一方同资产阶级为另一方的"联合"(联盟),由于两者的利益是根本相悖的,**不**可能是"真诚的联合"。

我说过:假定政府中布尔什维克占多数,左派社会革命党人占

列宁在这封信中阐明了工农联盟的意义,指出在社会主义革命中,农民是工人的同盟者,雇佣工人和被剥削的农民必须而且也能够实现真诚的联合,因为他们的根本利益是一致的,社会主义完全能够体现工农的利益,而且也只有社会主义才能保证他们的利益真正得到实现。

少数,甚至只有一个农业人民委员是左派社会革命党人,在这种情况下,布尔什维克是不是能够实现真诚的联合呢?

能够,因为布尔什维克在反对反革命分子(其中包括右派社会革命党人[27]和护国派)的斗争中固然决不调和,但在就有关全俄苏维埃第二次代表大会[44]所批准的土地纲领中纯社会革命党的条文的问题进行表决时则应当**弃权**。例如,土地平均使用和在小业主中间重分土地就属于这样的条文。

布尔什维克在表决这样的条文时弃权,**丝毫没有违背**自己的纲领。因为在社会主义胜利的条件下(对工厂实行工人监督,接着是剥夺这些工厂,实现银行国有化,建立调节国内整个国民经济的最高经济委员会),工人们**必须同意**被剥削劳动农民小农提出的过渡办法,只要这些办法**不危害**社会主义事业。我说过:当考茨基还是马克思主义者的时候(1899—1909年),他多次肯定,大农业的国家和小农业的国家向社会主义过渡的办法,是不可能一模一样的。

在人民委员会或中央执行委员会表决这类条文时,我们布尔什维克必须弃权,因为在左派社会革命党人(以及站在他们那一边的农民)同意实行工人监督和银行国有化等等条件下,土地平均使用不过是达到完全的社会主义的一种**过渡**办法。无产阶级**硬性规定**这样的过渡办法是荒谬的;为了社会主义的胜利,它在选择这些过渡办法的时候,必须向被剥削劳动农民小农**让步**,因为这些办法不会**危害**社会主义事业。

当时有一个左派社会革命党人(如果我没有记错的话,这是费奥菲拉克托夫同志)向我提出了这样一个问题:

"如果在立宪会议中,农民希望通过关于土地平均使用的法律,而资产阶级反对农民,如何解决取决于布尔什维克,这时布尔什维克将采取什么态度？"

　　我回答说：在实行了工人监督和银行国有化等等措施、社会主义事业有了保障的情况下，无产阶级政党为了工人同被剥削劳动农民的联盟，必须投票赞成农民，反对资产阶级。我认为，布尔什维克在投票的时候，可以提出自己的特别声明，保留自己的不同意见等等，但如果在这种情况下弃权，那就是由于局部的意见分歧而出卖自己**在争取社会主义的斗争中**的同盟者。布尔什维克在这种情况下决不会出卖农民。只要政权掌握在工农政府手里，只要实行了工人监督，实行了银行国有化，建立了指导（调节）**整个**国民经济的工农最高经济机构等等，土地平均使用等办法是**决不会**危害社会主义的。

　　这就是我的答复。

尼·列宁

选自《列宁全集》第2版第33卷
第98—100页

怎样组织竞赛?

(1917年12月24—27日〔1918年1月6—9日〕)

资产阶级的著作家过去和现在耗费了无数的笔墨,来赞扬资本家和资本主义制度的竞争、私人进取心及其他绝妙的品质和魅力。他们责备社会主义者不愿意了解这些品质的意义和不顾"人的本性"。其实,资本主义早已把那种能使竞争在稍微**广阔的**范围内培植进取心、毅力和大胆首创精神的独立的小商品生产排挤掉了,而代之以大的和最大的工厂生产、股份企业、辛迪加和其他垄断组织。在**这样的**资本主义制度下,竞争意味着空前残暴地压制**广大的**、占绝大多数的居民,即百分之九十九的劳动者的进取心、毅力和大胆首创精神,而且还意味着排斥竞赛,而代之以社会阶梯上层的金融诈骗、任人唯亲和阿谀逢迎。

社会主义不仅不窒息竞赛,反而第一次造成真正**广泛地**、真正**大规模地**运用竞赛的可能,把真正大多数劳动者吸引到这样一个工

列宁在文中指出,社会主义第一次造成真正广泛地、真正大规模地运用竞赛的可能。社会主义革命的生机勃勃的力量和不可战胜的原因,就在于它使劳动者从被迫劳动转变成为自己劳动,就在于它激发了工人阶级和广大劳动群众的首创精神,使他们自觉投入创造性的伟大事业。由工农群众对产品的生产和分配实行全面的计算和监督,是社会主义改造的实质,是社会主义胜利的保障,必须鼓励他们在组织计算和监督的实际工作中开展竞赛。列宁还强调指出,现在一切都在于实践,现在已经到了这样一个历史关头:理论在变为实践,理论由实践赋予活力,由实践来修正,由实践来检验。

作舞台上来，在这个舞台上，他们能够大显身手，施展自己的本领，发现有才能的人。有才能的人在人民中间是无穷无尽的，可是资本主义却把他们成千上万乃至成百万地摧残、压制和窒息了。

现在当社会主义政府执政时，我们的任务就是要组织竞赛。

资产阶级的走卒和食客们把社会主义描写成生活千篇一律的、死气沉沉的、单调无味的军营。富人的奴才，剥削者的仆从——资产阶级知识分子老爷们，总是拿社会主义来"吓唬"人民，然而，正是在资本主义制度下，人民才注定了要过那种服苦役住军营的生活，从事永无休止、令人厌烦的劳动，过着半饥半饱、贫困不堪的日子。使劳动者摆脱这种苦役生活的第一步，就是没收地主土地，实行工人监督，把银行收归国有。下一步便是把工厂收归国有，强迫全体居民加入消费合作社（这种合作社同时又是产品销售合作社），以及由国家垄断粮食和其他必需品的贸易。

只有现在才广泛地、真正普遍地开辟了表现进取心、进行竞赛和发挥大胆首创精神的可能性。每个赶走了资本家或者至少是用真正的工人监督制服了资本家的工厂，每个赶跑了地主剥削者并且剥夺了他们土地的农村，现在而且只有现在才成了劳动者可以大显身手的场所，在这里劳动者可以稍微直一点腰，可以挺起胸来，可以感到自己是人了。他们千百年来都是为别人劳动，被迫为剥削者做工，现在第一次有可能**为自己工作**，而且可以利用技术和文化的一切最新成就来工作了。

用为自己劳动取代被迫劳动，是人类历史上最伟大的更替，当然不能不发生摩擦、困难和冲突，不能不对那些顽固的寄生虫及其走卒采用暴力。在这方面，任何一个工人都不抱什么幻想。工人和贫苦农民成年累月地替剥削者做苦工，受到了剥削者无数的欺侮和凌辱，过着极端贫困的生活，由于他们经受了这些磨炼，他们知道要**粉碎**剥削者的反抗是需要时间的。工人和农民丝毫没有染上多愁善感的知识分子老爷们、所有这些新生活派[36]和其他废物的幻想，这些人力竭声嘶地"高喊"反对资本家，"指骂"资本家、"痛斥"资本家，可是一到**要真正行动**，要把威胁变成事实，要在实践中真正**去掉**资本家的时候，他们就痛哭流涕，活像一只挨了打的小狗。

用全国广大范围内（在某种程度上也是在国际的、世界的范围内）有计划地组织起来的为自己的劳动取代被迫劳动，——这种伟大的更替除需要采取**"军事"**措施镇压剥削者的反抗，还需要无产阶级和贫苦农民作出**组织方面的**即组织家的巨大努力。组织任务同采取军事措施无情地镇压昨天的奴隶主（资本家）及其奴才们（资产阶级知识分子老爷们）的任务，已经结成一个不可分割的整体。昨天的奴隶主和他们的知识分子奴仆们总是这样想，这样说：我们一向是组织者和长官，一向是发号施令的，我们仍旧要这样，我们不会听"老百姓"的话，不会听工人和农民的话，不会服从他们，我们要把知识变成保护富人特权和保护资本对人民的统治的工具。

资产者和资产阶级知识分子就是这样想，这样说，这样做的。从**一己私利的**角度来看，他们的行为是可以理解的，因为农奴主地主所豢养的食客和寄生虫，神父、录事、果戈理笔下的那类官吏、那些痛恨别林斯基的"知识分子"，对农奴制也是"恋恋"不舍的。可是剥削者及其知识分子奴仆的事业是毫无希望的事业。工人和农民正在粉碎他们的反抗（可惜还不够坚决、果断和无情），**而且一定会粉碎**他们的反抗。

"他们"以为，社会主义革命赋予劳动者的那种伟大的、在世界历史上是真正豪迈的组织任务，"老百姓"即"普通"工人和贫苦农民是负担不了的。那些惯于替资本家和资本主义国家效劳的知识分子自我安慰说："没有我们不行。"他们厚颜无耻的盘算是不会实现的，因为有学问的人现在正在分化，正在转到人民方面，转到劳动者方面来，并且帮助他们粉碎资本奴仆们的反抗。而有组织才能的人在农民和工人阶级中间是很多的，他们现在才刚刚开始认识自己，觉醒过来，投入生气勃勃的、创造性的、伟大的工作，独立地着手建设社会主义社会。

现在最主要的任务之一，也许就是最主要的任务，是尽量广泛地发扬工人以及一切被剥削劳动者在创造性的**组织**工作中所表现的这种独创精神。无论如何要打破这样一种**荒谬的**、怪诞的、卑劣的陈腐偏见，似乎只有所谓"上层阶级"，只有富人或者受过富有阶级教育的人，才能管理国家，才能领导社会主义社会的组织建设。

这是一种偏见。这种偏见受到了陈规陋习、守旧心理、奴才习气，尤其是资本家的卑鄙私利的支持。资本家所关心的是怎样借掠夺来管理，借管理来掠夺。不，工人们一分钟也不会忘记自己需要知识的力量。工人们在追求知识方面表现出非常大的热情，而且正是在现在表现出来，这证明无产阶级在这方面没有而且也不可能有迷误。凡是识字的、有识别人的本领的、有实际经验的**普通**工人和农民都能够胜任**组织家的**工作。资产阶级知识分子用傲慢蔑视态度谈论的"老百姓"中，有**很多**这样的人。这样的有才能的人在工人阶级和农民中间是无穷无尽、源源不绝的。

工人和农民还有些"胆怯"，对于**自己**现在是**统治**阶级这一点还不习惯，他们还不够坚决。革命不可能**立刻**在一生困于饥饿贫穷而不得不在棍棒下工作的千百万人身上培养出这些品质。但是，1917年十月革命的力量，它的生命力，它的不可战胜性，正是在于它**激发**这些品质,破除一切旧的障碍,摧毁腐朽的桎梏,把劳动者引上**独立**创造新生活的道路。

计算和监督,这就是每个工兵农代表苏维埃、每个消费合作社、每个工会或供给委员会、每个工厂委员会或一般工人监督机关的**主要**经济任务。

用被迫劳动者的眼光来看待劳动量,看待生产资料,即尽量躲避加重的担子,只求**从资产阶级那里**捞一把,——这种旧习惯必须破除。先进的有觉悟的工人已经开始了这场斗争,坚决反击有些新进厂的人(这样的人在战争时期特别多),因为他们现在对待**人民的**工厂,对待已经变成人民财产的工厂,还像从前那样,一心想"多捞一把,然后溜之大吉"。一切有觉悟的、诚实的、有头脑的农民和劳动群众,在这场斗争中一定会站到先进工人这方面来。

既然无产阶级的政治统治已经建立,已经有了保障,那么,实行计算和监督,实行全面的、普遍的、包括一切的计算和监督,即对劳动数量和产品分配实行计算和监督,——**只要**它们由作为最高国家政权机关的工兵农代表苏维埃来实行,或者依照**这个**政权机关的指示和委托来实行,——这就是社会主义改造的**实质**。

过渡到社会主义所必需的计算和监督,只能由群众来实行。只有工农**群众**怀着满腔的革命热情自愿地和诚挚地进行合作,共同**对富人**、**骗子**、**懒汉**和**流氓**实行计算和监督,才能清除万恶的资本主义社会的这些残余,清除人类的这些渣滓,清除这些无可救药的、腐烂的、坏死的部分,清除这些由资本主义遗留给社会主义的传染病、瘟疫和溃疡。

工人和农民们,被剥削劳动者们!土地、银行、工厂已经变成全体人民的财产了!大家**亲自**来计算和监督产品的生产和分配吧,这是**唯**

一走向社会主义胜利的道路,社会主义胜利的保障,战胜一切剥削和一切贫困的保障!因为俄国有足够的粮食、铁、木料、羊毛、棉花和亚麻,可以满足全体人民的需要,只是必须正确地分配劳动和产品,对这种分配建立**切实可行的**全民监督,**不仅**在政治上而且在**日常经济**生活中战胜那些人民的敌人——首先是富人和他们的食客,其次是骗子、懒汉和流氓。

对这些人民的敌人,社会主义的敌人,劳动者的敌人要毫不宽容。必须同富人和他们的食客即资产阶级知识分子作殊死的斗争,向骗子、懒汉、流氓开战。这前后两种人,都是同胞兄弟,都是资本主义的儿女,都是贵族和资产阶级社会的产儿。在这种社会中,一小撮人掠夺人民,侮辱人民。在这种社会中,贫困驱使成千上万的人走上流氓无赖、卖身投靠、尔虞我诈、丧失人格的道路。在这种社会中,必然使劳动者养成这样一种心理:为了逃避剥削,就是欺骗也行;为了躲避和摆脱令人厌恶的工作,就是少干一分钟也行;为了不挨饿,为了使自己和亲人吃饱肚子,就是不择手段,不惜任何代价,哪怕捞到一块面包也行。

富人和骗子是一枚奖章的两面,这是资本主义豢养的两种主要**寄生虫**,这是社会主义的主要敌人,这些敌人应当由全体人民专门管制起来,只要他们稍一违背社会主义社会的规章和法律,就要无情地予以惩治。在这方面任何软弱、任何动摇、任何怜悯,都是对社会主义的极大犯罪。

要使社会主义社会不受这些寄生虫的危害,就必须对劳动数量,对产品的生产和分配组织全民的、千百万工人和农民自愿地积极地用满腔革命热情来支持的计算和监督。而要组织这种计算和监督,即每个诚实、精明、能干的工人和农民**完全能够做到**和完全能够胜任的计算和监督,就必须唤起工农自己的、也就是从他们中间产生的有组织才能的人,必须鼓励他们在组织工作方面实行**竞赛**,并在全国范围内把这种竞赛组织起来,必须使工人和农民清楚地懂得,应当向有学问的人请教是一回事,而应当由"普通的"工农来监督那些"有学问的"人所常有的**懈怠**是另一回事。

这种懈怠、大意、马虎、草率、急躁,喜欢用讨论代替行动,用空谈代替工作,干什么事都是开一个头但又半途而废,——这是"有学问的人"的特点之一,这根本不是由他们天性低劣,更不是由他们存心不良造成的,而是由他们的全套生活习惯、他们的劳动环境、疲劳过度、脑力劳动和体力劳动的反常分离等等造成的。

由于我们的知识分子的这种可悲的、但在目前不可避免的特点,由于**工人**对知识分子的**组织**工作**缺乏**应有的监督,因而产生了一些错误、缺点和失策,这些东西在我国革命的错误、缺点和失策中占了不小的地位。

工人和农民还有些"胆怯",他们应当克服这种毛病,他们**一定**会克服这种毛病。没有知识分子、专家这些有学问的人的建议和指导性的意见是不行的。任何一个有点头脑的工人和农民,对于这一点是知道得很清楚的,我们的知识分子不能抱怨工农对他们不够重视,对他们缺少同志式的尊敬。但是,建议和意见是一回事,组织**实际的**计算和监督又是一回事。知识分子往往能够提出极好的建议和意见,可是他们"笨手笨脚"到了可笑、**荒谬**和丢脸的地步,没有本事去**实行**这些建议和意见,**切实监督**怎样把言论变成行动。

由此可见,如果没有来自"老百姓"即工人和劳动农民的实际组织工作者的帮助,**没有**这些人的**领导作用**,是绝对不行的。"事在人为",工人和农民应当把这个真理牢牢记住。他们应当懂得,现在一切都**在于实践**,现在已经到了这样一个历史关头:理论在变为实践,理论由实践赋予活力,由实践来修正,由实践来检验;马克思说的"一步实际运动比一打纲领更重要"①这句话,显得尤其正确了,——在对富人和骗子切实进行惩治、限制,对他们充分实行计算和监督的每一步,都比一打冠冕堂皇的关于社会主义的议论更重要。要知道,"我的朋友,理论是灰色的,而生活之树是常青的"②。

必须组织来自工农的实际组织工作者互相展开竞赛。必须反对知识分子所爱好的一切死套公式和由上面规定划一办法的企图。无论是死套公式或者由上面规定划一办法,都与民主的、社会主义的集中制毫无共同之点。在细节方面,在地方特征方面,在**处理**问题的方法、实现监督的**方法**以及消灭和制裁寄生虫(富人和骗子,知识分子中间的懒汉和歇斯底里人物等等)的**手段**方面,**多样性**不但不会破坏在主要的、根本的、本质的问题上的统一,反而会保证这种统一。

巴黎公社做出了把来自下面的首创精神、独立性、放手的行动、雄伟的魄力和自愿实行的、与死套公式不相容的集中制互相结合起来的伟大榜样。我们的苏维埃走的也是这条道路。但是苏维埃还有些"胆怯",还没有放开手脚,还没有"渗透"到建立社会主义秩序这一新的、伟大的、创造性的工作中去。必须使苏维埃更大胆、更主动地去从事工作。必须使每个"公社"——每个工厂,每个乡村,每个消费合作社,每个供给委员会——都能作为对劳动和产品分配实行计算和监督的实际组织工作者,互相展开**竞赛**。这种计算和监督的纲领是简单明了的,谁都懂得的:它就是要使每个人都有面包吃,都能穿上结实

---

① 见《马克思恩格斯选集》第3卷人民出版社1972年版第3页。——编者注
② 见约·沃·歌德《浮士德》第1部第4场《浮士德的书斋》。——编者注

的鞋子和整洁的衣服,都有温暖的住宅,都能勤勤恳恳地工作;不让一个骗子(其中也包括不愿做工的懒汉)逍遥自在,而是把他们关进监牢,或者给予最繁重的强迫劳动的处分;不让一个违反社会主义规章和法律的富人逃脱理所当然与骗子同样的命运。"不劳动者不得食",——这就是社会主义**实践的**训条。这就是必须**实际**安排好的事情。我们的"公社"、我们的来自工农的组织工作者,尤其是知识分子出身的组织工作者,应当为这些**实际**成就而自豪(这里加上**尤其**二字,是因为知识分子**太**习惯于而且**过分**习惯于以自己的空泛的意见和决议而自豪)。

对富人、骗子和懒汉切实进行计算和监督的成千上万种方式和方法,应当由公社本身、由城乡基层组织在实践中来创造和检验。方式方法的多样性,可以保证具有活力,保证成功地达到共同的一致的目标,即**肃清**俄国土地上的一切害虫,**肃清**骗子这种跳蚤和富人这种臭虫,等等。有的地方会监禁十来个富人、一打骗子、半打逃避工作的工人(在彼得格勒,特别是党的各个印刷所,有许多排字工人逃避工作,这同样也是流氓行为)。有的地方会叫他们去打扫厕所。有的地方在他们监禁期满后发给黄色身份证,使全体人民在他们改过自新以前把他们当做**危害**分子加以监视。有的地方会从十个寄生虫中挑出一个来就地枪决。还有的地方会想到把不同办法配合起来运用,例如,把富人、资产阶级知识分子、骗子和流氓中的那些可以改正的人有条件地释放,使他迅速改过自新。方式愈多愈好,方式愈多,共同的经验就愈加丰富,社会主义的胜利就愈加可靠、愈加迅速,而实践也就愈容易创造出——因为只有实践才能创造出——**最好的**斗争方式和手段。

看哪一个公社,大城市的哪一个街区,哪一个工厂,哪一个村

子,**没有**挨饿的人,**没有**失业的人,**没有**有钱的懒汉,**没有**资产阶级
奴才中的恶棍和自称为知识分子的怠工分子;看哪里为提高劳动生
产率做的事情最多;看哪里在为穷人建造新的好的住宅、安置穷人
住进富人的住宅、按时供给穷人家小孩每人一瓶牛奶等方面做的事
情最多;——正是在这些问题上,各个公社、村社、消费生产合作社
和协作社以及各工兵农代表苏维埃应当展开**竞赛**。正是应当通过这
些工作让**有组织才能的人在实践中**脱颖而出,并且把他们提拔上来,
参加全国的管理工作。这样的人在人民中间是很多的。不过他们都被
埋没了。必须帮助他们发挥才能。他们,**而且只有他们**才能在群众的
支持下拯救俄国,拯救社会主义事业。

选自《列宁全集》第2版第33卷
第200—211页

俄共（布）第七次（紧急）
代表大会文献[45]（节选）

（1918年3月）

9

关于修改党纲和更改党的
名称的报告[46]

（3月8日）

　　同志们，你们都知道，关于更改党的名称的问题从1917年4月起就在党内展开了相当详细的讨论，因此，中央委员会一下子就通过了看来不会引起很大争论、甚至不会引起任何争论的决议，即中央委员会建议更改我们党的名称，把它叫做俄国共产党，并在括号里附上布尔什维克。我们都认为附上这几个字是必要的，因为"布尔什维克"这

　　在这里节选的报告和发言中，列宁提出了修改党纲的指导思想，阐明了把党的名称改为共产党的重要意义。他主张从世界形势的发展和俄国的实际情况出发来修改党的纲领，要求补充有关帝国主义和社会革命时代的论述。他反对在党纲中具体描述所谓"充分发展了的社会主义"即共产主义，指出，过渡到社会主义还要经过多少阶段，完全建成的社会主义将是个什么样子，我们不知道也不可能知道，因为现在还没有实践。列宁认为，共产党这个名称在科学上是唯一正确的，因为社会主义改造的最终目的是建立共产主义社会。

个词不仅在俄国政治生活中,而且在一切注视俄国整个事态发展的外国报刊上都得到了公认。"社会民主党"这个名称在科学上是不正确的,这一点在我们的报刊上也已经作过解释。工人建立了自己的国家之后,就了解到民主制(资产阶级民主制)的旧概念在我国革命的发展过程中已经过时了。我们建立了西欧任何地方都不曾有过的民主类型。只有巴黎公社是它的雏型,而恩格斯在谈到巴黎公社时说过,公社已经不是原来意义上的国家了①。总之,既然劳动群众亲自担负起管理国家和建立维持这种国家制度的武装力量的事业,那么,特殊的管理机构,实行某种国家强力的特殊机构就开始消失,因此,我们也就不能赞成旧形式的民主。

另外,我们开始社会主义改造的时候,应该给自己清楚地提出这些改造归根到底所要达到的目的,即建立共产主义社会。共产主义社会不仅仅限于剥夺工厂、土地和生产资料,不仅仅限于严格地计算和监督产品的生产和分配,并且要更进一步实行各尽所能、按需分配的原则。因此,共产党这个名称在科学上是唯一正确的。有一种反对意见认为,有人可能因此把我们同无政府主义者混淆起来,这种意见在中央委员会里马上就遭到了否决,因为无政府主义者从来不把自己仅仅称为共产主义者,总是附加一些东西。社会主义在这方面也是各式各样的,但是这并没有使社会民主党人同社会改良派、民族社会党人以及诸如此类的党派混淆起来。

另外,更改党的名称的最重要的理由是:直到现在,欧洲各先进国家旧的正式的社会党,都没有摆脱使欧洲正式社会主义在这次战争中彻底破产的社会沙文主义和社会爱国主义的乌烟瘴气,因此直到现

①参看《马克思恩格斯选集》第3卷人民出版社1972年版第30页。——编者注

在,几乎所有正式的社会党都是工人社会主义革命运动真正的障碍,真正的绊脚石。现在各国劳动群众对我们党无疑抱有极大的同情,我们党应该尽量坚决果断、明白无误地声明我们党同这种旧的正式的社会主义断绝关系,而更改党的名称将是达到这个目的的最好办法。

其次,同志们,关于党纲的理论部分、关于它的实践和政治部分的问题是一个更加困难得多的问题。关于党纲的理论部分,我们已有了一些材料:莫斯科和彼得堡出版了关于修改党纲的文集[47],在我们党的两个主要理论刊物(彼得堡出版的《启蒙》[48]和莫斯科出版的《斯巴达克》[49])上刊登过论述怎样修改我们党纲理论部分的文章。我们在这方面有了一定的材料。曾经有过两种基本观点,在我看来,这两种观点并没有分歧,至少没有原则上、根本上的分歧。一种观点认为,我们丢掉我们纲领[50]中原有的理论部分是没有根据的,甚至是不正确的。我赞成这个观点。不过应该把关于帝国主义这个资本主义发展的最高阶段的论述补充进去,同时,考虑到社会主义革命时代已经开始,还应当把关于社会主义革命时代的论述补充进去。不管我们的革命,国际无产阶级大军中的我们这支队伍的命运如何,不管革命今后的变化如何,不管怎么样,卷入这场战争并把最先进国家弄到饥荒、破产和野蛮地步的帝国主义国家,实际上都已经陷入绝境。这里应该用30年前(1887年)弗里德里希·恩格斯在估计欧洲战争的前途时说过的话。他说,在欧洲,王冠将成打地滚落街头而无人拾取;他说,许多欧洲国家都难免要遭到难以置信的经济破坏,欧洲战争惨祸只能有一个结局,按照他的说法就是:"不是工人阶级取得胜利,就是造成可能取得和必然取得这个胜利的条件。"[①]恩格斯对这一点说得非常

----
① 见《马克思恩格斯选集》第4卷人民出版社1972年版第267页。——编者注

精确和谨慎。恩格斯不同于那些歪曲马克思主义的人,不同于那些拿自己过了时的谬论来炫耀的人,他们认为在经济破坏的基础上不可能有社会主义,恩格斯清楚地知道,甚至在任何一个先进的社会里,任何一次战争不仅会造成破坏、野蛮、痛苦,使群众遭受灾难,使他们淹没在血泊中,同时,也不能保证这就会导致社会主义的胜利。他说,将来"不是工人阶级取得胜利,就是造成可能取得和必然取得这个胜利的条件",因此,也就是说,在文化和生产资料遭到严重破坏的情况下,可能还会有许多艰苦的过渡阶段,但结果只能是劳动群众的先锋队即工人阶级的奋起和过渡到由它夺取政权来建立社会主义社会。因为,不管文化遭到怎样的破坏,都不能把它从历史生活中除掉,要恢复它虽然困难,但是,在任何时候无论什么样的破坏都不能使文化完全消灭。这种文化的某些部分、某些物质残余是消灭不了的,困难只是在于恢复文化。因此,一种观点认为,我们应该保留旧的纲领,而把有关帝国主义和社会革命开始的论述补充进去。

我已经在我发表的党纲草案①里表明了这个观点。另外一个草案由索柯里尼柯夫同志发表在莫斯科的文集中。另一种观点反映在我们的一些交谈中,特别是反映在布哈林同志的谈话中,由弗·斯米尔诺夫同志发表在莫斯科的文集中。这个观点认为,必须把纲领中原有的理论部分全部删去或者差不多全部删去,用新的来代替它,也就是说不像我们的纲领那样论述商品生产和资本主义的发展史,而是论述当前资本主义发展的最高阶段——帝国主义,以及直接向社会革命时代的过渡。我并不认为这两个观点有原则的、根本的分歧,但我仍然坚持自己的观点。我认为,把论述从商品生产到资本主义的发

---

① 见《列宁全集》第2版第29卷第481—493页。——编者注

展的旧纲领删去，在理论上是不对的。那里并没有什么不正确的东西。过去和现在事情正是这样发展的，因为商品生产产生了资本主义，而资本主义又导致帝国主义。这是总的世界历史前景，不应当忘记社会主义的基础。无论今后的斗争会有什么变故，无论有多少局部的曲折需要我们去克服（这种曲折今后会有很多——我们亲眼看到革命历史有过多大的波折，这还是仅就我国来说的；当革命转变为欧洲革命的时候，事情的发展就会更复杂、更迅速，发展的速度就会更迅猛，转变也就会更复杂），为了在这些历史的曲折和波折中不至于迷失方向，并牢记总的前景，以便能看到贯穿资本主义整个发展过程和通向社会主义整个道路的红线——自然，这条道路在我们的想象中是笔直的，而我们也应该把它想象为笔直的，以便看到它的开始、继续和终了，然而在实际生活中这条道路决不会是笔直的，而将是难以想象的复杂，——为了在这些波折中不至于迷失方向，为了在向后退却、暂时失利的时候，或者在历史或敌人把我们抛到后面去的时候不至于迷失方向，在我看来，不丢掉我们旧的基本的纲领是重要的，在理论上也是唯一正确的。因为目前我们俄国还只是处在由资本主义向社会主义过渡的第一阶段。历史没有给我们提供一个我们在某个时期曾经在理论上设想过、符合我们愿望并且能使我们迅速度过这些过渡阶段的和平环境。我们立刻看到的是俄国内战怎样给我们带来了许多困难以及内战怎样跟其他许多战争交织在一起。马克思主义者从来没有忘记，暴力将必然伴随着整个资本主义的彻底崩溃和社会主义社会的诞生。而且这种暴力将构成世界历史的一个时期，一个充满着各式各样战争的整个时代，其中包括帝国主义战争，内战，二者相互交织的战争，民族战争，即受帝国主义者以及在大规模国家资本主义、军事托拉斯和辛迪加时期必然结成这种或那种联盟的帝国主义列强压迫的民族的解放战争。这个时代,这个发生大崩溃、动辄诉诸武力、充满危机的时代已经开始了。我们清楚地看到这个时代,而这还仅仅是开始。所以,我们没有理由完全删掉论述一般商品生产和一般资本主义的部分。在完全摆脱资本主义并开始向社会主义过渡的道路上,我们刚刚迈出了最初的几步。我们不知道,而且也不可能知道,过渡到社会主义还要经过多少阶段。这取决于具有相当规模的欧洲社会主义革命何时开始,取决于它轻易地、迅速地还是缓慢地战胜自己的敌人,走上社会主义发展的康庄大道。我们不知道这一点,而马克思主义政党的纲领应该以绝对确凿的事实为依据。我们纲领的力量就在这里,这个纲领已为革命的种种变故所验证。马克思主义者应该把自己的纲领完全建立在这个基础上。我们应依据的绝对确凿的事实就是:交换和商品生产的发展在全世界已经成了占主要地位的历史现象,导致了资本主义,而资本主义又发展到了帝国主义,这是确定不移的事实,必须首先在纲领中把这一点确定下来。这个帝国主义开始了社会革命的时代,这也是我们大家都很清楚的事实,我们也必须把它说清楚。我们在自己的纲领中确认这个事实,就是向全世界高举社会革命的火炬,——这不仅是作鼓动宣传,而且是展示新的纲领,告诉西欧各国人民:"这就是我们大家根据资本主义发展的经验得出的结论。这就是资本主义,它就是这样发展到帝国主义的。这就是现在正在开始的、按时间先后来说由我们担负了第一个角色的社会革命的时代。"我们要在一切文明国家的面前发表这个宣言,这个宣言不仅是热烈的号召,而且是有绝对确凿的论据的,是从所有社会主义政党都承认的事实当中得出来的。这样就会使这些现在已经背弃社会主义的政党的策略,同我们所赞同的、每个觉悟工人都熟知的理论前提,即资本主义在发展并转化为帝国主义这个理论前提之间的矛盾更加明显。在帝国主义战争的前夜,在开姆尼茨代表大会和巴塞尔代表大会的决议中曾经对帝国主义作过论述,这个论述同社会主义叛徒目前的策略之间的矛盾是非常大的。[51]因此,我们应该重申这个主要之点,以便更清楚地告诉西欧的劳动群众,他们的领导人应该在哪一点上受到谴责。

我认为这样的纲领结构在理论上是唯一正确的,其主要根据就在这里。把对商品生产和资本主义的论述当做陈旧的废物抛弃,这不是从当前发生的事件的历史性质出发,因为我们还没有超出从资本主义向社会主义过渡的最初几个阶段,俄国的特点使这一过渡更加复杂,这些特点在大多数文明国家内是没有的。因此,在欧洲,这些过渡阶段将是另外一种样子,这不仅是可能的,而且必然如此;所以,把全部注意力集中在那些带民族特色的过渡阶段上,从理论上说是错误的,因为这些过渡阶段对我们来说是必要的,对欧洲来说却未必必要。我们应该从商品生产的发展、向资本主义的过渡以及资本主义转变为帝国主义这个总的基础出发。这样,我们就能从理论上占领和巩固阵地,任何一个没有背叛社会主义的人都不会把我们赶出这个阵地。从这里可以得出同样必然的结论:社会革命的时代开始了。

我们这样做,始终是以确凿的事实为根据的。

其次,我们的任务就是要阐明苏维埃类型的国家。我在《国家与革命》①一书中曾尽力说明了我在这个问题上的理论观点。在我看来,马克思主义的国家观受到西欧占支配地位的正式社会主义的严重歪曲,苏维埃革命和俄国建立苏维埃的经验非常明显地证实了这

---

① 见《列宁全集》第2版第31卷第1—116页。——编者注

一点。我们的苏维埃还有许多东西很粗糙,不完善,这是毫无疑问的,每一个细心观察苏维埃工作的人都知道得很清楚,但是,这里重要的、有历史价值的、在全世界社会主义的发展中向前迈进了一步的东西,就是建立了新型的国家。在巴黎公社时期,这种类型的国家在一个城市里存在了几个星期,而且人们并没有理解他们自己所做的事情。那些创造了公社的人并不了解公社,他们以觉醒了的群众的天才的敏感创造了公社,但是没有一个法国社会主义派别理解他们所做的事情。而我们的情况不同,在我们之前有巴黎公社,有德国社会民主主义运动多年的发展,我们在建立苏维埃政权的时候,能够清楚地了解自己所做的事情。尽管苏维埃中存在着粗糙和无纪律这种我国小资产阶级特性的残余,新型的国家还是由人民群众建立起来了。它已经活动了不是几个星期,而是好几个月了,不是在一个城市,而是在一个大国,在好几个民族地区。苏维埃政权这种类型显示了威力,连芬兰这样一个在各方面都完全不同的国家也接受了,那里虽然没有苏维埃,但政权类型毕竟也是新的、无产阶级的。[52]这就证明:苏维埃政权是新型的国家,没有官僚,没有警察,没有常备军,以新的民主制代替了资产阶级民主制,这种新的民主制把劳动群众的先锋队推到了最重要的地位,使他们既是立法者,又是执行者和武装保卫者,并建立能够重新教育群众的机构,——所有这些,在理论上是无可争辩的。

在俄国这才刚刚开始,而且开始得并不好。如果我们意识到我们开始做的有哪些做得不好,我们是能够加以克服的,只要历史让我们能够有更多一些时间致力于苏维埃政权的工作。所以,我认为,对新型的国家的论述在我们的纲领中应该占有显著的地位。遗憾的是,目前我们不得不在从事政府工作的条件下,在异常匆忙的条件下来制定党纲,我们甚至未能召集自己的委员会,拟出正式的纲领草案。分发给代表同志们的东西只能称为草稿①,这一点大家都会清楚地看到。其中关于苏维埃政权的问题占了很大的篇幅,而我觉得正是在这里可以表现出我们的纲领的国际意义。我认为,如果我们只是用号召、口号、游行、宣言等等来表示我国革命的国际意义,那是极端错误的。这是不够的。我们必须具体地指给欧洲工人看,我们着手做了什么事情,怎样着手做的,怎样来理解这一点。这样就会促使他们具体地了解怎样达到社会主义的问题。这里他们必然会看到:俄国人正在着手做一件好事,如果俄国人做得不好,那么我们要做得好些。为此必须尽量提供更多的具体材料,说明我们试图创造什么新的东西。我们有苏维埃政权这种新型的国家;我们要竭力描述它的任务和结构,竭力说明,这种还有很多混乱和不合理现象的新型民主制,其活的灵魂就是政权转归劳动者,消灭剥削和镇压机关。国家是镇压机关。必须镇压剥削者,但是,用警察是镇压不了他们的,只有群众自己才能镇压他们,这种机关应该像苏维埃那样和群众有联系,应该代表群众。苏维埃同群众要接近得多,它们提供了接近群众的机会,它们提供了更多的机会去教育这些群众。我们清楚地知道,俄国农民渴望学习,但我们希望他们不要从书本上学习,而要从自身经验中来学习。苏维埃政权是群众立即开始学习管理国家和组织全国范围的生产的机关。这是一项艰巨的任务。但是,具有重要历史意义的是,我们正在着手解决这个任务,并且不仅着眼于我们一个国家,而且还号召欧洲工人来援助。我们正应该从这个总的观点来具体地说明我们的纲领。正因为如此,我们认为这是巴黎

---

① 见《列宁全集》第2版第34卷第65—71页。——编者注

公社道路的继续。正因为如此,我们相信欧洲工人在走上这条道路
以后一定会来援助我们。他们会更好地去做我们正在做的事情,并
把重心从形式方面转到具体条件上来。如果说过去要求保证集会
权利特别重要,那么现在我们对集会权利的看法是:现在谁也不能
妨碍集会了,苏维埃政权只需要提供集会用的大厅。对资产阶级来
说,重要的是一般地宣布冠冕堂皇的原则,他们说:"所有公民均有
集会权利,但是只能在露天集会,我们不提供会场。"而我们说:"少
讲空话,多做实事。"必须夺取宫殿,不仅夺取塔夫利达宫,还要夺
取其他许多宫殿,关于集会权利我们则不谈。这一点也应适用于民
主纲领的其他各条。我们应该自己来审判,公民应该普遍参加审判
工作和国家管理。对我们来说,重要的就是普遍吸收所有的劳动者
来管理国家。这是一项艰巨的任务。但是,社会主义不是少数人,不
是一个党所能实施的。只有千百万人学会亲自做这件事的时候,他
们才能实施社会主义。我们认为,我们的功劳就在于竭力帮助群众
立即亲自去做这件事情,而不是从书本上或从讲课中学习这一点。
因此,如果我们能具体地、明确地说出我们的这些任务,我们就会
推动全欧洲的群众去讨论这个问题和实际提出这个问题。也许该
做的事情我们做得并不好,但是我们是在推动群众去做他们应做
的事情。如果我国革命所做的事情不是偶然的,——我们深信它不
是偶然的,不是我们党的决议的产物,而是马克思称之为人民革
命的任何一次革命的必然产物,即人民群众用自己的口号、依自
己的愿望而不是靠重复旧的资产阶级共和国的纲领所进行的革
命的产物,如果我们这样提出问题,我们就能抓住最本质的东西。
这里我们接触到是否应该取消最高纲领和最低纲领之间的差别
问题。也应该,也不应该。我不怕取消,因为去年夏天有过的那种

观点,现在不应该再有了。当我们还没有夺得政权的时候,我说"还早",而现在,我们已经夺得了政权并且考验了这个政权,这就不早了[①]。我们现在应该拟定苏维埃政权的新纲领来代替旧纲领,但丝毫不拒绝利用资产阶级议会制。以为我们不会被迫倒退回去,那是空想。

俄国已经建立了苏维埃共和国,这在历史上是不容否认的。我们说,在任何被迫倒退的情况下,我们不拒绝利用资产阶级议会制,——如果敌对阶级的力量把我们赶上这条老路的话,但是我们的目标仍是争取经验所得到的东西,即苏维埃政权,苏维埃类型的国家——巴黎公社类型的国家。这一点应该在纲领中写明。我们要制定苏维埃政权的纲领来代替最低纲领。对新型国家的论述应该在我们的纲领中占显著的地位。

显然,我们现在还制定不出纲领。我们应该拟定纲领的基本要点,交给委员会或中央委员会去制定基本提纲。甚至可以更简单些,可以根据关于布列斯特-里托夫斯克会议的决议[②]来制定,因为那里已经提供了一个提纲。应当根据俄国革命的经验对苏维埃政权作出这种论述,然后提出实际的改造措施。我觉得,在这里,在纲领的历史部分,要指出目前已经开始没收土地和工厂[53]。在这里我们要提出具体的任务,即组织消费,普遍设立银行,把银行变成遍布全国的国家机关网,为我们提供公共簿记,提供由居民自己来进行的计算和监督,这是社会主义的下一些步骤的基础。我认为这是最困难的一部分,应该以我们苏维埃政权的具体要求的形式写出来,即目

---

① 见《列宁全集》第2版第32卷第363—367页。——编者注
② 见《列宁全集》第2版第34卷第32—33页。——编者注

前我们要做些什么工作,在银行政策方面,在组织产品生产,组织交换、计算和监督,实行劳动义务制等等方面打算进行哪些改革。如果获得成功,我们就要补充说明我们在这方面采取了哪些大大小小的步骤。这里应该十分精确和清楚地说明,什么是我们已经开始做了的,什么是我们还没有做完的。我们大家都清楚地知道,我们已经开始的工作有很大一部分还没有做完。我们丝毫不要夸大,不要脱离事实,要非常客观地在纲领中叙述我们已经做到的和我们打算要做的事情。我们要让欧洲的无产阶级看到真实情况,并对他们说:这是应该做的,——好让他们说:俄国人哪些事情做得不好,我们会做得好些。当群众都一心要这样做的时候,社会主义革命就会不可战胜。在大家眼前正在进行着一场帝国主义战争,一场纯粹掠夺性的战争。当这场帝国主义战争在大家眼中露出原形,变成所有的帝国主义者反对苏维埃政权、反对社会主义的战争时,这将再一次给西欧无产阶级以新的推动。必须揭露这一点,指出这是帝国主义者联合起来反对社会主义运动的战争。这就是我认为必须同你们谈谈的总的想法,根据这些想法,我具体建议马上交换对这个问题的基本看法,然后或许就在这里制定几个基本要点,如果认为这样做有困难,那现在就不这样做,而把党纲问题提交中央委员会或者一个专门委员会,委托它根据现有的材料和代表大会的速记记录或秘书的详细记录来制定党的纲领,而党的名称应该立即更换。我觉得,我们目前能够做到这一点,而且我认为大家都会同意:由于我们遇到了种种事件,我们的纲领在起草工作方面还没有准备好,在这种情况下我们现在不可能有别的办法。我相信,我们在几个星期之内能够做到这一点。在我们党的各个派别中有足够的理论人才,能在几个星期之内制定出纲领来。当然,纲领中会有许多错误之处,更不用说在文字和修辞方面不确切的地方,因为我们没有几个月的时间安安静静地坐下来进行这项工作,而安静却是文字工作所必需的。

所有这些错误我们将在工作过程中加以纠正,而我们深信,我们是在使苏维埃政权有可能实现这个纲领。我们至少要根据实际情况准确说明苏维埃政权是新型的国家,是无产阶级专政的形式,说明我们为民主制提出了不同的任务,我们把社会主义的任务从"剥夺剥夺者"这个一般的抽象的公式转到银行国有化[54]和土地国有化这样一些具体的公式,而这些将是纲领的主要部分。

土地问题应该这样进行修改:这里要反映出愿意站在无产阶级方面、愿意帮助它进行社会主义革命的小农是怎样在抱有各种偏见、各种旧观点的情况下开始给自己提出过渡到社会主义的实际任务的。我们不把这一点强加于别的国家,但这是事实。农民不是用空话,而是用实际行动表明,他们愿意帮助并且正在帮助已经夺得了政权的无产阶级实现社会主义。有人责备我们想用暴力实施社会主义,这是毫无根据的。我们将主要是从小农经济的观点来公平地分配土地。同时我们要优先照顾公社和大的劳动组合[55]。农民说:我们赞成垄断粮食贸易,我们赞成没收银行和工厂。我们愿意帮助工人实现社会主义。我认为必须用各种文字出版土地社会化基本法。这个法令正准备出版,也许已经出版了。我们要在纲领中具体地表达出这个思想,要在理论上谈清楚,同时丝毫不要离开确定不移的具体事实。在西欧将会有另外的做法。也许我们会犯错误,但是我们希望西欧无产阶级会纠正它。我们请求欧洲的无产阶级对我们的工作给予帮助。

这样,我们就能在几个星期内制定我们的纲领,而我们可能犯的错误,实际生活会纠正它,我们自己会纠正它。这些错误与我们将要取得的成绩比较起来是微不足道的。

选自《列宁全集》第2版第34卷
第40—52页

15

就布哈林对关于党纲的
决议的修正所作的发言[56]

（3月8日）

一

我无论如何不能同意布哈林同志的修正。纲领应该论述帝国主义和已经开始的社会革命时代。社会革命的时代已经开始了，这已经是确定不移的事实。而布哈林同志希望什么呢?他希望论述一下充分发展了的社会主义社会,即共产主义。这里他有一些不确切的地方。我们目前是绝对主张要有国家的,至于说要论述国家不复存在的、充分发展了的社会主义,那只能谈谈那时将实现各尽所能、按需分配的原则,别的就什么也想不出来了。但是,这些还是遥远的事,现在说这些,就等于什么也没有说,除非是说基础还很薄弱。如果我们达到社会主义,那么我们总有一天会达到这个目的。我们所说过的,已经够我们做的了。如果我们做到了这些,那就是巨大的历史功绩。要论述一下社会主义,我们还办不到;达到完备形式的社会主义会是个什么样子,——这我们不知道,也无法说。说社会革命的时代已经开始了,说我们已经做了些什么工作,还想做些什么,——这些我们是知道的,也是我们要说的,而这会向欧洲工人表明,我们可以说丝毫没有夸大自己的力量,而只是说,我们已经开始在做些什么,我们还打算做些什么。但是,要我们现在就知道完全建成的社会主义将是个什么样子,这我们不知道。在理论上,在理论著作里,在文章里,在讲话里,在讲演里,我们将阐述这样一种看法,即像考茨基那样反对无政府主义者是不正确的,但是我们不能把这一点放到纲领里去,因为还没有可以用来论述社会主义的材料。建设社会主义的砖头现在还没有烧好。我们不能再多说什么,而应当尽量谨慎和精确。我们纲领的吸引力就在这里,而且仅仅在这里。只要我们表示一点点奢望,硬要提供我们不能提供的东西,那就会削弱我们纲领的力量。他们就会怀疑我们的纲领只不过是一种空想。纲领要论述我们已经开始做的和今后我们准备采取的步骤。我们现在还无法论述社会主义,所以提出这个任务是不正确的。

选自《列宁全集》第2版第34卷
第60—61页

苏维埃政权的当前任务[57]

（1918年4月）

俄罗斯苏维埃共和国的国际环境和社会主义革命的基本任务

俄罗斯苏维埃共和国取得了和平（虽然是条件极其苛刻和极不稳固的和平），因而有可能在一段时间内把自己的力量集中到社会主义革命最重要和最困难的方面，即集中到组织任务上来。

在莫斯科举行的苏维埃非常代表大会[58]1918年3月15日通过的决议第4段（第4部分），在谈到劳动者的自觉纪律以及同混乱和组织涣散现象作无情的斗争的那一段（或那一部分），已经把这个任务向

这是列宁阐释苏维埃政权在转折时期的新任务和新方针的重要文章。列宁在文中指出，用新的方式去建立千百万人生活的最深刻的经济的基础，造成使资产阶级既不能存在也不能再产生的条件，这是社会主义革命最重要也是最困难的任务。应当把工作重心由过去的"直接剥夺剥夺者"转向在企业中组织计算和监督，把提高劳动生产率放在首要地位。围绕创造高于资本主义的劳动生产率这一目标，列宁阐述了一系列重要的条件和措施，特别强调必须发挥专家的作用，必须吸收资本主义在劳动组织方面的一切有价值的科学技术成果。列宁认为，社会主义能否实现，就取决于我们把苏维埃政权和苏维埃管理组织同资本主义最新的进步的东西结合得好坏。

一切被压迫劳动群众明确地提出来了。①

俄罗斯苏维埃共和国得到的和平不稳固,自然不是由于它现在想要恢复军事行动;除资产阶级反革命分子及其应声虫(孟什维克等等)外,没有一个头脑健全的政治家会想到这种事情。和平不稳固,是由于在东西两面同俄国接壤的、拥有强大军事力量的帝国主义国家里,主战派随时可能占上风,俄国的暂时虚弱使他们跃跃欲试,仇视社会主义和酷嗜抢劫的资本家们也在怂恿他们。

在这种情况下,帝国主义列强之间已经白热化的纠纷,对于我们说来,才是实际的而不是纸上的和平保证。这种纠纷一方面表现在西欧各国间的帝国主义大厮杀在重新进行,另一方面表现为日美争夺太平洋及其沿岸地区的霸权的帝国主义竞争极其剧烈。

很明显,防御力如此薄弱的我们苏维埃社会主义共和国,处于极不稳固、十分危急的国际环境中。我们必须竭尽全力利用客观条件的凑合给我们造成的喘息时机,医治战争带给俄国整个社会机体的极其严重的创伤,发展国家的经济。不这样做,就谈不到使国防力量真正有所增强。

同样很明显,我们对西欧由于种种原因而迟迟尚未爆发的社会主义革命能给予多少重大的援助,全看我们对面临的组织任务解决得如何。

顺利解决我们当前首要的组织任务的基本条件,就是要使人民的政治领导者即俄国共产党(布尔什维克)党员以及劳动群众中一切觉悟的分子,能够完全理解过去的历次资产阶级革命同现在的社会主义革命在这一方面的根本区别。

①见《列宁全集》第2版第34卷第114—115页。——编者注

在资产阶级革命中,劳动群众的主要任务,是完成消灭封建制度、君主制度、中世纪制度这种消极的或者说破坏性的工作。组织新社会的积极的或者说建设性的工作,是由占人口少数的有产者即资产者来完成的。他们能够不顾工人和贫苦农民的反抗而比较容易地完成这种任务,原因不仅在于受资本剥削的群众由于自身的涣散和不成熟,当时的反抗极其微弱,而且还在于自发地向广度和深度发展的国内市场和国际市场是在无政府状态中建立起来的资本主义社会的基本组织力量。

相反,在任何社会主义革命中,因而也在我们于1917年10月25日所开始的俄国社会主义革命中,无产阶级和它所领导的贫苦农民的主要任务,却是进行积极的或者说创造性的工作,就是要把对千百万人生存所必需的产品进行有计划的生产和分配这一极其复杂和精密的新的组织系统建立起来。这种革命,只有在人口的大多数首先是劳动群众的大多数进行独立的历史创造活动的条件下,才能顺利实现。只有在无产阶级和贫苦农民能够表现充分的自觉性、思想性、坚定性和忘我精神的情况下,社会主义革命的胜利才有保障。我们建立了使被压迫劳动群众能够十分积极地参加独立建设新社会的新型的国家,即苏维埃类型的国家,这还只是解决了困难任务的一小部分。主要的困难是在经济方面:对产品的生产和分配实行最严格的普遍的计算和监督,提高劳动生产率,使生产**在事实上社会化**。

————

现在成为俄国执政党的布尔什维克党的发展特别明显地表明,我们正在经历什么样的历史转折,这一转折构成目前政治局势的特点,要求苏维埃政权确定新的方针,就是说,以新的方式提出新的任务。

任何一个代表着未来的政党的第一个任务,都是说服大多数人民相信其纲领和策略的正确。无论在沙皇制度时代或在切尔诺夫之流、策列铁里之流同克伦斯基之流、基什金之流妥协的时期,这个任务都曾占据首要地位。现在这个任务当然还远未完成(而且无论何时都不会彻底完成),但是大体上已经解决了,因为在莫斯科举行的最近一次苏维埃代表大会已经无可争辩地证明,俄国大多数工人农民明显地站在布尔什维克方面。

我们党的第二个任务,是夺取政权和镇压剥削者的反抗。这个任务也远没有彻底完成。因此对这个任务不能忽视,因为君主派和立宪民主党人[37]以及他们的应声虫和走卒孟什维克和右派社会革命党人[27],仍然试图联合起来推翻苏维埃政权。可是,镇压剥削者反抗这个任务,在1917年10月25日到(大约)1918年2月或者说到鲍加耶夫斯基投降这个时期中,已经大体上解决了。

现在,构成目前时局特点的第三个迫切任务提上了日程,这就是组织对俄国的**管理**。当然,我们在1917年10月25日的第二天,就已经提出并且着手解决这个任务,可是在过去这段时间里,剥削者还采取公开的内战形式进行反抗,管理的任务**不可能**成为**主要的中心的**任务。

现在它已经成为这样的任务了。我们布尔什维克党已经**说服了**俄国。我们已经**夺回了**俄国——为了穷人,为了劳动者,从富人手里,从剥削者手里夺回了俄国。现在我们应当**管理**俄国。目前时局的全部特点,全部困难,就是要了解从主要任务是说服人民和用武力镇压剥削者转到主要任务是**管理**这一**过渡的特征**。

一个社会主义政党能够做到大体上完成夺取政权和镇压剥削

者的事业,能够做到**直接着手管理**任务,这在世界历史上是第一次。我们应该不愧为完成社会主义革命的这个最困难的(也是最能收效的)任务的人。应该**考虑到**,要有成效地进行管理,**除了**善于说服,除了善于在内战中取得胜利,还必须善于**实际地进行组织工作**。这是一项最困难的任务,因为这是要用新的方式去建立千百万人生活的最深刻的经济的基础。这也是一项最能收效的任务,因为只有解决(大体上和基本上解决)这项任务**以后**,才可以说,俄国不仅**成了**苏维埃共和国,而且**成了**社会主义共和国。

当前的总口号

条件极其苛刻和不稳固的和平,战争和资产阶级统治(其代表为克伦斯基和支持他的孟什维克以及右派社会革命党人)遗留给我们的极其严重的经济破坏、失业和饥荒,——这一切所造成的上述客观形势,必然使广大劳动群众十分疲惫,甚至精疲力竭。他们迫切要求(也不能不要求)一定的休息。现在提上日程的是恢复被战争和资产阶级统治所破坏的生产力,医治由战争、军事失败、投机活动和资产阶级妄图恢复被推翻的剥削者政权的行径所造成的创伤,发展国家的经济,稳固地维持基本秩序。苏维埃政权目前只有排除资产阶级、孟什维克和右派社会革命党人的反抗,实际解决这些维持社会生活的基本的和最基本的任务,才能保障俄国向社会主义过渡,——这看来好像是一种怪论,但事实上,在上述客观条件下,这却是毫无疑义的。现在，由于当前形势的具体特点，由于有了苏维埃政权及其关于土地社会化、工人监督等等法令，实际解决这些最基本的任务同克服走向社会主义的最初步骤的组织工作上的困难，已经成为同一个事物的两个方面。

精打细算，节俭办事，不偷懒，不盗窃，遵守最严格的劳动纪律——正是这些从前被资产阶级用来掩饰他们这个剥削阶级的统治时受到革命无产者的正当讥笑的口号，现在，在推翻资产阶级以后，已变成当前迫切的主要的口号。一方面，劳动**群众**切实实现这些口号，是挽救被帝国主义战争和帝国主义强盗（以克伦斯基为首）弄得半死的国家的**唯一**条件；另一方面，**苏维埃**政权用**自己的**方法，根据**自己的**法令来切实实现这些口号，又是取得社会主义最终胜利所必需的和**足够的**条件。那些鄙夷地拒绝把这些如此"陈腐的"和"庸俗的"口号提到首要地位的人，正是不善于了解这个道理。在推翻了沙皇制度仅仅一年、摆脱克伦斯基之流还不到半年的小农国家里，当然还有不少自发的无政府主义（每一次长期的和反动的战争带来的野蛮残暴行为更加强了这种无政府主义），还产生了不少悲观绝望和无端愤怒的情绪；如果再加上资产阶级的走狗（孟什维克、右派社会革命党人等等）的挑拨政策，那么，非常明显，要使群众的情绪完全转变，要使群众转到正规的、坚持不懈的、有纪律的劳动，优秀的和最觉悟的工人和农民需要作出多么长期而顽强的努力。只有贫苦群众（无产者和半无产者）实现了这种转变，才能完全战胜资产阶级，尤其是最顽固的和人数众多的农民资产阶级。

列寧全書第一種

勞農會之建設

列寧著

李立譯

廣州人民出版社印行

中国共产党创办的人民出版社1921年出版的列宁《苏维埃政权的当前任务》中译本(当时译《劳农会之建设》)

同资产阶级斗争的新阶段

资产阶级在我国已被击败，可是还没有根除，没有消灭，甚至还没有彻底摧毁。因此，同资产阶级斗争的新的更高形式便提到日程上来了，要由继续剥夺资本家这个极简单的任务转到一个更复杂和更困难得多的任务，就是要造成使资产阶级既不能存在也不能再产生的条件。很明显，这个任务是重大无比的，这个任务不完成，那就还没有社会主义。

拿西欧革命的规模来比较，我们现在大约处于1793年和1871年达到的水平。我们完全有理由引以自豪的是：我们达到了这种水平，并且在一个方面无疑还超过了一些，这就是用法令确认并在全国各地建立了最高的国家**类型**——苏维埃政权。但是我们绝不能满足于已经取得的成绩，因为我们仅仅是开始向社会主义过渡，而在**这**方面我们**还**没有做出有决定意义的事情。

有决定意义的事情是对产品的生产和分配组织最严格的全民计算和监督。但是在从资产阶级手里夺取过来的那些企业、经济部门和经济领域中，我们**还没有**做到计算和监督。而不做到这一点，便谈不到实施社会主义的另一个同样非常重要的物质条件，即在全国范围内提高劳动生产率。

因此，不能以继续向资本进攻这个简单的公式来规定当前的任务。虽然资本显然还没有被我们彻底击败，虽然向劳动者的这个敌人继续进攻也是绝对必要的，但这样规定当前任务就会不确切，不具体，其中没有估计到目前时局的**特点**:为了**今后**进攻的胜利，**目前**应当"暂停"进攻。

这一点可以打个比喻来说明。我们在反资本战争中的状况好比一支打胜仗的军队的状况，它已经从敌人手中夺取了比如一半或三分之二的地盘，它必须暂停进攻，以便聚集力量，增加武器弹药的储备，修理和加固交通线，建筑新的仓库，调集新的后备军等等。在这种情况下，打胜仗的军队暂停进攻，正是为了夺取敌人其余的地盘，即为了取得完全胜利所必需的。目前客观形势要求我们的正是要这样"暂停"向资本的进攻，谁不懂得这一点，那他就是完全不了解目前的政治局势。

当然，所谓"暂停"向资本的进攻只能是带引号的，只是个比喻。在通常的战争中，可以下一道暂停进攻的通令，可以实际停止前进。而在反资本的战争中，却不能停止前进，也谈不上我们不再继续剥夺资本。这里讲的是改变我们经济工作和政治工作的**重心**。在此以前，居**首要地位**的是直接剥夺剥夺者的措施。现在居**首要地位**的是在资本家已被剥夺的那些企业和其余一切企业中组织计算和监督。

如果我们现在想用以前的速度继续剥夺资本，那我们一定会失败，因为我们组织无产阶级的计算和监督的工作显然**落后于直接**"剥夺剥夺者"的工作，而这是任何一个有头脑的人都看得很清楚的。如果我们现在竭尽全力进行组织计算和监督的工作，我们就能解决这个任务，就能弥补疏忽了的事情，就能赢得我们反资本的**整个**"战役"。

但是，我们承认必须弥补疏忽了的事情，是否等于承认某些事情做错了呢?丝毫不是。我们再拿军事作比喻吧。如果单用轻骑兵就能够击溃并且击退敌人，那就应该这样做。但是，如果这样做只能取得一定限度的胜利，那就完全可以想见，要超出这个限度，就有必要调来重炮兵。我们承认现在应该弥补以前没有调来重炮兵这件疏忽了的事情，这绝不是承认轻骑兵的胜利的进攻是一个错误。

资产阶级的走狗常常责骂我们对资本采取"赤卫队式的"进攻。这种责骂是荒谬的，只能出于富人的走狗之口。因为对资本采取"赤卫队式的"进攻，是**当时**的情况所绝对要求的：第一，**当时**资本是通过克伦斯基和克拉斯诺夫、萨文柯夫和郭茨、杜托夫和鲍加耶夫斯基等人进行军事反抗（格格奇柯利直到目前还在进行这样的反抗）。粉碎军事反抗非用军事手段不可，赤卫队正是完成了使被剥削劳动者摆脱剥削者压迫的极其崇高伟大的历史事业。

第二，当时我们不能把管理的方法摆在首要地位来代替镇压的方法，还因为管理的艺术并不是人们生来就有，而是从经验中得来的。当时我们还没有这种经验。而现在已经有了。第三，当时我们还不可能支配各种学术和技术领域的专家，因为他们或者是在鲍加耶夫斯基之流的队伍中作战，或者是还能用**怠工**不断进行顽强的消极反抗。现在我们已经粉碎了怠工。对资本采取"赤卫队式的"进攻收到了成效，获得了胜利，因为我们既战胜了资本的军事反抗，又战胜了资本的怠工反抗。

这是不是说对资本采取"赤卫队式的"进攻在**任何时候**和**任何**形势之下都是适当的，是不是说我们**没有**其他办法同资本作斗争呢？这样想是幼稚无知。我们用轻骑兵获得了胜利，可是我们也有重炮兵。我们用镇压的方法获得了胜利，我们也能够用管理的方法获得胜利。形势改变了，对敌斗争的方法也要善于改变。我们一分钟也不放弃采用"赤卫队"镇压萨文柯夫之流和格格奇柯利之流先生们以及其他一切地主和资产阶级反革命分子。可是,我们并不会如此愚蠢,竟在需要用赤卫队进攻的时代已经基本结束(而且已经胜利地结束),无产阶级国家政权利用资产阶级专家来重耕土壤,使它绝不能再生长任何资产阶级这种时代已经来到的时候,还把"赤卫队式的"方法摆在首要地位。

这是发展过程中的一个特殊时代,或者确切些说,这是发展过程中的一个特殊阶段,要彻底战胜资本,就应该善于使我们的斗争形式适合这个阶段的特殊情况。

没有各种学术、技术和实际工作领域的专家的指导,向社会主义过渡是不可能的,因为社会主义要求广大群众自觉地在资本主义已经达到的基础上向高于资本主义的劳动生产率迈进。社会主义**应该按照自己的方式**,用自己的方法——具体些说,用**苏维埃的**方法——来实现这种迈进。而专家大多数必然是资产阶级的,这是把他们培养成为专家的整个社会生活环境造成的。如果我们无产阶级在掌握政权后迅速地在全民范围内解决了计算、监督和组织的任务(当时由于战争和俄国的落后,这是无法实现的),那么,在粉碎了怠工以后,我们就能用普遍的计算和监督的方法使资产阶级专家也完全服从我们。由于整个计算和监督工作搞得相当"晚",我们虽然已经战胜了怠工,但**还没有**造成使资产阶级专家受我们支配的局面;大多数怠工者虽然"上班"了,但是国家要利用优秀的组织家和最大的专家只有两种方式:或是按照旧的方式,资产阶级的方式(即付给高额报酬),或是按照新的方式,无产阶级的方式(即造成全民计算和自下而上的监督的局面,这样就必然而且自然地使这些专家服从,并把他们吸引过来)。

现在我们不得不采用旧的资产阶级的方式,同意对资产阶级最大的专家的"服务"付给高额报酬。熟悉情况的人都看到了这一点,但并不是所有的人都仔细考虑到无产阶级国家采用这种办法的意义。显然,这种办法是一种妥协,是对巴黎公社和任何无产阶级政权的原则的背离,这些原则要求把薪金降到中等工人工资的水平,要求在事实上而不是在口头上同名利思想作斗争。

不仅如此。显然,这种办法不只是在一定的部门和一定的程度上暂停向资本的进攻(因为资本不是一笔货币,而是一定的社会关系),而且还是我们社会主义苏维埃国家政权**后退了一步**,因为这个政权一开始就曾宣布并实行了把高额薪金降低到中等工人工资水平的政策[59]。

自然,资产阶级的走狗,尤其是像孟什维克、新生活派[36]和右派社会革命党人这帮下等奴仆,会因为我们承认后退了一步而耻笑我们。可是我们丝毫用不着去理睬这种耻笑。我们应该研究走向社会主义这一极端困难的新道路的特点,不要掩盖我们的错误和弱点,而要努力及时做完尚未完成的事情。用非常高的薪金吸引资产阶级专家是对公社原则的背离,如果对群众隐瞒这一点,那就是堕落到资产阶级政客的水平,那就是欺骗群众。公开说明我们怎样和为什么后退了一步,然后公开讨论,有什么办法可以弥补疏忽了的事情,——这就是教育群众,同他们一块从实际经验中学习建设社会主义。在历史上任何一次胜利的战役中,胜利者未必没有犯过个别的错误,遭受过局部的失败,在某一方面和某一地方暂时后退过。而我们所进行的反对资本主义的"战役",比最困难的战役还要困难百万倍,如果因为部分和局部的后退就垂头丧气,那是愚蠢而可耻的。

我们从实际方面来看这个问题。假设俄罗斯苏维埃共和国需要1 000名各种学术、技术和实际工作领域的第一流的学者和专家来指导国民劳动,以便尽快地发展国家的经济。假设应当付给这些"头等明星"——当然,其中大多数叫喊工人腐化叫得最凶的人,他们自己就是受资产阶级道德腐化最深的人——每年每人25 000卢布。假设这个总数(2 500万卢布)增加一倍(假定对成绩特别优良而迅速地完成了最重要的组织技术任务的人给以奖金),或者甚至再加三倍(假定还要聘请几百个要价更高的外国专家)。试问,为了按照最新的科学技术改组国民劳动,苏维埃共和国每年花费5 000万或1亿卢布,能不能说是花费过多或担负不起呢?当然不能。绝大多数觉悟的工人农民会赞成花这笔钱,因为他们从实际生活中认识到:我们的落后使我们不能不损失数十亿卢布,而在组织、计算和监督方面,我们**还没有**达到能使资产阶级知识界的"明星"人人自愿来参加**我们的**工作的程度。

当然,问题还有另外一面。高额薪金的腐化作用既影响到苏维埃政权(尤其在急剧变革的情况下,不会没有相当数量的冒险家和骗子混入这个政权,他们和各种委员当中那些无能的或者无耻的人,也是乐意充当"明星"——盗窃公产的"明星"的),也影响到工人群众,这是无可争辩的。可是,每一个有头脑的正直的工人和贫苦农民都会同意我们的做法,都会认识到:要一下子摆脱资本主义的遗毒是办不到的;要使苏维埃共和国免除5 000万或1亿卢布的"贡赋"(因我们在组织**全民**计算和**自下而上**的监督工作上的落后而付出的贡赋),就只有组织起来,整顿自己队伍的纪律,清除自己行列中一切"保存资本主义遗产"、"拘守资本主义传统"的人,即清除一切懒汉、寄生虫、公产盗窃者(现在一切土地、一切工厂、一切铁路都是苏维埃共和国的"公产")。如果觉悟的先进的工人和贫苦农民在苏维埃机关帮助之下,能够在一年内组织起来,有了纪律,振奋起精神,建立起强有力的劳动纪律，那么，一年以后我们便能免除这项"贡赋"，甚至在这之前，随着我们工人农民的劳动纪律和组织性的提高，就能缩减这种"贡赋"。我们工人农民通过利用资产阶级专家，自己愈快地学会最好的劳动纪律和高级劳动技术，我们就能愈快地免除向这些专家交纳的一切"贡赋"。

在无产阶级领导下组织对产品的生产和分配的全民的计算和监督方面，我们的工作大大地落后于我们直接剥夺剥夺者的工作。这种状况对于了解目前时局的特点和由此产生的苏维埃政权的各种任务是一个关键。反对资产阶级的斗争的重心正在转移到组织这种计算和监督的工作上来。只有从这一点出发，才能在银行国有化、垄断对外贸易、国家监督货币流通、征收在无产阶级看来是适当的财产税和所得税以及在实行劳动义务制方面，正确规定经济政策和财政政策的当前任务。

在这些方面（而这都是极其重要的方面）的社会主义改造工作上，我们还极为落后。其所以落后，正是因为整个计算和监督没有充分地组织起来。自然，这是最困难的任务中的一项任务，在战争所造成的经济破坏的情形下，这项任务只有经过长时期才能解决，可是，不能忘记，资产阶级，尤其是人数众多的农民小资产阶级，恰恰是在这里同我们进行最严重的较量，他们破坏正在建立的监督，例如破坏粮食垄断，夺取阵地进行投机活动和投机买卖。我们已经用法令规定的事情还远没有充分实现，而目前的主要任务，就是要集中全力，认真地切实**实现**那些已经成为法令（可是还没有成为事实）的改造原则。

要继续实行银行国有化，坚决地把银行变为社会主义制度下的公共簿记的枢纽机关，首先而且最重要的是做出下列的实际成果：增加人民银行分行的数量,吸收存款,简化储户存款取款的手续,消灭"排队"现象,逮捕和**枪毙**受贿者和骗子等等。先把最简单的事情切实做好,把目前的事情安排好,然后再准备做比较复杂的事情。

巩固并且整顿那些已经实行了国家垄断的事业(如粮食垄断、皮革垄断等等),借此准备实行对外贸易的国家垄断;没有这种垄断,我们就不能用交纳"贡赋"的办法"摆脱"外国资本。[60]而社会主义建设是否可能,就全看我们能否在一定的过渡时期内,用向外国资本交纳一些贡赋的办法保护自己国内经济的独立。

一般的征税工作,特别是征收财产税和所得税的工作,我们也非常落后。向资产阶级征收特别税(这是一项在原则上完全可行并且得到无产阶级赞同的措施)表明,我们在这一方面仍然更接近于夺取的方法(为了穷人,从富人手里把俄国夺取回来的方法),而不是管理的方法。可是,我们要想更加强大,要想更稳固地站住脚,就必须转而采用这后一种方法,就必须用常规的、照章征收的财产税和所得税来代替向资产阶级征收特别税的办法。这能给无产阶级国家**更多的**好处,但也要求我们有更高的组织程度,有更完善的计算和监督。[61]

我们实行劳动义务制过迟再一次表明,当前迫切需要着手的正是组织准备工作,这项工作一方面是要彻底巩固已得的成果,另一方面也是为准备一次"包围"资本并迫使它"投降"的战役所必需的。我们应该立刻开始实行劳动义务制,但在实行时应当十分慎重,逐步进行,用实际经验检验每一步骤,而且,第一步当然是**对富人**实行劳动义务制。对每个资产者(农村资产者也在内)建立劳动消费收支手册,将是进到完全"包围"敌人和建立对产品的生产和分配的真正全民计算和监督的一个重大步骤。

为全民计算和监督而斗争的意义

千百年来,国家都是压迫人民和掠夺人民的机关,它留给我们的遗产是群众对国家的一切极端仇视和不信任。克服这一点,是个非常困难的任务,只有苏维埃政权才能胜任,然而就是苏维埃政权也需要经过很长的时间和坚韧不拔的努力。在计算和监督的问题上,即在推翻资产阶级以后社会主义革命立即面临的这个根本问题上,这个"遗产"的影响表现得特别尖锐。推翻地主和资产阶级之后第一次感受到自由的群众,必然要经过一段时间才能认识(不是根据书本,而是根据亲身的**苏维埃的**经验)并且**感受到**:对产品的生产和分配不实行全面的国家计算和监督,劳动者的政权、劳动者的自由就**不能维**持,重新受资本主义的压迫**就不可避免**。

资产阶级尤其是小资产阶级的一切习惯和传统,也是反对**国家**监督而主张"神圣的私有财产"和"神圣的"私有企业不可侵犯。现在我们看得特别明显:马克思主义关于无政府主义和无政府工团主义是**资产阶级**思潮的论点是多么正确,这些思潮同社会主义、无产阶级专政和共产主义的矛盾是多么不可调和。努力把由**苏维埃**即国家实行监督和计算的思想灌输到群众中去,力求实现这种思想,力求破除把获得衣食看做"私"事,把买卖看做"只是与我有关"的这种旧时恶习,——这是一场具有全世界历史意义的极其伟大的斗争,是社会主义自觉性反对资产阶级无政府主义自发性的斗争。

我们已经把工人监督制定为法律,可是它刚刚开始深入无产阶级广大群众的生活,甚至刚刚开始深入他们的意识。在产品的生产和分配方面没有表报,没有监督,就是扼杀社会主义的幼芽,就是盗窃公产(因为现在一切财产都属于公家,而公家也就是苏维埃政权,即大多数劳动群众的政权);对计算和监督漫不经心就是直接帮助德国的和俄国的科尔尼洛夫之流,因为**只有**在我们解决不了计算和监督的任务的情况下,这些人才能推翻劳动者的政权,他们正在全体农民资产阶级的帮助下,在立宪民主党人、孟什维克、右派社会革命党人的帮助下"窥伺着"我们,待机而动,——以上这些情况,我们在鼓动工作中说得不够,先进的工人和农民也想得不够,说得不够。可是只要工人监督还没有成为事实,只要先进工人还没有对破坏这种监督或对监督掉以轻心的人组织并开展胜利的和无情的斗争,就不能从走向社会主义的第一步(从工人监督)进到第二步,即转到工人调节生产。

社会主义国家只能在以下情况下产生:它已经成为一个生产消费公社网,这些公社诚实地计算自己的生产和消费,节省劳动,不断提高劳动生产率,因而能够把工作日缩短到每天7小时或6小时以至更少。这就非搞好对**粮食**和**粮食生产**(然后,再对一切其他必需品)的最严格的、无所不包的全民计算和监督不可。资本主义留给我们一种便于过渡到对产品分配实行广泛的计算和监督的群众组织——消费合作社。在俄国,这种组织不像在先进国家里那样发达,可是还是拥有1 000万以上的社员。前几天颁布的关于消费合作社的法令[62],是一件非常有意义的事情,它清楚地表明了苏维埃社会主义共和国目前形势和任务的特点。

这个法令是同资产阶级合作社以及仍然持资产阶级观点的工

人合作社达成的一种协议。说它是协议或妥协，是因为第一，上述这些组织的代表不仅参加了法令的讨论，而且实际上还取得了表决权，法令中有一部分条文因受到这些组织的坚决反对而删掉了。第二，这种妥协实质上就是苏维埃政权放弃了免费入社的原则(这是唯一的彻底无产阶级的原则)，而且还放弃了一地全体居民加入**一个**合作社的原则。放弃这个同消灭阶级的任务相符合的唯一的社会主义原则，就给了"工人的阶级合作社"(这些合作社在这种场合叫"阶级合作社"，只是因为它们服从资产阶级的阶级利益)继续存在的权利。最后，苏维埃政权所提出的把资产阶级从合作社管理委员会完全排除出去的条文也大大放宽了，只禁止私人资本主义性质的工商企业的老板进入合作社管理委员会。

　　如果无产阶级通过苏维埃政权已经搞好了全国范围内的计算和监督，或者至少是搞好了这种监督的基础，那就不会有作这种妥协的必要。那时我们就能通过各地苏维埃的粮食部门，通过各地苏维埃下设的供给机关，使居民都参加统一的受无产阶级领导的合作社，而用不着资产阶级合作社的协助，用不着对纯粹资产阶级的原则让步，这种原则使得工人合作社仍然与资产阶级合作社**同时并存，而不是**使这个资产阶级合作社完全服从自己，把两种合作社合并起来，**自己**掌握**全部**管理权，**自己**监视富人的消费。

　　苏维埃政权同资产阶级合作社达成这种协议时，具体确定了自己在目前发展阶段上的策略任务和特殊的工作方法：领导资产阶级分子，利用他们，对他们作某些局部的让步，这样我们就能创造向前进展的条件，这种进展比我们最初预计的要缓慢些，但是会更稳固，能更可靠地保证根据地和交通线，更好地巩固已经夺得的阵地。苏维埃现在能够(**而且应该**)用一种非常明显、简单、实际的尺度测量自己在社会主义建设事业上的成绩,这就是看合作社的发展有多少村社(公社或村庄、街区等等)以及在何种程度上接近于包括全体居民。

提高劳动生产率

在任何社会主义革命中,当无产阶级夺取政权的任务解决以后,随着剥夺剥夺者及镇压他们反抗的任务大体上和基本上解决,必然要把创造高于资本主义的社会结构的根本任务提到首要地位,这个根本任务就是:提高劳动生产率,因此(并且为此)就要有更高形式的劳动组织。我们苏维埃政权正处于这样一种形势:它已经战胜了剥削者——从克伦斯基到科尔尼洛夫,因而有可能立即开始解决这项任务,直接着手执行这项任务。这里也立刻可以看出,夺取国家中央政权可以只花几天工夫,在这个大国的各个角落镇压剥削者的军事反抗(和怠工反抗)可以只用几个星期,而要切实地解决提高劳动生产率的任务,至少(尤其是在极其残酷和带来极大破坏的战争以后)需要几年的工夫。这个工作的长期性完全是由客观情况决定的。

提高劳动生产率,首先需要保证大工业的物质基础,即发展燃料、铁、机器制造业、化学工业的生产。俄罗斯苏维埃共和国所处的条件非常优越,甚至在布列斯特和约[63]以后也还拥有丰富的资源,如矿石(乌拉尔一带)、燃料(西西伯利亚的煤、高加索和俄国东南部的石油以及中部地区的泥炭)、极丰富的森林、水力、化学工业原料(卡拉布加兹湾)等等。用最新技术来开采这些天然富源,就能造成生产力空前发展的基础。

提高劳动生产率的另一种条件就是：第一，提高居民群众的文化教育水平。现在这一工作正在突飞猛进，那些被资产阶级陈腐观念所蒙蔽的人看不到这一点，他们不能了解，由于存在苏维埃组织，现在人民"下层"中的求知热情和首创精神是多么高涨。第二，提高劳动者的纪律、工作技能、效率、劳动强度，改善劳动组织，这也是发展经济的条件。

在这一方面，我们的情况特别不好，要是相信那些被资产阶级吓倒或为私利而替资产阶级效劳的人的说法，甚至是没有希望的。这些人不懂得，从来没有而且也不会有一种革命是不被旧事物拥护者责骂为崩溃和无政府状态等等的。自然，刚刚摆脱空前残酷压迫的群众，他们的情绪是沸腾激昂的；要群众培植出劳动纪律的新基础是一个很长的过程，在没有完全战胜地主和资产阶级以前，这种工作甚至还不可能开始。

我们绝不受资产者和资产阶级知识分子（他们对保住自己旧有的特权已经绝望）所散布的、往往是制造出来的那种悲观失望情绪的影响，可是，无论如何我们都不应该掩盖明显的坏事。恰恰相反，我们要揭发它，加强用苏维埃的方法同它斗争，因为如果无产阶级自觉的纪律性不能战胜自发的小资产阶级无政府状态——克伦斯基分子和科尔尼洛夫分子可能复辟的真正保证，社会主义的胜利便不能设想。

俄国无产阶级最觉悟的先锋队，已经给自己提出了加强劳动纪律的任务。例如五金工会中央委员会和工会中央理事会，已经开始制定相应的办法和法令草案[64]。这项工作应该加以支持和全力推进。目前应当提上日程的是实际采用和试行计件工资[65]，采用泰罗制中许多科学的先进的方法，以及使工资同产品的总额或铁路水路运输的经营总额等等相适应。

同先进民族比较起来,俄国人是比较差的工作者。在沙皇制度统治下和农奴制残余存在的时候,情况不可能不是这样。学会工作,这是苏维埃政权应该充分地向人民提出的一项任务。资本主义在这方面的最新成就泰罗制,同资本主义其他一切进步的东西一样,既是资产阶级剥削的最巧妙的残酷手段,又包含一系列的最丰富的科学成就,它分析劳动中的机械动作,省去多余的笨拙的动作,制定最适当的工作方法,实行最完善的计算和监督方法等等。苏维埃共和国无论如何都要采用这方面一切有价值的科学技术成果。社会主义能否实现,就取决于我们把苏维埃政权和苏维埃管理组织同资本主义最新的进步的东西结合得好坏。应该在俄国组织对泰罗制的研究和传授,有系统地试行这种制度并使之适用。在着手提高劳动生产率的同时,还要考虑到从资本主义到社会主义的过渡时期的特点。这些特点一方面要求为按社会主义方式组织竞赛奠定基础,另一方面要求采取强制手段,使无产阶级专政这个口号不致为无产阶级政权在实践中的软弱无力所玷污。

组 织 竞 赛

说社会主义者否认竞赛的意义,这是资产阶级谈到社会主义时喜欢散布的一种谬论。实际上只有社会主义,通过消灭阶级因而也消灭对群众的奴役,第一次开辟了真正大规模竞赛的途径。正是苏维埃组织从资产阶级共和国形式上的民主转到劳动群众实际参加**管理**，才第一次广泛地组织竞赛。在政治方面实行竞赛比在经济方面容易得多，可是为了社会主义的胜利，重要的正是经济方面的竞赛。

就拿公开报道这样一种组织竞赛的方法来讲吧。资产阶级共和国只是在形式上保证这点，实际上却使报刊受资本的支配，拿一些耸人听闻的政治上的琐事供"小百姓"消遣，用保护"神圣财产"的"商业秘密"掩盖作坊中、交易中以及供应等等活动中的真实情况。苏维埃政权取消了商业秘密[66]，走上新的道路，可是在为经济竞赛而利用公开报道方面，我们几乎还没有做什么事。必须系统地进行工作，除了无情地压制那些满篇谎言和无耻诽谤的资产阶级报刊，还要努力创办这样一种报刊：它不是拿一些政治上的耸人听闻的琐事供群众消遣和愚弄群众，而是把日常的经济问题提交群众评判，帮助他们认真研究这些问题。每个工厂、每个乡村都是一个生产消费公社，都有权并且应该按照自己的方式实行共同的苏维埃法规(所谓"按照自己的方式"，并不是说违反法规，而是说用各种不同的形式实行这些法规)，按照自己的方式解决产品的生产和分配的计算问题。在资本主义制度下，这是个别资本家、地主和富农的"私事"。在苏维埃政权下，这不是私事，而是国家大事。

我们差不多还没有着手进行这种艰巨的然而是能收效的工作——组织各公社间的竞赛，在生产粮食衣服等等的过程中实行表报制度和公开报道的方法，把枯燥的、死板的官僚主义的表报变成生动的实例(既有使人厌弃的例子，也有令人向往的榜样)。在资本主义生产方式下，个别榜样的意义，比如说，某个生产合作社的榜样的意义，必然是极其有限的；只有小资产阶级幻想家，才会梦想用慈善机关示范的影响来"纠正"资本主义。在政权转到无产阶级手里以后，在剥夺了剥夺者以后，情况就根本改变了，而且，如一些最著名的社会主义者多次指出过的那样，榜样的力量第一次有可能表现自己的广大影响。模范公社应该成为而且一定会成为落后公社的辅导者、教师和促进者。报刊应该成为社会主义建设的工具，详细介绍模范公社的成绩，研究它们取得成绩的原因和它们经营的方法；另一方面，把那些顽固地保持"资本主义传统"，即无政府状态、好逸恶劳、无秩序、投机活动的公社登上"黑榜"。在资本主义社会，统计纯粹是"官府人员"或本行专家的事情；我们则应该把它带到群众中去，使它普及，让劳动群众自己能逐渐懂得和看到应该如何工作，工作多少，怎样休息，休息多久，使各个公社经营的**业务成绩的比较**成为大家共同关心和研究的事情，使优秀的公社立即得到奖赏（如在一定时期内缩短工作日，提高工资，提供许多文化或艺术方面的福利和奖品等等）。

　　一个新的阶级作为社会的领袖和指导者走上历史舞台时，从来没有不经过极大的"颠簸"、震撼、斗争和风暴时期的，这是一方面；而另一方面，在选择适合新的客观环境的新方法上，也从来没有不经过无把握的步骤、试验、动摇和犹豫时期的。趋于灭亡的封建贵族在报复战胜和排挤它的资产阶级时，不仅施展了各种阴谋手段，进行种种图谋暴动和复辟的活动，并且还不断讥笑那些没有王公贵族那种长期执政的素养而胆敢执掌国家"神圣大权"的"暴发户"、"无耻之徒"的低能、笨拙和错误，——现在，科尔尼洛夫之流和克伦斯基之流，郭茨之流和马尔托夫之流，所有这帮资产阶级投机取巧的或资产阶级怀疑论的英雄，对于"胆敢"夺取政权的俄国工人阶级，也正是采用这种报复手段。

　　不用说，新的社会阶级，而且是以前一直受压迫、被贫困和愚昧无知压得喘不过气来的阶级,要适应新的地位,认清环境,搞好自己的工作,选拔出**自己的**组织家,这不是几个星期的事情,而是长年累月的事情。显然,领导革命无产阶级的政党过去不可能取得从事大规模的、包括千百万公民的组织事业的经验和技能;要把旧的、差不多完全从事鼓动工作的技能改造过来,是一件很长期的事情。可是这绝不是不可能的事情,而且只要我们明确意识到必须转变,有实现这种转变的坚定决心,有达到这个伟大而困难的目标的毅力,我们就一定能够实现这个转变。在"老百姓"即工人和不剥削别人劳动的农民中,有大量有组织家才能的人;成千上万这样的人被资本摧残、毁灭和抛弃,而我们呢,也还不善于去发现、鼓励、扶持、提拔他们。可是,如果我们能以全部的革命热忱——没有这种革命热忱,便不会有胜利的革命——着手学习这项工作,我们就一定能够学会。

历史上任何一次深刻而强大的人民运动都不免会有肮脏的泡沫泛起,不免有些冒险家和骗子、吹牛大王和大喊大叫的人混杂在没有经验的革新者中间,不免有瞎忙乱干、杂乱无章、空忙一阵的现象,不免有个别"领袖"企图百废俱兴而一事无成的现象。让资产阶级社会的哈巴狗[67]——从别洛鲁索夫到马尔托夫,为采伐古老森林时多砍下一块碎木片而狂吠吧!既然是些哈巴狗,也就只能向无产阶级大象狂吠。让他们去狂吠吧!我们走自己的路,力求尽量慎重而耐心地去考验和识别真正的组织家,即具有清醒头脑和实际才干的人,他们既忠实于社会主义,又善于不声不响地(而且能排除各种纷扰和喧嚷)使很多人在苏维埃组织范围内坚定地、同心协力地工作。**只有这样的人**,经过多次考验,让他们从担负最简单的任务进而担负最困难的任务,然后才应提拔到领导国民劳动和领导管理工作的负责岗位上来。我们还没有学会这一点。但是我们一定能学会。

"协调的组织"和专政

最近的(在莫斯科召开的)苏维埃代表大会的决议,提出建立"协调的组织"和加强纪律作为目前的首要任务[①]。现在大家都乐意"投票赞成"和"签署"这类决议,但是关于实现这些决议需要强制,而且正是专政形式的强制这一点,人们通常却不去仔细考虑。可是,认为不要强制,不要专政,便可以从资本主义向社会主义过渡,那就是极端的愚蠢和最荒唐的空想主义。马克思的理论很早就十分明确地反对过这种小资产阶级民主主义的和无政府主义的胡说。1917—1918年的俄国,也在这方面非常明显、具体、有力地证实了马克思的理论,只有绝顶愚钝或硬不承认真理的人,才会在这方面仍然执迷不悟。或者是科尔尼洛夫专政(如果把科尔尼洛夫看做俄国式资产阶级的卡芬雅克的话),或者是无产阶级专政,——对于这个经过了几次非常急剧的转变而非常迅速地发展的国家,在灾难性的战争造成惨重经济破坏的情况下,**根本不可能有**其他出路。一切中间的解决办法,如果不是资产阶级对人民的欺骗(资产阶级不能讲真话,不能说他们需要科尔尼洛夫),便是小资产阶级民主派切尔诺夫之流、策列铁里之流、马尔托夫之流的愚蠢念头(他们一味宣扬所谓民主派的统一、民主派专政、民主联合战线以及诸如此类的谬论)。如果1917—1918年

---

① 见《列宁全集》第2版第34卷第114页。——编者注

俄国革命的进程都没有使一个人懂得不可能有中间的解决办法,那么对这样的人也就不必抱什么希望了。

另一方面,不难了解,凡是从资本主义向社会主义过渡,由于两个主要原因,或者说在两个主要方面,必须有专政。第一,不无情地镇压剥削者的反抗,便不能战胜和铲除资本主义,这些剥削者的财富,他们在组织能力上和知识上的优势是不可能一下子被剥夺掉的,所以在一个相当长的期间,他们必然试图推翻他们所仇视的贫民政权。第二,任何大革命,尤其是社会主义革命,即令不发生外部战争,也决不会不经过内部战争即内战,而内战造成的经济破坏会比外部战争造成的更大,内战中会发生千百万起动摇和倒戈事件,会造成极不明确、极不稳定、极为混乱的状态。旧社会的一切有害分子——其数量当然非常之多,而且大半都是同小资产阶级有联系的,因为一切战争和一切危机首先使小资产阶级破产和毁灭——在这种深刻变革的时候,自然不能不"大显身手"。而这些有害分子"大显身手"就**只能**使犯罪行为、流氓行为、收买、投机活动及各种坏事增多。要消除这种现象,需要时间,**需要铁的手腕**。

在历史上任何一次大革命中,人民没有不本能地感觉到这一点,没有不通过把盗贼就地枪决来表现其除恶灭害的决心的。从前历次革命的不幸,就在于使革命保持紧张状态并使它有力量去无情镇压有害分子的那种群众革命热忱,未能长久保持下去。群众革命热忱未能持久的社会原因即阶级原因,就是无产阶级还不强大,而**唯有**它才能(如果它有足够的数量、觉悟和纪律)把**大多数**被剥削劳动者(如果简单通俗些说,就是大多数贫民)吸引过来,并且长期掌握政权来彻底镇压一切剥削者和一切有害分子。

马克思正是总结了历次革命的这个历史经验,这个有全世界历史意义的——经济的和政治的——教训,提出了一个简短、尖锐、准确、鲜明的公式:无产阶级专政。俄国革命已正确地开始实现这个有全世界历史意义的任务,苏维埃组织在俄国一切民族地区的胜利进军**证明了**这一点。因为苏维埃政权正是无产阶级专政即先进阶级专政的组织形式。这个先进阶级发动千百万被剥削劳动者来实行新的民主,独立参加国家的管理,他们正根据亲身体验认识到,有纪律有觉悟的无产阶级先锋队是自己最可靠的领袖。

但是,专政是一个大字眼,大字眼是不能随便乱说的。专政就是铁的政权,是有革命勇气的和果敢的政权,是无论对剥削者或流氓都实行无情镇压的政权。而我们的政权却软弱得很,往往不大像铁,却很像浆糊。我们一分钟也不应忘记,资产阶级的和小资产阶级的自发势力从两方面来反对苏维埃政权:一方面是从外部进行活动,采取萨文柯夫之流、郭茨之流、格格奇柯利之流、科尔尼洛夫之流的办法,搞阴谋和暴动,以及通过他们污浊的"思想上的"反映,在立宪民主党人、右派社会革命党人和孟什维克的报刊上不断造谣诬蔑;另一方面,这种自发势力还从内部进行活动,利用一切有害分子、一切弱点来进行收买,来助长无纪律、自由散漫和混乱现象。我们愈接近于用武力把资产阶级彻底镇压下去,小资产阶级无政府状态的自发势力对于我们也就愈加危险。要同这种自发势力作斗争,决不能只靠宣传和鼓动,只靠组织竞赛,只靠选拔组织家,——进行这种斗争还必须依靠强制。

随着政权的基本任务由武力镇压转向管理工作,镇压和强制的典型表现也会由就地枪决转向法庭审判。在这一方面,革命群众在1917年10月25日以后,也走上了正确的道路,证明了革命的生命力,在解散资产阶级官僚司法机关的任何法令颁布以前就已经开始组织自己的即工农的法院。可是,我们革命的人民的法院还非常非常软弱。还可以感觉到,人民把法院看做一种同自己对立的衙门,这种由于地主资产阶级压迫而留传下来的观点,还没有彻底打破。人民还没有充分意识到,法院正是吸引全体贫民参加国家管理的机关(因为司法工作是国家管理的职能之一),法院是无产阶级和贫苦农民的**权力机关**,法院是**纪律教育**的工具。人民还没有充分意识到这样一个简单而明显的事实:俄国的主要苦难既然是饥荒和失业,那么要战胜这种苦难,就决不能凭一时的热情,而只能靠全面的、无所不包的、全民的组织和纪律来增产人民所需要的粮食和工业所需要的粮食(燃料),把它们及时运到并且正确地进行分配。因此,在任何工厂、任何经济单位、任何事情上,**凡是破坏劳动纪律的人,就是造成饥荒和失业痛苦的罪人**;应该善于查出这种罪人,交付审判,严厉惩办。我们现在要最坚决反对的这种小资产阶级自发势力的影响,就表现在对饥荒和失业现象同组织和纪律方面的普遍自由散漫有着国民经济上的和政治上的联系这一点认识不足,就表现在还牢固地保持着这样一种**小私有者**的观点:只要我能够多捞一把,哪管它寸草不生。

在铁路这个可以说是最明显地体现着大资本主义造成的机构的经济联系的部门,小资产阶级自由散漫的自发势力反对无产阶级组织性的这种斗争表现得特别突出。"蹲办公室的"人员中间产生出大量的怠工者和受贿者;优秀的无产阶级分子为纪律而斗争;而在前后两种人之间,自然有很多动摇的、"软弱的"人,他们无力抗拒投机活动、贿赂和私利的"诱惑",不惜破坏整个机构来换取私利,而战胜饥荒和失业是要靠这些机构正确地进行工作的。

在这个基础上围绕最近颁布的关于铁路管理的法令,即赋予领导者个人以独裁的权力(或"无限的"权力)的法令展开的斗争[68],是很说明问题的。小资产阶级自由散漫的自觉的(而大部分大概是不自觉的)代表,想把赋予个人以"无限的"(即独裁的)权力看做是背离集体管理制原则,背离民主制和背离苏维埃政权的原则。某些左派社会革命党人[43]在一些地方利用一些人的劣根性和小私有者"捞一把"的欲望进行了简直是流氓式的煽动,反对关于独裁权的法令。问题变得确实意义重大:第一是原则问题,即委派拥有独裁者无限权力的个人的这种做法同苏维埃政权的根本原则究竟是否相容;第二,这件事情,也可说是这个先例,同政权在目前具体形势下的特殊任务有什么关系。对于这两个问题,我们都应该非常仔细地加以研究。

无可争辩的历史经验说明:在革命运动史上,个人独裁成为革命阶级独裁的表现者、体现者和贯彻者,是屡见不鲜的。个人独裁同资产阶级民主制,无疑是彼此相容的。可是在这一点上,咒骂苏维埃政权的资产阶级分子以及他们的小资产阶级应声虫总是要弄手腕:一方面,他们说苏维埃政权不过是一种荒谬的、无政府主义的、野蛮的东西,极力避开我们用来证明苏维埃是民主制的高级形式,甚至是民主制的**社会主义**形式的开端的所有历史对比和理论论据;另一方面,他们却向我们要求高于资产阶级民主制的民主制,并且说,个人独裁是同你们布尔什维克的(即不是资产阶级的,**而是社会主义的**)苏维埃民主制绝不相容的。

这种论断是十分拙劣的。如果我们不是无政府主义者,那我们就应该承认从资本主义过渡到社会主义必需有国家,**即强制**。强制的形式,取决于当时革命阶级发展的程度,其次取决于某些特殊情况,如长期反动战争造成的后果,再其次,取决于资产阶级和小资产阶级反抗的形式。所以苏维埃的(**即**社会主义的)民主制和实行个人独裁权力之间,根本**没有**任何原则上的矛盾。无产阶级专政和资产阶级专政的区别，就在于无产阶级专政是打击占少数的剥削者以利于占多数的被剥削者，其次在于无产阶级专政不仅是由被剥削劳动群众——**也是通过个人**——来实现的，而且是由正是为了唤起和发动这些群众去从事历史创造活动而建立起来的组织（苏维埃组织就是这种组织）来实现的。

关于第二个问题，即从当前特殊任务来看个人独裁权力的意义问题。应该说，任何大机器工业——即社会主义的物质的、生产的泉源和基础——都要求无条件的和最严格的**统一意志**，以指导几百人、几千人以至几万人共同工作。这一必要性无论从技术上、经济上或历史上看来，都是很明显的，凡是思考过社会主义的人，始终认为这是社会主义的一个条件。可是，怎样才能保证有最严格的统一意志呢？这就只有使千百人的意志服从于一个人的意志。

在参加共同工作的人们具有理想的自觉性和纪律性的情况下，这种服从就很像听从乐团指挥者的柔和的指挥。如果没有理想的自觉性和纪律性，那就可能采取严厉的独裁形式。但是，不管怎样，为了使按大机器工业形式组织起来的工作能够顺利进行，**无条件服从统一意志**是绝对必要的。对铁路来说，这种服从更是加倍地和三倍地必要。这种由一个政治任务向另一个政治任务的过渡（**在表面上看来，后一种任务同前一种任务是完全不相像的**），构成目前时局的突出特点。革命刚刚打碎了强加于群众的那种最陈旧、最牢固、最沉重的镣铐。这是昨天的事。但是在今天，同样是这个革命，并且正是为了发展和巩固这个革命，正是为了社会主义，却要求群众**无条件服从**劳动过程的领导者的**统一意志**。当然，这种过渡是不能一下子做到的。当然，只有经过极大的动荡、震撼、倒退，经过领导人民建设新生活的无产阶级先锋队的巨大努力，这个过渡才会实现。害了《新生活报》[35]、《前进报》[69]、《人民事业报》[70]或《我们时代报》[71]那种庸人的歇斯底里症的人,是不肯考虑这一点的。

就拿一个普普通通的被剥削劳动群众的心理来看,把这种心理同他的社会生活的客观物质条件比较一下吧。在十月革命以前,他实际上从来**没有**看到有产阶级即剥削阶级真正作出过任何对他们来说是真正重大的牺牲或做过有利于他的事情。他**从来**没有看到过有产阶级即剥削阶级把许诺过多次的土地和自由给他,把和平给他,牺牲"大国地位"的利益和大国秘密条约的利益,牺牲资本和利润。只是**在**1917年10月25日**以后**,当他自己用强力取得了这种东西,并且必须用强力来保卫这种东西不受克伦斯基之流、郭茨之流、格格奇柯利之流、杜托夫之流、科尔尼洛夫之流侵犯的时候,他才看到了这种情形。当然,在一定时间内,他的一切注意、一切思想、一切精力都只求喘喘气,伸伸腰和舒展一下躯体,取得一些可以取得的而被推翻的剥削者没有给过他的眼前生活上的福利。当然,需要经过一定时间,普通的群众才能不仅亲眼看见,不仅信服,而且还会亲身感到:这样随便地"取得"、夺得、捞一把是不行的,这样会助长经济破坏,招致灭亡,导致科尔尼洛夫之流的卷土重来。普通劳动群众生活条件上(因而还有心理上)相应的转变不过刚刚开始。我们的全部任务,被剥削者求解放愿望的自觉代表者共产党(布尔什维克)的任务,就在于认识这个转变,了解这种转变的必然性,领导为寻找出路而精疲力竭的群众,引导他们走上正确的道路,即遵守劳动纪律,把开群众大会**讨论**工作条件同**在**工作**时间**无条件服从拥有独裁权力的苏维埃领导者的意志这两项任务结合起来。

资产者、孟什维克和新生活派嘲笑"开群众大会",更常常恶意地加以指摘,认为这只是混乱、胡闹和小私有者利己主义的发作。可是,不开群众大会,被压迫群众永远也不能由剥削者强加给他们的纪律转到自觉自愿的纪律。开群众大会,这也就是劳动者的真正民主,是他们扬眉吐气的机会,是他们觉醒过来投入新生活的行动,是他们在这样一个活动场所的初步行动,他们自己从这个场所清除了恶棍(剥削者、帝国主义者、地主、资本家),他们自己还希望学会按自己的方式,为自己的利益,根据自己的、**苏维埃的**政权(不是别人的,不是贵族的,不是资产阶级的政权)的原则,整顿这个活动场所。正是要有劳动者战胜剥削者的十月胜利,正是要有由劳动者自己初步讨论新生活条件和新任务的整个历史时期,才能够稳固地过渡到更高形式的劳动纪律,过渡到自觉地领会必须实行无产阶级专政的思想,过渡到在工作时间无条件服从苏维埃政权代表的个人指挥。

这个过渡现在已经开始了。

我们已经胜利地解决了革命的第一个任务,我们看到,劳动群众怎样在自己中间创造出革命胜利的基本条件:为推翻剥削者而共同奋斗。1905年10月以及1917年2月和10月这样一些阶段,是有全世界历史意义的。

我们已经胜利地解决了革命的第二个任务:唤醒和发动被剥削者推下去的社会"下层",这些人只是在1917年10月25日以后才得到了推翻剥削者、开始认识环境和按照自己的方式安排生活的完全自由。正是这些被压迫被蹂躏得最厉害的、受教育最少的劳动群众开群众大会,他们转到布尔什维克方面来,到处建立自己的苏维埃组织,——这便是革命的第二个伟大阶段。

现在正开始第三个阶段。必须使我们自己夺得的东西,使我们自己颁布过的、确定为法令的、讨论过的、拟订了的东西巩固下来,用**日常劳动纪律**这种稳定的形式巩固下来。这是一项最困难而又最能收效的任务,因为只有解决这项任务,我们才能有社会主义的秩序。劳动群众开群众大会的这种民主精神,犹如春潮泛滥,汹涌澎湃,漫过一切堤岸。我们应该学会把这种民主精神同劳动时的**铁的**纪律结合起来,同劳动时**无条件服从**苏维埃领导者一个人的意志结合起来。

这件事我们还没有学会。

这件事我们一定能学会。

昨天,我们曾遇到以科尔尼洛夫之流、郭茨之流、杜托夫之流、格格奇柯利之流、鲍加耶夫斯基之流为代表的资产阶级剥削制复辟的威胁。我们战胜了他们。今天,这种复辟,这种同样的复辟,又以另一种形式威胁着我们,它表现为小资产阶级自由散漫的和无政府主义的自发势力以及小私有者"事不关己"心理的自发势力,表现为这种自发势力对无产阶级纪律性进行的日常的、细小的、可是为数极多的进攻和袭击。我们必须战胜这种小资产阶级无政府状态的自发势力,而且我们一定能战胜它。

苏维埃组织的发展

苏维埃民主制即目前具体实施的**无产阶级**民主制的社会主义性质就在于:第一,选举人是被剥削劳动群众,排除了资产阶级;第二,废除了选举上一切官僚主义的手续和限制,群众自己决定选举的程序和日期,并且有罢免当选人的完全自由;第三,建立了劳动者先锋队即大工业无产阶级的最优良的群众组织,这种组织使劳动者先锋队能够领导最广大的被剥削群众,吸收他们参加独立的政治生活,根据他们亲身的体验对他们进行政治教育,从而第一次着手使真正**全体**人民都学习管理,并且开始管理。

这就是在俄国实行的民主制的主要特征,这种民主制是更高**类型**的民主制,是与资产阶级所歪曲的民主制截然不同的民主制,是向社会主义民主制和使国家能开始消亡的条件的过渡。

当然,小资产阶级涣散组织的自发势力(在**任何**无产阶级革命中,这种自发势力都**必然**会或多或少地表现出来,而在我国革命中,由于我国的小资产阶级性质、落后以及反动战争所造成的恶果,更表现得特别厉害),也不能不对苏维埃产生影响。

必须坚持不懈地发展苏维埃组织和苏维埃政权组织。现在有一种使苏维埃成员变为"议会议员"或变为官僚的小资产阶级趋势。必须吸引**全体**苏维埃成员实际参加管理来防止这种趋势。在许多地方,苏维埃的各部正在变成一种逐渐同各人民委员部合并的机关。我们的目的是要吸收**全体贫民**实际参加管理,而实现这个任务的一切步骤——愈多样化愈好——应该详细地记载下来,加以研究,使之系统化,用更广泛的经验来检验它,并且定为法规。我们的目的是要使**每个劳动者**做完**8**小时"分内的"生产劳动之后,还要**无报酬地**履行国家义务。过渡到这一点特别困难,可是只有实现这种过渡才能保证社会主义彻底巩固。这种转变是新鲜事物,是一件难事,当然会产生许多可说是摸索的步骤,许多错误和动摇,——没有这些,就不可能有任何显著的进步。在许多想以社会主义者自居的人看来目前情况十分独特,因为他们惯于抽象地把资本主义同社会主义对立起来,而又在两者之间意味深长地加上一个词:"飞跃"(有些人想起从恩格斯著作中看到的片言只语,作了更加意味深长的补充:"从必然王国进入自由王国的飞跃"①）。"在书本上读过"社会主义,却从来没有认真加以钻研的大多数所谓社会主义者,都认识不到:社会主义的导师们是从全世界历史上的转变这个角度把那种突然转折称之为"飞跃"的,这种飞跃要延续10来年或更长的时间。自然,在这样的时期,在所谓"知识界"中,会出现无数的哭丧妇:有的哭立宪会议[72],有的哭资产阶级纪律,有的哭资本主义秩序,有的哭文明地主,有的哭帝国主义的大国地位以及诸如此类等等。

大飞跃时代真正应该注意的是:旧事物的碎片极多,并且有时比新事物的幼芽(不是常常可以一眼看到的)的数量积累得更快,这就要求我们善于从发展路线或链条中找出最重要的环节。有这样的历史时刻,当时为了取得革命的胜利,最重要的是多积累一些碎片,就是多破坏些旧机构;也有另一种时刻,即在破坏已经够了的时候,那就需要做些"平凡的"工作(在小资产阶级革命家看来是"枯燥无味的"工作),清除地面上的碎片;还有一种时刻,这时最重要的是精心照料在瓦砾还没有清除干净的地面上从碎片底下生长出来的新事物的幼芽。

仅仅一般地做一个革命者和社会主义拥护者或者共产主义者是不够的。必须善于在每个特定时机找出链条上的特殊环节,必须全力抓住这个环节,以便抓住整个链条并切实地准备过渡到下一个环节;而在这里,在历史事变的链条里,各个环节的次序,它们的形式,它们的联接,它们之间的区别,都不像铁匠所制成的普通链条那样简单和粗陋。

苏维埃同"人民"之间,即同被剥削劳动者之间的联系的牢固性,

---

① 见《马克思恩格斯选集》第3卷人民出版社1972年版第323页。——编者注

以及这种联系的灵活性和伸缩性,是消除苏维埃组织的官僚主义弊病的保证。即使是世界上民主制最完善的资本主义共和国的资产阶级议会,贫民也从不把它看成是"自己的"机关。而苏维埃在工农群众看来,则是"自己的",而不是别人的。无论是谢德曼式的,或者是同他们如出一辙的马尔托夫式的现代"社会民主党人",都厌恶苏维埃,羡慕体面的资产阶级议会或立宪会议,正如60年前屠格涅夫羡慕温和的君主贵族立宪制,而厌恶杜勃罗留波夫和车尔尼雪夫斯基的农夫民主制[73]一样。

正是苏维埃同劳动"人民"的亲密关系,造成一些特殊的罢免形式和另一种自下而上的监督,这些现在应该大力加以发展。例如,国民教育委员会,作为苏维埃选民及其代表为讨论和监督苏维埃政权在这方面的工作而举行的定期会议,是应该得到充分的赞同和支持的。如果把苏维埃变成一种停滞不前的和自满自足的东西,那是再愚蠢不过的。现在我们愈是要坚决主张有绝对强硬的政权,主张**在一定的工作过程中**,在履行**纯粹执行的**职能的一定时期实行个人独裁,就愈是要有多种多样的自下而上的监督形式和方法,以便消除苏维埃政权的一切可能发生的弊病,反复地不倦地铲除官僚主义的莠草。

结　　论

国际方面的情况是非常严重、困难和危险的;必须随机应变和退却;这是等待西欧极其缓慢地成熟起来的革命重新爆发的时期;在国内,是缓慢建设和无情"整饬"的时期,是无产阶级严格的纪律性同小资产阶级自由散漫及无政府状态的危险的自发势力作长期的坚决斗争的时期,——简单说来,这就是我们所处的社会主义革命特殊阶段的特点。这就是历史事变链条中我们现在必须用全力抓住的环节,抓住这个环节才能顺利解决当前的任务,直至过渡到下一个环节,——这下一个环节闪耀着特别的令人向往的光辉,国际无产阶级革命胜利的光辉。

我们可以把从当前阶段的特点产生出来的随机应变、退却、等待、缓慢建设、无情整饬、严守纪律、消灭自由散漫这些口号同通常流行的"革命家"这个概念放到一起试试看……有些"革命家"听到这些口号不禁义愤填膺,他们开始"痛斥"我们,说我们忘掉了十月革命的传统,说我们同资产阶级专家妥协,同资产阶级调和,说我们是小资产阶级倾向,是改良主义,等等,等等,这有什么奇怪呢?

这些可怜的革命家的不幸就在于,连他们中间那些具有世界上最高尚的动机并且绝对忠实于社会主义事业的人都不了解一个落后的、被反动和不幸的战争严重破坏、又远远早于先进国家开始社会主义革命的国家必然要经历的特殊的和特别"不愉快的"状态,都缺乏经受住这个艰难过渡中的艰难时刻的坚毅精神。自然,对我们党持**这种**"正式"反对态度的是左派社会革命党。在集团和阶级的代表人物中,个人的例外当然是有的,而且总是会有的。可是,各类社会代表人物始终是存在的。在小私有者人口比纯粹无产阶级人口占有巨大优势的国家,无产阶级革命者同小资产阶级革命者之间的差别必然会显露出来,而且有时会极其尖锐地显露出来。小资产阶级革命者在事变的每一转折关头都会犹豫和动摇,由1917年3月间的激烈的革命态度转到5月间的颂扬"联合",转到7月间的仇视布尔什维克(或者为布尔什维克的"冒险主义"痛哭流涕),又转到10月底小心翼翼地回避布尔什维克,再转到12月间支持布尔什维克,最后,在1918年3月和4月间,这种人物又常常摆出一副目空一切的样子说:"我可不是那种为'机关'工作、实际主义和渐进精神唱赞歌的人。"

这种人物的社会来源就是小业主,他们被战争的惨祸、突然破产以及饥荒和破坏的空前折磨弄得暴怒发狂,他们疯狂地东奔西窜,寻求出路和解救办法,他们摇摆不定,时而信任和支持无产阶级,时而又爆发绝望情绪。应该清楚懂得和明确了解:靠这种社会基础,社会主义根本不可能建立起来。只有毫不动摇地走自己的路,在最困难、最艰苦、最危险的转变时刻也不灰心失望的阶级,才能领导被剥削劳动群众。我们不需要狂热。我们需要的是无产阶级铁军的匀整的步伐。

选自《列宁全集》第2版第34卷
第150—188页

论"左派"幼稚性和
小资产阶级性(节选)

(1918年5月5日)

三

现在我们来谈谈我们的"左派共产主义者"[74]在国内政策方面的不幸。读一读他们关于**目前**形势的提纲中的下列词句,实在令人不禁失笑:

> "……只有实行最坚决的社会化,才能有计划地利用现存的生产资料"……
> "不是向资产阶级及其小资产阶级知识分子走卒投降,而是要完全打倒资产阶级和彻底粉碎怠工……"

可爱的"左派共产主义者",他们的坚决性那么多……而思考力

这是列宁为批判"左派共产主义者"在苏维埃俄国对外政策和国内政策方面的小资产阶级革命空谈而写的文章。在节选的部分,列宁从当时俄国的实际情况出发,对经济建设的方针政策作了精辟论述,阐释了通过国家资本主义向社会主义过渡的主张。列宁列举了当时俄国存在的五种经济成分,指出国家资本主义在经济上大大高于俄国现实的经济,工人阶级一经学会怎样根据国家资本主义原则来整顿好全国性的大生产组织,就会掌握全副王牌,社会主义的巩固就有了保证。列宁强调指出,社会化大生产与无产阶级专政是实现社会主义的两个必要条件。

却那么少!所谓"最坚决的社会化",这是什么意思呢?

在国有化问题和没收问题上,可以有坚决的或者是不坚决的态度。关键却在于:要**从**国有化和没收过渡**到**社会化,即使有世界上最大的"坚决性"也是不够的。我们的"左派"的不幸,就在于他们天真地、幼稚地把"最坚决的……社会化"这些字眼联在一起,从而暴露了他们对问题的关键完全无知,对"目前"形势的关键完全无知。"左派"的不幸,就在于他们没有看到"目前形势"的实质,没有看到从没收(在实行没收时,政治家的主要品质就是坚决性)到社会化(要实行社会化,就要求革命家有**另一种**品质)的过渡的实质。

昨天,形势的关键在于尽量坚决地实行国有化,实行没收,打击和打倒资产阶级,粉碎怠工,今天,只有瞎子才看不到,我们已经国有化的,已经没收的,已经打倒的和粉碎的,**比我们来得及加以计算的**要多。可是社会化和简单的没收不同的地方就在于:实行没收单有"坚决性"就可以了,用不着有正确计算和正确分配的才能,**而实行社会化,没有这种才能就不行**。

我们的历史功绩,就是昨天(明天也会如此)在实行没收方面,在打倒资产阶级和粉碎怠工方面,我们是坚决的。如果今天把这一点写入"目前形势的提纲",就是面向过去而不懂得转向未来。

"……彻底粉碎怠工……" 他们终于找到了一项任务!但是我们这里的怠工已经完全"粉碎"了。我们所缺乏的,完全是另外的东西,即**进行计算**,盘算一下应该把哪些怠工者安插到哪些地方去,怎样组织**自己的**力量去实施监督,譬如说,派一个布尔什维克领导人或监督者去监督一百个到我们这里来上班的怠工者,在这种情况下,侈谈"最坚决的社会化"、"完全打倒"、"彻底粉碎",就是胡说八道。小资产阶级革命家的特点就是不知道打倒、粉碎等等对于社会主义是不够的,只有疯狂反对大私有者的小私有者才认为这样就够了,而无产阶级革命家无论什么时候都不会犯这种错误。

如果说我们上面所引的话使人不禁失笑,那么"左派共产主义者"的下述发现就简直使人捧腹大笑了,他们发现:苏维埃共和国在"右派布尔什维克的倾向"的影响之下有"演变到国家资本主义去"的危险,这可真要把人吓坏了!而且"左派共产主义者"又是多么卖力地在提纲中、在论文中,到处重复着这一骇人听闻的发现啊……

但是他们从没有想过,国家资本主义较之我们苏维埃共和国目前的情况,将是**一个进步**。如果国家资本主义在半年左右能在我国建立起来,那将是一个很大的胜利,那将极其可靠地保证社会主义一年以后在我国最终地巩固起来而立于不败之地。

我可以想象,"左派共产主义者"将怎样义愤填膺,怒斥这些话,他们将在工人面前给"右派布尔什维克的倾向"以何等"致命的批评"。怎么?在苏维埃**社会主义**共和国内,向国家**资本主义**过渡竟会是一个进步?…… 这岂不是背叛社会主义?

"左派共产主义者"**在经济问题上的**错误的根源正是在这里。因此,正是对于这一点,我们应该比较详细地谈一谈。

第一,"左派共产主义者"不了解,这个使我们有权利和有根据自称为苏维埃社会主义共和国的、从资本主义到社会主义的**过渡**,究竟是怎样的。

第二,他们暴露出自己的小资产阶级性,就因为他们**看不到**小资产阶级自发势力是我国社会主义的**主要**敌人。

第三,他们拿出"国家资本主义"来吓人,这就暴露出他们不了解苏维埃国家在经济上与资产阶级国家迥然不同。

我们来研究一下这三点。

看来,还没有一个专心研究俄国经济问题的人否认过这种经济的过渡性质。看来,也没有一个共产主义者否认过社会主义苏维埃共和国这个名称是表明苏维埃政权有决心实现向社会主义的过渡,而决不是表明新的经济制度就是社会主义制度。

那么过渡这个词到底是什么意思呢?它用在经济上是不是说,在这个制度内**既有**资本主义的**也有**社会主义的成分、部分和因素呢?谁都承认是这样的,但并不是所有承认这点的人都考虑到:俄国现有各种社会经济结构成分究竟是怎样的。问题的全部关键就在这里。

现在我们把这些成分列举如下:

(1)宗法式的,即在很大程度上属于自然经济的农民经济;

(2)小商品生产(这里包括大多数出卖粮食的农民);

(3)私人资本主义;

(4)国家资本主义;

(5)社会主义。

俄国幅员如此辽阔,情况如此复杂,社会经济结构中的所有这些不同的类型都互相错综地交织在一起。特点就在这里。

试问,占优势的是哪些成分呢?显然,在一个小农国家内,占优势而且不能不占优势的是小资产阶级自发势力;大多数甚至绝大多数耕作者都是小商品生产者。在我国,**投机商**时此时彼地破坏国家资本主义的外壳(粮食垄断,受监督的企业主和商人,资产阶级合作社工作者),而投机活动的主要对象是**粮食**。

主要的斗争正是在这方面展开。如果用"国家资本主义"等这些经济范畴的术语来说,究竟是谁和谁进行这一斗争呢?按我刚才列举的次序,是第四种成分和第五种成分作斗争吗?当然不是。在这里不是国家资本主义同社会主义作斗争,而是小资产阶级和私人资本主义合在一起,既同国家资本主义又同社会主义作斗争。小资产阶级抗拒**任何的**国家干涉、计算与监督,不论它是国家资本主义的还是国家社会主义的。这是丝毫不容争辩的事实,"左派共产主义者"在经济问题上的错误的根源就在于不了解这一事实,投机商、奸商、垄断制破坏者就是我国"内部的"主要敌人,即反对苏维埃政权的经济措施的敌人。如果说在125年以前,法国小资产者这些最热情、最真诚的革命家想通过处死个别几个"要犯"和发表激昂慷慨的演说来战胜投机商的愿望在当时还情有可原的话,那么,现在某些左派社会革命党人[43]用纯粹的空谈来对待这个问题,就只能引起每个觉悟的革命者的憎恶或厌弃了。我们非常明白,投机活动的经济基础,就是在俄国人数特别众多的小私有者阶层,以及以**每一个**小资产者作为自己代理人的私人资本主义。我们知道,这种小资产阶级九头蛇[75]的千百万触角,时此时彼地缠住了工人中的个别阶层,投机活动正在**取代国家垄断**而渗入我国社会经济生活的每个毛孔。

谁要是看不到这一点,那他就恰恰由于盲目无知而暴露出自己做了小资产阶级偏见的俘虏。我们的"左派共产主义者"就是这样的人,他们在口头上是(当然,他们也深信自己是)小资产阶级的无情的敌人,而在实际上却正好是帮助小资产阶级,正好是为小资产阶级效劳,正好是表现小资产阶级的观点,因为他们要——**在1918年4月!!**——反对……"国家资本主义"!真是胡闹!

小资产者手头拥有在战时用"正当"办法,特别是用不正当办法积攒起来的几千几千的小款项。这就是作为投机活动和私人资本主义的基础的典型经济形式。货币是取得社会财富的凭证,千百万小私有者紧紧地握住这种凭证,把它瞒过"国家"的耳目,不相信任何社会主义和共产主义,一心想"躲过"无产阶级的风暴。或者是我们使这些小资产者服从**我们的**监督和计算(只有把贫民即多数居民或者说半无产者组织在觉悟的无产阶级先锋队的周围,我们才能做到这一点),或者是这些小资产者必然地、不可避免地推翻我们的工人政权,就像那些正是在这种小私有者土壤上生长起来的拿破仑们和卡芬雅克们推翻了革命一样。问题就是如此。只有左派社会革命党人由于一味空谈所谓"劳动"农民而看不到这个简单而明显的真理,但是有谁会认真地对待这些沉溺于空谈的左派社会革命党人呢?

存有几千小款项的小资产者是国家资本主义的敌人,他们希望一定要为自己使用这几千小款项,反对贫民,反对任何的国家监督,而这几千几千的小款项加起来就是好多个亿,它们成为破坏我国社会主义建设的投机活动的基础。假定说,一定数目的工人在几天内创造出为数1 000的价值。又假定说,由于小投机活动,由于各种盗窃行为,由于小私有者"逃避"苏维埃的法令和条例,这个总数中的200消失了。每一个觉悟的工人都会说:假如我从这1 000中拿出300来就能建立起更好的秩序和组织,那我乐意拿出300,而不是200,因为在苏维埃政权下,既然秩序和组织会整顿好,既然小私有者对国家各种垄断的破坏会被彻底粉碎,那么以后减少这种"贡赋",比如说减到100或50,就会是轻而易举的事。

这个用简单数字来表示的例子(为了使说明通俗起见,我故意把它尽量简化)说明了当前国家资本主义和社会主义的**相互关系**,工人掌握着国家政权,他们在法律上有最充分的可能把1 000统统"拿到手",就是说,不让一个戈比落在非社会主义用途上。这种由于政权实际已转到工人手中而产生的法律上的可能性,就是社会主义的因素。

但小私有者的和私人资本主义的自发势力却通过很多渠道来

破坏法律上的规定,暗中投机,破坏苏维埃法令的执行。国家资本主义将是一个巨大的进步,**哪怕**(我故意用这样的数字作例子,是为了更明显地说明这点)我们付出的代价要比现在**大**,因为"为了学习"是值得付出代价的,因为这对工人有好处,因为消除无秩序、经济破坏和松懈现象比什么都重要,因为让小私有者的无政府状态继续下去就是最大、最严重的危险,它**无疑**会葬送我们(如果我们不战胜它的话),而付给国家资本主义较多的贡赋,不仅不会葬送我们,反会使我们通过最可靠的道路走向社会主义。工人阶级一经学会了怎样保卫国家秩序来反对小私有者的无政府性,一经学会了怎样根据国家资本主义原则来整顿好全国性的大生产组织,那时就会掌握全副王牌(恕我如此来形容),社会主义的巩固就有了保证。

国家资本主义**在经济上**大大高于我国现时的经济,这是第一。

第二,国家资本主义中没有任何使苏维埃政权感到可怕的东西,因为苏维埃国家是工人和贫民的权力得到保障的国家。"左派共产主义者"不懂得这些无可争辩的真理,没有一点政治经济学头脑的"左派社会革命党人"当然也永远不会懂得这些真理,但是每个马克思主义者却**不得不**承认这些真理。同左派社会革命党人不值得争论,只要指出他们是空谈家的"可憎的样板"就够了;而和"左派共产主义者"却**应该**争论,因为这里是马克思主义者犯了错误,而分析他们的错误,可以帮助**工人阶级**找到正确的道路。

四

为了把问题说得更清楚,我们首先来举一个最具体的国家资本主义的例子。大家都知道，这个例子就是德国。那里有达到"最新成就"的现代大资本主义技术和**服从于容克**[40]**资产阶级帝国主义的**有计划的组织。如果把这些黑体字删掉，不要军阀的、容克的、资产阶级的、帝国主义的**国家**，**同样用国家**，然而是另一种社会类型、另一种阶级内容的国家，**苏维埃**国家，即无产阶级国家来代替，那你们就会得到实现社会主义所需要的**全部**条件。

没有建筑在现代科学最新成就基础上的大资本主义技术，没有一个使千百万人在产品的生产和分配中严格遵守统一标准的有计划的国家组织，社会主义就无从设想。我们马克思主义者从来都是这么说的，而对那些**甚至连**这点都不了解的人（无政府主义者和至少半数的左派社会革命党人）是不值得多费唇舌的。

同时，无产阶级若不在国家内占统治地位，社会主义也是无从设想的，这也是一个起码的常识。历史（除了孟什维克这类头号蠢人，没有人期待历史会顺利、平静、轻易、简单地产生出"完整的"社会主义来）发展得如此奇特，到1918年竟**产生出**分成了两半的社会主义，两者紧挨着，正如在国际帝国主义一个蛋壳中两只未来的鸡雏。德国和俄国在1918年最明显地分别体现了具体实现社会主义的两方面的条件：一方面是经济、生产、社会经济条件，另一方面是政治条件。

如果德国无产阶级革命获得胜利，那它就能轻而易举地一下子击破任何帝国主义的蛋壳（可惜这种蛋壳是由最好的钢材制成的，因此不是**任何**……鸡雏的力量所能啄破的），就一定能不经过困难或只经过极小的困难而实现世界社会主义的胜利，当然这里是指全世界历史范围的"困难"，而不是指平常小范围的"困难"。

如果德国革命迟迟不"诞生"，我们的任务就是要学习德国人的国家资本主义，**全力**仿效这种国家资本主义，要不惜采用**独裁的**方法加紧仿效，甚于当年的彼得，他曾不惜用野蛮的斗争手段对付野蛮，以促使野蛮的俄罗斯加紧仿效西欧文化。如果无政府主义者和左派社会革命党人中有人（我不由得想起了卡列林和格耶在中央执行委员会上的发言）竟像纳尔苏修斯[76]那样地议论说，向德帝国主义"学习"不是我们革命家干的事，那么我们只需这样回答：要是认真听信这帮人的意见，革命早就会遭到无可挽救的（也是理所当然的）失败了。

在俄国目前占优势的正是小资产阶级资本主义，从这种资本主义**无论**走向国家大资本主义**或者**走向社会主义，都是经过**同一条道路**，都是**经过同一个**中间站，即我们所说的"对产品的生产和分配实行全民的计算和监督"。谁不懂得这一点，谁就会犯不可饶恕的经济错误，他们或者是不了解具体事实，看不到实际存在的事物，不能正视现实，或者是只把"资本主义"和"社会主义"抽象地对立起来，而不研究目前我国这种过渡的具体形式和步骤。顺便说一下，这就是把《新生活报》[35]和《前进报》[69]营垒中的优秀人物弄糊涂的同一个理论错误。这个营垒中最差的和中等的人物，由于秉性愚钝，毫无气节，已被资产阶级吓倒，做了他们的尾巴；而其优秀人物也不了解，社会主义的导师们之所以说从资本主义到社会主义要有一整个过渡时期并不是没有原因的，他们强调新社会诞生时的那种"长久的阵痛"也不是没有缘故的，并且这新社会还是一种抽象的东西，它只有经过一系列建立这个或那个社会主义国家的各种各样的、不尽完善的具体尝试才会成为现实。

不经过国家资本主义和社会主义所**共有的**东西（全民的计算和监督），就不能从俄国现时的经济情况前进，正因为如此，用"向国家资本主义**方向演变**"（《共产主义者》[77]第1期第8页第1栏）来吓唬别人也吓唬自己,在理论上是荒谬透顶的。这恰恰意味着在思想上"偏离了方向",离开了"演变"的真正道路,不懂得这条道路;而在实践上,这等于是向小私有者的资本主义倒退。

我绝不只是现在,而是早在布尔什维克取得政权以前,就对国家资本主义作过"高度的"评价;为了让读者相信这一点,我想从我在1917年9月所写的《大难临头,出路何在?》这本小册子中摘引几段:

"……试一试用革命民主国家,即用采取革命手段摧毁一切特权、不怕以革命手段实现最完备的民主制度的国家来代替容克资本家的国家,代替地主资本家的国家,那又会怎样呢?那你就会看到,真正革命民主国家中的国家垄断资本主义,必然会是走向社会主义的一个或一些步骤!

……因为社会主义无非是从国家资本主义垄断再向前跨进一步。

……国家垄断资本主义是社会主义的最充分的物质准备,是社会主义的前阶,是历史阶梯上的一级,在这一级和叫做社会主义的那一级之间,没有任何中间级。"(第27页和第28页)①

请注意,这几段话是在克伦斯基执政时期写的,这里所谈的不是无产阶级专政,不是社会主义国家,而是"革命民主"国家。我们由这一政治阶梯往上登得愈高,我们在苏维埃内把社会主义国家和无产阶级专政体现得愈充分,我们就应该愈不惧怕"国家资本主义",这难道还不清楚吗?从物质、经济、生产意义上说,我们还没有到达社会主义的"前阶",而不通过我们尚未到达的这个"前阶",就不能走进社会主义的大门,这难道还不清楚吗?

---

① 见《列宁全集》第2版第32卷第217、218—219页。——编者注

无论从哪方面来看问题,结论只有一个:"左派共产主义者"所谓"国家资本主义"是对我们的威胁的论断,是一个极大的经济错误,它清楚地证明他们完全成了小资产阶级思想的俘虏。

五

下面这个情况也是极有教益的。

当我们在中央执行委员会和布哈林同志争论时[①],他还谈到一个意见:在给专家以高额薪金的问题上,"我们〈显然,这个我们是指"左派共产主义者"〉比列宁要右一些",因为我们看不出这里有任何违背原则的地方,我们记得马克思说过,在一定条件下,对工人阶级说来,最适当的是"用赎买摆脱这个匪帮"[②](指资本家匪帮,也就是说,从资产阶级手里**赎买**土地、工厂及其他生产资料)。

这个非常值得注意的意见表明:第一,布哈林比左派社会革命党人和无政府主义者高出一筹,他完全不是不可救药地堕入空谈,恰恰相反,他在极力思考从资本主义向社会主义过渡——痛苦而艰难的过渡——的**具体**困难。

第二,这个意见更加明显地暴露了布哈林的错误。

确实如此。让我们深入思考一下马克思的思想吧。

他指的是上一世纪70年代的英国,是垄断前的资本主义的极盛时代,是当时军阀机构和官僚机构最少的国家,是当时最有可能"和

---

① 见《列宁全集》第2版第34卷第252—253页。——编者注
② 见《马克思恩格斯选集》第4卷人民出版社1972年版第315页。——编者注

平地"即通过工人向资产阶级"赎买"的办法取得社会主义胜利的国家。所以马克思说:在一定条件下,工人决不拒绝向资产阶级赎买。至于变革的形式、方法和手段,马克思没有束缚自己的手脚,也没有束缚未来的社会主义革命活动家的手脚,他非常懂得在变革时会有怎样多的新问题发生,在变革进程中整个情况会怎样变化,在变革进程中情况会怎样**频繁**而**剧烈地**变化。

在苏维埃俄国,**在无产阶级取得政权以后**,在剥削者的军事反抗和怠工反抗被镇压下去**以后**,已经形成**某些**类似半世纪前在英国可以形成的条件(如果英国当时开始和平地向社会主义过渡的话),这难道还不明显吗?当时英国有下列种种情况可以保证资本家屈服于工人:(1)工人即无产者在人口中占绝对优势,因为已经没有农民(在70年代的英国已经有一些征象,可以指望社会主义在农业工人中非常迅速地得到成功);(2)加入工会的无产阶级具有很高的组织程度(当时英国在这方面居世界第一位);(3)在长期的政治自由发展中受到严格训练的无产阶级具有比较高的文明程度;(4)组织得极好的英国资本家——当时他们是世界各国中最有组织的资本家(现在这个领先地位已经转到德国)——长时期惯于用妥协的方法解决政治和经济问题。就因为这些情况,当时才会产生有可能使英国资本家**和平地**屈服于英国工人的想法。

在我国,目前已有某些基本前提(10月的胜利和从10月到今年2月对资本家军事反抗和怠工反抗的镇压)使这种屈服得到保证。在我国,工人即无产者**没有**在人口中占绝对优势,**没有**很高的组织程度,胜利的因素是最贫苦的、迅速破产的农民对无产者的支持。最后,在我国,既没有高度的文明,也没有妥协的习惯。如果考虑一下这些具体条件,那就很清楚,我们现在能够而且应该把两种办法**结合起来**,

一方面对不文明的资本家,对那些既不肯接受任何"国家资本主义",也不想实行任何妥协,继续以投机和收买贫民等方法来破坏苏维埃措施的资本家,无情地加以惩治[①];另一方面对文明的资本家,对那些肯接受并能实施"国家资本主义",能精明干练地组织真正以产品供应千百万人的**大**企业而对无产阶级有益的资本家**谋求妥协**或向他们实行赎买。

布哈林是一位学识卓越的马克思主义经济学家。因此他想起马克思曾经十分正确地教导工人说:正是为了易于过渡到社会主义,保存大生产的组织是很重要的;**如果**(作为一种例外,当时英国是一种例外)将来种种情况迫使资本家和平屈服,在赎买的条件下文明地有组织地转到社会主义,那就**给资本家付相当多的钱**,向他们赎买,这种思想是完全可以容许的。

但是,布哈林错了,因为他没有考虑到俄国目前的具体特点。我们目前正处在一种特殊的情况下,就是说,我们俄国无产阶级在政治制度方面,在工人政权的力量方面,比不管什么英国或德国都要**先进**,但在组织像样的国家资本主义方面,在文明程度方面,在从物质和生产上"实施"社会主义的准备程度方面,却比西欧最落后的国家还要**落后**。正是由于这种特殊情况,工人们目前有必要对那些最文明、最有才干、最有组织能力、愿意为苏维埃政权服务并且诚心诚意

---

①这里也应该正视现实:我们还缺少为争取社会主义胜利所必要的无情,而所以如此,并不是因为我们没有坚决性。我们的坚决性是很足的,而是我们没有本领相当迅速地**捉到**人数相当多的破坏苏维埃措施的投机商、奸商、资本家。因为只有组织计算和监督,才能获得这种"本领"!第二,我们的法庭不够强硬,对于受贿者,不判处死刑,而只判处半年监禁。我们这两种缺点有一个共同的社会根源:小资产阶级自发势力的影响,它的软弱性。

地帮助搞好大的和最大的"国家"生产的资本家实行特殊的"赎买",这难道还不明白吗?在这种特殊情况下,我们应该竭力避免两种都是小资产阶级性质的错误,这难道还不明白吗?一方面,如果说我们既然承认我国经济"力量"和政治力量不相称,"因而"就不应该夺取政权,那就犯了不可救药的错误。[78]所谓的"套中人"[79]就是这样推论的,他们忘记了,"相称"是永远不会有的,在自然界的发展中,也和在社会的发展中一样,这样的相称都是不可能有的,只有经过多次的尝试——其中每次单独的尝试都会是片面的,都会有某种不相称的毛病——才能从**一切**国家无产者的革命合作中建立起完整的社会主义。

另一方面,纵容那些空喊家和清谈家,显然也是错误的,这些人一味陶醉于"鲜明的"革命性,但要从事坚韧不拔、深思熟虑、周密审慎并考虑到各种十分困难的转变的革命工作,他们却无能为力。

幸而一些革命政党的发展史以及布尔什维主义与它们作斗争的历史给我们留下了各种鲜明的典型,其中左派社会革命党人及无政府主义者充分表现出自己是一种不大好的革命者典型。现在他们歇斯底里地叫嚣,上气不接下气,高喊反对"右派布尔什维克"的"妥协"。但是他们没有能力深入地思考一下,过去那种"妥协"究竟坏在**哪里**,它**为什么**理所当然地受到历史和革命进程的谴责。

克伦斯基时代的妥协把政权交给了帝国主义资产阶级,而政权问题是一切革命的根本问题。1917年10月和11月间一部分布尔什维克主张妥协或者是由于害怕无产阶级取得政权,或者是想不仅同左派社会革命党人之类的"不可靠的同路人",而且同切尔诺夫分子和孟什维克这些敌人来平等地**分掌**政权,而这些敌人在驱散立宪会议[72]、无情地消灭鲍加耶夫斯基之流、普遍实行苏维埃制度和进行每一次没收等基本问题上是必然会妨碍我们的。

现在政权已经由一个政党，由无产阶级政党夺取到手，保持下来，巩固下来，甚至没有"不可靠的同路人"参加。现在已不存在而且也根本不可能存在分掌**政权**和放弃无产者对资产阶级的专政问题，这时候再说什么妥协，那就等于是鹦鹉学舌，只是简单重复一些背得烂熟但毫不了解其意义的词句。现在，当我们能够而且应该管理国家的时候，我们不吝惜金钱，竭力把那些受过资本主义训练的最文明的人吸引过来，利用他们来对付小私有者的瓦解作用。如果把这说成是"妥协"，那就是根本不理解社会主义建设的经济任务。

所以，尽管布哈林同志在中央执行委员会上因卡列林和格耶这类人为他"效劳"而马上"感到羞耻"这一点值得赞扬，对于"左派共产主义者"**这一派人**来说，指出他们政治上的战友是些什么人，仍然是一个重要的提醒。

例如，1918年4月25日的那一号《劳动旗帜报》[80]——左派社会革命党人的机关报——自豪地宣称："我党现时的立场与布尔什维主义中的另一派（布哈林、波克罗夫斯基等人）是一致的。"又如，同一天的孟什维克的《前进报》刊登了有点儿名气的孟什维克伊苏夫的"提纲"[81]：

> "苏维埃政权的政策一开始就与真正的无产阶级性质背道而驰，最近更日益公开地走上与资产阶级妥协的道路，而带有明显的反工人的性质。在工业国有化的幌子下实行培植工业托拉斯的政策，在恢复国家生产力的幌子下企图取消八小时工作制，实行计件工资和泰罗制，搞黑名单和黑籍证。这个政策会使无产阶级丧失经济方面的基本成果，而变成资产阶级任意剥削的牺牲品。"

说得太妙了，不是吗？

为了履行那些许诺俄国资本家兼并别国领土的秘密条约而同克伦斯基一起进行帝国主义战争的克伦斯基的朋友们，打算在6月11日解除工人武装的策列铁里[82]的同事们，用响亮的词句掩饰资产阶级统治的李伯尔唐恩[83]之流,就是他们,就是这些人在指责苏维埃政权"与资产阶级妥协","培植托拉斯"(即培植"国家资本主义"!),采用泰罗制。

说实在的,布尔什维克应该授给伊苏夫一枚奖章,他的提纲作**为资产阶级挑拨言论**的一个标本应该拿到每一个工人俱乐部和工会去展览。现在,工人们已经认清了李伯尔唐恩之流、策列铁里之流和伊苏夫之流的真面目,已经处处根据实际经验认识了他们,而用心思索一下为什么**资产阶级的这些走狗**要挑拨工人们来反对采用泰罗制和"培植托拉斯",这对于工人们是大有益处的。

觉悟的工人会把李伯尔唐恩先生们和策列铁里先生们的朋友伊苏夫的"提纲",拿来同"左派共产主义者"的下述提纲作一番仔细的比较:

> "在生产中由于恢复资本家的领导地位,实行劳动纪律并不能真正提高劳动生产率,反而会削弱无产阶级的阶级主动性、积极性和组织性。实行劳动纪律有使工人阶级受奴役的危险,它将不仅激起落后阶层,而且激起无产阶级先锋队的不满。在无产者普遍仇视'资本家怠工者'的情况下,为了推行这种制度,共产党就势必依靠小资产阶级而不是依靠工人,这就会把自己这个无产阶级政党毁掉。"(《共产主义者》杂志第1期第8页第2栏)

这是一个最明显的证据,它表明"左派"落入了圈套,受了伊苏夫之流以及其他资本主义奸细的挑拨。这对于工人们是一个很好的教训,工人们知道,正是无产阶级先锋队主张实行劳动纪律,正是小资产阶级拼命破坏这个纪律。像上述的"左派"提纲这样的言论实在是一种奇耻大辱,事实上完全背弃了共产主义,完全转到小资产阶级方面去了。

"由于恢复资本家的领导地位","左派共产主义者"想用这样的话来"辩解"。这种辩解是没有用的,因为第一,苏维埃政权是在设有工人委员或工人委员会的情况下给资本家以"领导地位"的,这些工人委员或工人委员会监督领导人的每一步骤,学习他们的领导经验,不仅能够对他们的命令提出申诉,而且还能够通过苏维埃政权机关来撤换他们。第二,给资本家以"领导地位",是为了在工作时间内让他们履行职务,而他们的工作条件则是由苏维埃政权规定的,并且要由它来修改和取消。第三,苏维埃政权给资本家以"领导地位",并不是把他们当做资本家,而是把他们当做领取高额薪金的技术专家或组织者。而且工人们知道得很清楚:真正大型的企业、托拉斯或其他机构的组织者,也和第一流的技术专家一样,百分之九十九是属于资本家阶级的,——可是,我们无产阶级政党,正应该任用他们为劳动过程和生产组织的"领导人",因为我们**没有**其他有经验的、熟悉这方面实际工作的人。因为工人们在跨出可能被"左的"词句或小资产阶级自由散漫所迷惑的幼年时期以后,恰恰是要经过资本家对托拉斯的领导,经过大机器生产,经过年周转额达几百万的企业,就是说,只有经过这种生产和企业,才能走向社会主义。工人们不是小资产者。他们不害怕大规模的"国家资本主义",他们重视这样的国家资本主义,认为这是他们的工具,**无产阶级的**工具,**他们的苏维埃**政权将利用这种工具来反对小私有者的瓦解作用和涣散现象。

只有那些没有固定阶级特性因而也是彻头彻尾小资产阶级的知识分子才不了解这一点。奥新斯基在"左派共产主义者"集团中和在他们的杂志上的表现,就是这种知识分子的典型。他写道:

> "……组织和领导企业方面的全部主动权将属于'托拉斯的组织者',因为我们不是想**教导**他们,不是想把他们变成普通的工作人员,而是想向他们**学习**。"(《共产主义者》第1期第14页第2栏)

在这段话中所卖弄的讽刺,是针对我说的"向托拉斯的组织者学习社会主义"这句话的。

在奥新斯基看来,这句话是很可笑的。他想把托拉斯的组织者变成"普通的工作人员"。如果这种言论是出于诗人所描写的"年方十五,不会超过?"[84]……这种年龄的人的口中,那是没有什么值得惊奇的。可是一个马克思主义者,学习过不利用大资本主义所达到的技术和文化成就便不可能实现社会主义这个道理,竟讲出这种话,这就未免叫人有些奇怪了。这里已经没有一点马克思主义。

不,只有那些懂得**不**向托拉斯的组织者**学习就不能**建立或实施社会主义的人,才配称为共产主义者。因为社会主义并不是臆想出来的,而是要靠夺得政权的无产阶级先锋队去掌握和运用托拉斯所造成的东西。我们无产阶级政党,如果不去向资本主义的第一流专家学习组织托拉斯式的即像托拉斯一样的大生产的本领,那便**无从**获得这种本领。

如果不是抱着幼稚的目的要"教导"资产阶级知识分子学社会主义,我们是没有什么可以教导他们的。对于他们,不是应该教导,而是应该剥夺(这一点在俄国做得相当"坚决"),他们的怠工应该**粉碎**,他们作为一个阶层或集团应该**服从**苏维埃政权。而我们共产主义者如果不是年幼无知,就应该向他们学习,而且有东西可学,因为无产阶级政党和无产阶级先锋队在办理为千百万人服务的大企业方面**没有**独立工作的**经验**。

俄国优秀的工人是懂得这层道理的。他们已经开始向资本家组织者,向工程师领导者,向技术专家学习了。他们已经开始坚定而谨慎地从比较容易的地方学起,然后再逐渐学习最难的东西。在冶金业和机器制造业中,这件工作进行得比较缓慢,那是因为它比较困难。

而纺织工人、烟草工人和制革工人，不像没有固定阶级特性的小资产阶级知识分子那样害怕"国家资本主义"，害怕"向托拉斯的组织者学习"。这些工人在"制革工业总管理局"、"中央纺织工业委员会"这一类中央领导机关内同资本家坐在一起，**向他们学习**，办理托拉斯，办理"国家资本主义"[85]。而在苏维埃政权下，国家资本主义就是社会主义的前阶，是社会主义取得可靠的胜利的条件。

俄国先进工人的这种工作是同他们实行劳动纪律方面的工作一起进行的，并且在继续进行，他们并不大吹大擂，到处宣扬(大吹大擂对某些"左派"却是必需的)，而是非常谨慎，循序渐进，汲取实践中的教训。这项艰难的工作，这项实际**学习**建设大生产的工作，是我们沿着正确道路前进的保证，是俄国的觉悟工人反对小私有者的瓦解作用和涣散现象、反对小资产阶级无纪律现象①的保证，是共产主义胜利的保证。

选自《列宁全集》第2版第34卷
第272—291页

---

①非常值得注意的是，提纲作者对无产阶级**专政**在**经济**生活方面的作用一声不响。他们只讲"组织性"等等。但是，这一点，就是害怕经济关系上的工人**专政**的小资产者也会承认的。无产阶级革命家决不能在这种时候"忘记"这个旨在反对资本主义经济基础的无产阶级革命的"关键"。

列宁在办公室阅读《真理报》（1918年10月）

论我们报纸的性质

（1918年9月18日或19日）

现在，老一套的政治鼓动，即政治空谈，占的篇幅太多了，而新生活的建设，建设中的种种事实，占的篇幅太少了。

有些简单明了、众所周知、群众已经相当清楚的事情，如资产阶级走狗孟什维克卑鄙地背叛、英国和日本为了恢复资本的神圣权利而发动入侵、美国亿万富翁对德国咬牙切齿等等，为什么不用20—10行，而要用200—400行来报道呢?这些事情要报道，这方面的每一个新事实要指出，但不必长篇大论，不要老调重弹;而对那些众所周知的、已有定论的旧政治的新表现，用"电报体"写上几行抨击一下就可以了。

在"资产阶级的美好的旧时代"，资产阶级报刊决不涉及"最神圣的东西"——私人工厂和私人农场的内幕。这种惯例是符合资产阶级利益的，我们应当坚决抛弃，但我们还**没有**这样做。我们报纸的面貌还**没有**改变得符合从资本主义向社会主义过渡的社会的要求。

少谈些政治。政治已经完全"明朗化了"，它已归结为两个营垒的斗争，即起义的无产阶级和一小撮奴隶主资本家（及其狐群狗党直到

列宁在文中阐述了社会主义新闻事业的性质和任务，强调报刊在从资本主义到共产主义的过渡时期的主要任务是用现实生活各个方面存在的生动具体的事例和典型来教育群众，要求社会主义的报刊应当多深入生活，多注意工农群众怎样在日常工作中实际地创造新事物，少来一些政治空谈，少发一些书生的议论。

孟什维克等等)的斗争。关于这种政治,我再说一遍,可以而且应当谈得十分简短。

多谈些经济。但经济不是指"泛泛的"议论、学究式的评述、书生的计划以及诸如此类的空话,——可惜所谓经济往往正是这样的空话。不是的,我们需要的经济是指搜集、**周密地审核**和研究新生活的实际建设中的各种事实。在新经济的建设中,大工厂、农业公社[86]、贫苦农民委员会[87]和地方国民经济委员会是否**真**有成绩?有哪些成绩?证实了没有?其中有没有虚构、夸大和书生式的许诺("事情正在就绪"、"计划业已拟就"、"力量已经投入"、"现在可以担保"、"肯定有所改善",以及诸如此类"我们"特别擅长的油腔滑调)?成绩是怎样取得的?怎样扩大的?

有些工厂在国有化以后仍然是混乱、散漫、肮脏、捣乱、懒惰的典型,揭发这些落后工厂的黑榜有没有呢?没有。然而这样的工厂**是有的**。我们不同这些"资本主义传统的保持者"作**斗争**,就不能尽到自己的职责。只要我们默许这样的工厂存在,我们就不是共产主义者,而成了收破烂的人。我们不善于像资产阶级那样在报纸上进行阶级斗争。请回想一下,资产阶级是怎样出色地在报刊上**抨击自己的**阶级敌人,怎样讥笑他们,侮辱他们,置他们于死地的。而我们呢?从资本主义到社会主义的过渡时期的阶级斗争,难道不正是要反对那些顽固坚持资本主义传统(习惯)、仍然用老眼光看苏维埃国家(替"它"干活要少些差些,从"它"那里捞钱则多多益善)的极少数工人、工人集团、工人阶层,以捍卫工人**阶级**的利益吗?即使是在苏维埃印刷所的排字工人中间,在索尔莫夫斯克和普梯洛夫等工厂的工人中间,这样的坏蛋难道还少吗?这样的坏蛋我们抓住了多少?揭露了多少?搞臭了多少?

报刊对这一切默不作声。即使谈到,也只是官样文章,走走过场,不像一份**革命**报刊,不像一个阶级**实行专政**的机关报,尽管这个阶级正在用行动证明,资本家和维护资本主义习惯的寄生虫的反抗将被它的铁拳所粉碎。

在战争问题上也是这样。我们是否抨击过那些胆小如鼠的将领和敷衍塞责的家伙呢?我们是否在全俄国面前揭露过那些不中用的部队的丑态呢?有一些人毫不中用、玩忽职守、延误军机,本来应该大张旗鼓地把他们清除出军队,我们是否"抓住了"足够数量的这样的坏典型呢?我们没有同干坏事的**具体**人进行切实的、无情的、真正革命的**斗争**。我们很少用现实生活各个方面存在的生动具体的事例和典型来**教育群众**,而这正是报刊在从资本主义到共产主义的过渡时期的主要任务。我们很少注意工厂、农村和连队的**日常**生活,这里创造的新事物最多,这里最需要关心、报道和公众的批评,最需要抨击坏人坏事,号召学习好人好事。

少来一些政治空谈。少发一些书生的议论。多深入生活。多注意工农群众怎样在日常工作中**实际地**创造**新事物**。多**检查检查**,看这些新事物中有多少**共产主义成分**。

选自《列宁全集》第2版第35卷
第91—93页

向匈牙利工人致敬

（1919年5月27日）

同志们！我们从匈牙利苏维埃活动家那里得到的消息，使我们感到欢欣鼓舞。匈牙利的苏维埃政权成立以来不过两个多月，但从组织程度方面说，匈牙利的无产阶级看来已经超过了我们。[88]这是可以理解的，因为匈牙利居民的一般文化水平较高，其次，产业工人在全体居民中所占的比重也大得多（现时匈牙利有800万人口，300万集中在布达佩斯），最后，匈牙利过渡到苏维埃制度即无产阶级专政比我国容易得多，和平得多。

最后这一点特别重要。欧洲大多数社会党领袖，无论是社会沙文主义派或考茨基派的领袖，都死死抱着几十年来较为"和平"发展的资本主义和资产阶级议会制所养成的纯粹市侩的偏见，根本不可能懂得苏维埃政权和无产阶级专政。无产阶级不把这些领袖抛弃，不把他们赶走，就不能完成自己的具有世界历史意义的解放使命。这班人完全或部分地相信了资产阶级关于俄国苏维埃政权的谎言，不善

本文为祝贺匈牙利无产阶级取得政权而写。列宁在文中对无产阶级专政的实质作了阐述。他指出，无产阶级专政的实质并不仅仅在于暴力，而且主要不在于暴力。它的主要实质在于劳动者的先进部队、先锋队、唯一领导者即无产阶级的组织性和纪律性。无产阶级的目的是建成社会主义，消灭社会的阶级划分，使社会全体成员成为劳动者，消灭一切人剥削人现象的基础，达到这个目的需要一个相当长的从资本主义到社会主义的过渡时期，即无产阶级专政的整个时期。

于把体现在苏维埃政权中的新的无产阶级民主、劳动者的民主、社会主义民主同资产阶级民主从本质上区别开来，他们奴隶似地崇拜资产阶级民主，把它叫做"纯粹民主"或一般"民主"。

这些死死抱着资产阶级偏见的盲人，不懂得从资产阶级民主到无产阶级民主、从资产阶级专政到无产阶级专政是一个具有世界历史意义的转变。他们把俄国苏维埃政权及其发展史的某些特点同苏维埃政权的国际意义混为一谈。

匈牙利的无产阶级革命甚至使盲人也重见光明。匈牙利过渡到无产阶级专政的形式与俄国截然不同：资产阶级政府自动辞职，工人阶级的统一、社会主义的统一立刻**在共产主义纲领上**恢复起来。苏维埃政权的实质现在表现得更加明显了，现在除了苏维埃政权以外，除了无产阶级专政以外，世界上任何地方不可能有一种政权是得到以无产阶级为首的劳动者拥护的。

这个专政必须采取严酷无情和迅速坚决的暴力手段来镇压剥削者即资本家、地主及其走狗的反抗。谁不了解这一点，谁就不是革命者，就应该取消他的无产阶级领袖或顾问的资格。

但是无产阶级专政的实质不仅在于暴力，而且主要不在于暴力。它的主要实质在于劳动者的先进部队、先锋队、唯一领导者即无产阶级的组织性和纪律性。无产阶级的目的是建成社会主义，消灭社会的阶级划分，使社会全体成员成为劳动者，消灭一切人剥削人现象的基础。这个目的不是一下子可以实现的，这需要一个相当长的从资本主义到社会主义的过渡时期，因为改组生产是一件困难的事情，因为根本改变生活的一切方面是需要时间的，因为按小资产阶级和资产阶级方式经营的巨大的习惯势力只有经过长期的坚忍的斗争才能克服。所以马克思说，无产阶级专政的整个时期是从资本主义到社会主义的过渡时期①。

在整个过渡时期中，反抗这个变革的，有自觉进行反抗的资本家及其在资产阶级知识分子中为数众多的走卒，也有往往是不自觉地进行反抗的大批过分拘守小资产阶级习惯和传统的劳动者（包括农民在内）。这些阶层的动摇是不可避免的。农民作为劳动者，倾向于社会主义，更愿意要工人专政而不要资产阶级专政。农民作为粮食出售者，倾向于资产阶级，倾向于自由贸易，就是说，要退到"惯常的"、旧有的、"历来的"资本主义去。

要使无产阶级能**引导**农民和一切小资产阶级阶层前进，就必须有无产阶级专政，必须有一个阶级的政权，必须有这个阶级的组织性和纪律性的力量，必须有这个阶级的以资本主义文化、科学、技术的一切成果为基础的集中的实力，必须以无产阶级感情体会一切劳动者的心理，并在农村或小生产中的涣散的、不够开展的、政治上不够稳定的劳动者面前具有威信。在这里，像市侩化的社会沙文主义者和考茨基派所喜好的那样，空谈一般"民主"，空谈"统一"或"劳动民主派的统一"，空谈一切"劳动者的""平等"等等，是无济于事的。空谈只能蒙蔽眼睛，蒙蔽意识，巩固资本主义、议会制、资产阶级民主制的因循守旧的习气。

消灭阶级要经过长期的、艰难的、顽强的**阶级斗争**。在推翻资本权力**以后**，**在**破坏资产阶级国家**以后**，**在**建立无产阶级专政**以后**，阶级斗争**并不是消失**（如旧社会主义和旧社会民主党中的庸人所想象的那样），而只是改变它的形式，在许多方面变得更加残酷。

---

①参看《马克思恩格斯选集》第3卷人民出版社1972年版第21页。——编者注

无产阶级应当进行阶级斗争去镇压资产阶级的反抗,去反对小资产阶级的因循守旧和犹豫动摇,以捍卫自己的政权,巩固自己的组织影响,"中立"那些害怕离开资产阶级而很不坚定地跟着无产阶级走的阶层,巩固新的纪律即劳动者的同志纪律,加强劳动者与无产阶级的牢固联系,把他们紧紧团结在无产阶级周围,用这种新的纪律、这种新的社会联系基础去代替中世纪的农奴制的纪律,代替资本主义制度的饥饿纪律,"自由"雇佣奴隶制的纪律。

要消灭阶级,就需要一个阶级的专政时期,一个被压迫阶级的专政时期,这个阶级不仅能推翻剥削者,不仅能无情地镇压剥削者的反抗,而且能在思想上与全部资产阶级民主观念,与关于自由平等的一切市侩空谈决裂(实际上,马克思早已指出,这种空谈意味着**商品所有者**的"自由平等",即**资本家和工人**的"自由平等")。

不仅如此。有能力用自己的专政来消灭阶级的,只有这样一个被压迫阶级,它被几十年反对资本的罢工斗争和政治斗争教育、联合、培养和锻炼出来,它吸取了城市的、工业的、大资本主义的全部文化,有决心和本领来捍卫这种文化并保存、发展其全部成果,使之为全体人民、全体劳动者所享用,它经受得住历史所必然加在那些与过去决裂而大胆开拓通向新的未来的道路的人们身上的一切重担、考验、苦难和巨大牺牲,它的优秀分子十分仇恨和鄙弃一切市侩的庸俗的东西,十分仇恨和鄙弃这些在小资产阶级、小职员和"知识分子"身上表现得很突出的品质,它"经过了劳动学校的锻炼"而善于使一切劳动者和诚实的人尊重自己的劳动能力。

匈牙利的工人同志们!你们一下子就在真正无产阶级专政的纲领上把一切社会主义者联合起来了,你们给世界树立了比苏维埃俄国更好的榜样。现在你们面前摆着一个极有希望但极困难的任务,就是要在反协约国[89]的艰苦战争中支持下去。希望你们坚定不移。如果在昨天加入你们无产阶级专政的社会主义者中间或在小资产阶级中间有人表现动摇，你们就要无情地制止这种动摇。枪毙，这是胆怯者在战争中应得的命运。

你们进行着唯一合理的、正义的和真正革命的战争，这是被压迫者反对压迫者的战争，劳动者反对剥削者的战争，争取社会主义胜利的战争。全世界工人阶级中的一切正直的人都是站在你们一边的。世界无产阶级革命一月比一月地接近了。

希望你们坚定不移！胜利是属于你们的！

列　宁

1919年5月27日

选自《列宁全集》第2版第36卷
第374—378页

伟大的创举

(论后方工人的英雄主义。
论"共产主义星期六义务劳动")(节选)

(1919年6月28日)

我详尽无遗地援引了关于共产主义星期六义务劳动的消息,因为我们从这里无疑地可以看到共产主义建设的一个极其重要的方面,对于这个方面,我们的报刊没有充分地加以重视,我们大家也还没有给予应有的评价。

少唱些政治高调,多注意些极平凡的但是生动的、来自生活并经过生活检验的共产主义建设方面的事情,——我们大家,我们的作家、鼓动员、宣传员、组织者等等都应当不倦地反复提出这个口号。

在无产阶级革命后的初期,我们首先忙于主要的和基本的任务,即击败资产阶级的反抗,战胜剥削者,粉碎他们的阴谋(如从黑

列宁在文中高度评价共产主义星期六义务劳动是"伟大的创举",指出它的重大意义在于表明了工人阶级自觉提高劳动生产率、创造社会主义的经济条件和生活条件的首创精神。列宁认为无产阶级专政不只是对剥削者使用的暴力,甚至主要的不是暴力,而是实现比资本主义更高类型的社会劳动组织。列宁给阶级下了经典的定义,并论述了消灭阶级的途径和条件。他指出,社会主义的最终目的是消灭阶级,同时还要消灭城乡之间、体力劳动和脑力劳动之间的差别,为此必须大力发展生产力;劳动生产率归根到底是使新社会制度取得胜利的最重要最主要的东西。

帮[90]和立宪民主党人[37]到孟什维克和社会革命党人[27]都参加过的企图出卖彼得格勒的"奴隶主的阴谋"[91]),这是当然的,不可避免的。但除了这个任务以外,同样不可避免地要提出——而且愈向前发展就愈要提出——一个更重要的任务,即从积极方面来说建设共产主义,创造新的经济关系,建立新社会。

我曾屡次指出,例如3月12日我在彼得格勒工人、农民和红军代表苏维埃会议上讲话[92]时就曾指出,无产阶级专政不只是对剥削者使用的暴力,甚至主要的不是暴力。这种革命暴力的经济基础,它的生命力和成功的保证,就在于无产阶级代表着并实现着比资本主义更高类型的社会劳动组织。实质就在这里。共产主义的力量源泉和必获全胜的保证就在这里。

农奴制的社会劳动组织靠棍棒纪律来维持,劳动群众极端愚昧,备受压抑,横遭一小撮地主的掠夺和侮辱。资本主义的社会劳动组织靠饥饿纪律来维持,在最先进最文明最民主的共和国内,尽管资产阶级文化和资产阶级民主有很大的进步,广大劳动群众仍旧是一群愚昧的、受压抑的雇佣奴隶或被压迫的农民,横遭一小撮资本家的掠夺和侮辱。共产主义的社会劳动组织——其第一步为社会主义——则靠推翻了地主资本家压迫的劳动群众本身自由的自觉的纪律来维持,而且愈向前发展就愈要靠这种纪律来维持。

这种新的纪律不是从天上掉下来的,也不是由善良的愿望产生的,它是从资本主义大生产的物质条件中生长起来的,而且只能是从这种条件中生长起来。没有这种物质条件就不可能有这种纪律。代表或体现这种物质条件的是大资本主义所创造、组织、团结、训练、启发和锻炼出来的一定历史阶级。这个阶级就是无产阶级。

如果我们把无产阶级专政这个原出拉丁文的、历史哲学的科学

用语译成普通的话,它的意思就是:

在推翻资本压迫的斗争中,在推翻这种压迫的过程中,在保持和巩固胜利的斗争中,在创建新的社会主义的社会制度的事业中,在完全消灭阶级的全部斗争中,只有一个阶级,即城市的总之是工厂的产业工人,才能够领导全体被剥削劳动群众。(我们要顺便指出:社会主义和共产主义之间的科学区别,只在于第一个词是指从资本主义生长起来的新社会的第一阶段,第二个词是指它的下一个阶段,更高的阶段。)

"伯尔尼"国际[93]即黄色国际的错误,就在于它的领袖们只在口头上承认阶级斗争和无产阶级的领导作用,却害怕思索到底,害怕作出恰恰是资产阶级觉得特别可怕和绝对不能接受的必然结论。他们害怕承认无产阶级专政也是一个阶级斗争时期,只要阶级没有消灭,阶级斗争就不可避免,不过它的形式有所改变,在推翻资本后的初期变得更加残酷,更加独特。无产阶级夺得政权之后,并不停止阶级斗争,而是继续阶级斗争,直到消灭阶级——当然,是在另一种环境中,在另一种形式下,采取另一些手段。

"消灭阶级"是什么意思呢?凡自称为社会主义者的人,都承认社会主义的这个最终目的,但远不是所有的人都深入思索过它的含义。所谓阶级,就是这样一些大的集团,这些集团在历史上一定的社会生产体系中所处的地位不同,同生产资料的关系(这种关系大部分是在法律上明文规定了的)不同,在社会劳动组织中所起的作用不同,因而取得归自己支配的那份社会财富的方式和多寡也不同。所谓阶级,就是这样一些集团,由于它们在一定社会经济结构中所处的地位不同,其中一个集团能够占有另一个集团的劳动。

显然,为了完全消灭阶级,不仅要推翻剥削者即地主和资本家,不仅要废除**他们的**所有制,而且要废除**任何**生产资料私有制,要消灭城乡之间、体力劳动者和脑力劳动者之间的差别。这是很长时期才能实现的事业。要完成这一事业,必须大大发展生产力,必须克服无数小生产残余的反抗(往往是特别顽强特别难于克服的消极反抗),必须克服与这些残余相联系的巨大的习惯势力和保守势力。

认为一切"劳动者"都同样能胜任这一工作,那是纯粹的空话或马克思以前的旧社会主义者的幻想。因为这种能力不是自行产生的,而是在历史上生长起来的,并且**只能**是从资本主义大生产的物质条件中生长起来的。在开始从资本主义走向社会主义的时候,**只有**无产阶级才具有这种能力。它所以能够完成它所肩负的巨大任务,第一是因为它是各文明社会中最强大最先进的阶级;第二是因为它在最发达的国家中占人口的多数;第三是因为在像俄国这样一些落后的资本主义国家中,大多数人是半无产者,就是说,这些人总是每年有一部分时间过着无产者的生活,总是某种程度上靠在资本主义企业中从事雇佣劳动来维持生活。

谁想根据什么自由、平等、一般民主、劳动民主派的平等这类泛泛的空话来解决从资本主义向社会主义过渡的任务(像考茨基、马尔托夫和伯尔尼国际即黄色国际其他英雄们所做的那样),谁就只能以此暴露出他在思想方面奴隶般地跟着资产阶级跑的小资产者、庸人和市侩的本性。要正确地解决这一任务,只有具体地研究已经夺得政权的那个特殊的阶级即无产阶级和所有一切非无产阶级以及半无产阶级劳动群众之间的特殊的关系,这种关系不是在空想和谐的、"理想的"环境中形成的,而是在资产阶级进行疯狂的和多种多样的反抗的现实环境中形成的。

在任何一个资本主义国家里,包括俄国在内,大多数人,尤其是

列宁在克里姆林宫院内参加星期六义务劳动（1920年5月1日）

劳动群众,都千百次地亲身遭受过,他们的亲属也遭受过资本的压迫、资本的掠夺和各种各样的侮辱。帝国主义战争——为决定由英国资本或德国资本取得掠夺全世界的霸权而屠杀千百万人的战争——更异常地加剧、扩大和加深了这种困苦,使人们认清了这种困苦。所以大多数人尤其是劳动群众必然同情无产阶级,因为无产阶级英勇果敢、毫不留情地以革命手段推翻资本的压迫,推翻剥削者,镇压他们的反抗,用自己的鲜血开辟一条创建不容剥削者存在的新社会的道路。

非无产阶级和半无产阶级劳动群众的那种小资产阶级的犹豫动摇,即倒退到资产阶级"秩序"、资产阶级"卵翼"下去的倾向不论如何严重,如何不可避免,他们也终究不能不承认无产阶级的道义上政治上的威信,因为无产阶级不仅推翻剥削者并镇压他们的反抗,而且建立新的更高的社会联系,新的更高的社会纪律,即联合起来的自觉的工作者的纪律,这些工作者除了他们自己的联合组织的权威以外,除了他们自己的更加自觉、勇敢、团结、革命、坚定的先锋队的权威以外,是不承认任何束缚和任何权威的。

为了取得胜利,为了建立和巩固社会主义,无产阶级应当解决双重的或二位一体的任务:第一,用自己在反对资本的革命斗争中奋不顾身的英勇精神吸引全体被剥削劳动群众,吸引他们,组织他们,领导他们去推翻资产阶级和彻底镇压资产阶级的一切反抗;第二,把全体被剥削劳动群众以及小资产阶级的所有阶层引上新的经济建设的道路,引上建立新的社会联系、新的劳动纪律、新的劳动组织的道路,这种劳动组织把科学和资本主义技术的最新成就同创造社会主义大生产的自觉工作者大规模的联合联结在一起。

这第二个任务比第一个任务更困难,因为解决这个任务决不能靠一时表现出来的英勇气概,而需要在大量的**日常**工作中表现出来的最持久、最顽强、最难得的英勇精神。但这个任务又比第一个任务更重要,因为归根到底,战胜资产阶级所需力量的最深源泉,这种胜利牢不可破的唯一保证,只能是新的更高的社会生产方式,只能是用社会主义的大生产代替资本主义的和小资产阶级的生产。

*　　　　*　　　　*

"共产主义星期六义务劳动"所以具有巨大的历史意义,是因为它向我们表明了工人自觉自愿提高劳动生产率、过渡到新的劳动纪律、创造社会主义的经济条件和生活条件的首创精神。

一位不可多得的、甚至可以说是绝无仅有的德国资产阶级民主主义者约·雅科比(他在1870—1871年的教训之后没有转向沙文主义和民族自由主义而转向了社会主义)曾经说过,建立一个工人联合会比萨多瓦会战[94]具有更大的历史意义。这话说得很对。萨多瓦会战所解决的,是在建立德意志民族资本主义国家方面奥地利和普鲁士这两个资产阶级君主国究竟哪一个当霸主的问题。建立一个工人联合会是无产阶级在世界范围内战胜资产阶级的一个小小的步骤。我们同样也可以说,1919年5月10日莫斯科—喀山铁路工人在莫斯科举行的第一次共产主义星期六义务劳动,要比兴登堡或者福煦和英国人在1914—1918年帝国主义大战中的任何一次胜利具有更大的历史意义。帝国主义者的胜利是为了英美法三国亿万富翁的利润而对千百万工人进行的屠杀,是垂死的、快胀死的和在活活腐烂的资本主义的残暴行为。而莫斯科—喀山铁路工人的共产主义星期六义务劳动,却是使世界各国人民摆脱资本桎梏和战争的社会主义新社会的一个细胞。

资产者老爷们及其走狗,包括那些惯于自命为"舆论"代表的孟什维克和社会革命党人在内,当然要嘲笑共产党人的希望,称这种希望是"小花盆里栽大树",讥笑星期六义务劳动的次数同大量存在的盗窃公物、游手好闲、生产率低落、损毁原料和产品等等现象比较起来是微乎其微的。我们回答这班老爷们说:假如资产阶级知识分子把自己的知识用来帮助劳动群众,而不是用来帮助俄国和外国的资本家恢复他们的权力,那么变革会进行得快一些,和平一些。但这是空想,因为问题要由阶级斗争来解决,而大多数知识分子是倾向于资产阶级的。无产阶级取得胜利,将不是靠知识分子的帮助,而是排除他们的对抗(至少是在大多数场合下),抛弃那些不可救药的资产阶级知识分子,同时改造和重新教育动摇的知识分子,使之服从自己,把其中越来越多的人逐步争取到自己方面来。对变革中的困难和挫折幸灾乐祸,散布惊慌情绪,宣传开倒车,——这一切都是资产阶级知识分子进行阶级斗争的手段和方法。无产阶级是不会让自己受骗的。

如果从实质上来观察问题,难道历史上有一种新生产方式是不经过许许多多的失败、错误和反复而一下子就确立起来的吗?农奴制颠覆后过了半个世纪,俄国农村仍有不少的农奴制残余。美国废除黑奴制度后过了半个世纪,那里的黑人往往还处于半奴隶状态。资产阶级知识分子,包括孟什维克和社会革命党人在内,一贯替资本服务,至今还在强词夺理,在无产阶级革命之前,他们责备我们是空想主义,在革命之后,他们却要求我们以神奇的速度铲除过去的遗迹!

但我们不是空想主义者,我们知道资产阶级"论据"的真正价值,也知道在革命后的一定时期内旧习俗残余必然比新事物的幼芽占优势。当新事物刚刚诞生时,旧事物在某些时候总是比新事物强些,这在自然界或社会生活中都是常见的现象。讥笑新事物的幼芽嫩弱,抱着知识分子的轻浮的怀疑态度等等,——这一切实际上是资产阶级反对无产阶级的阶级斗争手段,是保护资本主义而反对社会主义。我们应当仔细研究新事物的幼芽,对它们极其关切,千方百计地帮助它们成长和"护理"这些嫩弱的幼芽。其中有一些不免会死亡。不能担保说,"共产主义星期六义务劳动"一定会起特别重要的作用。问题不在这里。问题在于应支持各种各样新事物的幼芽,生活本身会从中选出最富有生命力的幼芽。一位日本科学家为了帮助人们战胜梅毒,耐心地试验了605种药品,直到制出满足一定要求的第606种药品,要想解决战胜资本主义这一更困难的任务的人们,也应该具有坚韧不拔的精神来试验几百以至几千种新的斗争方法、方式和手段,直到从中得出最适当的办法。

"共产主义星期六义务劳动"所以非常重要,是因为发起这种劳动的,并不是条件特别好的工人,而是各种不同专业的工人,还有并无专业的工人,也就是处于**通常的**即**最困难的**条件下的粗工。我们大家都清楚,现在不仅在俄国一国,而且在世界各国都出现劳动生产率低落的现象,其基本原因就是帝国主义战争所引起的破产和贫困,愤恨和疲乏,以及疾病和饥饿。最后这一点最为重要。饥饿,这就是原因之所在。为了消灭饥饿现象,必须提高农业、运输业和工业中的劳动生产率。结果就形成了这样一个循环:要提高劳动生产率,就得消除饥饿,而要消除饥饿,又得提高劳动生产率。

大家知道,这类矛盾在实践上是靠打破这种循环,靠群众情绪的转变,靠一些集团的英勇首创精神来解决的,而首创精神在群众情绪转变的背景下往往起着决定的作用。莫斯科的粗工和莫斯科的铁路员工(当然指的是大多数,而不是少数投机者、管理者以及诸如此类的白卫分子)是生活极端困难的劳动者。他们经常吃不饱,而在目前青黄不接、粮食状况普遍恶化的时候,简直是在饿肚子。可是,就是这些处在资产阶级、孟什维克和社会革命党人恶毒的反革命煽动包围中的忍饥挨饿的工人,不顾饥饿、疲乏和衰弱,实行"共产主义星期六义务劳动",**不领任何报酬地**加班工作,并且**大大提高了劳动生产率**。难道这不是极伟大的英雄主义吗?难道这不是具有世界历史意义的转变的开端吗?

劳动生产率,归根到底是使新社会制度取得胜利的最重要最主要的东西。资本主义创造了在农奴制度下所没有过的劳动生产率。资本主义可以被最终战胜,而且一定会被最终战胜,因为社会主义能创造新的高得多的劳动生产率。这是很困难很长期的事业,但**这个事业已经开始**,这是最主要的。度过四年艰苦的帝国主义战争、又度过一年半更艰苦的国内战争的挨饿的工人,1919年夏季尚且能在饥饿的莫斯科开始这件伟大的事业,一旦我们在国内战争中获得胜利并争得和平,它又将获得怎样的发展呢?

共产主义就是利用先进技术的、自愿自觉的、联合起来的工人所创造的较资本主义更高的劳动生产率。共产主义星期六义务劳动非常可贵,它是**共产主义**的**实际**开端,而这是极其难得的,因为我们现时所处的阶段,"只是采取**最初步骤**从资本主义向共产主义过渡"(正如我们党纲中完全正确地指出的那样)①。

普通工人起来承担艰苦的劳动,奋不顾身地设法提高劳动生产率,保护**每一普特粮食、煤、铁**及其他产品,这些产品不归劳动者本人及其"近亲"所有,而归他们的"远亲"即归全社会所有,归起初联合为

---

① 见《列宁全集》第2版第36卷第417页。——编者注

一个社会主义国家然后联合为苏维埃共和国联盟的亿万人所有，——
这也就是共产主义的开始。

选自《列宁全集》第2版第37卷
第10—19页

无产阶级专政时代的经济和政治

（1919年10月30日）

　　在苏维埃政权成立两周年快要到来的时候,我曾打算用本文题目写一本小册子。但因忙于日常工作,直到现在还只是为某些部分作了初步的准备。^①所以,我决定试一试,把我认为是这个问题上最重要的思想,简单扼要地叙述一下。自然,扼要的叙述有许多不便和缺点。但是一篇不大的杂志论文,也许还能达到一个小小的目的,就是把问题及其要点提出来,供各国共产党人讨论。

　　列宁在本文中根据马克思主义关于过渡时期的理论,结合俄国革命胜利后的实际,论述了过渡时期俄国社会经济结构的特点,指出:在资本主义和共产主义之间有一个过渡时期,这个过渡时期不能不兼有这两种社会经济结构的特点;这一时期社会经济的基本形式是资本主义、小商品生产和共产主义,相应的基本力量是资产阶级、小资产阶级(特别是农民)和无产阶级。列宁指出,在一个农民国家里,农业的社会主义改造是一个无比困难的、长期的任务。采用急躁轻率的行政手段和立法手段,只能延缓从个体小商品经济向公共的大经济的过渡,给这种过渡造成困难。只有帮助农民大大改进以至根本改造全部农业技术,才能加速这种过渡。

　　①见《列宁全集》第2版第37卷第253—262、428—437页。——编者注

1

在资本主义和共产主义之间有一个过渡时期，这在理论上是毫无疑义的。这个过渡时期不能不兼有这两种社会经济结构的特点或特性。这个过渡时期不能不是衰亡着的资本主义与生长着的共产主义彼此斗争的时期，换句话说，就是已被打败但还未被消灭的资本主义和已经诞生但还非常幼弱的共产主义彼此斗争的时期。

具有这种过渡时期特点的整个历史时代的必然性，不仅对马克思主义者来说，而且对任何一个有学识的、多少懂得一点发展论的人来说，应当是不言而喻的。但是，我们听到的现代小资产阶级民主派代表(第二国际一切代表人物，包括麦克唐纳、让·龙格、考茨基和弗里德里希·阿德勒之流在内，都是这样的代表，尽管他们挂着所谓社会主义的招牌)关于向社会主义过渡的议论，都有一个特点，就是完全忘掉了这个不言自明的真理。小资产阶级民主派的特性就是厌恶阶级斗争，幻想可以不要阶级斗争，力图加以缓和、调和，磨掉锐利的锋芒。所以，这类民主派或者根本不承认从资本主义过渡到共产主义的整个历史阶段，或者认为自己的任务是设想种种方案把相互斗争的两种力量调和起来，而不是领导其中一种力量进行斗争。

2

由于我国十分落后而且具有小资产阶级的性质，俄国的无产阶级专政必然有一些不同于先进国家的特点。但是俄国的基本力量以及社会经济的基本形式却是同任何资本主义国家一样的，所以这些特点能涉及的只是非最主要的方面。

这些社会经济的基本形式就是资本主义、小商品生产和共产主义。这些基本力量就是资产阶级、小资产阶级（特别是农民）和无产阶级。

无产阶级专政时代的俄国经济表现为如下双方的斗争，一方面是在一个大国的全国范围内按共产主义原则联合劳动的最初步骤，另一方面是小商品生产，是保留下来的以及在小商品生产基础上复活着的资本主义。

说劳动在俄国按共产主义原则联合起来了，第一，是指废除了生产资料私有制；第二，是指由无产阶级国家政权在全国范围内在国有土地上和国营企业中组织大生产，把劳动力分配给不同的经济部门和企业，把属于国家的大量消费品分配给劳动者。

我们说俄国共产主义的"最初步骤"（1919年3月通过的我们的党纲也是这样说的），因为所有这些条件在我国还只实现了一部分，换句话说，这些条件的实现还处在开始的阶段。凡是一下子可以办到的事情，我们用革命的打击一下子都办到了。例如，在无产阶级专政的第一天，即1917年10月26日（1917年11月8日），就废除了土地私有制，无偿地剥夺了大土地所有者。在几个月内，又同样无偿地剥夺了几乎所有的大资本家即工厂、股份企业、银行、铁路等等的占有者。由国家来组织工业大生产，从"工人监督"过渡到"工人管理"工厂、铁路，——这基本上已经实现了，但在农业方面，事情还只是刚刚开始（办"国营农场"，即由工人国家在国有土地上办的大农场）。同样，把小农组织成各种协作社这一从小商品农业过渡到共产主义农业的办法,也刚刚开始实行。①由国家组织产品分配来代替私营商业这件事,即由国家收购粮食供应城市、收购工业品供应农村这件事,也是这样。下面将引用一些有关本问题的统计材料。

农民经济仍然是小商品生产。这是一个非常广阔和极其深厚的资本主义基础。在这个基础上,资本主义得以保留和重新复活起来,同共产主义进行着极其残酷的斗争。这个斗争的形式,就是以私贩粮食和投机倒把来反对国家收购粮食(以及其他农产品),总之,是反对由国家分配农产品。

3

为了说明这些抽象的原理,我们来引用一些具体的数字。

根据粮食人民委员部[96]的统计资料,从1917年8月1日到1918年8月1日,俄国由国家收购的粮食约为3 000万普特。下一个年度约为11 000万普特。再下一个收购年度(1919—1920年)头三个月的数字看来可以达到4 500万普特,而在1918年同时期(8—10月)只有3 700万普特。

这些数字清楚地说明,从共产主义战胜资本主义的意义上说来,情况虽然改善得很慢,但总是不断地在改善着。尽管俄国和外国的资本家动用世界列强的全部力量来组织国内战争,造成了世界上空前未有的困难,情况还是在改善着。

①苏维埃俄国的"国营农场"大约有3 536个,"农业公社"[86]大约有1 961个,农业劳动组合有3 696个。我国中央统计局[95]现在正对全国的国营农场和农业公社作一次精确的统计。1919年11月间就会陆续得到统计结果。

所以,不管各国资产者及其公开的和隐蔽的帮凶们(第二国际的"社会党人")怎样造谣诬蔑,有一点是不容怀疑的:从无产阶级专政的基本经济问题来看,共产主义战胜资本主义在我国是有保证的。全世界资产阶级之所以疯狂地拼命地反对布尔什维主义,组织军事进攻,策划阴谋活动等等来反对布尔什维克,正是因为他们十分清楚,若不用武力把我们压倒,我们就必然会在改造社会经济方面获得胜利。但资产阶级要想这样把我们压倒是办不到的。

在我们所经历的这个短时期内,在我们所处的世界上空前未有的困难条件下,我们究竟在多大程度上战胜了资本主义,从下述总结数字中就可以看出来。中央统计局刚刚整理了一份关于苏维埃俄国26个省(不是全国)粮食生产情况和消费情况的统计材料,准备发表。

统计结果如下:

苏维埃俄国26省	人口(单位百万)	粮食产量(不包括种子和饲料)(单位百万普特)	粮食供应量(单位百万普特)		居民的粮食拥有量(单位百万普特)	每人的粮食消费量(单位普特)
			由粮食人民委员部供应的	由投机商贩供应的		
产粮省 城市…… 4.4		—	20.9	20.6	41.5	9.5
乡村……28.6		625.4	—	—	481.8	16.9
消费省 城市…… 5.9		—	20.0	20.0	40.0	6.8
乡村……13.8		114.0	12.1	27.8	151.4	11.0
总计(26省)	52.7	739.4	53.0	68.4	714.7	13.6

由此可见,城市的粮食大约有一半是由粮食人民委员部供应的,另一半是由粮贩供应的。根据1918年的精确调查,对城市工人的粮食供应的比例正是如此。不过工人购买国家的粮食比购买粮贩的

粮食要**少付九成**的钱。粮食的黑市价格**十倍于**国家价格。这是精确研究工人收支情况所得出的结果。

4

如果仔细研究一下上面引的统计资料，就可以看出，这个准确的材料勾画出了目前俄国经济的一切基本特点。

劳动群众摆脱了长期以来的压迫者和剥削者——地主和资本家。这个向真正自由和真正平等跨出的一步，按其大小、规模和速度说来，都是世界上空前未有的，而资产阶级的拥护者（包括小资产阶级民主派在内）对这一步却不加考虑。他们从资产阶级议会民主的意义上侈谈自由和平等，把这种民主虚伪地称为一般"民主"或"纯粹民主"（考茨基）。

但劳动群众所考虑的却是真正的平等，真正的自由（不受地主资本家压迫的自由），所以他们这样坚定地拥护苏维埃政权。

在一个农民国家里，从无产阶级专政方面首先获得利益、获得利益最多和马上获得利益的是农民。农民在地主资本家统治下的俄国是经常挨饿的。在我国多少世纪的漫长历史中，农民从来没有可能为自己劳动，总是把亿万普特粮食交给资本家，运往城市和国外，自己只好挨饿。在无产阶级专政下，农民才**第一次**为自己劳动，**而且比城市居民吃得好些**。农民第一次看到了真正的自由，即享用自己粮食的自由，不挨饿的自由。谁都知道，在分配土地时做到了最大限度的平等，因为在绝大多数情况下，农民是"按人口"分配土地的。

社会主义就是消灭阶级。

为了消灭阶级,首先就要推翻地主和资本家。这一部分任务我们已经完成了,但这只是任务的一部分,而且**不是**最困难的部分。为了消灭阶级,其次就要消灭工农之间的差别,使**所有的人**都成为**工作者**。这不是一下子能够办到的。这是一个无比困难的任务,而且必然是一个长期的任务。这个任务不能用推翻哪个阶级的办法来解决。要解决这个任务,只有把整个社会经济在组织上加以改造,只有从个体的、单独的小商品经济过渡到公共的大经济。这样的过渡必然是非常长久的。采用急躁轻率的行政手段和立法手段,只会延缓这种过渡,给这种过渡造成困难。只有帮助农民大大改进以至根本改造全部农业技术,才能加速这种过渡。

为了解决这个最困难的第二部分任务,战胜了资产阶级的无产阶级在对农民的政策中应当始终不渝地贯彻以下基本路线:无产阶级应当把劳动者农民和私有者农民,即把种地的农民和经商的农民、劳动的农民和投机的农民区别开来,划分开来。

这种划分就是社会主义的**全部实质**所在。

那些口头上的社会主义者实际上的小资产阶级民主派(马尔托夫之流、切尔诺夫之流和考茨基之流等等)不懂得社会主义的这种实质,是并不奇怪的。

这里所说的划分,做起来很困难,因为在实际生活中,"农民"的各种特性不管多么不同,多么矛盾,总是融合成为一个整体。但是划分还是可能的,不仅可能,而且是农民经济条件和农民生活条件必然产生的结果。劳动农民历来都受地主、资本家、商人、投机者和**他们的**国家(包括最民主的资产阶级共和国在内)的压迫。多少世纪以来,劳动农民养成了一种敌视和仇恨这些压迫者和剥削者的心理,实际生活所给予的这种"教育"使农民**不得不**寻求同工人结成联盟来反对资本家,反对投机者,反对商人。同时,经济环境,商品经济的环境,又必然使农民(不是任何时候,而是在大多数情况下)成为商人和投机者。

我们上面引用的统计资料清楚地说明了劳动农民和投机农民的区别。例如,一种农民在1918—1919年间为了供应城市里挨饿的工人,按照国家固定价格,把4 000万普特粮食交给了国家机关,尽管这些机关还有种种缺点(这些缺点是工人政府清楚地意识到的,但在向社会主义过渡的初期是无法消除的),——这种农民是劳动农民,是社会主义工人真正的同志,是他最可靠的同盟者,是他在反资本压迫斗争中的亲兄弟。而另一种农民却利用城市工人的饥饿和困苦,非法地按相当于国家价格十倍的高价,出卖了4 000万普特粮食,他们欺骗国家,使蒙骗、掠夺和欺诈勾当在各地应运而生并且日益猖獗——这种农民是投机者,是资本家的同盟者,是工人的阶级敌人,是剥削者。因为,粮食是从全国公有土地上收获来的,所用的农具也不仅是农民而且还有工人等等花了某种劳动才创造出来的,而有了余粮就拿来投机,这就是剥削挨饿的工人。

人们指着我们宪法上工农的不平等以及解散立宪会议[72]、强行拿走余粮等等事情,从四面八方向我们大叫大嚷:你们是自由、平等、民主的破坏者。我们回答说:世界上还从来没有哪一个国家做过这样多的事情,来消除劳动农民多少世纪以来所遭受的事实上的不平等和事实上的不自由。可是对于投机的农民,我们永远也不会承认跟他们有平等,正如我们永远不承认剥削者同被剥削者、饱食者同挨饿者有"平等",不承认前者有掠夺后者的"自由"一样。而对于那些不愿意了解这种区别的有教养的人,我们就要用对待白卫分子的态度来对待他们,尽管他们自称为民主主义者、社会主义者、国际主义者、考茨基派、切尔诺夫派或马尔托夫派。

5

社会主义就是消灭阶级。为此,无产阶级专政已做了它能做的一切。但是要一下子消灭阶级是办不到的。

在无产阶级专政时代,阶级**始终是存在的**。阶级一消失,专政也就不需要了。没有无产阶级专政,阶级是不会消失的。

在无产阶级专政时代,阶级依然存在,但**每个**阶级都起了变化,它们相互间的关系也起了变化。在无产阶级专政条件下,阶级斗争并不消失,只是采取了别的形式。

在资本主义制度下,无产阶级是被压迫阶级,是被剥夺了任何生产资料所有权的阶级,是唯一同资产阶级直接对立和完全对立的因而也是唯一能够革命到底的阶级。无产阶级在推翻资产阶级、夺得政权以后,成了**统治**阶级:它掌握着国家政权,支配着已经公有化的生产资料,领导着动摇不定的中间分子和中间阶级,镇压着剥削者的日益强烈的反抗。这些都是阶级斗争的**特殊**任务,是无产阶级以前不曾提出也不可能提出的任务。

在无产阶级专政下,剥削者阶级,即地主和资本家阶级,还没有消失,也不可能一下子消失。剥削者已被击溃,可是还没有被消灭。他们还有国际的基础,即国际资本,他们是国际资本的一个分支。他们还部分地保留着某些生产资料,还有金钱,还有广泛的社会联系。正是由于他们遭到失败,他们反抗的劲头增长了千百倍。管理国家、军事和经济的"艺术",使他们具有很大很大的优势,所以他们的作用比他们在人口中所占的比重要大得多。被推翻了的剥削者反对胜利了的被剥削者的先锋队,即反对无产阶级的阶级斗争,变得无比残酷了。既然说的是革命,既然不是用改良主义的幻想去代替革命这个概念(像第二国际中的一切英雄所干的那样),那么情况就只能如此。

最后,农民和任何小资产阶级一样,在无产阶级专政下**也**处于中间的地位:一方面,他们是由劳动者要求摆脱地主资本家压迫的共同利益联合起来的、人数相当多的(在落后的俄国是极多的)劳动群众;另一方面,他们又是单独的小业主、小私有者、小商人。这样的经济地位必然使他们在无产阶级与资产阶级之间摇摆不定。到了无产阶级和资产阶级的斗争尖锐化的时候,到了一切社会关系遭到非常急剧的破坏的时候,由于农民和一般小资产者最习惯于因循守旧,那就很自然,我们必然会看到他们从一边转到另一边,摇摆不定,反复无常,犹像不决,等等。

对于这个阶级,或者说,对于这些社会成分,无产阶级的任务就是领导他们,设法影响他们。带领动摇分子和不坚定分子前进,这就是无产阶级应做的事情。

我们把所有的基本力量或基本阶级及其被无产阶级专政改变了的相互关系比较一下,就可以看出,第二国际的一切代表所持的、流行的小资产阶级观念,即"经过"一般"民主"过渡到社会主义的观念,在理论上是何等荒谬,何等愚蠢。这种错误观念的根源就是从资产阶级那里继承下来的偏见,即以为"民主"具有绝对的、超阶级的内容。其实,在无产阶级专政下,民主也进入了崭新的阶段,阶级斗争也上升到了更高的阶段,而使一切形式都服从它。

搬弄关于自由、平等和民主的笼统词句,实际上等于盲目重复那些反映商品生产关系的概念。用这些笼统词句来解决无产阶级专政的具体任务,就意味着全面地转到资产阶级的理论立场和原则立场上去了。从无产阶级的观点看来,问题只能这样提:是不受哪个阶级压迫的自由?是哪一个阶级同哪一个阶级的平等?是私有制基础上的民主,还是废除私有制的斗争基础上的民主?如此等等。

恩格斯在《反杜林论》中早已阐明,如果不把平等了解为**消灭阶级**,反映商品生产关系的平等概念就会变成一种偏见。[①]这个关于资产阶级民主主义平等概念不同于社会主义平等概念的起码真理,是常常被人遗忘的。只要不忘记这个真理,就可以清楚地看到,无产阶级推翻资产阶级就是朝着消灭阶级的方向迈进了最有决定意义的一步,而无产阶级要完成这一事业,就应当利用国家政权机关来继续进行阶级斗争,就应当对被推翻了的资产阶级和动摇不定的小资产阶级采用斗争、影响、诱导等不同的方法来继续进行阶级斗争。

(待续)[②]

1919年10月30日

选自《列宁全集》第2版第37卷
第263—277页

---

①参看《马克思恩格斯选集》第3卷人民出版社1972年版第146—147页。——编者注

②本文没有写完。——俄文版编者注

关于国际政策问题的决议草案[97]

（1919年12月2日）

　　俄罗斯社会主义联邦苏维埃共和国希望同各国人民和平相处，把自己的全部力量用来进行国内建设，以便在苏维埃制度的基础上搞好生产、运输和社会管理工作，但是协约国[89]的干涉和饥饿封锁一直阻碍着这一工作的进行。

　　工农政府曾经多次向协约国列强提出媾和的建议，如：1918年8月5日外交人民委员部给美国代表普尔先生的信，1918年10月24日给威尔逊总统的信，1918年11月3日通过中立国代表给协约国各国政府的信，1918年11月7日以全俄苏维埃第六次代表大会名义发出的建议书，1918年12月23日李维诺夫在斯德哥尔摩给协约国各国代表的照会，1919年1月12日和17日的信，1919年2月4日给协约国各国政府的照会，1919年3月12日同布利特拟订的条约草稿，以及1919年5月7日通过南森提出的声明。

　　苏维埃第七次代表大会完全赞同人民委员会和外交人民委员部采取的所有这些措施，并重申一贯要求和平的愿望，再次向英、法、美、意、日各协约国建议，与它们全体或单个地立刻开始和平谈判；并责成全俄中央执行委员会、人民委员会和外交人民委员部始终如一

　　本文是《俄共(布)第八次全国代表会议文献》之四。列宁在文中论述了俄国苏维埃政权为实现和平外交所作的努力，表明了俄国人民希望与各国人民和平相处，把自己的全部力量用来进行国内建设的愿望。

地继续执行这一和平政策(或者:始终如一地继续执行这一和平政策,采取使这一政策获得成功的一切必要措施)。

选自《列宁全集》第2版第37卷第354—357页

关于无产阶级文化[98]（节选）

（1920年10月）

1

决 议 草 案

（10月8日）

从10月8日的《消息报》[99]上可以看出，卢那察尔斯基同志在无产阶级文化协会[100]代表大会上说的话，跟昨天我同他商定的**正相反**。[101]

必须立即给无产阶级文化协会代表大会起草一项决议草案，经中央通过后提交**这届**大会通过。今天就必须以中央名义把决议草案提交教育人民委员部部务委员会和无产阶级文化协会代表大会通过，因为代表大会今天就要闭幕了。

决 议 草 案

1. 苏维埃工农共和国的整个教育事业，无论在一般的政治教育

列宁在本文中强调在文化教育事业中要坚持无产阶级的革命目标和马克思主义世界观，指出马克思主义并没有抛弃资产阶级时代最宝贵的成就，相反却吸收和改造了两千多年来人类思想和文化发展中的一切有价值的东西，发展无产阶级文化也应以此为基础和方向。

方面或者具体的艺术方面,都必须贯彻无产阶级阶级斗争的精神,这一斗争是为了顺利实现无产阶级专政的目的,即推翻资产阶级、消灭阶级、消灭一切人剥削人的现象。

2. 因此,无产阶级,通过它的先锋队共产党和所有无产阶级组织,应当作为最积极最主要的力量参与整个国民教育事业。

3. 现代历史的全部经验,特别是《共产党宣言》发表后半个多世纪以来世界各国无产阶级的革命斗争,都无可争辩地证明,只有马克思主义的世界观才正确地反映了革命无产阶级的利益、观点和文化。

4. 马克思主义这一革命无产阶级的思想体系赢得了世界历史性的意义,是因为它并没有抛弃资产阶级时代最宝贵的成就,相反却吸收和改造了两千多年来人类思想和文化发展中一切有价值的东西。只有在这个基础上,按照这个方向,在无产阶级专政(这是无产阶级反对一切剥削的最后的斗争)的实际经验的鼓舞下继续进行工作,才能认为是发展真正的无产阶级文化。

5. 全俄无产阶级文化协会代表大会坚持这一原则观点,最坚决地反对一切在理论上是错误的、在实践上是有害的做法,如臆造自己的特殊的文化,把自己关在与世隔绝的组织中,把教育人民委员部和无产阶级文化协会的工作范围截然分开,或者在教育人民委员部机构中实行无产阶级文化协会的"自治"等等。相反,代表大会认定,无产阶级文化协会的一切组织必须无条件地把自己完全看做教育人民委员部机关系统中的辅助机构,并且在苏维埃政权(特别是教育人民委员部)和俄国共产党的总的领导下,把自己的任务当做无产阶级专政任务的一部分来完成。

　　　　　　＊　　　　　＊　　　　　＊

　　卢那察尔斯基同志说,别人把他的意思曲解了。因此这个决议就**更是**十分必要的了。

选自《列宁全集》第2版第39卷
第331—333页

在全俄省、县国民教育局政治教育委员会工作会议上的讲话[102]

（1920年11月3日）

同志们，请允许我发表几点意见，这些意见中有一部分是在共产党中央委员会和人民委员会研究组建政治教育总委员会[103]问题时谈过的，有一部分是我对提交人民委员会的草案的意见。昨天这个草案已经基本通过，细节以后还要讨论[104]。

说到我个人的意见，我只能说，起初我曾竭力反对你们这个机关改变名称。我认为，教育人民委员部的任务就是帮助人们学习和教学。我担任苏维埃工作以来，已经习惯于把各种名称看做儿戏，本来每个名称也就是一种游戏。现在新名称已经确定，叫做政治教育总委员会。

这个问题既然已经决定，你们就把我的意见当做个人意见看待好了。如果事情不只是改变叫法，那就只能表示欢迎了。

要是我们能吸收新的人员来参加文教工作，那就不只是换个名

这是列宁关于加强政治教育的一篇讲话。列宁在讲话中指出：教育任务是无产阶级专政的一个重要任务，教育不能不问政治，教育不能脱离政治，党和教育工作者的基本任务是培养和教育劳动群众，使他们克服旧制度遗留下来的旧习惯、旧风气、旧思想，政治教育的目的是培养真正的共产主义者；要建立一支同党和党的思想保持紧密联系、能贯彻党的精神的新的教育大军；为了重新教育群众，还要做好宣传鼓动工作，整个共产主义宣传归根到底要落实到实际指导国家建设。

称的问题,那时这种给新事物、新机关加头衔的"苏维埃的"癖好也就可以原谅了。要是能做到这一点,我们取得的成绩会比现在大得多。

要使同志们和我们共同参加文教工作,关键在于教育同我们的政治的联系问题。如果有必要,名称是能够规定某种内容的,因为在各方面的教育工作中,我们都不能抱着教育不问政治的旧观点,不能让教育工作不联系政治。

在资产阶级社会里,这种思想一贯占着统治地位。所谓教育"不问政治",教育"不讲政治",都是资产阶级的伪善说法,无非是对99%受教会控制和私有制等等压迫的群众的欺骗。现在还在统治着一切资产阶级国家的资产阶级,正是这样欺骗群众的。

在那里,机构愈重要就愈不能摆脱资本和资本的政治。

一切资产阶级国家的教育同政治机构的联系都非常密切,虽然资产阶级社会不肯直率地承认这一点。同时,资产阶级社会通过教会和整个私有制来影响群众。

我们的基本任务之一就是用我们的真话来揭穿资产阶级的"真话",并使人们承认我们讲的是真话。

从资产阶级社会转向无产阶级政治是一个很艰难的转变,何况资产阶级还开动了全套宣传鼓动机器不断地诬蔑我们。资产阶级竭力抹杀无产阶级专政的一个更为重要的作用,即教育任务,这个任务对于无产阶级在人口中占少数的俄国尤其重要。这个任务在俄国应当提到首位,因为我们要为社会主义建设训练群众。无产阶级如果没有培养出高度的觉悟、严格的纪律以及在对资产阶级作斗争时的无限忠诚,就是说,如果不能完成无产阶级为完全战胜其宿敌所必须提出的一切任务,那就谈不到实现无产阶级专政。

我们不赞成认为劳动群众已经有了建立社会主义社会的准备

的空想观点。我们根据工人社会主义运动的全部历史的确切材料,了解到事实并不是这样,只有大工业、罢工斗争、政治组织才能使劳动群众作好实行社会主义的准备。无产阶级必须善于采取一致行动,推翻剥削者,才能取得胜利,才能完成社会主义革命。现在我们看到,无产阶级已经具备了这一切必要的能力,并且把这些能力转化为实际行动,夺得了政权。

教育工作者和共产党这个斗争的先锋队的基本任务,就是帮助培养和教育劳动群众,使他们克服旧制度遗留下来的旧习惯、旧风气,那些在群众中根深蒂固的私有者的习惯和风气。在考虑党中央和人民委员会十分注意的那些局部问题的时候,决不能忽视这个整个社会主义革命的主要任务。至于如何建立政治教育总委员会,使它如何同其他机关沟通,如何不仅同中央而且还要和地方机关联系等等问题,那就要由在这方面经验丰富、有专门研究的更在行的同志来回答了。我只想在原则方面强调指出几个要点。与过去那些谎言不同,我们不能不公开提出问题,公开承认教育不能不联系政治。

我们所处的历史时期是我们同比我们强大许多倍的世界资产阶级进行斗争的时期。我们应当在这个时期内坚持革命建设,用军事的方法,尤其是用思想的方法、教育的方法同资产阶级进行斗争,以便把工人阶级几十年来在争取政治自由的斗争中形成的习惯、风气和信念,用做教育全体劳动者的手段,至于究竟应如何教育的问题,这就要由无产阶级来解决了。必须使人们懂得,现在无产阶级的斗争已经愈来愈广泛地扩大到世界上所有的资本主义国家,因此不可能也不容许置身于这个斗争之外,置身于国际政治之外。目前国际政治的真正基础,就是全世界强大的资本主义国家联合起来反对苏维埃俄国。必须认识到,这关系到资本主义国家亿万劳动者的命运。要知道,目前世界上没有一个角落不是处在一小撮资本主义国家的控制之下。因此形势是这样摆着的:或者是置身于目前的斗争之外,或者是投身于维护无产阶级专政的斗争。置身于目前的斗争之外,就证明自己一点没有觉悟,像某些置身于革命和战争之外的愚人一样,看不见资产阶级对群众的全部欺骗,看不见资产阶级如何故意使群众愚昧无知。

我们完全公开地说无产阶级要进行这种斗争,任何人都必须决定是站在我们这边还是站在另一边。谁想既不站在这边又不站在那边,到头来总是身败名裂。

尤登尼奇、高尔察克、佩特留拉、马赫诺之流这些层出不穷的克伦斯基派、社会革命党[27]、社会民主党余孽,使我们在俄国各地见识了形形色色的反革命,所以可以说,我们比任何人都受到过更多的锻炼。看一看西欧,就可以看到,我们这里发生过的事正在他们那里发生,那里正在重演我们的历史。几乎各国资产阶级身边都有克伦斯基派。他们在许多国家里,特别是在德国占着统治地位。到处都是一样,不可能有任何中间立场,只能有一个明确的认识,不是白色专政(西欧各国的资产阶级正在武装起来反对我们,为实行这种专政作准备),就是无产阶级专政。对于这一点我们都有十分深刻的体会,所以关于俄国共产党人我就不必多说了。由此只能得出一个结论,有关政治教育总委员会的一切议论和设想也应该以这个结论为基础。在这个机构的工作中首先应该公开承认共产党的政治领导。没有其他的形式,也没有一个国家创造了其他的形式。党在符合本阶级的利益方面可能做得好,也可能做得不够好,党可能有这样或那样的变化或改进,但是,我们还不知道有什么更好的形式。三年来,苏维埃俄国抗击世界帝国主义进攻的全部斗争,是与党认识到自己的任务是帮助无产阶级起到教育者、组织者和领导者的作用这一点分不开的,无产阶级起不到这种作用,就无法打垮资本主义。为了建设共产主义,工农劳动群众必须战胜知识分子的旧习气,必须改造自己,不这样就无法着手建设事业。我们的全部经验表明,这个事业十分重要,因此我们要重视承认党的领导作用问题,在讨论工作和组织建设的时候,决不能忽视这一点。至于如何实现,要谈的问题还很多,党中央和人民委员会都还要对此加以研究。昨天批准的法令对于政治教育总委员会来说是一个基础,不过人民委员会还没有做完制定这项法令的全部工作。过几天,这个法令就会公布,你们将会看到,在最后定稿中没有直接谈到与党的关系问题。

但是,我们必须知道并且记住,从法律上和事实上来说,苏维埃共和国宪法的基础都是:党在纠正缺点、制定措施和进行建设的时候,都是遵循这样一个原则,就是要使那些同无产阶级息息相关的共产主义分子能够引导无产阶级贯彻他们的精神,服从他们的领导,摆脱我们一直在努力铲除的资产阶级的欺骗。教师组织曾经长期抗拒社会主义革命,教育人民委员部进行了长期的斗争。教育界的资产阶级偏见特别顽固。这里进行了长期的斗争,其形式是公开怠工和顽固坚持资产阶级的偏见,我们只好慢慢地一步一步地夺取共产主义阵地。对于从事社会教育工作、解决社会教育和群众教育任务的政治教育总委员会,特别突出的任务是:配合党的领导,使这一大批工作人员——这支现在已经在为工人服务的50万教育大军——服从总委员会,贯彻它的精神,受到它的主动精神的激励。教育工作者和教员过去受的是资产阶级的偏见和习惯的教育,是敌视无产阶级的教育,他们同无产阶级没有任何联系。现在我们要培养出一支新的教育大军,它应该同党和党的思想保持紧密联系,贯彻党的精神,它应该把工人群众团结在自己的周围,以共产主义的精神教育他们,使他们关心共产党员所做的事情。

因为要同旧习惯、旧风气、旧思想决裂,在政治教育总委员会及其工作人员面前就提出了一个极其重要的任务,对这个任务应该特别重视。的确,这是摆在我们面前的一个难题:如何使大部分是旧人员的教师能同共产党员建立起联系?这是一个极端困难的问题,必须多加思索。

现在我们就来看看,怎样才能把这些如此不相同的人从组织上联系起来。从原则上说,对于应该有共产党的领导这一点,我们不能有任何怀疑。因此政治文化、政治教育的目的是培养真正的共产主义者,使他们有本领战胜谎言和偏见,能够帮助劳动群众战胜旧秩序,建设一个没有资本家、没有剥削者、没有地主的国家。怎样才能做到这一点呢?只有掌握教师从资产阶级那里继承来的一切知识,才能做到。否则,共产主义就不可能有任何技术成就,在这方面的一切理想就要落空。可是这些工作人员都不习惯于联系政治,特别是联系对我们有用的政治,即共产主义所必需的政治来进行工作,因此就出现一个问题,如何使他们从组织上联系起来。我已经说过,这是一个异常艰巨的任务。我们在中央委员会里也讨论过这个问题,在讨论的过程中,我们认真地考虑了经验所提供的启示,我们认为,像今天我出席讲话的这种会议,像你们的这种会议,在这方面有很大的意义。过去都认为宣传员是属于一定的小组或一定的组织的,现在各级党委对每一个宣传员都应该有新的看法了。每一个宣传员都属于管理和领导整个国家、领导苏维埃俄国同全世界资产阶级制度进行斗争的党。他们代表正在斗争的阶级,代表领导着并且应当领导巨大的国家机构的党。许许多多共产党员有丰富的地下工作经验,受过斗争的考验和锻炼，但是，当他们由宣传鼓动员变成鼓动员的领导人，变成庞大的政治组织的领导人的时候，却不愿意或不能了解这种转变和变化的全部意义。至于要不要有一个相应的头衔，即使是像国民学校总监这种令人容易误解的头衔，这并不重要，重要的是要善于领导教师群众。

必须指出，几十万教师——这是一批应该推动工作、启发人们思想、同目前群众中还存在的偏见作斗争的工作人员。教师群众接受了资本主义文化遗产，全身沾染了这种文化的缺点，在这种情况下他们不可能是共产主义教师，但是这并不影响我们吸收他们参加政治教育工作者的行列，因为他们有知识，而没有知识我们就达不到我们的目的。

我们应该吸收数十万有用的人才来为共产主义教育服务。这个问题在前线，在我们的红军里已经解决了，红军中吸收了上万的旧军人。经过长期改造，他们和红军融为一体了，最后还以自己的战功证明了这一点。在文化教育工作中我们也应该仿效这个榜样。的确，这件工作不那么轰轰烈烈，但是更为重要。每一个鼓动员和宣传员都是我们所需要的，他们在执行任务时，要严格地按照党的精神进行工作，但又不能只局限于党的范围内，应该记住他们的任务是领导几十万教师，激发他们的兴趣，战胜旧的资产阶级偏见，吸引他们来参加我们正在进行的事业，使他们意识到我们的工作十分重大，只有进行这项工作，我们才能把这些受资本主义压迫的、资本主义与我们争夺过的群众引上正路。

这就是每个在学校范围以外进行工作的鼓动员和宣传员应该努力完成的任务，这些任务是不容忽视的。在完成这些任务的时候会碰到许多实际困难，那你们就应当帮助共产主义事业，不仅应当成为党小组派出的代表和指导者,而且应当成为整个工人阶级国家政权派出的代表和指导者。

我们的任务是要战胜资本家的一切反抗,不仅是军事上和政治上的反抗,而且是最深刻、最强烈的思想上的反抗。我们教育工作者的任务就是要完成这一改造群众的工作。我们所看到的群众对共产主义教育和共产主义知识的兴趣和向往,是我们在这方面取得胜利的保证,胜利也许不会像前线上那么快,也许要碰到很大的困难,有时还会遭到挫折,但是最后我们总是会胜利的。

最后,我还想谈一个问题:对政治教育总委员会这个名称的理解可能不正确。既然这里提到了政治这个概念,政治在这里就是最主要的。

但是如何理解政治呢?要是用旧观点来理解政治,就要犯很大的严重的错误。政治就是各阶级之间的斗争,政治就是无产阶级为争取解放而与世界资产阶级进行斗争的关系。但是我们的斗争有两个方面,一方面要粉碎资产阶级制度遗留下来的东西,粉碎整个资产阶级一再想消灭苏维埃政权的尝试。到目前为止,这个任务吸引了我们最大的注意力,妨碍了我们转向另一方面的任务——建设任务。在资产阶级世界观的概念中,政治似乎是脱离经济的。资产阶级说:农民们,你们想活下去,就要工作;工人们,你们想在市场上得到一切必需品,生活下去,就要工作,而经济方面的政治有你们的主人来管。其实不然,政治应该是人民的事,应该是无产阶级的事。我们必须强调指出,现在我们工作中有十分之九的时间用在同资产阶级进行斗争。我们昨天看到了对弗兰格尔作战获胜的消息,这个消息你们今天或许明天就会看到,这些胜利表明,斗争的一个阶段将要结束,我们争得了同一系列西方国家的和平,而军事战线上的每一个胜利都能使我们腾出手来从事对内斗争,从事国家建设的政治。我们走向战胜白卫分子的每一步都会使斗争的重心逐渐转向经济方面的政治。老式的宣传方法是讲解或举例说明什么是共产主义。但这种老式的宣传已毫无用处,因为我们需要在实践中说明应该如何建设社会主义。整个宣传工作应该建立在经济建设的政治经验之上。这是我们最主要的任务,谁要是对宣传仍作旧的理解,那他就落后了,就不能担负起对工农群众的宣传工作。现在我们主要的政治应当是:从事国家的经济建设,收获更多的粮食,开采更多的煤炭,解决更恰当地利用这些粮食和煤炭的问题,消除饥荒,这就是我们的政治。正应当根据这些来安排整个鼓动工作和宣传工作。应当少说空话,因为空话满足不了劳动人民的需要。一旦战争使我们有可能不把重心放在同资产阶级、弗兰格尔、白卫分子的斗争上,我们就将转向经济方面的政治。那时,鼓动工作和宣传工作就将发挥更加重大的作用。

每一个鼓动员都应该是国家派出的指导者,应该在经济建设事业中指导全体农民和工人。他应该告诉人们,要成为一个共产主义者,应当知道、应当阅读哪本小册子,哪本书。我们就是要这样来改善经济,使它更加稳固,更带有社会性,增加生产,改善粮食问题,更合理地分配产品,增加煤产量,并且在没有资本主义和资本主义气味的条件下恢复工业。

什么是共产主义?整个共产主义宣传归根到底要落实到实际指导国家建设。应该使工人群众把共产主义理解为自己的事业。这一事业进行得还不好,错误百出。我们不掩饰这一点,但是,工农本身应该在我们的帮助下,在我们尽管不大的、小小的促进下建立和整顿我们的机构。共产主义现在已经不再只是我们的纲领、理论和课题了,它已经是我们今天的实际建设事业了。在战争中,敌人使我们遭到过最惨重的失败,然而我们在失败中吸取了教训,取得了全胜。现在,我们也应当在每次失败中吸取知识,我们应当记住,应该以过去的工作为例来教育工人和农民。指出我们什么地方还做得不好,以便将来避免再犯错误。

把建设工作中的事例翻来覆去地提出来,我们就能使不胜任的共产党员领导者变成名副其实的建设者,首先是经济事业的建设者。我们要取得必需的一切,克服旧制度遗留下来的、不可能一下子就排除的障碍,就应该重新教育群众,而要重新教育群众又只有靠鼓动和宣传,应该首先把群众同国家经济生活的建设联系起来。这应该是每一个宣传鼓动员工作中主要的和基本的内容,谁领悟了这一点,谁在工作中就一定能做出成绩来。(热烈鼓掌)

选自《列宁全集》第2版第39卷
第399—408页

全俄中央执行委员会和人民委员会关于对外对内政策的报告(节选)

(1920年12月22日)

现在我来谈最后一点,即电气化的问题,它是作为一个特殊问题列入代表大会议程的,你们就要听到关于这个问题的报告。我认为,我们是在一个大转变的时刻召开这次会议的,这个转变无论如何足以证明苏维埃政权已经开始取得巨大的成就。今后出现在全俄代表大会讲台上的,将不仅有政治家和行政管理人员,而且有工程师和农艺师。这是最幸福的时代的开始,到那个时代政治将愈来愈少,谈论政治会比较少,而且不会那样长篇大论,讲话更多的将是工程师和农艺师。为了真正转向经济建设事业,必须由全俄苏维埃代表大会首先树立这种风气,并且自上而下地在所有的苏维埃和团体中,在一切报纸上,在一切宣传鼓动机关内,在一切机构内都来树立这种风气。

我们无疑学会了政治,这方面我们不会受人迷惑,这方面我们有基础。而经济方面的情况却不好。今后最好的政治就是少谈政治。

本文是《全俄苏维埃第八次代表大会文献》之三。这里节选了报告中论述电气化的部分。列宁指出,俄国的社会主义事业要求把小农经济基础变成大工业经济基础,而电气化对于一个小农国家发展社会主义经济具有重要作用。党的纲领应当成为领导经济建设的纲领,应当用重建整个国民经济并使它达到现代科学技术水平的工作计划——俄国电气化计划来补充。共产主义就是苏维埃政权加全国电气化。

更多地发动工程师和农艺师,向他们学习,检查他们的工作,不要把代表大会和会议变成空谈的机关,而要变成检查经济成就的机关,变成我们能够真正学习经济建设的机关。

你们将要听到国家电气化委员会[105]的报告,这个委员会是根据全俄中央执行委员会1920年2月7日的决定建立的。2月21日最高国民经济委员会主席团签署了关于这一委员会的人员组成的最后决定,首先是最高国民经济委员会的许多优秀的专家和工作人员,共100多名,都全力投入了这项工作,此外,还有交通人民委员部和农业人民委员部的优秀力量参加。这一本书是俄罗斯国家电气化委员会的工作成果,今天或明天就要分发给大家。我希望,你们不会被这本书吓倒。我认为,我不难使你们相信这本书的特殊意义。在我看来,这是我们的第二个党纲。我们已经有了一个党纲,普列奥布拉任斯基和布哈林两位同志已在一本篇幅不大但是极有价值的书中对它作了极好的解释。这是一个政治纲领,是我们的任务表,是阶级之间和群众之间的关系的说明。但是同时必须记住,现在是实际走上这条道路并且衡量它的实际效果的时候了。我们党的纲领不能始终只是党的纲领。它应当成为我们经济建设的纲领,不然它就不能作为党的纲领。它应当用第二个党纲,即重建整个国民经济并使它达到现代技术水平的工作计划来补充。没有电气化计划,我们就不能转入真正的建设。我们在谈到恢复农业、工业和运输业以及它们之间的协调一致时,不能不谈到广泛的经济计划。我们必须有一定的计划;当然,这只是一个非常初步的计划。这个党纲不像我们的真正党纲那样,只有在党的代表大会上才可以修改。不,这个纲领在每个工厂里,每个乡里天天都会改进、修改、完善和变更。我们需要这个纲领,它是展示在整个俄国面前的第一张草图,它是一个为期不下十年的、表明怎样把俄国转到共产主义所必需的真正经济基础上去的伟大的经济计划。我们在军事战线上进行过斗争，并且取得了胜利，当时使我们的力量，使我们的精力增加十倍的一个强大的推动力是什么呢？这就是意识到存在着危险。当时大家都在问：地主和资本家是否可能回到俄国来？我们回答说：可能的。因此，我们百倍努力，我们全力以赴，终于取得了胜利。

如果提到经济战线，你们也会问：在经济上资本主义是否可能回到俄国来？我们同"苏哈列夫卡"[106]作过斗争。前几天，在全俄苏维埃代表大会开幕之前，莫斯科工人和红军代表苏维埃把这个令人不大愉快的场所封闭了。（鼓掌）"苏哈列夫卡"被封闭了，但可怕的并不是已经被封闭的"苏哈列夫卡"。被封闭了的是苏哈列夫广场上的过去的"苏哈列夫卡"，封闭它并不困难。可怕的是活在每个小业主心灵上和行动中的"苏哈列夫卡"。必须封闭这个"苏哈列夫卡"。这个"苏哈列夫卡"是资本主义的基础。只要它存在，资本家就可能回到俄国来，就可能变得比我们更强大。必须清楚地认识到这一点。这应当成为我们工作中的主要推动力和衡量我们的实际成就的条件和尺度。只要我们还生活在一个小农国家里，资本主义在俄国就有比共产主义更牢固的经济基础。这一点必须记住。每一个细心观察过农村生活并把它同城市生活作过对比的人都知道，我们还没有挖掉资本主义的老根，还没有铲除国内敌人的基础。国内敌人是靠小经济来维持的，要铲除它，只有一种办法，那就是把我国经济，包括农业在内，转到新的技术基础上，转到现代大生产的技术基础上。只有电力才能成为这样的基础。

共产主义就是苏维埃政权加全国电气化。不然我国仍然是一个小农国家，这一点我们必须清楚地认识到。我们不仅在世界范围内比资本主义弱，在国内也比资本主义弱。这是大家都知道的。我们已经认识到这一点，并且一定要努力把小农经济基础变成大工业经济基础。只有当国家实现了电气化，为工业、农业和运输业打下了现代大工业的技术基础的时候，我们才能得到最后的胜利。

我们已经制定了国家电气化的初步计划[107]，这个计划是由我们的200位优秀的科学家和技术人员拟订的。一个为期很长的、不下十年的计划制定好了，这个计划给我们开了一笔物资账和资金账。这个计划指出，为了实现电气化，我们需要多少万桶水泥和多少万块砖。为了实现电气化的任务，在资金方面估计要用10亿至12亿金卢布。你们知道，我们的黄金储备远远抵不上这个数字。同时我们所备的粮食也不多。因此，我们应当按照我所谈的计划，用租让的办法来抵这笔账。你们将会看到我们打算怎样在这个基础上计划工业和运输业的恢复工作。

前不久，我在莫斯科省的边远的沃洛科拉姆斯克县参加了一个农民的节日[108]，那里的农民已经用电灯照明了。在街头举行了群众大会，有一个农民上台讲话，祝贺农民生活中的这件新事。他说，我们农民过去处在愚昧这种黑暗之中，可是现在我们这里有了光，有了"非自然的光，它将照亮我们农民的黑暗"。我个人对这些话并不感到惊奇。当然，对于非党农民群众来说，电灯光是"非自然的"光，但是对我们来说，非自然的却是农民和工人竟然在这种黑暗和穷困中，在地主和资本家的压迫下生活了几百年、几千年。这种黑暗是不能很快摆脱的。但是，现在我们必须使我们建成的每一座电站都真正成为教育的据点，都要对群众进行所谓电的教育。必须使大家都知道，为什么我们已有的几十座小电站关系到工业的恢复。我们现在有一个拟好的电气化计划，但是，完成这个计划却要好多年。我们无论如何一定要实现这个计划,并且缩短完成计划的期限。这方面也应当同执行我们第一批经济计划中恢复运输业的计划——第1042号命令一样,这个计划原定五年完成,但是现在已经缩短到三年半,因为它正在超额完成。我们可能需要花一二十年的时间,才能实现电气化计划,完成可以挖掉资本主义复辟老根的改造。这样的社会发展速度在世界上将是空前未有的。我们无论如何一定要实现这个计划,并且缩短完成计划的期限。

我们第一次这样从事经济工作:除了一些工业部门的单独计划,例如运输业部门的计划,除了这些已经推广到其他工业部门的单独计划,我们还有为期多年的综合计划。这是一项艰巨的工作,它的目标是共产主义的胜利。

但是应当知道和记住,当我们有文盲的时候是不可能实现电气化的。我们的委员会还将努力扫除文盲。同过去相比,委员会已经做了很多工作,但是同需要相比,那就做得很少。劳动人民不但要识字,还要有文化,有觉悟,有学识;必须使大多数农民都能明确地了解摆在我们面前的任务。这个党纲应当成为各个学校必须讲授的主要课本。在这个党纲中,除了实现电气化的总计划,你们还会看到一些为俄国的每个地区制定的专门计划。每一个到地方上去的同志,都会得到他那一地区如何实现电气化,如何由黑暗转到正常生活的一定的规划。同志们,对于交给你们的一些条例可以并且应当在当地加以比较、研究和检验,并且在每个学校、每个小组里,使人们对于什么是共产主义这个问题不仅能用党纲上写的东西来回答,同时还能谈一谈怎样摆脱黑暗状态。

优秀的工作人员、经济专家已经完成了交给他们的制定一项实现俄国电气化和恢复俄国经济的计划的任务。现在要努力使工人和农民知道这项任务多么伟大,多么艰难,应当从何着手,应当如何行动起来。

必须使每一个工厂、每一座电站都变成教育的据点,如果俄国布满了由电站和强大的技术设备组成的密网,那么,我们的共产主义经济建设就会成为未来的社会主义的欧洲和亚洲的榜样。(热烈鼓掌,经久不息)

选自《列宁全集》第2版第40卷
第154—158页

论统一的经济计划

（1921年2月21日）

　　一些谈统一的经济计划的文章和议论使人产生一种难堪的印象。请看看列·克里茨曼在《经济生活报》[109]上发表的那些文章吧（第一篇发表于1920年12月14日，第二篇——12月23日，第三篇——2月9日，第四篇——2月16日，第五篇——2月20日）。空话连篇。舞文弄墨。不愿考虑这方面所取得的实际成就，也不愿加以研究。一味议论（在五篇冗长的文章里！）应该怎样着手研究，却不去研究具体材料和事实。

　　再请看看米柳亭的提纲（2月19日《经济生活报》）和拉林的提纲（2月20日《经济生活报》），仔细听听"负责"同志们的言论吧。根本缺点也同克里茨曼一样。枯燥到极点的经院哲学，直到空谈什么链式联系的规律等等；这种经院哲学，文人气官僚气兼而有之，就是没有一点实际的东西。

　　更坏的是，人们竟用傲慢的官僚主义冷淡态度对待那种已经完成的和必须继续做下去的实际工作。几次三番毫无意义地"生产提纲"或凭空编造一些口号和草案来，却不仔细用心地去了解我们自己

　　列宁在文中高度评价由几百名优秀专家制定的统一的经济计划，即全国电气化计划，严厉批评党内一些同志对这一计划的错误态度。他指出，应该尊重科学，应该摒弃门外汉和官僚主义者的狂妄自大。共产党人应当学会管理俄国，为此必须尊重科学技术专家，仔细分析和改正自己工作中的失误，少一些官僚主义者的自负，多研究一些实际工作经验和新的科学技术成果。

的实际经验。

关于统一的经济计划问题所写的唯一的一部严肃的著作,就是《俄罗斯联邦电气化计划》[107],即"俄罗斯国家电气化委员会"[105]向苏维埃第八次代表大会[110]提出的报告,这个报告是在1920年12月出版并在第八次代表大会上分发给代表们的。在这部著作里叙述了我们共和国的优秀学者受国家最高机关委托所拟订的——当然只是大致拟订的——统一的经济计划。而同大官们的不学无术的自负和同共产党员著作家们的知识分子的自负作斗争,就得从极平常的事情做起,即从简略地叙述这部著作的写作经过及其内容和意义做起。

1920年2月2日至7日,即在一年多以前,开了一次全俄中央执行委员会会议,会上通过了关于电气化的决议。在这项决议中有如下一段话:

> "……除必须完成整顿运输业、消除燃料危机和粮食危机、消灭流行病以及建立纪律严明的劳动军[111]等方面最迫切最紧急最不容拖延的头等重要任务以外,现在苏维埃俄国初次有可能着手进行比较有计划的经济建设,科学地制定并彻底执行整个国民经济的国家计划。全俄中央执行委员会鉴于电气化事业具有头等重要的意义……估计到电气化对工业、农业、运输业等等的重大意义,特决定:责成最高国民经济委员会同农业人民委员部一起制定建立电站网的计划草案……"

看来很明白了吧?"科学地制定整个国民经济的国家计划",——难道这些话的意思,我们最高政权机关的这项决议的意思,有什么不能理解的地方吗?如果那些在"专家"面前炫耀自己的共产主义的著作家和大官不知道这项决议,那么我们只好提醒他们说:对我们自己的法律无知,并不是论据。

为了执行全俄中央执行委员会的决议,最高国民经济委员会主席团于1920年2月21日批准在电力局下设电气化委员会,后来国防委员会[112]又批准了关于"俄罗斯国家电气化委员会"的条例。该委员会的人选,则责成最高国民经济委员会同农业人民委员部协商确定和批准。"俄罗斯国家电气化委员会"在1920年4月24日就已出版了它所创办的《公报》[113]第1期,上面载有极详细的工作计划,列出了负责人员、学者、工程师、农艺师和统计学家的名单,这些人员参加各种分委员会,领导各个地区的工作,担负各种明确规定的任务。单单这些工作项目及其负责人员的名单,就在第1期《公报》中占10页篇幅。凡是最高国民经济委员会和农业人民委员部以及交通人民委员部所知道的优秀人才,都被吸收来参加这项工作。

"俄罗斯国家电气化委员会"的工作成果,就是上述那部内容丰富的——并且是极为出色的——科学著作。参加该书编写工作的有180多位专家。他们送交"俄罗斯国家电气化委员会"的著作共计200多篇。首先,书中载有对这些著作的综述(该书的第一部分,计占200多页篇幅):(一)电气化和国家经济计划;(二)燃料供应(附有详细制定的**最近10年**俄罗斯联邦"燃料预算",以及对这方面所需的工人人数的估计);(三)水力;(四)农业;(五)运输业;(六)工业。

这个计划预定大约在10年内完成,计划上载有工人人数和动力数量(单位为千马力)。诚然,这只是一个大致的、初步的、粗略的甚至含有错误的计划,只是一个"大致拟订的"计划,但它是一个真正科学的计划。专家们在计划中对一切基本问题作了确切的计算。他们对各个工业部门作了计算。举个小小的例子来说,计划中有皮革生产的规模,按每人平均需要两双皮鞋(3亿双)的计算,等等。总之,计划中既有电气化的物资平衡表,又有电气化的资金(按金卢布计算)平衡表(需近37 000万个工作日,多少桶水泥,多少块砖,多少普特铁、铜等等,涡轮发电机总功率多大等等)。这个平衡表预计,在10年内加工工业的产量增加("根据很粗略的估计")80%,采掘工业的产量增加80%—100%。金卢布平衡表中的赤字(正数110亿,负数170亿,赤字共计将近60亿)"可以通过租让和信贷业务来抵补"。

计划上指明了第一批区域电站(20座火电站,10座水电站)的位置,并且详细说明了每座电站的经济意义。

在综述之后,该书还载有(分别标明页码的)下列各个地区的工程大纲:北部地区、中部工业区(这两个区的工程大纲规定得特别明白、详尽而确切,所根据的是极丰富的科学材料)、南部地区、伏尔加河沿岸区、乌拉尔地区、高加索地区(把高加索当做整体,因为预计各共和国在经济上将进行协调)、西西伯利亚以及土耳其斯坦。对于每一个地区的考虑都不限于第一批电站。还有所谓"俄罗斯国家电气化委员会的**甲号**计划",即最合理最经济地利用**现有**电站的计划。另一个不大的例子是:计划上预计在北部地区(即彼得格勒区)把彼得格勒所有电站联接起来后可以节省电力,约近半数的电力可以(北部地区工程大纲第69页)输送到北部浮运木材的地点,即摩尔曼斯克、阿尔汉格尔斯克等地去用。在这种条件下,增加木材的采伐和向国外浮运,就有可能"**在最近时期每年提供5亿卢布的外汇收入**"。

"每年从出卖北部木材所赚得的钱,在最近几年内就能达到相当于我国黄金储备额那样大的数目"(同上,第70页),这里当然要有一个条件,就是我们要从空谈计划转到研究并且实际**执行**由学者们制定的这个计划!

还必须讲到一点,就是问题(当然远不是所有的问题)都已有了初步的年度规划,即不仅是一般计划,而且作了预计:每年(从1921年起至1930年止)有多少座电站可以开始发电,以及现有的电站可能扩建的规模(也得具备上面所说的条件,这在我国知识分子文人习气和大官的官僚主义习气盛行的环境中可是不太容易实现的)。

为了认识清楚"俄罗斯国家电气化委员会"所完成的这项工作的重大意义和全部价值,我们不妨看看德国的情形。德国有一位学者巴洛德进行了类似的工作。他编制了一个按社会主义原则改造德国整个国民经济的科学计划[114]。这个计划在资本主义德国不免要落空,只是纸上谈兵和单枪匹马的工作。而我们则提出了国家任务,动员了几百个专家,在十个月内(当然不是像最初预定的那样在两个月内)制定了一个科学的统一的经济计划。我们理应以这一工作自豪;只是必须**懂得**应该**怎样**去利用这一工作的成果,现在我们正是必须对不懂得**这一点**的现象进行斗争。

苏维埃第八次代表大会的决议写道:"……代表大会……**赞同最高国民经济委员会**等机关,特别是'俄罗斯国家电气化委员会'**为制定俄罗斯电气化计划所进行的工作**……认为这个计划**是伟大经济创举方面的第一个步骤**,责成全俄中央执行委员会等等**完成这个计划的制定工作,并批准这个计划**,而且务必在最短期间完成……　责成……采取各种措施来**最广泛地宣传**这个计划……**共和国所有的学校毫无例外地**都应当学习这个计划"[①]等等。

莫斯科某些人对这个决议所持的态度,他们企图胡乱"解释"这个决议,甚至对它置之不理,这最明显地表明我们机关中特别是上层机关中存在着毛病,即官僚主义病和知识分子病。著作家们不宣传这个已经制定的计划,却一味起草提纲,空洞地议论怎样着手制定计

---

①引自全俄苏维埃第八次代表大会1920年12月29日通过的关于电气化的决议。这个决议的草案是列宁写的(见《列宁全集》第2版第40卷第192—193页)。——编者注

划！大官们纯粹官僚式地强调必须"批准"计划，他们指的不是提出某些具体任务（例如必须建设什么东西，在什么时候建设，向国外购买什么东西等等），而是提出另定**新的**计划这类糊涂透顶的主张！他们什么都不懂，简直令人吃惊，竟然说什么在建设新东西以前至少先得把旧东西恢复一部分呀；说什么电气化很像电气幻想呀；说什么为什么不实行煤气化呀；说什么"俄罗斯国家电气化委员会"中都是资产阶级专家而很少有共产党员呀；说什么"俄罗斯国家电气化委员会"应当提供的是鉴定人员而不是计划委员会呀，如此等等。

危险的正是这种意见纷纭，因为这表明这些人不善于工作，表明知识分子的和官僚主义者的自负压倒了真正的实干。嘲笑计划是幻想，提出实行煤气化之类的问题，正是暴露了不学无术的自负。随随便便地纠正几百个优秀专家的工作，用一些庸俗的笑话来回避问题，以自己有权"不予批准"而狂妄自大——难道这不是可耻的行为吗？

应该学会尊重科学，应该摒弃门外汉和官僚主义者的"共产党员的"狂妄自大，应该学会利用我们自己的经验和我们自己的实践，有系统地从事工作！

当然，关于"计划"这个东西本来可以无止境地谈论和争论下去。然而我们决不应当容许对"原则"（即编制计划的"原则"）作空泛的议论和争论，因为现在的问题是应该着手研究现有的这个唯一科学的计划，应该根据**实际**经验和更详细的研究来修正它。当然，"批准"和"不予批准"之权始终操在某个或某些大官手里。如果正确地理解这种权利，并且正确地解释第八次代表大会关于批准它赞同的以及它认为应当竭力广泛宣传的这个计划的决议，那就应当把"批准"理解为提出一些订货单和发布一些命令：什么东西在什么时候到什么地方去购买,什么东西应该开始建设,什么材料应该收集和运到某地等等。如果官僚主义地解释问题,那么"批准"就是意味着大官们的刚愎自用,官场拖拉习气,玩弄审查委员会之类的把戏,一句话,就是用纯粹的官僚态度葬送实际工作。

我们且从另一方面来看看这个问题吧。必须着力把科学的电气化计划与日常的各个实际计划及其具体实施结合起来。这当然是完全不容争辩的。究竟怎样结合呢?为要知道这一点,经济学家、著作家和统计学家就不应当空谈一般计划,而应当详细研究我们的各种计划的执行情况、我们在这种实际工作中所犯的错误以及改正这些错误的办法。不进行这种研究,我们就会盲目行动。只要进行这种研究,同时研究实际经验,剩下的行政事务问题就完全是小问题了。我们的计划委员会真是太多了。要进行合并,应当从某甲所主管的那个机关里拿出两个人来,再从某乙所主管的那个机关里拿出一个人来,或是相反。再把这几个人并入总的计划委员会下面的某个分委员会。显然,这正是一种行政事务,如此而已。反复试验,选出最好的方案来,——为这样简单的事多费唇舌,就显得可笑了。

问题的实质在于我们的人员不善于处理问题,他们用知识分子的和官僚主义者的主观计划来代替实际工作。我们过去和现在都有日常的粮食计划和燃料计划。我们在这两种计划中都犯过一些明显的错误。关于这一点是不会有异议的。精明能干的经济学家不会去编制毫无意义的提纲,而会去细心研究事实、数字和材料,分析我们自己的实际经验,然后指出:我们在某某地方犯了错误,要如此这般来加以改正。精明能干的行政管理人员一定会根据这种研究,提出建议或自行采取措施,来调换工作人员,改变汇报制度,改组机构等等。在我们这里还没有看到过有人用这两种切实的态度来对待统一的经济计划。

毛病就在于,人们不正确地处理共产党员对待专家的态度问题和行政管理人员对待学者及著作家的态度问题。在统一的经济计划问题上,也像其他任何问题一样,有些事情(而且总是会出现一些新的事情)只需要共产党员来解决,或只需要用行政手段来解决。这是不容争辩的。但这完全是抽象的说法。而目前在我们这里对这个问题持错误态度的正是共产党员著作家和共产党员行政管理人员,他们不能理解,这方面应该多向资产阶级专家和学者学习,少玩弄些行政手段。除了已经由"俄罗斯国家电气化委员会"制定的计划以外,再没有而且也不可能有什么别的统一的经济计划。应该根据仔细研究过的实际经验来补充、发展、修改和实施这个计划。如果持相反的意见,那就像党纲所说的,完全是一种"貌似激进实则是不学无术的自负"①。那种认为在俄罗斯联邦除了"俄罗斯国家电气化委员会"以外还可能有另外一个计划委员会的想法,同样是一种不学无术的自负,当然这并不是否认对该委员会的成员作局部的切实的调整会带来益处。只有在这个基础上,只有继续进行已经开始的工作,才能在改进我们的国民经济总计划方面做出某种重大的事情来,否则就是玩弄行政手段,或者简单一点说就是刚愎自用。"俄罗斯国家电气化委员会"里的共产党员的任务就是要少发号施令,确切些说完全不要发号施令,而要对科学和技术专家(正如俄共党纲所说的那样,"他们大多必然浸透了资产阶级的世界观和习惯"②)采取异常慎重和灵活的态度,要向他们学习,要帮助他们扩大眼界,要以相应的科

---

① 见《列宁全集》第2版第36卷第416页。——编者注

② 同上。——编者注

学的成果和材料为根据，要记住，工程师为了接受共产主义而经历的途径将**不同于过去的地下宣传员和著作家**，他们将**通过自己那门科学所达到的成果**来接受共产主义，农艺师将**循着自己的途径**来接受共产主义，林学家也将循着自己的途径来接受共产主义，如此等等。一个共产党员若不能证明自己善于把专家们的工作统一起来并虚心地给以指导，了解事情的本质，详细地加以研究，那么这样的共产党员往往是有害的。这样的共产党员在我们这里很多，我宁可拿出几十个来换一个老老实实研究本行业务的和内行的资产阶级专家。

至于那些没有参加"俄罗斯国家电气化委员会"的共产党员，他们可以从两个方面来帮助制定和实施统一的经济计划。如果他们是经济学家、统计学家或著作家，那么他们首先应该研究清楚我们自己的实际经验，然后才能根据对有关事实的详细研究，提出改正错误、改进工作的意见。研究是学者的事情。既然我们这里早已不是在谈一般原则，而是谈实际经验，那么，对我们来说，那些虽然是资产阶级的但是精通业务的"科学和技术专家"，要比狂妄自大的共产党员宝贵十倍，这种狂妄自大的共产党员无论白天或黑夜随时都愿意起草"提纲"，提出"口号"，发表完全抽象的议论。多了解一些事实，少来一些竞相标榜共产主义原则性的口角吧。

另一方面，如果某个共产党员是行政管理人员，那么他的首要职责就是防止热衷于发号施令，首先要考虑到科学界已经取得的研究成果，首先要问一问事实是否经过检验，首先要研究（通过报告、报刊、会议等等）我们究竟在什么地方犯了错误，然后才能在这个基础上来纠正已经在进行的工作。少用些季特·季特奇[38]式的手段（"我可以批准，也可以不批准"），多研究些我们的实际错误吧。

老早就有人指出过：人们的缺点多半是同人们的优点相联系

的。许多担任领导工作的共产党员的缺点就是如此。我们几十年来从事伟大的事业,宣传推翻资产阶级,教导大家不要相信资产阶级专家,揭露这些专家,从他们手中夺取权力,镇压他们的反抗。我们所进行的事业是具有全世界历史意义的伟大的事业。然而,只要稍微一夸大,就会证实一条真理:从伟大到可笑只有一步之差。我们已经说服了俄国,我们已经为劳动者从剥削者手里夺回了俄国,我们已经把剥削者镇压下去,现在我们应当学会管理俄国。为此就必须学会谦虚,学会尊重那些"科学和技术专家"的切实工作,为此就必须学会切实仔细地分析我们的许多**实际**错误,并且学会一步一步地坚持不懈地改正这些错误。少来一些知识分子的和官僚主义者的自负,多研究些我们在中央和地方的实际经验所提供的东西以及科学已经向我们提供的东西吧。

1921年2月21日

选自《列宁全集》第2版第40卷
第345—354页

俄共(布)第十次代表大会文献[115](节选)

(1921年3月)

2
俄共(布)中央政治工作报告
(3月8日)

下面谈一谈经济问题。小资产阶级自发势力提出的贸易自由这一口号说明什么呢?它说明在无产阶级和小农的关系中,还存在一些尚待解决的困难问题和任务。我指的是,在一个无产阶级占少数而小资产阶级占大多数的国家里,当无产阶级革命日益开展的时候,胜利了的无产阶级应当怎样来对待小业主的问题。在这样的国家里,无

俄共(布)第十次代表大会决定停止实行"战时共产主义",改行新经济政策。列宁在报告中总结了实行"战时共产主义"遇到的困难和挫折及其原因,指出:我们以前的纲领在理论上是正确的,但是在实践上却行不通。在理论上,胜利了的无产阶级应当领导农民向社会化的、集体的劳动过渡,但是在实践上,在一个小农生产者占人口大多数的国家里,实行社会主义革命必须通过一系列特殊的过渡办法。列宁强调,把余粮收集制改为粮食税,首先是一个政治问题,本质在于工人阶级如何对待农民。改造小农要花几代人的时间。要有强大的物质基础,要大规模使用农业机器,大规模实现电气化,才能根本改造小农。而现在必须给农民一定的流转自由,使农民获得同他们的经济基础即个体小经济相适应的刺激和动力。

产阶级的作用就是要领导这些小业主向社会化的、集体的、公社的劳动过渡。这在理论上是毫无疑问的。在我们许多立法文件中都说到了这个过渡，但是我们知道，问题不在于立法文件，而在于实际执行，同时我们知道，只要我们有了实力雄厚的大工业，能够给小生产者好处，使他们实际看到这种大经济的优越性，就能保证实现这一过渡。

凡是对社会革命及其任务深思熟虑过的马克思主义者和一切社会党人，在理论上总是这样提出问题的。而在我国，第一个特点(这个特点我已经谈过，而且在俄国非常突出)就是我国的无产阶级不但是少数，而且是极少数，占大多数的是农民。我们在保卫革命时所处的条件决定了我们完成我们的任务时必然空前困难。实际显示大生产的一切优越性，我们还办不到，因为大生产遭到了破坏，本身很难维持，只有让这些小农忍受牺牲，大生产才能得到恢复。必须振兴工业，但是，要振兴工业就要有燃料，要燃料就要有木柴，要木柴就要靠农民和他们的马匹。在危机深重、饲料缺乏、牲畜大批死亡的情况下，农民不得不把东西贷给苏维埃政权来恢复暂时还不能向他们提供任何东西的大工业。就是这种经济情况造成了巨大的困难，就是这种经济情况迫使我们必须更深入地考虑从战争向和平转变的条件。在战时，我们只能对农民说："必须把东西贷给工农国家，它才能摆脱困境。"此外是没有其他办法的。当我们把全部注意力集中在恢复经济的时候，我们必须懂得，在大生产彻底胜利和恢复以前，我们面对的是一些为商品流转而生产的小农，小业主，小生产者。而大生产是不可能在旧的基础上恢复起来的，这需要很多年，至少要几十年，在我们这种遭受破坏的情况下，可能还要更长一些的时间。在这以前，我们还要同就是这样的一些小生产者打好多年的交道，因此，自由贸易的口号是必然会提出的。这个口号的危险性不在于它掩饰了白卫分子和孟什维克的意图,而在于它会在农民群众中得到传播,尽管农民群众是仇恨白卫分子的。它所以会得到传播,是因为它符合小生产者生存的经济条件。中央出于这种考虑,对以实物税代替余粮收集制的问题作出了决定,开展了讨论,并且你们今天已经通过决定,同意在代表大会上直接提出这个问题。[116]关于实物税和余粮收集制的立法问题,早在1918年年底我们就提出来了。实物税法在1918年10月30日就通过了[117]。但是,这个向农民征收实物税的法令虽然通过了,却并没有执行。法令公布后的几个月内,我们接着又发布了几个条例,但是法令仍旧没有执行。另一方面,征收农户的余粮是战争环境迫使我们不得不采取的一种办法,这种办法对于农民经济所处的稍为和平的生存条件就不再适合了。农民需要心中有数,需要知道究竟有多少要交出去,有多少可以用来在当地流转。

过去我们的全部经济,不论是就整个来说,还是就各个部分来说,都适应战时的条件。考虑到这种条件,我们当时的任务就是必须收集一定数量的粮食,而完全无法顾到这样做对社会流转会有什么影响。现在我们从战争问题转到和平问题上来了,因此对实物税的看法也就不同了:我们不但要从保证国家方面着眼,而且要从保证小农户方面着眼。我们应当了解小农经济自发势力用什么经济形式表露对无产阶级的不满;这种不满已经表露出来,并且在目前的危机中变得愈来愈激烈了。我们在这方面必须尽最大的努力。这是对我们至关重要的事情。应当让农民在当地流转方面有一定的自由,把余粮收集制改为实物税,使小业主可以更好地安排自己的生产,根据税额的多少来确定生产规模的大小。自然,我们知道,在我们目前所处的环境里,这件事做起来是很难的。播种面积、单位面积产量、生产资料都减少了,余粮无疑也减少了,甚至往往根本没有余粮。我们必须考虑这种情况,考虑这种事实。农民为了不让工厂和城市完全挨饿,自己不得不挨一点饿。从全国范围来看,这是完全可以理解的事,但是我们并不指望分散的贫困的农民业主能理解这一点。我们知道,这方面非采取强制手段不可,而破产农民对强制手段的反应十分强烈。别以为这种办法一定能使我们摆脱危机。不过,我们同时还要作最大限度的让步,使小生产者有最好的条件去发挥自己的力量。从前我们适应的是战争任务。现在则要适应和平时期的条件。这个任务已经摆在中央面前,这就是要在无产阶级政权存在的条件下改行实物税,这和实行租让也是有紧密联系的。你们将要对这个任务进行专门的讨论,你们应当特别注意这个问题。无产阶级政权通过租让办法,就能同先进的资本主义国家达成协议,而达成这种协议就能使我国工业得到加强;工业不加强,我们便不能向共产主义制度继续前进;另一方面,在这个过渡时期,在农民占大多数的国家里,我们必须会采取从经济上满足农民要求的办法,采取尽量多的措施来改善农民的经济状况。当我们还没有把他们改造过来的时候,当大机器还没有把他们改造过来的时候,就应当保证他们有经营的自由。我们现在处在一种新旧交替的状态,我们的革命处在资本主义国家的包围中。只要我们还处在这种新旧交替的状态,我们就不得不寻求非常复杂的相互关系的形式。过去我们在战争的重压下,不能集中精力考虑怎样处理无产阶级国家政权(它掌握着已经遭到空前的破坏的大生产)同小农之间在经济上的相互关系,怎样找到同小农共处的形式;而只要小农还是小农,就必须保证小经济有一定的流转体系,否则小农便不能生存。我认为这个问题对苏维埃政权来说,是当前最重要的经济问题和政治问题。我认为这个问题可以对近一年来我们在战争结束后开始向和平状态转变的时期所做的工作,从政治上作出总结。

这个转变带来了极大的困难,小资产阶级自发势力暴露得十分明显,我们必须清醒地看待这种自发势力。我们是从阶级斗争的观点来看待这一系列现象的。无产阶级对小资产阶级的态度问题,是一个困难的问题,在这方面,无产阶级政权要取得胜利,就要采取许多复杂的办法,确切些说,要采取一系列复杂的过渡办法——这一点我们从来没有看错过。1918年底,我们颁布了关于实物税的法令,由此可见,共产党人当时认识到了这个问题,只是由于战争,我们没有能够实行这个法令。在国内战争的环境里,我们不得不采用战时的办法。但是,如果我们由此得出结论,认为只能采用这种办法和态度,那就大错特错了。这必将意味着苏维埃政权和无产阶级专政的垮台。当我们在经济危机的条件下实行向和平转变的时候,应当想到,在拥有大生产的国家里建设无产阶级国家,比在小生产占优势的国家里要容易些。完成这项任务要采取许多办法,我们决不能对这些困难视而不见,也决不能忘记,无产阶级是一回事,小生产又是一回事。我们不能忘记现在还有各种阶级存在,不能忘记小资产阶级的无政府主义反革命势力是导致白卫分子卷土重来的政治跳板。我们必须清醒地正视这个问题,应当认识到,一方面无产阶级政党内部要有高度的团结、沉着和纪律,另一方面在经济上也要有一套办法,这些办法过去只是由于战争而没有能够实行。我们应当承认,实行租让,购买机器和工具来满足农业的需要,这是必要的,这样就能换得粮食,恢复无产阶级同农民的正常关系,保证无产阶级在和平时期的生存。我希望我们以后再来谈谈这个问题。我重复一遍,我认为我们现在讨论的是一个很重要的问题,过去一年,可以说是从战争向和平转变的一年,它向我们提出了极端困难的任务。

选自《列宁全集》第2版第41卷第21—25页

列宁在俄共(布)第十次代表大会上发言,这次大会正式宣布改行新经济政策

5

关于以实物税代替余粮收集制的报告

（3月15日）

同志们，关于以实物税代替余粮收集制的问题，首先而且主要是一个政治问题，因为这个问题的本质在于工人阶级如何对待农民。提出这个问题就意味着我们必须对这两个主要阶级之间的关系(这两个阶级之间的斗争或妥协决定着我国整个革命的命运)作新的、也许可以说是更慎重更精确的补充考察，并且作一定的修正。我没有必要来详细论述为什么要作这种修正的问题。你们大家当然都很清楚，好多事件，特别是战争、经济破坏、军队复员以及极端严重的歉收造成的极度贫困引起的事件，好多情况，使得农民处境特别困难、特别紧张，并且不可避免地加剧了农民的动摇，使他们从无产阶级方面倒向资产阶级方面。

现在简单地谈谈这个问题的理论意义，或者说如何从理论上看待这个问题。毫无疑问，在一个小农生产者占人口大多数的国家里，实行社会主义革命必须通过一系列特殊的过渡办法，这些办法在工农业雇佣工人占大多数的发达的资本主义国家里，是完全不需要采用的。在发达的资本主义国家里，有在几十年中形成的农业雇佣工人阶级。只有这样的阶级，才能够在社会上、经济上以及政治上成为直接向社会主义过渡的支柱。只有在这个阶级相当成熟的国家里，才能够从资本主义直接向社会主义过渡，而不需要采用全国性的特殊的过渡办法。我们在许许多多的著作中，在我们所有的讲话中，在所有的报刊上都一再强调说，俄国的情况不同，这里产业工人仅占少数，而小农则占大多数。在俄国这样的国家里，社会主义革命只有具备两个条件才能获得彻底的胜利。第一个条件是及时得到一个或几个先进国家社会主义革命的支援。你们知道，为了争取这个条件，我们做的工作比以往多得多，然而，要使它成为现实，我们所做的还远远不够。

另一个条件，就是实现自己专政的或者说掌握国家政权的无产阶级和大多数农民之间达成妥协。妥协，这是个很广泛的概念，它包含着一系列的措施和过渡办法。这里必须指出，我们应当在我们的全部宣传和鼓动工作中开诚布公地提出问题。有些人把政治理解为略施小计，有时甚至看做和欺骗差不多，这种人在我们当中应当受到最坚决的斥责。必须纠正他们的错误。阶级是欺骗不了的。三年来，为了提高群众的政治觉悟，我们做了很多工作。群众从尖锐的斗争中学到的东西最多。根据我们的世界观，根据我们几十年来的革命经验和我国革命的教训，我们必须直截了当地提出问题：这两个阶级的利益是各不相同的，小农需要的东西同工人需要的不一样。

我们知道，在其他国家的革命还没有到来之前，只有同农民妥协，才能拯救俄国的社会主义革命。在一切会议上，在一切报刊上，都应当直截了当地说明这一点。我们知道，工人和农民之间的这一妥协是不牢固的——这是客气一点说，"客气一点"这几个字不要写进记录。如果说得直率一点，那么这一妥协是相当糟糕的。我们至少不应当设法隐瞒什么，而应当直截了当地说：农民对于我们和他们之间所建立的这种形式的关系是不满意的,他们不要这种形式的关系并且不愿意再这样生活下去。这是不容置辩的。他们的这种意愿表达得已经很明确了。这是广大劳动群众的意愿。我们必须考虑到这一点。我们是十分清醒的政治家,能够直率地说:让我们来修正我们对农民的政策吧。目前的这种状况,再也不能继续下去了。

我们应当对农民说:"你们想要倒退,想要全部恢复私有制和自由贸易,那就必不可免地会再受地主和资本家的统治,许许多多的历史实例和革命实例,都证实了这一点。根据共产主义初步原理或政治经济学初步原理稍作推论,就可以证明这是不可避免的。让我们来分析一下吧。农民同无产阶级分道扬镳,向后倒退——并且让国家也倒退——以至再受资本家和地主的统治,这对农民是不是合算呢?你们合计一下吧,或者让我们一起来合计一下吧。"

我们认为,如果合计得正确,那么,虽然无产阶级的经济利益和小农的经济利益之间存在着我们所意识到的深刻矛盾,合计的结果是会有利于我们的。

不管我们的物资多么缺乏,满足中农要求这一问题还是必须解决的。在农民中间中农比过去大大增加,矛盾消除了,土地的分配使用平均得多了,富农已经大伤元气,一大部分已被剥夺了财产——在俄罗斯比在乌克兰要多些,在西伯利亚则要少些。可是,整个说来,统计材料完全无可争辩地表明,农村已经是均衡化了,平均化了,这就是说,向富农和无地农民这两方面的急剧分化已经消除了。一切都变得比较平均了,整个说来,农民已经处于中农的境况。

对于这种中农,对于这种有自己的经济特点和自己的经济根系的中农的要求,我们能不能予以满足呢?如果某个共产党人,竟然想在三年内可以把小农业的经济基础和经济根系改造过来,那他当然是一个幻想家。老实说,这样的幻想家在我们中间是不少的。但是这也没有什么了不起的坏处。在我们这样的国家里没有幻想家,怎么能够发动社会主义革命呢?实践显然已经表明,农业集体经营方面的各种各样的试验和创举,可以起多么巨大的作用。但是实践也表明,这种试验也起了不好的作用,人们怀着一片好心,到农村去组织公社、组织集体农庄,却不善于经营,因为他们没有集体工作的经验。这些集体农庄的经验只是提供了一个不该这样经营的例子,让周围农民见笑或者生气。

你们很清楚,这样的例子不知有过多少了。我再说一遍:这并不值得惊奇,因为改造小农,改造他们的整个心理和习惯,这件事需要花几代人的时间。只有有了物质基础,只有有了技术,只有在农业中大规模地使用拖拉机和机器,只有大规模电气化,才能解决小农这个问题,才能像人们所说的使他们的整个心理健全起来。只有这样才能根本地和非常迅速地改造小农。我说需要花几代人的时间,倒不是说需要几百年。你们都很清楚,要获得拖拉机和机器,要实现一个大国家的电气化,无论如何要有几十年的时间才行。客观情况就是这样。

我们应当努力满足农民的要求,因为他们感到不满足,不满意,而这种不满意是合理的,他们是不可能感到满意的。我们应当对他们说:"是的,这种状况再也不能继续下去了。"怎样去满足农民呢?满足农民是什么意思呢?我们从哪里能够找到对怎样满足农民这个问题的答案呢?自然,这要从农民的要求本身中去寻找。这些要求我们是知道的。但是我们必须对这些要求加以审查,必须从经济科学的观点对我们所知道的有关农民的经济要求的一切加以考察。只要深入地研究一下这个问题,我们就会立刻对自己说:实质上可以用两个东西来满足小农。第一,需要有一定的流转自由,需要给小私有主一定的自由。第二，需要弄到商品和产品。如果没有什么可以流转，那还算什么流转自由；如果没有什么可以交易，那还算什么贸易自由！那就会成为纸上谈兵；而纸上的东西是满足不了各个阶级的，只有用物质的东西才能使它们满足。必须好好地理解这两个条件。关于第二个条件——我们怎样弄到商品，我们能不能弄到商品——关于这一点我们以后再谈。至于第一个条件——流转自由——需要在这里谈谈。

什么是流转自由呢？流转自由就是贸易自由，而贸易自由就是倒退到资本主义。流转自由和贸易自由，这就是指各个小业主之间进行商品交换。我们所有的人，哪怕是只学过一点马克思主义起码常识的，都知道这种流转和贸易自由不可避免地要使商品生产者分化为资本所有者和劳动力所有者，分化为资本家和雇佣工人，这就是说，重新恢复资本主义雇佣奴隶制，这种制度不是从天上掉下来的，它在全世界都正是从商品农业经济中生长起来的。我们在理论上很了解这一点，而在俄国，凡留心观察小农的生活和经营条件的人，都不会看不到这一点。

于是就发生一个问题：究竟是怎么回事，共产党难道可以承认贸易自由，可以实行这种自由吗？这里是否有不可调和的矛盾呢？对于这个问题，应当回答说：自然，这个问题在实际解决时是非常困难的。我事先就预见到，并且在和同志们的谈话中知道，在分发给你们的那个以实物税代替余粮收集制的初步草案中，发生问题最多的——发生这些问题是理所当然的和不可避免的——就是关于允许在地方经济流转范围内实行交换这一点。这一点是在第8节的结尾中说的。这是什么意思呢？它的范围究竟怎样？它怎样实现呢？如果谁想在这次代表大会上得到这个问题的答案，那他就错了。我们只有通过我们的立法来得到这个问题的答案；我们的任务只是规定原则路线，提出口号。我们的党是一个执政党，党的代表大会所通过的决定，对于整个共和国都是必须遵守的；在这里，我们应当在原则上解决这个问题。我们应当在原则上解决这个问题，使农民知道这一点，因为播种的季节就要到来了。然后再来发动我们整个机关，运用我们全部的理论力量和全部的实践经验，来研究这个工作应当怎样进行。能不能这样做呢？从理论上说来，能不能在一定的程度上给小农恢复贸易自由、资本主义自由而不至于因此破坏无产阶级政权的根基呢？能不能这样做呢？能够，因为问题在于掌握分寸。如果我们能获得纵然是数量不多的商品，把这些商品掌握在国家手中，掌握在控制政权的无产阶级手中，并且能把这些商品投入流转，那么我们作为国家，除了政治权力之外，还能够获得经济权力。把这些商品投入流转，就能够活跃小农业，这种小农业在严酷的战争和经济破坏的重压之下无法发展，现在已经陷于凋敝。小农只要还是小农，他们就必须有同他们的经济基础即个体小经济相适应的刺激、动力和动因。这就离不开地方流转自由。如果这种流转使国家能用工业品换得最低限度的一点粮食，以满足城市、工厂和工业的需要，那么在恢复经济流转的情况下，国家政权就能够仍旧保持在无产阶级手中并且得到巩固。农民要求在实践上向他们证明，掌握工厂和工业的工人能够同农民建立流转关系。另一方面，一个交通不便、幅员辽阔、各地气候悬殊、农业条件不同以及还具有其他种种特点的农业大国，必须让各地的农业和各地的工业在当地范围内有一定的流转自由，这是不可避免的。我们在这方面犯了很多错误，走得太远了：我们在商业国有化和工业国有化方面，在禁止地方流转方面走得太远了。这是不是一种错误呢？当然是一种错误。

在这方面，我们做了许多完全错误的事情；我们没有掌握好分寸,也不知道如何掌握这个分寸——如果看不到和不理解这一点,那就是一种莫大的罪恶了。然而这样做当时也是迫不得已:过去我们一直是生活在极端激烈艰苦的战争条件下,因此我们在经济方面也只能按战争方式行动,此外没有别的办法。一个经济遭到破坏的国家,竟然熬过了这样一场战争,这实在是一个奇迹。这个奇迹不是从天上掉下来的,它是从工人阶级和农民的经济利益中产生出来的,是工人阶级和农民的巨大的热情创造了这个奇迹;由于这种奇迹,我们打退了地主和资本家的进攻。但是同时,我们做得超过了理论上和政治上所必要的限度,这是不容置疑的事实。我们在鼓动和宣传当中,不应当掩饰这一点。我们可以在相当大的程度上允许地方流转自由,而又不破坏无产阶级政权,还能巩固这一政权。至于如何做到这一点,这是一个实践的问题。我的任务是向你们证明,这从理论上说是可能的。掌握国家政权的无产阶级,如果它手里有什么物资的话,它完全可以把这些物资投入流转,在一定程度上满足中农的要求,通过地方经济流转来满足他们的要求。

现在,简单地谈谈地方经济流转问题。首先我要讲一下合作社问题。当然,在实行地方经济流转的情况下,我们是需要合作社的,而现在合作社在我国已经奄奄一息。我们的党纲强调指出,最好的分配机构就是资本主义遗留下来的合作社,这个机构是需要保存下来的。党纲是这样说的。[①]这一点我们是否执行了呢?执行得非常不够,而且在某些方面完全没有执行,其部分原因还是我们犯了错误,部分原因则是军事上需要。合作社生成比较会经营的、经济地位较高的分子,从而在政治上生成孟什维克和社会革命党人[27]。这是一种化学定

---

① 参看《列宁全集》第2版第36卷第419页。——编者注

律——是没有办法的事!(笑声)孟什维克和社会革命党人是些自觉不自觉地复辟资本主义、帮助尤登尼奇之流的人。这同样是一种定律。我们必须同他们作战。既然是战争,就要有作战姿态:我们当时必须保卫自己,而且我们做到了这一点。但是我们在目前的情况下能不能一成不变呢?不能。这样把自己的手脚束缚起来,无疑是一种错误。正因为如此,关于合作社问题,我提出了一个决议案,这个决议案很短,我现在把它读一下:

"鉴于俄共第九次代表大会118关于对合作社的态度的决议①完全是以承认余粮收集制原则为基础的,而现在余粮收集制已经为实物税所代替,俄共第十次代表大会决定:

撤销这项决议。

代表大会责成中央委员会拟订一些决定,使之在党和苏维埃系统中获得通过,以便根据俄共党纲并适应以实物税代替余粮收集制的情况,来改善和发展合作社的机构和活动。"119

你们会说,这说得不明确。这在某种程度上是说得不明确,但这是必要的。为什么说这是必要的呢?因为要十分明确,那就必须十分清楚,我们在全年当中能做成什么事情。谁知道这一点呢?谁也不知道,而且也不可能知道。

但是第九次代表大会的决议束缚了我们的手脚,这个决议说:"隶属于粮食人民委员部"。粮食人民委员部96是一个很好的机关;但是,当我们重新研究对小农的态度时,还规定合作社必须隶属于粮食人民委员部,从而束缚自己的手脚,那在政治上就犯了明显的错误。

---

① 见《苏联共产党代表大会、代表会议和中央全会决议汇编》第2分册人民出版社1964年版第23—25页。——编者注

我们应当责成新选出来的中央委员会研究和确定一定的办法并作一定的修改,检验我们要采取的前进和后退的步骤——看看这应当做到什么程度,怎样保持政治利益,应当放开多少才能松动些,以及如何检验试验的结果。从理论上说,我们在这方面正面临着一系列的过渡阶段和过渡办法。有一点我们心中明白:第九次代表大会的决议设想我们的运动将沿着直线前进,而事实上,正像在革命史上常见的那样,运动是曲折前进的。用这样的决议把手脚束缚起来,这是政治错误。现在我们要撤销这个决议,我们说,应当以强调合作社机构的作用的党纲为指针。

[……]

我应当再就个体商品交换问题讲几句话。我们说流转自由,就是指个体商品交换,也就是鼓励富农。这是怎么回事呢?不要闭起眼睛不看这个事实:以实物税代替余粮收集制就是意味着富农在这种制度下会比过去有更大的发展。他们会在过去他们不能发展的地方发展起来。但是同这种现象作斗争不能采用禁止的办法,而应当自上而下由国家实行联合,由国家采取措施。如果你能给农民机器,那就能帮助他们发展,当你给他们机器或实现电气化的时候,几万或几十万个小富农就会被消灭掉。如果你还给不了这些东西,那就要给他们一定数量的商品。如果商品在你手中,那你就能掌握住政权,而停止、割断和取消这种可能,那就是取消流转的一切可能,就不能满足中农的要求,就不能同他们友好共处。俄国农民中成为中农的人愈来愈多了,害怕交换会成为个体交换是不必要的。在交换中,任何人都能给国家一些东西。一些人能提供余粮,另一些人能提供蔬菜,还有一些人则能提供劳务。情况基本上是这样:我们必须在经济上满足中农的要求,实行流转自由,否则,在国际革命推迟爆发的情况下,要在俄国保住无产阶级政权是不可能的,在经济上是不可能的。必须清楚地意识到这一点,并且对这一点毫不讳言。你们可以看到,在以实物税代替余粮收集制的决定草案中(草案已经分发给你们了)有很多不协调的地方,相互抵触的地方;正因为如此,我们才在该草案的末尾写道:"代表大会基本上〈这个词的含义是意味深长的〉同意中央委员会所提出的以实物税代替余粮收集制的一些规定,并责成党中央委员会迅速使这些规定协调起来"[①]。我们知道,这些规定不协调;我们还来不及做协调工作,我们还没有接触有关细节的工作。全俄中央执行委员会和人民委员会将仔细地研究实行实物税的形式并通过相应的法律。预定的程序是这样:如果今天你们能通过这个草案,这个草案就将提交全俄中央执行委员会第一次会议,这个会议也不颁布法律,而仅仅颁布一个经过修改的条例,然后再由人民委员会和劳动国防委员会[120]把它变为法律,而更重要的是,由它们规定具体的细则。重要的是要使各地了解这件事的意义,并能起来响应。

为什么我们需要以实物税来代替余粮收集制呢?余粮收集制是以征收所有的余粮,建立强制性的国家垄断制为前提的。当时我们不可能有其他的办法,因为我们处于极端贫困的状态。在理论上,不一定要认为国家垄断制从社会主义观点看来是最好的办法。在一个拥有工业、而且工业正在进行生产的农民国家里,如果有一定数量的商品,那是可以采用实物税和自由流转的制度作为一种过渡办法的。

这种流转对于农民来说是一种刺激、动因和动力。业主能够而且一定会为着自身的利益而努力,因为向他征收的将不是他所有的

①见《苏联共产党代表大会、代表会议和中央全会决议汇编》第2分册人民出版社1964年版第107页。——编者注

余粮,而仅仅是实物税;这种税额应当尽可能预先加以规定。主要的是要有一种能促使小农从事经营的刺激、动因和动力。我们建设我们的国家经济必须适应中农经济的情况,我们在过去三年内没有能够把中农经济改造过来,在今后十年内也还不能把它改造好。

国家必须供应一定的粮食。所以去年我们的征粮数曾经有所增加。现在税额必须少一些。数字还没有确定,而且也无法确定。波波夫的《苏维埃共和国及与它结成联邦的各共和国的粮食产量》这本小册子,引用了我们的中央统计局[95]的材料,这些材料提供了确切的数字,指出了农业生产下降的原因。

要是发生歉收,征收余粮就不可能了,因为余粮根本就没有。那就不得不从农民的口中拿走粮食。要是有收成,那时大家稍微饿一点肚子,国家便可以因此而得救;或者是我们不能从那些吃不饱肚子的人那里取得粮食,那国家就会灭亡。我们必须向农民宣传这一点。要是收成还不坏,那就会有近5亿普特的余粮。这么多余粮就能保证消费,并且可以有一些储备。整个问题在于使农民有一种经济上的刺激和动因。应当对小业主说:"掌柜的,你生产粮食吧,国家只征收最低限度的实物税。"

选自《列宁全集》第2版第41卷
第50—58、62—64页

致阿塞拜疆、格鲁吉亚、亚美尼亚、达吉斯坦、哥里共和国的共产党员同志们

（1921年4月14日）

　　我热烈祝贺高加索各苏维埃共和国，希望它们的紧密联盟成为在资产阶级统治下从来没有见过的、在资产阶级制度内决不可能有的民族和睦的典范。

　　尽管高加索各族工人和农民之间的民族和睦非常重要，但更加重要得多的是保持和发展苏维埃政权，因为这是向社会主义过渡的通道。任务是困难的，但是完全可以完成。为了顺利地完成这个任务，最重要的是要使外高加索的共产党员懂得他们的情况的**特殊性**，即他们共和国的情况和俄罗斯联邦的情况和条件不同的地方，懂得决不可以照搬我们的策略，而必须经过周密思考改变策略，使它适合于不同的具体条件。

　　俄罗斯苏维埃共和国没有从任何地方得到过政治上和军事上的援助。恰恰相反，过去这几年内，它一直在同协约国[89]的军事侵犯和封锁作斗争。

　　列宁在文中阐明了从实际情况出发制定方针政策的原则。他指出，高加索各苏维埃共和国同俄罗斯联邦的情况和条件不同，因此在向社会主义过渡时决不能照搬俄罗斯联邦的做法，而必须根据自身的特殊性，经过周密思考来制定相应的政策，使它适合于不同的具体条件，这样才能稳步向社会主义过渡。

高加索各苏维埃共和国却从俄罗斯联邦得到了政治上的援助和不大的军事援助。这是一个根本的区别。

第二，现在不用害怕协约国方面的侵犯以及它在军事上对格鲁吉亚、阿塞拜疆、亚美尼亚、达吉斯坦、哥里的白卫分子的支援。协约国在俄罗斯境内已经弄得"焦头烂额"了，这迫使它暂时大概要放谨慎一些。

第三，高加索各共和国，同俄罗斯比较起来，更加是农民的国家。

第四，俄罗斯在经济上过去是同先进的资本主义国家隔绝的，现在在很大程度上也还是这样；高加索却可以较快、较容易地同资本主义的西方搞好"共居关系"和进行商品交换。

区别还不止这些。但是就从上述种种区别看来，已经足以懂得必须采取另一种策略。

对于小资产阶级、知识分子、特别是农民，要温和一点，谨慎一点，通融一点。通过实行租让和商品交换政策，对资本主义的西方在经济上要千方百计地加以利用，加强和加紧利用。石油、锰、煤（特克瓦尔切利煤矿）、铜——丰富的矿产资源还远远不止这一些。有充分的可能来广泛实行租让政策和开展同外国的商品交换。

应当广泛地、坚定地、巧妙地、谨慎地做好这方面的工作，千方百计地利用这方面的工作来改善工农的生活状况和吸引知识分子参加经济建设。要利用同意大利、美国等国家的商品交换，来尽力发展物产丰富的边疆的生产力，发展水力和灌溉。为了尽力发展农业和畜牧业，灌溉是特别重要的。

更加缓慢、更加谨慎、更加有步骤地向社会主义过渡——这对于高加索各共和国来说是可能的和必要的，这就是它们不同于俄罗斯联邦的特点。这就是必须懂得和善于实行的、跟我们的策略不同的策略。

我们曾致力于打开世界资本主义的第一个缺口。现在缺口已经打开了。我们在反对白卫分子、社会革命党人[27]和孟什维克（他们得到全体协约国的支援，协约国用封锁和军事援助了他们）的极端残酷、艰苦、剧烈、异乎寻常的战争中，捍卫住了自己的生存。

高加索的共产党员同志们，你们已经用不着去打开缺口了，你们应当善于利用1921年的有利于你们的国际形势，更谨慎地、更有步骤地创造新局面。1921年，无论欧洲或全世界，都已经不同于1917年和1918年了。

不要照搬我们的策略，而要独立地仔细考虑我们的策略为什么具有那些特点以及它的条件和结果，不要在你们那里照抄1917—1921年的经验，而要运用它的精神实质和教训。应当立刻在经济上依靠同资本主义外国的商品交换，不要吝啬：就让它们得到几千万普特宝贵的矿产品吧。

应当立刻努力改善农民的生活，开始兴建电气化和灌溉方面的巨大工程。灌溉是最需要的，它将最有效地改造边疆，复兴边疆，它将埋葬过去，可靠地保证向社会主义的过渡。

这封信写得很潦草，请你们原谅，因为我必须赶快把它写出来，好交给米雅斯尼科夫同志带去。让我再一次向高加索各苏维埃共和国的工人和农民致最崇高的敬礼和祝愿。

尼·列宁

1921年4月14日于莫斯科

选自《列宁全集》第2版第41卷
第184—186页

论 粮 食 税

(新政策的意义及其条件)¹²¹(节选)

(1921年4月21日)

论粮食税、贸易自由、租让制

　　1921年春天形成了这样的政治形势:要求必须立刻采取迅速的、最坚决的、最紧急的办法来改善农民的生活状况和提高他们的生产力。

　　为什么不是改善工人的生活状况,而是改善农民的生活状况呢?

　　因为要改善工人的生活状况,就需要有粮食和燃料。从整个国

　　这是列宁阐释新经济政策的一篇重要文章。在节选的部分,列宁论证了用粮食税代替余粮收集制和利用国家资本主义的必要性和可行性。他指出,根据俄国的社会经济结构和生产力发展水平,我们还不能实行从小生产向社会主义的直接过渡,所以作为小生产的自发产物的资本主义在一定程度上是不可避免的。在这种情况下,我们应当利用国家资本主义作为小生产和社会主义之间的中间环节,作为提高生产力的手段、途径、方法和方式。列宁详细评述了国家资本主义的四种主要形式——租让制、合作制、代购代销制和租赁制,同时指出,只要无产阶级牢牢掌握政权,我们就一定能防范和克服资本主义的消极影响,利用资本主义特别是国家资本主义来促进社会主义。

家经济的角度来看,现在最大的"阻碍"正是这方面引起的。要增加粮食的生产和收成,增加燃料的收购和运输,非得改善农民的生活状况,提高他们的生产力不可。应该从农民方面开始。谁若不明白这一点,谁若认为把农民提到第一位就等于"放弃"或者类似放弃无产阶级专政,那他简直是不动脑筋,只会空谈。无产阶级专政就是无产阶级对政治的领导。无产阶级作为一个领导阶级、统治阶级,应当善于指导政治,以便首先去解决最迫切而又最"棘手的"任务。现在最迫切的就是采取那种能够立刻提高农民经济生产力的办法。只有**经过**这种办法才能做到既改善工人生活状况,又巩固工农联盟,巩固无产阶级专政。那些想**不经过这种办法**来改善工人生活状况的无产者或无产阶级代表,**实际上**只会成为白卫分子和资本家的帮凶。这是因为不经过这种办法,就无异是把工人的行会利益置于阶级利益之上,就无异是为了工人眼前的暂时的局部的利益,而牺牲整个工人阶级的利益,牺牲工人阶级专政的利益,牺牲工农为反对地主、资本家而结成的联盟的利益,牺牲工人阶级在争取劳动摆脱资本桎梏的斗争中的领导作用的利益。

总之,首先必须采取紧急的、认真的措施来提高农民的生产力。

要做到这点,就非认真改变粮食政策不可。这种改变就是用粮食税来代替余粮收集制,而这种代替是与交完粮食税之后的贸易自由,至少是与地方经济流转中的贸易自由相联系的。

用粮食税来代替余粮收集制这一政策的实质何在呢?

关于这点,现在非常广泛地流行着一些不正确的观念。这些观念所以不正确,大部分是由于人们不深入研究过渡的实质,不自问一下,究竟这一过渡是从什么过渡到什么。照他们看来,这似乎是从共产主义过渡到资产阶级制度。为了批驳这种错误看法,我不得不引用

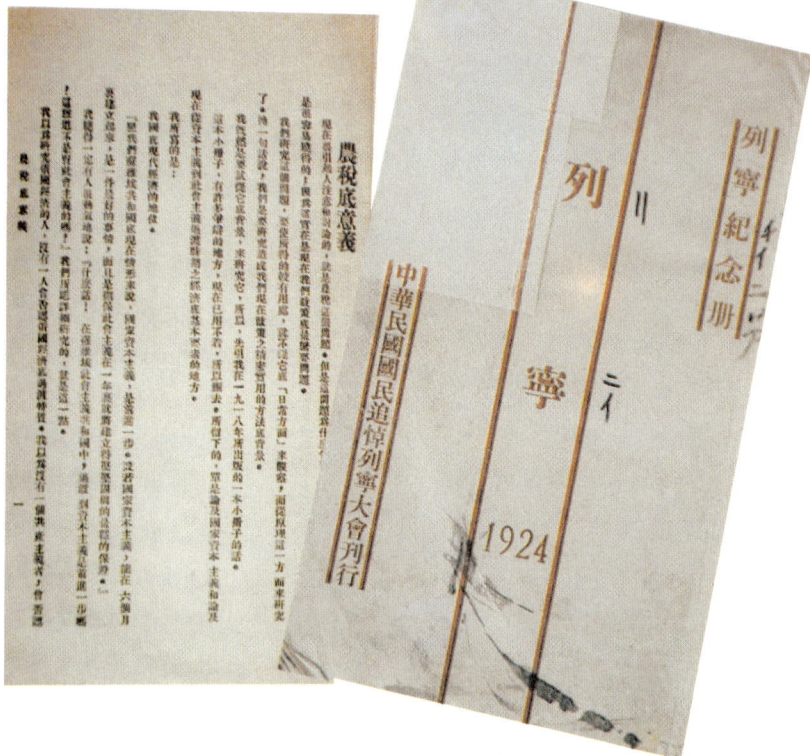

1924年3月为悼念列宁而在北京出版的《列宁纪念册》和该纪念册所载
列宁《论粮食税》一文(当时译《农税底意义》)

我在1918年5月说过的话。

粮食税，是从极度贫困、经济破坏和战争迫使我们所实行的特殊的"战时共产主义"向正常的社会主义的产品交换过渡的一种形式。而正常的社会主义的产品交换，又是从带有小农占人口多数所造成的种种特点的社会主义向共产主义过渡的一种形式。

特殊的"战时共产主义"就是：我们实际上从农民手里拿来了全部余粮，甚至有时不仅是余粮，而是农民的一部分必需的粮食，我们拿来这些粮食，为的是供给军队和养活工人。其中大部分，我们是借来的，付的都是纸币。我们当时不这样做就不能在一个经济遭到破坏的小农国家里战胜地主和资本家。我们取得了胜利(尽管世界上一些最强大的国家都支持我国的剥削者)这一事实不仅表明，工人和农民在谋求自身解放的斗争中能创造出什么样的英勇奇迹。这一事实也表明，当孟什维克、社会革命党人²⁷、考茨基之流说我们实行这种"战时共产主义"是一种**过错**时，他们实际上起了资产阶级走狗的作用。应当说我们实行"战时共产主义"是一种功劳。

但同样必须知道这个功劳的真正限度。"战时共产主义"是战争和经济破坏迫使我们实行的。它不是而且也不能是一项适应无产阶级经济任务的政策。它是一种临时的办法。在小农国家内实现本阶级专政的无产阶级，其正确政策是要用农民所必需的工业品去换取粮食。只有这样的粮食政策才能适应无产阶级的任务，只有这样的粮食政策才能巩固社会主义的基础，才能使社会主义取得完全的胜利。

粮食税就是向这种粮食政策的过渡。我国的经济破坏至今还十分严重，战争(昨天已经进行过，由于资本家的贪婪和恶毒，明天还可能爆发)所造成的负担还把我们压得喘不过气来，以致我们还拿不出工业品向农民换取我们所必需的**全部**粮食。我们了解到这一点，所以才实行粮食税,即把最必需(对军队和工人来说)的粮食作为税收征来,其余的粮食我们将用工业品去交换。

同时还不应该忘记下面这一点:贫困和经济破坏到了这种程度,竟使我们不能**立刻**恢复大规模的社会主义的国营工厂的生产。要做到这一点,就必须在各大工业中心有大量粮食和燃料的储备,必须以新机器代替破旧机器,等等。根据经验,我们深信不能马上做到这一点,同时我们也知道,经过这场破坏性的帝国主义战争之后,甚至连最富裕和最先进的国家,也要在一定的、相当长的年限内才能完成这个任务。可见,在一定程度上帮助恢复小工业是必要的,因为它不需要机器,不需要国家的和大批的原料、燃料和粮食的储备,却能够立刻给农民经济以相当帮助并提高其生产力。

这样,结果又会怎样呢?

结果小资产阶级和资本主义就会在一定的(即使只是地方性的)贸易自由基础上复活。这是毫无疑问的。无视这样的事实便太可笑了。

试问,有必要这样做吗?能够证明这样做是对的吗?这样做不危险吗?

类似的问题还可以提出很多,但这些问题多半只能暴露出提这些问题的人的幼稚无知(说得轻一点)。

请看我在1918年5月是怎样确定我国经济现有的各种社会经济结构的成分(组成部分)的。从宗法式的即半野蛮的直到社会主义的这五种结构、五个层次(或者说组成部分)都是存在的,这一点谁也否认不了。在一个小农国家内,不言而喻是小农"结构",即部分是宗法式的、部分是小资产阶级的"结构"占着优势。既然有交换,那么,小经济的发展就是小资产阶级的发展,就是资本主义的发展;这是无可争辩的真理,这是政治经济学的初步原理,而且被日常经验甚至是普通百姓的观察所证实。

社会主义的无产阶级面对着这样的经济现实,能采取什么样的政策呢?是从社会主义大工厂的生产中拿出小农所需要的**全部**产品来向小农交换粮食和原料吗?这是一个最理想的最"正确的"政策,这种政策我们已开始实行了。但是,我们现在不可能,根本不可能拿出所需要的**全部**产品,而且也不可能很快就拿出来,至少在全国电气化第一批工程完成之前是拿不出来的。那该怎么办呢?或者是试图完全禁止、堵塞一切私人的非国营的交换的发展,即商业的发展,即资本主义的发展,而这种发展在有千百万小生产者存在的条件下是不可避免的。一个政党要是试行这样的政策,那它就是在干蠢事,就是自杀。说它在干蠢事,是因为这种政策在经济上行不通;说它在自杀,是因为试行这类政策的政党,必然会遭到失败。老实说,有些共产党员执行的正是**这样的**政策,所以在"思想、言论和行动"上犯了错误。我们要努力纠正这些错误。一定要纠正这些错误,否则后果将不堪设想。

或者是(这是最后一种**可行的**和唯一合理的政策)不去试图禁止或堵塞资本主义的发展,而努力把这一发展纳入**国家资本主义**的轨道。这在经济上是可行的,因为凡是有自由贸易成分以至任何资本主义成分的地方,都已经有了——这种或那种形式、这种或那种程度的——国家资本主义。

苏维埃国家即无产阶级专政能不能同国家资本主义结合、联合和并存呢?

当然能够。我在1918年5月就反复论证过这一点,并且我相信在1918年5月就已经证明了这一点。此外,当时我还证明说,与小私有者的(小宗法式的和小资产阶级的)自发势力比较,国家资本主义是一个进步。现在有些人犯了很多错误,就是因为他们只把国家资本主义同社会主义相对照或相比较,而在当前的政治经济情况下,也应该把国家资本主义同小资产阶级生产作一番比较。

全部问题,无论是理论上的还是实践上的问题,在于找出正确的方法,即应当怎样把不可避免的(在一定程度上和在一定期限内不可避免的)资本主义的发展纳入国家资本主义的轨道,靠什么条件来做成这件事,怎样保证在不久的将来把国家资本主义变成社会主义。

为了解决这个问题,首先应当尽可能明确地想到,在我们苏维埃体系内,在我们苏维埃国家范围内,国家资本主义实际上将是怎样的,而且可能是怎样的。

苏维埃政权怎样把资本主义的发展纳入国家资本主义的轨道,苏维埃政权怎样"培植"国家资本主义,可以说明这一点的最简单的事例,就是租让。现在我们这里,大家都一致认为租让是必要的,但并不是所有的人都考虑过租让有什么意义。就各种社会经济结构及其相互关系来看,苏维埃制度下的租让是什么呢?这就是苏维埃政权即无产阶级的国家政权为反对小私有者的(宗法式的和小资产阶级的)自发势力而和国家资本主义订立的一种合同、同盟或联盟。承租人就是资本家。他按资本主义方式经营,是为了获得利润,他同意和无产阶级政权订立合同,是为了获得高于一般利润的额外利润,或者是为了获得用别的办法得不到或极难得到的原料。苏维埃政权获得的利益,就是发展生产力,就是立刻或在最短期间增加产品数量。譬如说,我们有100个油田、矿山和林区。我们不能全部开发,因为我们的机器、粮食和运输工具都不够。由于同样原因,已经开发的产区我们工作得也不好。正由于大企业的开发工作做得不好、不充分,因此小私有者的自发势力在各方面都猖獗起来：附近的(以至整个的)农民经济遭到削弱，它的生产力受到破坏，农民对苏维埃政权愈来愈不信任，盗窃公共财物的现象时常发生，小规模的(但是最危险的)投机倒把活动大量出现，等等。苏维埃政权"培植"租让制这种国家资本主义，就是加强大生产来反对小生产，加强先进生产来反对落后生产，加强机器生产来反对手工生产，增加可由自己支配的大工业产品的数量(即提成)，加强由国家调整的经济关系来对抗小资产阶级无政府状态的经济关系。租让政策执行得恰当而谨慎，无疑能帮助我们迅速(在某种不大的程度上)改进生产状况，改善工人和农民的生活，——当然要以某些牺牲作代价，要以把千百万普特最宝贵的产品交给资本家作代价。租让在什么程度上和什么条件下对我们有利而无害，这要取决于力量的对比，取决于斗争，因为租让也是一种斗争形式，是阶级斗争在另一种形式下的继续，而决不是用阶级和平来代替阶级斗争。至于斗争的方式如何，将由实践来表明。

租让制这种国家资本主义，和苏维埃体系内其他形式的国家资本主义比较起来，大概是最简单、明显、清楚和一目了然的形式。在这里，我们和最文明先进的西欧资本主义直接订立正式的书面合同。我们确切知道自己的得失、自己的权利和义务，我们确切知道租让的期限，如果合同规定有提前赎回的权利，我们也确切知道提前赎回的条件。我们给世界资本主义一定的"贡赋"，在某些方面向他们"赎买"，从而立刻在某种程度上使苏维埃政权的地位得到加强，使我们经营的条件得到改善。在租让方面，任务的全部困难就在于，当订立租让合同时，一切都要经过深思熟虑，反复权衡，而订立之后还要善于监督该合同的执行。这方面困难无疑是有的，而错误在初期大概也是不可避免的，但这些困难，与社会革命的其他任务比较，尤其是与发展、推行、培植国家资本主义的其他形式比较，还是极其微小的。

由于要实行粮食税，党和苏维埃机关全体工作人员的最重要任务，就是要把"租让"(即和"租让制的"国家资本主义相类似的)政策的原则和原理运用到自由贸易及地方流转等等的其他资本主义形式上去。

拿合作社来说吧。粮食税法令[122]立即引起了对合作社条例的修改和合作社"自由"与权利的一定的扩大，并不是没有原因的。合作社也是国家资本主义的一种形式，但它却不那样简单，不那样明显和一目了然，而比较复杂，因此它使我国政权在实践上遇到的困难更多。小商品生产者合作社(这里所说的不是工人合作社，而是在小农国家中占优势的典型的小商品生产者合作社)必然会产生出小资产阶级的、资本主义的关系，促进这种关系的发展，把小资本家提到首位，给他们以最大的利益。既然小业主占优势，既然有交换的可能和必要，那么事情也只能是这样。在俄国目前情况下，合作社有自由，有权利，就等于资本主义有自由，有权利。无视这一明显的真理，便是干蠢事或犯罪。

但在苏维埃政权下，"合作制"资本主义和私人资本主义不同，是国家资本主义的一个变种，正因为如此，所以目前它对我们是有利的，有好处的，当然这只是在一定程度上。既然粮食税意味着可以自由出卖剩下的(纳税以后的)余粮，那么我们就必须竭力设法把资本主义的**这种**发展(因为买卖自由、贸易自由**就是**资本主义的发展)纳入合作制资本主义的轨道。从便于计算、监督、监察以及便于推行国家(这里指苏维埃国家)和资本家之间的合同关系说来，合作制资本主义和国家资本主义相类似。合作社这一商业形式比私营商业有利，有好处，不仅是由于上述一些原因，而且是由于合作社便于把千百万居民以至全体居民联合起来,组织起来,而这种情况,从国家资本主义进一步过渡到社会主义的观点来看,又是一大优点。

我们把国家资本主义的两种形式——租让和合作社比较一下。租让的基础是大机器工业,合作社的基础则是手工的、部分甚至是宗法式的小生产。租让在每一份租让合同中,只关系到一个资本家,或者一个公司,一个辛迪加,一个卡特尔,一个托拉斯。合作社则包括成千上万、甚至千百万个小业主。租让容许有、甚至要求有确切的合同和确切的期限。合作社则既不能有十分确切的合同,也不能有十分确切的期限。撤销合作社法令,要比解除租让合同容易得多,但中断租让合同就意味着一下子干脆地立即与资本家断绝在经济上的联盟或"共居"的实际关系,而撤销合作社法令也好,颁布任何法令也好,都不仅不能一下子就中断苏维埃政权与小资本家的实际"共居"关系,而且根本不能断绝实际的经济关系。"监视"承租人容易,"监视"合作社工作者困难。由租让向社会主义过渡,是由一种大生产形式向另一种大生产形式过渡。由小业主合作社向社会主义过渡,则是由小生产向大生产过渡,就是说,是比较复杂的过渡,但是它一旦获得成功,却能包括比较广大的居民群众,却能把根深蒂固的旧的关系,社会主义以前的,甚至资本主义以前的即最顽固地反抗一切"革新"的那些关系彻底铲除。租让政策一旦获得成功,就会使我们获得为数不多、但却具有现代先进资本主义水平的模范的——和我们的相比较——大企业;经过几十年以后,这些企业就会完全归我们所有。合作制政策一旦获得成功,就会使我们把小经济发展起来,并使小经济比较容易在相当期间内,在自愿联合的基础上过渡到大生产。

再拿国家资本主义的第三种形式来说。国家把作为商人的资本家吸引过来,付给他们一定的佣金,由他们来销售国家的产品和收购小生产者的产品。第四种形式就是：国家把国有的企业或油田、林区、土地等租给企业资本家，而且租借合同与租让合同极为相似。对于国家资本主义这后两种形式，我们根本没有人谈过，根本没有人想过，根本没有人注意过。这种情况的产生，倒不是由于我们又强又聪明，而是由于我们又弱又愚蠢。我们害怕正视"卑微的真理"，往往受"令人鼓舞的谎言"[123]所摆布。我们经常爱谈论"我们"是从资本主义向社会主义过渡，却没有明确地想到这个"我们"究竟是指谁。我在1918年5月5日的文章中列举的我国经济中社会经济的一切——一切，绝无例外——组成部分，一切不同的结构，必须予以重视，务必使这一清楚的概念不致被遗忘。"我们"，无产阶级的先锋队，无产阶级的先进部队，正直接向社会主义过渡，但先进部队只是整个无产阶级中的一小部分，而无产阶级又只是全体居民群众中的一小部分。所以为了使"我们"能顺利地完成我们直接向社会主义过渡的任务，就必须懂得，需要经过哪些**中间的**途径、方法、手段和辅助办法，才能使**资本主义以前的**各种关系过渡到社会主义。关键就在这里。

看一下俄罗斯联邦的地图吧。在沃洛格达以北、顿河畔罗斯托夫及萨拉托夫东南、奥伦堡和鄂木斯克以南、托木斯克以北有一片片一望无际的空旷地带，可以容下几十个文明大国。然而主宰这一片片空旷地带的却是宗法制度、半野蛮状态和十足的野蛮状态。那么在俄国所有其余的穷乡僻壤又是怎样的呢？乡村同铁路，即同那连结文明、连结资本主义、连结大工业、连结大城市的物质脉络往往相隔几十俄里，而只有羊肠小道可通，确切些说，是无路可通。到处都是这样。这些地方不也是到处都是宗法制度、奥勃洛摩夫精神[124]和半野蛮状态占优势吗？

试问能不能由这种在俄国占优势的状态，直接过渡到社会主义去呢?是的,在某种程度上是可能的,但必须有一个条件,现在我们有了一部业已完成的科学巨著[107],知道这个条件是什么。这个条件就是电气化。如果我们能建立起几十座区域电站(现在我们知道:这些电站可以而且应该在哪里建立以及如何建立),如果我们能把电力从这些电站送到每个村子,如果我们能得到足够数量的电动机及其他机器,那么从宗法制度到社会主义就不需要或者几乎不需要过渡阶段和中间环节了。我们很清楚,实现这"一个"条件,单是完成第一批工程,就至少要花上十年工夫,至于缩短这一期限,那只有等到无产阶级革命在英、德、美这些国家中获得胜利的时候才有可能。

在最近这几年,必须善于考虑那些便于从宗法制度、从小生产过渡到社会主义的中间环节。"我们"直到现在还常常爱这样议论:"资本主义是祸害,社会主义是幸福。"但这种议论是不正确的,因为它忘记了现存的各种社会经济结构的总和,而只从中抽出了两种结构来看。

同社会主义比较,资本主义是祸害。但同中世纪制度、同小生产、同小生产者涣散性引起的官僚主义比较,资本主义则是幸福。既然我们还不能实现从小生产到社会主义的直接过渡,所以作为小生产和交换的自发产物的资本主义,在一定程度上是不可避免的,所以我们应该利用资本主义(特别是要把它纳入国家资本主义的轨道)作为小生产和社会主义之间的中间环节,作为提高生产力的手段、途径、方法和方式。

拿官僚主义问题来说,从经济方面来看一看这个问题吧。在1918年5月5日,官僚主义还没有引起我们注意。十月革命才过了半年,我们自上而下地摧毁旧官僚机构才过了半年,我们还没有感觉到这个祸害。

又过了一年。在1919年3月18日至23日举行的俄国共产党第八次代表大会[125]上,通过了新党纲,在这个党纲中,我们讲得很直率,我们不怕承认祸害,而愿意暴露它,揭穿它,使人人唾弃它,唤起同祸害作斗争的想法、意志、毅力和行动,我们说,**"官僚主义就在苏维埃制度内部部分地复活起来"**[①]。

又过了两年。1921年春,即在苏维埃第八次代表大会[110](1920年12月)讨论了官僚主义问题以后,在俄国共产党第十次代表大会(1921年3月)[115]总结了同分析官僚主义有极密切关系的争论以后,我们把**这个**祸害看得更清楚,更明确,更严重了。官僚主义的经济根源是什么呢?这种根源主要有两个方面:一方面是已发展起来的资产阶级正是为了反对工人的(部分地也是为了反对农民的)革命运动而需要官僚机构,首先是军事的、其次是法庭等等的官僚机构。这种现象我们这里是没有的。我们的法庭是反资产阶级的阶级法庭,我们的军队是反资产阶级的阶级军队。官僚主义并不在军队里面,而是在为军队服务的机关里面。我们这里官僚主义的经济根源是另外一种:小生产者的分散性和涣散性,他们的贫困、不开化,交通的闭塞,文盲现象的存在,缺乏农工业之间的**流转**,缺乏两者之间的联系和协作。这在很大程度上是国内战争的结果。那时我们四面被封锁,被包围,与全世界隔绝,以后又与南方产粮区、与西伯利亚、与产煤区隔绝,我们无法恢复工业。那时我们不得不果断地实行"战时共产主义",不畏最大的艰险:我们宁可忍受半饥饿、甚至比半饥饿更坏的生活,也无论如何要捍卫住工农政权;尽管经济破坏空前严重,流转停顿,我们也要把它捍卫住。把社会革命党人和孟什维克吓坏了的情况(他们实际

---

① 见《列宁全集》第2版第36卷第408页。——编者注

上往往是出于恐惧,出于害怕,才去追随资产阶级的)并没有把我们吓倒。我们的做法在一个被封锁的国家中,在一个被包围的要塞内曾是取得胜利的条件,然而正是到了1921年春,在最后一批白卫军彻底被驱逐出俄罗斯联邦领土以后,却暴露出它的坏的一面。在一个被包围的要塞内,可以而且只能"堵塞"一切流转;由于群众发扬了非凡的英勇精神,这种情况可以忍受三年之久。此后,小生产者的破产更厉害了。大工业的恢复又往后拖,往后推了。于是,官僚主义作为"包围状态"的后果,作为小生产者涣散性和受压制状态的上层建筑,就充分暴露了出来。

应当大胆承认这一祸害,以便更坚决地同它作斗争,以便一次又一次地从头做起——在我国的一切建设部门中,我们还不得不多次反复地从头做起,改正没有做好的事,选择各种完成任务的途径。既然大工业的恢复要推迟,既然工业和农业之间流转"被堵塞"的情况已经到了不堪忍受的地步,那就是说,我们应该致力于较容易做到的事情,即恢复小工业。从这方面来帮助我们的事业,把被战争和封锁弄得摇摇欲坠的建筑物的这一边先支撑起来。要用一切办法坚决发展流转,不要害怕资本主义,因为在我国(经济上剥夺了地主和资产阶级,政治上有工农政权)给予资本主义活动的范围,是相当狭小而"适度"的。这就是粮食税的基本精神,这就是粮食税的经济意义。

党和苏维埃机关的所有工作人员,必须全力以赴、全神贯注地培养和唤起各地方在经济建设事业中较大的主动性——省里的要大;县里的更大;乡和村里的还要大——其目的就是要迅速地振兴农民经济(即使是使用"小笔"资金在小范围里这样做也好),靠发展附近的小工业来帮助农民经济。全国统一的经济计划要求把这件事作为注意和关怀的中心,作为各项"突击"工作的中心。在这里,也就是在最接近极广泛极深厚的"基础"的地方所取得的某种改善,能使我们在最短时间内更积极更顺利地把大工业恢复起来。

粮食工作者过去只知道一个基本指令:收集100%的余粮。现在则是另一个指令了,这就是要在最短期间内征收100%的粮食税,而后再用大工业和小工业的产品换取100%的余粮。一个征收了75%的粮食税、又用大小工业的产品换取了75%(指第二个百分数内的)的余粮的人,同另一个征收了100%的粮食税和换取了55%(指第二个百分数内的)的余粮的人相比,前者做的事情对国家更有利。粮食工作者的任务愈来愈复杂了。一方面,这是国库的任务。征收粮食税要尽量快,要尽量合理。另一方面,这又是总的经济任务。要努力循着扩大和巩固农业和工业间的流转这一方向来指导合作社,来帮助小工业,来发挥地方的主动性和创造性。我们还很不善于做这件事;官僚主义就是一个证明。我们应当大胆承认,在这方面还有**很多东西可以而且应当向资本家学习**。我们要一个个省、一个个县、一个个乡、一个个村地来比较实际经验的总结:在某个地方,私人资本家和小资本家取得了什么什么成绩。他们得到的利润大概有多少。这就是我们"为了学习"而付出的费用或酬金。为了学习要不惜破费,只要能学到东西就行。而在邻近的地方,采用办合作社的办法取得了什么什么成绩。合作社的利润有多少。至于第三个地方,则用纯粹国营的、纯粹共产主义的方式取得了什么什么成绩(这第三种情况在目前是罕见的例外)。

任务就在于每个区域的经济中心,每个省执行委员会所属的经济会议[126],应把交纳粮食税后余粮如何"流转"的各种试验或办法立即安排好,并把这一工作提到首位。几个月之后,就应当有一些实际结果,以便加以比较和研究。本地盐或外来盐;从中部地区运来的煤油;手工木材加工业;靠当地原料生产一些虽不很重要、但对农民却有用的必需品的手工业;"绿煤"(利用当地小水力来发电),等等——这一切全都应当利用起来,目的是想方设法活跃工业和农业间的流转。谁能在这方面取得最大的成绩,即使是用私人资本主义的办法,甚至没有经过合作社,没有把这种资本主义直接变为国家资本主义,那他给全俄社会主义建设事业带来的益处,也比那些只是"关心"共产主义纯洁性,只是为国家资本主义和合作社起草规章、条文、细则,而实际上却不去推动流转的人,要多得多。

有人可能会认为这是奇谈怪论:私人资本主义能成为社会主义的帮手吗?

但这一点也不是奇谈怪论,而是经济上完全无可争辩的事实。既然这个小农国家,经历了战争和封锁,在运输业方面遭到严重破坏,而在政治上是由掌握运输业和大工业的无产阶级领导的,那么根据这些前提必然得出这样的结论:第一,地方流转在目前具有头等意义,第二,有可能通过私人资本主义(更不用说国家资本主义)来促进社会主义。

少争论些字眼吧。直到现在,我们在这方面的毛病还非常大。多积累一些各种各样的实际经验吧,多研究研究这些经验吧。常常有这样的情况:模范的地方工作,哪怕是很小范围内的地方工作,往往比中央许多部门的国家工作具有更重要的全国性意义。我国目前在农民经济方面,特别在用工业品交换剩余农产品方面的情况恰恰就是这样。在上述方面,即使只是一个乡的模范工作,也比"模范地"改善某个人民委员部的中央机关具有更大的全国性意义。这是因为我们的中央机关在三年半来竟已沾染了某些有害的因循习气;我们还不能大大地迅速地改善这种机关，我们还不知道应该怎么办。要帮助中央机关作比较彻底的改善，帮助它增加大批新生力量，帮助它有成效地与官僚主义作斗争，帮助它克服有害的因循习气，这种帮助应当来自地方，来自下层，来自一个不大的"整体的"模范工作，这里需要的正是"整体"，即不是一种经济，不是一个经济部门，不是一个企业，而是**全部**经济关系的**总和**，是**整个**经济流转——哪怕是在不大的地方范围内——的**总和**。

　　我们中间一切必须留在中央机关工作的人，将要——即使是在有限的、力所能及的范围内——继续改善机关工作和清除其中的官僚主义。但在这方面，主要的帮助来自地方，今后也一定来自地方。据我看来，我们在地方上的情况一般比中央要好，这也是可以理解的，因为官僚主义这一祸害，自然是集中在中央；在这方面，莫斯科不能不是一个糟糕的城市，而且算得上是全国最糟糕的"地方"。在地方上有两种倾向；坏倾向比好倾向要少。坏倾向就是：混到共产党里来的旧官吏、地主、资产者以及其他败类滥用职权，他们有时做出违法乱纪、欺压农民等恶劣行为。这就需要用恐怖手段进行清洗：就地审判，立即枪决。让马尔托夫之流、切尔诺夫之流以及诸如此类的非党市侩去捶胸大叫："感谢上帝，我不像'他们'，向来不赞成恐怖手段。"这些傻瓜是"不赞成恐怖手段"的，因为他们为自己挑了这样的角色，即充当帮助白卫分子愚弄工人和农民的奴才。社会革命党人和孟什维克是"不赞成恐怖手段"的，因为他们所扮演的角色，就是打着"社会主义"旗帜**带领**群众去**受白卫分子的恐怖统治**。俄罗斯的克伦斯基执政时期和科尔尼洛夫叛乱[127]，西伯利亚的高尔察克叛乱，格鲁吉亚的孟什维主义都证明了这一点，芬兰、匈牙利、奥地利、德国、意大利、英国及其他国家的第二国际和"第二半"国际[128]的英雄们也证明了这一点。让那些帮助白卫分子使用恐怖手段的奴才们去自吹自擂,说他们否定任何恐怖手段吧。而我们还是要说出一个严酷而不容置疑的真理:在那些经历了1914—1918年帝国主义战争后的空前危机、旧的联系中断、阶级斗争激烈的国家里(世界各国都是如此),和伪君子及空谈家说的正相反,没有恐怖手段是绝对不行的。或者是美国式、英国式(爱尔兰)、意大利式(法西斯分子)、德国式、匈牙利式以及其他形式的白卫分子的、资产阶级的恐怖手段,或者是红色的、无产阶级的恐怖手段。中间道路是没有的,没有也不可能有"第三条道路"。

好倾向就是:有成效地与官僚主义作斗争,非常注意工人和农民的需要,非常关心经济的振兴,提高劳动生产率,发展地方上农业和工业间的流转。这种好倾向虽然比坏倾向多,但毕竟还嫌太少。可是这些好倾向是有的。各地都在培养那些经受过国内战争和艰苦生活考验的新的年轻的有朝气的共产主义力量。至于经常不断地把这种力量从下面提拔上来,我们做得还很不够很不够。这一点可以而且必须更广泛更坚决地做下去。某些工作人员可以而且应当调离中央机关到地方上去工作:他们以县和**乡**的领导者身份,在那里**模范地**做好**整个**经济工作,就会有很大的贡献,就能比有的中央机构做出更重要的**有全国意义的**事业。这是因为模范工作是培养工作人员的园地,是可供仿效的榜样,有了榜样,仿效就会比较容易了,何况我们还能从中央给以帮助,使各地都来广泛地"仿效"这种榜样。

利用交清粮食税后的余粮和利用小工业主要是手工业来发展农业和工业之间的"流转"问题,实质上就是要求**地方上**发挥独立的、熟悉情况的、巧妙的**首创精神**,所以,从全国观点看来,一个模范县和一个模范乡的工作在目前具有非常重要的意义。例如,在军事上,在最近的对波战争期间,我们就没有害怕违背官僚主义的等级制,没有害怕"降低官衔",没有害怕把共和国革命军事委员会[129]委员(仍保留他们在中央机关的高级职务)调到下面去工作。为什么现在不可以把全俄中央执行委员会某些委员,或者某些部务委员,或者其他身任要职的同志们,调到下面去工作,甚至是担任县的、乡的工作呢?我们确实还没有"官僚化"到这样的程度,还不至于因为下调就"感到难堪"。而且我们这里可以找到几十个乐意担负这种工作的中央工作人员。我们这样做了,全共和国的经济建设事业就会得到非常大的好处,模范乡或模范县将起到不仅是巨大的,而且简直是有决定意义的历史作用。

顺便说说,必须指出在与投机倒把活动作斗争这一问题的原则提法上所作的必要的改变,这虽是小问题,但却是很有意义的。凡是不逃避国家的监督的"正当"贸易,我们都应当加以支持,发展这种贸易对我们是有利的。投机倒把活动,如果从政治经济学意义上来理解,那它和"正当"贸易就区分**不**开来。贸易自由就是资本主义,资本主义就是投机倒把,无视这一点是很可笑的。

怎么办呢?难道宣布投机倒把活动可以不受制裁吗?

不。应当重新审查和修改关于投机倒把活动的一切法令,宣布一切**盗窃公共财物行为**,一切直接或间接、公开或秘密地**逃避国家监督、监察和计算的行为**,都要受到制裁(事实上要比从前更严厉三倍地加以惩办)。正是要这样来提出问题(人民委员会已经开始这样做,就是说,人民委员会已下令开始重新审查关于投机倒把活动的法令),才能做到把某种程度上不可避免的、而且为我们所必需的资本主义发展纳入**国家**资本主义的轨道。

结 束 语

现在来总结一下。

粮食税是从战时共产主义到正常的社会主义产品交换的过渡。

经济的极度破坏因1920年的歉收而更加严重,同时大工业又不可能迅速恢复,所以我们迫切需要实行这一过渡。

结论:首先改善农民的生活状况。方法:实行粮食税,发展农业和工业间的流转,发展小工业。

流转就是贸易自由,就是资本主义。它有助于克服小生产者的涣散性,并且在某种程度上也有助于同官僚主义作斗争,在这一限度内,流转对我们是有利的。至于限度的大小,这要由实践和经验来确定。只要无产阶级牢牢掌握着政权,牢牢掌握着运输业和大工业,无产阶级政权在这方面就没有什么可以害怕的。

反对投机倒把活动的斗争应转变为反对盗窃公共财物、反对逃避国家监察、计算和监督的斗争。我们要通过实行这样的监督把在一定限度内是不可避免的并为我们所必需的资本主义纳入国家资本主义的轨道。

在活跃农业和工业间的流转方面,应全面、大力、坚决地发挥地方的首创精神、创新精神和扩大它们的独立程度。要研究这方面的实际经验。这种经验要尽可能多种多样。

支援为农业服务并帮助农业发展的小工业;为了支援它,在一定程度上也要供给它一些国家的原料。把原料留着不去加工,是极大的罪恶。

不要害怕让共产党员去向资产阶级专家"学习",其中也包括向商人,向办合作社的小资本家,向资本家"学习"。向他们学习,虽与我们过去向军事专家学习在形式上有所不同,但在实质上是一样的。"学习"成绩,只有靠实践经验来检查:要比自己身旁的资产阶级专家做得好,要会用各种办法振兴农业,振兴工业,发展农业和工业间的流转。多花点"学费"并不可惜:为了学习要不惜破费,只要能学到东西就行。

要竭力帮助广大劳动者,接近他们,从他们中间提拔成百成千的非党工作人员来做经济工作。而对于实际上不外乎是换上了时髦的喀琅施塔得式非党服装的孟什维克和社会革命党人这样一些"非党人员",那就要小心地把他们关在监狱里,或者把他们打发到柏林马尔托夫那里,让他们去自由地领略纯粹民主的种种妙趣,去自由地和切尔诺夫、米留可夫以及格鲁吉亚的孟什维克们交流思想吧。

1921年4月21日

选自《列宁全集》第2版第41卷
第206—224、231—233页

关于俄共策略的报告提纲¹³⁰（节选）

（1921年6月13日）

4. 俄国无产阶级和农民

在这种国内形势下，俄国无产阶级作为统治阶级的当前主要任务，就是要正确地规定并实行一些必要的办法，以便领导农民，同农民结成巩固的联盟，通过许多渐进的过渡办法实现使用机器的社会化大农业。这项任务在俄国特别艰巨，因为我国很落后，而七年的帝国主义战争和国内战争又使我国经济遭到了严重的破坏。即使撇开这两个特点不谈，这项任务也是社会主义建设中极其困难的任务之一，是一切资本主义国家将来都会碰到的，也许只有英国例外。然而就拿英国来说，也不能忘记：英国小佃农阶级的人数虽然特别少，但由于英"属"殖民地的几亿人民在事实上遭受着奴役，英国职工中按小资产阶级方式生活的人数占极高的百分比。

因此，从世界无产阶级革命发展的整个进程来看，俄国所处的

本文是《共产国际第三次代表大会文献》之一。列宁在报告提纲中指出，社会主义的物质基础只能是大机器工业，也就是全国电气化。为了实现这个目标，掌握政权的无产阶级必须同农民结成巩固的联盟，用渐进的过渡办法实现机械化、社会化的大农业。只要运输业和大工业掌握在无产阶级手中，受无产阶级国家监督和调节的资本主义在某种限度内的发展就是有益的和必要的，因为这样有利于振兴农业，有助于社会主义事业的发展。

时代的意义,就是在实践中考验和检验掌握国家政权的无产阶级对待小资产阶级群众的政策。

5. 俄罗斯联邦无产阶级和农民的军事联盟

苏维埃俄国无产阶级和农民的正常关系的基础,是在1917—1921年这个时期建立的。当时,资本家和地主在整个世界资产阶级和所有的小资产阶级民主派政党(社会革命党[27]和孟什维克)的支持下大举进攻,促使无产阶级和农民为保卫苏维埃政权而结成军事联盟,并把这种联盟固定下来。国内战争是最尖锐的阶级斗争形式,阶级斗争愈尖锐,一切小资产阶级的幻想和偏见在斗争烈火中就烧毁得愈迅速,而实践本身也就会愈加清楚地使人看到,甚至使农民中最落后的阶层看到:只有无产阶级专政才能拯救农民,而社会革命党人和孟什维克实际上不过是地主和资本家的奴仆。

无产阶级和农民的军事联盟曾经是而且不能不是他们巩固的联盟的初步形式,但是,如果没有这两个阶级的一定的经济联盟,军事联盟连几个星期也不能维持。当时农民从工人国家那里得到了全部土地和免遭地主富农蹂躏的保障;工人则在大工业恢复以前从农民那里借到了粮食。

6. 向建立无产阶级和农民的正常经济关系过渡

从社会主义的观点看来,只有完全恢复运输业和大工业,使无产

列宁在共产国际第三次代表大会上作报告

阶级能够拿出为农民日常生活和改善经济所必需的产品来交换农民的粮食,小农和无产阶级的联盟才能完全正常和巩固。在我国经济遭到严重破坏的情况下,这是决不可能一下子做到的。对一个组织得尚不够完备的国家来说,为了能在反对地主的极端困难的战争中坚持下去,余粮收集制曾是最可行的办法。1920年的歉收和饲料缺乏,使农民原来就困苦不堪的生活更加恶化,因此立刻改行粮食税就有绝对必要了。

适量的粮食税能使农民的境况立刻得到很大改善,同时能使农民从扩大播种面积和改进耕作中得到好处。

粮食税是从征收农民的全部余粮转到工农业之间实行正常的社会主义产品交换的一种过渡办法。

7. 苏维埃政权容许资本主义和 租让制存在的意义和条件

粮食税自然意味着农民在完税以后有支配余粮的自由。既然国家还不可能拿出社会主义工厂的产品来交换农民的全部余粮,余粮的买卖自由也就必然意味着资本主义发展的自由。

但只要运输业和大工业仍掌握在无产阶级手中,在上述范围内这样做对于社会主义一点也不可怕。恰恰相反,在一个经济遭到极度破坏的、落后的小农国家里,受无产阶级国家监督和调节的资本主义(即**这个**意义上的"国家"资本主义)的发展是有益的和必要的(当然只是在某种限度内),因为这样能**立刻**振兴农业。租让制更是如此,因为工人国家并不取消国有化,只是把一些矿山、林区、油田等租给外国资本家,以便从他们那里额外获得一些设备和机器来加速恢复苏维埃大工业。

我们把一部分贵重产品付给承租人,这无疑是工人国家向世界资产阶级交纳的一种贡赋;我们丝毫不掩饰这一点,但应当明确认识到,只要能够加速恢复我国的大工业,并切实改善工农生活状况,交纳这种贡赋对我们是有利的。

8. 我国粮食政策的成就

1917—1921年间,苏维埃俄国的粮食政策无疑制定得很粗糙,很不完善,产生了许多舞弊行为。在执行上也犯过一些错误。但总的说来,这是当时条件下唯一可行的政策。现在,这一政策已完成了它的历史任务:在一个经济遭到破坏的落后国家中保全了无产阶级专政。它已逐渐完善起来,这是无可争辩的事实。在我们掌握全部政权的第一年(1918年8月1日—1919年8月1日),国家收集了11 000万普特粮食,第二年收集了22 000万普特,第三年超过了28 500万普特。现在,有了实际经验以后,我们计划收集并指望收集到4亿普特(粮食税为24 000万普特)。工人国家只有真正拥有充足的粮食储备,才能在经济上站稳脚跟,才能慢慢地但是不断地恢复大工业,才能建立正常的财政制度。

9. 社会主义的物质基础和俄罗斯电气化计划

社会主义的物质基础只能是同时也能改造农业的大机器工业。

但是不能停留在这个一般的原理上。必须把它具体化。适应最新技术水平并能改造农业的大工业就是全国电气化。拟订俄罗斯联邦电气化计划[107]这一科学工作，本是我们应当做的，现在我们已经完成了。在俄国两百多位优秀的学者、工程师和农艺师的参加下，这项计划业已编制出来，印成了厚厚的一大册，基本上已获1920年12月举行的全俄苏维埃第八次代表大会[110]批准。现已准备好在1921年8月召开全俄电气技术人员代表大会[131]来详细审查这项计划，那时计划就将得到国家最后批准。电气化的第一期工程预计10年完成，共需37 000万个工作日。

1918年，我国新建了8个电站（装机容量为4 757千瓦），1919年新增数达36个（装机容量为1 648千瓦），而1920年达到100个（装机容量为8 699千瓦）。

不论这个开端对我们这个大国来说多么微不足道，但毕竟有了一个开端，工作已经做起来了，而且做得愈来愈好。俄国农民经过帝国主义战争，经过上百万人在德国当俘虏时对现代先进技术的了解，经过三年内战的艰苦锻炼，已经不是旧日的农民了。他们一月比一月更清楚更明白地看到，只有由无产阶级领导，才能使广大小农摆脱资本的奴役，走向社会主义。

选自《列宁全集》第2版第42卷
第4—8页

十月革命四周年

（1921年10月14日）

10月25日（11月7日）的四周年快到了。

这个伟大的日子离开我们愈远，俄国无产阶级革命的意义就愈明显，我们对自己工作的整个实际经验也就思考得愈深刻。

这种意义和这种经验可以极其简要地（当然是极不充分极不精确地）说明如下。

俄国革命直接的迫切的任务是资产阶级民主性的任务：打倒中世纪制度的残余，彻底肃清这些残余，扫除俄国的这种野蛮现象、这种耻辱、这种严重妨碍我国一切文化发展和一切进步的障碍。

我们有权引以自豪的是，从对人民群众的深远影响来看，我们所做的这种清除工作比125年多以前的法国大革命要坚决、迅速、大胆、有效、广泛和深刻得多。

不论是无政府主义者还是小资产阶级民主派（即孟什维克和社

列宁在本文中高度评价了十月革命的历史意义。他指出：重要的是，坚冰已经打破，航路已经开通，道路已经指明。党和国家现在面临的最重要最困难的任务是经济建设。我们曾经设想用国家直接下命令的办法，在一个小农国家里按共产主义原则来调节国家的产品生产和分配，现实生活说明我们错了。我们现在正用"新经济政策"来纠正这一错误。为了作好向共产主义过渡的准备，必须经过国家资本主义和社会主义这些过渡阶段，不能直接凭热情，而是既要借助革命热情，又要考虑个人利益，搞好经济核算，通过国家资本主义走向社会主义。

会革命党人[27],他们是国际上这一社会阶层的俄国代表)在资产阶级民主革命和社会主义革命(**即**无产阶级革命)的关系问题上,过去和现在都讲了不知多少糊涂话。四年来的事实已经完全证实,我们在这一点上对马克思主义的理解和对以往革命经验的估计是正确的。我们比谁都更**彻底地**进行了资产阶级民主革命。我们完全是自觉地、坚定地和一往直前地向着社会主义革命**迈进**,我们知道社会主义革命和资产阶级民主革命之间并没有隔着一道万里长城,我们知道**只有斗争**才能决定我们(最终)能够前进多远,能够完成无限崇高的任务中的哪一部分,巩固我们胜利中的哪一部分。这过些时候就会见分晓。其实现在我们已经看到,在对社会进行社会主义改造的事业中,对一个满目疮痍、苦难深重的落后国家来说,我们已经做了很多很多工作。

可是,我不准备多谈我国革命的资产阶级民主主义内容。马克思主义者应当懂得这一内容指什么。为了说明问题,我们举几个明显的例子。

我国革命的资产阶级民主主义内容,指的是消灭俄国社会关系(秩序、制度)中的中世纪制度,农奴制度,封建制度。

到1917年,俄国农奴制度究竟还有哪些主要表现、残余或遗迹呢?还有君主制、等级制、土地占有制、土地使用权、妇女地位、宗教和民族压迫。试从这些"奥吉亚斯的牛圈"[132]——顺便说一下,一切先进国家在125年和250年前以至更早以前(英国在1649年)[133]完成**它们的**资产阶级民主革命时,都在很大程度上留下了没有打扫干净的奥吉亚斯的牛圈——试从这些奥吉亚斯的牛圈拿出任何一间来,你们都会看到,我们已经把它打扫得干干净净。从1917年10月25日(11月7日)到解散立宪会议[72](1918年1月5日)这**十来个星期**里,我们在这方面所做的工作,比资产阶级的民主派和自由派(立宪民主党[37])以及小资产阶级民主派(孟什维克和社会革命党人)在他们执政的**八个月里**所做的要多千百倍。

这些胆小鬼、空谈家、妄自尊大的纳尔苏修斯[76]和哈姆雷特[134]总是挥舞纸剑,可是连君主制都没有消灭!我们却把全部君主制垃圾比任何人任何时候都更干净地扫除了。我们没有让等级制这个古老的建筑留下一砖一瓦(英、法、德这些最先进的国家至今还没有消除等级制的遗迹!)。等级制的老根,即封建制度和农奴制度在土地占有制方面的残余,也被我们彻底铲除了。伟大十月革命的土地改革"最终"会有怎样的结果,这个问题"可以争论"(国外有足够的著作家、立宪民主党人、孟什维克和社会革命党人来争论这个问题)。我们现在不愿把时间花在这些争论上,因为我们正在用斗争来解决这种争论以及与此有关的许多争论。然而有一件事实是无可争辩的:小资产阶级民主派与保持农奴制传统的地主"妥协了"八个月,而我们在几星期内就把这些地主连同他们的一切传统都从俄国的土地上彻底扫除了。

就拿宗教、妇女的毫无权利或非俄罗斯民族的被压迫和不平等地位来说吧。这些都是资产阶级民主革命的问题。小资产阶级民主派这些鄙俗之徒在这些问题上空谈了八个月。世界上**没有一个**最先进的国家**按照资产阶级民主**方针**彻底地**解决了**这些**问题。而在我国,这些问题已由十月革命后颁布的法律彻底地解决了。我们一向在认真地同宗教进行斗争。我们让**一切**非俄罗斯民族成立了**自己的**共和国或自治区。在我们俄国,妇女无权或少权这种卑鄙、丑恶、可耻的现象,这种农奴制和中世纪制度的可恶的残余已经没有了,而这种现象却在世界各国无一例外被自私自利的资产阶级和愚蠢的吓怕了的小资产阶级重新恢复了。

这都是资产阶级民主革命的内容。在150年和250年以前,这一革命(如果就同一类型的每一民族形式来说,可以说是这些革命)的先进领袖们曾向人民许愿,说要使人类排除中世纪的特权,排除妇女的不平等地位,排除国家对这种或那种宗教(即"宗教**思想**"、"宗教信仰")的种种优待,排除民族权利的不平等。许了愿,但没有兑现。他们是不可能兑现的,障碍在于要"尊重"······"神圣的私有制"。在我国无产阶级革命中,就不存在这种对倍加可恶的中世纪制度和对"神圣的私有制"的可恶的"尊重"。

但是,要巩固俄国各族人民所取得的资产阶级民主革命的成果,我们就应当继续前进,而我们也确实前进了。我们把资产阶级民主革命的问题作为我们主要的和真正的工作即**无产阶级**革命的、社会主义的工作的"副产品"顺便解决了。我们一向说,改良是革命的阶级斗争的副产品。我们不仅说过并且还用事实证明过,资产阶级民主改造是无产阶级革命即社会主义革命的副产品。顺便提一下,所有考茨基、希法亭、马尔托夫、切尔诺夫、希尔奎特、龙格、麦克唐纳、屠拉梯之流以及"第二半"[128]马克思主义的其他英雄们,都不能理解资产阶级民主革命和无产阶级社会主义革命之间的**这种**相互关系。前一革命可以转变为后一革命。后一革命可以顺便解决前一革命的问题。后一革命可以巩固前一革命的事业。斗争,只有斗争,才能决定后一革命能比前一革命超出多远。

苏维埃制度就是由一种革命发展为另一种革命的明证或表现之一。苏维埃制度是供工人和农民享受的最高限度的民主制,同时它又意味着与**资产阶级**民主制的决裂,意味着具有世界历史意义的**新型**民主制即无产阶级民主制或无产阶级专政的产生。

让垂死的资产阶级和依附于它的小资产阶级民主派的猪狗们用数不清的诅咒、谩骂、嘲笑来攻击我们在建设**我们**苏维埃制度中的失利和错误吧。我们一分钟也没有忘记，我们过去和现在确实有很多的失利和错误。在缔造前所未有的**新型**国家制度这种全世界历史上新的事业中，难道能没有失利和错误吗?我们一定要百折不挠地努力纠正这些失利和错误，改变我们对苏维埃原则的实际运用远未达到尽善尽美的状况。但是我们有权自豪，而且我们确实很自豪，因为我们有幸能够**开始**建设苏维埃国家，从而**开创**全世界历史的新时代，由一个**新**阶级实行统治的时代。这个阶级在一切资本主义国家里是受压迫的，如今却到处都在走向新的生活，去战胜资产阶级，建立无产阶级专政，使人类摆脱资本的桎梏和帝国主义战争。

关于帝国主义战争，关于金融资本所实行的目前左右着全世界的国际政策(这种政策**必然**会引起新的帝国主义战争，必然会导致极少数"先进"强国变本加厉地压迫、抢劫、掠夺和扼杀各落后的弱小民族)的问题，从1914年起就成为世界各国全部政策中的基本问题。这是一个有关千百万人生死存亡的问题。这关系到在我们眼看着资产阶级正准备的、从资本主义中产生出来的下一次帝国主义战争中是否会有2 000万人死亡(而在1914—1918年的大战和附加的、至今还没有结束的"小"战中是1 000万人死亡)，在这一不可避免的(如果有资本主义存在)未来战争中是否会有6 000万人残废(而在1914—1918年是3 000万人残废)。在这个问题上，我们的十月革命也开辟了世界历史的新纪元。资产阶级的奴仆和应声虫社会革命党人、孟什维克以及全世界所有的假"社会主义"的小资产阶级民主派，都嘲笑"变帝国主义战争为国内战争"这个口号。其实这个口号是唯一的**真理**，虽然听起来令人不愉快、粗暴、赤裸裸、无情，的确如此，但同无数极其精巧的沙文主义与和平主义谎言相比,终究是**一个真理**。这些谎言被戳穿了。布列斯特和约[63]被揭露了。比布列斯特和约更糟糕的凡尔赛和约[135]的作用和后果,一天比一天更加无情地被揭露出来。千百万人都在思考着昨天战争的起因和行将到来的明天战争的问题,他们愈来愈清楚地、明确地、必然地认识到一个严峻的真理:**不经过布尔什维克的斗争和布尔什维克的革命**,就不能摆脱帝国主义战争以及必然会产生这种战争的帝国主义世界(如果我们还用老的正字法,我就会在这里写上两个含义不同的"мир"①),就不能摆脱这个地狱。

让资产阶级和和平主义者、将军和市侩、资本家和庸人、一切基督教徒及第二国际和第二半国际的所有骑士们疯狂地咒骂这个革命吧。不管他们怎样不停地泄愤、造谣和诽谤,都不能抹杀一个具有世界历史意义的事实——千百年来奴隶们第一次公开地提出了这样的口号来回答奴隶主之间的战争:变奴隶主之间的分赃战争为各国奴隶反对各国奴隶主的战争。

这个口号千百年来第一次由一种模糊渺茫的期望变成了明确的政治纲领,变成了千百万被压迫者在无产阶级领导下进行的实际斗争,变成了无产阶级的第一次胜利,变成了消灭战争的第一次胜利,变成了全世界工人联盟对各国资产阶级联盟的第一次胜利,而资产阶级无论是和是战,无非都是牺牲资本奴隶的利益,牺牲雇佣工人的利益,牺牲农民的利益,牺牲劳动人民的利益。

这第一次胜利**还不是最终的胜利**。这次胜利是我国十月革命经历了空前的艰难、困苦和磨难,经历了很多重大的失败和错误以后取

①"мир"一词是现代俄语,有"和平"与"世界"两种含义。这两种含义在旧的俄语中是两个词,即"миръ"和"міръ",前者意为"和平"、"和约",后者意为"世界"。——编者注

得的。难道一个落后国家的人民不经过失败和错误就能战胜世界上最强大最先进的国家所进行的帝国主义战争吗?我们不怕承认自己的错误,我们将冷静地看待这些错误,以便学会改正这些错误。但事实总是事实:用奴隶**反对**一切奴隶主的革命来"回答"奴隶主之间的战争的诺言,千百年来第一次得到了**彻底的实现**……并且还在克服一切困难继续得到实现。

我们已经开始了这一事业。至于哪一个国家的无产者在什么时候、在什么期间把这一事业进行到底,这个问题并不重要。重要的是,坚冰已经打破,航路已经开通,道路已经指明。

"保卫祖国"即保卫日本反对美国侵略、或保卫美国反对日本侵略、或保卫法国反对英国侵略如此等等的各国资本家先生们,请继续玩弄你们伪善的把戏吧!第二国际和第二半国际的骑士先生们以及全世界所有和平主义的市侩庸人,请继续用新的"巴塞尔宣言"(仿照1912年巴塞尔宣言[17]的式样)来"敷衍"反对帝国主义战争的斗争手段的问题吧!**第一次的布尔什维克革命**使地球上**一亿人首先**摆脱了帝国主义战争和帝国主义世界。以后的革命一定会使全人类摆脱这种战争和这个世界。

我们最后的一项事业,也是最重要最困难而又远远没有完成的事业,就是经济建设,就是在破坏了的封建基地和半破坏的资本主义基地上为新的社会主义大厦奠定经济基础。在这一最重要最困难的事业中,我们遭受的失败最多,犯的错误最多。开始这样一个全世界从未有过的事业,难道能没有失败没有错误吗?但是,我们已经开始了这一事业。我们正在进行这一事业。我们现在正用"新经济政策"来纠正我们的许多错误,我们正在学习怎样在一个小农国家里进一步建设社会主义大厦而不犯这些错误。

困难是巨大的。我们已经习惯同巨大的困难作斗争。我们的敌人把我们叫做"硬骨头"和"碰硬政策"的代表不是没有道理的。但是我们也学会了——至少是在一定程度上学会了革命所必需的另一种艺术：灵活机动，善于根据客观条件的变化而迅速急剧地改变自己的策略，如果原先的道路在当前这个时期证明不合适，走不通，就选择另一条道路来达到我们的目的。

我们为热情的浪潮所激励，我们首先激发了人民的一般政治热情，然后又激发了他们的军事热情，我们曾计划依靠这种热情直接实现与一般政治任务和军事任务同样伟大的经济任务。我们计划（说我们计划欠周地设想也许较确切）用无产阶级国家直接下命令的办法在一个小农国家里按共产主义原则来调整国家的产品生产和分配。现实生活说明我们错了。为了**作好**向共产主义过渡的**准备**（通过多年的工作来准备），需要经过国家资本主义和社会主义这些过渡阶段。不能直接凭热情，而要借助于伟大革命所产生的热情，靠个人利益，靠同个人利益的结合，靠经济核算，在这个小农国家里先建立起牢固的桥梁，通过国家资本主义走向社会主义；否则你们就不能到达共产主义，否则你们就不能把千百万人引导到共产主义。现实生活就是这样告诉我们的。革命发展的客观进程就是这样告诉我们的。

三四年来我们稍稍学会了实行急剧的转变（在需要急剧转变的时候），现在我们开始勤奋、细心、刻苦地（虽然还不够勤奋，不够细心，不够刻苦）学习实行一种新的转变，学习实行"新经济政策"。无产阶级国家必须成为一个谨慎、勤勉、能干的"业主"，成为一个精明的**批发商**，否则，就不能使这个小农国家在经济上站稳脚跟。现在，在我们和资本主义的（暂时还是资本主义的）西方并存的条件下，没有其他道路可以过渡到共产主义。批发商这类经济界人物同共产主义似乎有天壤之别。但正是这类矛盾在实际生活中能把人们从小农经济经过国家资本主义引导到社会主义。同个人利益结合,能够提高生产;我们首先需要和绝对需要的是增加生产。批发商业在经济上把千百万小农联合起来,引起他们经营的兴趣,把他们联系起来,把他们引导到更高的阶段:实现生产中各种形式的联系和联合。我们已经开始对经济政策作必要的改变。我们在这方面已经有了某些成就,虽然是不大的、局部的成就,但毕竟是确定无疑的成就。我们就要从这门新"学科"的预备班毕业了。只要坚定地、顽强地学下去,用实际经验来检验我们迈出的每一步,不怕已经开始的工作一改再改,不怕纠正我们的错误,仔细领会这些错误的意义,我们就一定会升到更高的班级。我们一定会修完整个"课程",尽管世界经济和世界政治的情况使这一课程的学习比我们预期的时间要长得多,困难要多得多。不管过渡时期的苦难如灾荒、饥荒和经济破坏多么深重,我们决不气馁,一定要把我们的事业进行到最后胜利。

1921年10月14日

选自《列宁全集》第2版第42卷
第169—177页

新经济政策和
政治教育委员会的任务

在全俄政治教育委员会第二次代表大会上的报告[136]

（1921年10月17日）

同志们！我今天的报告，确切些说，今天的讲话，打算谈谈新经济政策，并且就我的认识谈谈这一政策向政治教育委员会提出的任务。我觉得，在某一代表大会上就大会讨论范围之外的问题作报告，要是只介绍党内或苏维埃共和国内的一般情况，那是极不妥当的。

苏维埃政权和俄国共产党的急剧转变

我决不否认作这种介绍的好处，也不否认讨论各种问题的好

列宁在这篇报告中阐述了实行新经济政策的背景、目的和指导思想。他指出，在一个经济文化比较落后的农民国家，要实现从资本主义向社会主义的转变，必须有一个漫长而复杂的过渡。实践证明，不顾客观条件，决定直接过渡到共产主义的生产和分配，这种构想是错误的。新经济政策及时纠正了这种错误做法。实行粮食税和租让政策能改善人民生活，恢复和发展工业。这是巩固苏维埃政权、坚持社会主义道路的正确决策。为了使新经济政策得到贯彻，列宁要求广大党员和各级干部学会做经济工作，向科学进军，坚决反对狂妄自大、文盲和贪污受贿这"三大敌人"，只有这样，才能完成共产党人的历史使命。

处，但是我仍然认为，我们大多数代表大会的主要缺点是同摆在它们面前的实际任务缺乏直接联系。所以我想联系新经济政策和围绕新经济政策来谈谈这些缺点。

关于新经济政策，我将简略地谈一谈。同志们，你们大多数是共产党员，虽然有些人还很年轻，但是都已经在我们革命初期为贯彻我们的总政策做了很多工作。正因为你们在这方面做过很多工作，所以你们不会看不出，我们苏维埃政权和共产党实行了多么急剧的转变，采取了一种被叫做"新的"经济政策，所谓新，是对我们先前的经济政策而言的。

可是实质上，它比我们先前的经济政策包含着更多的旧东西。

为什么会这样呢？因为我们先前的经济政策，如果不能说计划过（在当时的情况下，我们一般很少进行计划），那么在一定程度上也曾设想过（可以说是缺乏计划地设想），旧的俄国经济将直接过渡到国家按共产主义原则进行生产和分配。

如果我们回忆一下我们过去的经济文献，回忆一下共产党人在俄国夺得政权以前和刚刚夺得政权之后——例如在1918年初所写的东西（1918年初的情况是我们对旧俄国的第一次政治袭击取得了巨大的胜利，建立了苏维埃共和国，退出了帝国主义战争，尽管退出时俄国已经不像样子，但总比听从帝国主义者、孟什维克和社会革命党人[27]的劝告继续"保卫祖国"造成的破坏轻一些），如果回忆一下当时所写的东西，我们就会看到，在我们刚刚做完建立苏维埃政权这第一件事和刚刚退出帝国主义战争的初期，我们关于经济建设任务所说的，要比1918年下半年以及整个1919年和1920年所做的要小心谨慎得多。

1918年全俄中央执行委员会论农民的作用

虽然当时你们并不都是党和苏维埃政权的积极分子,但是无论如何你们会知道而且当然知道这样一些决定,如全俄中央执行委员会1918年4月底的决定[137]。这项决定指出必须注意农民经济。决定是根据一个报告作出的,那个报告估计到了国家资本主义在一个农民国家的社会主义建设中的作用,强调了个人的、专人的负责制的意义,强调了这一因素在国家管理(它有别于建立政权的政治任务,有别于军事任务)中的作用。

我们的错误

1918年初,我们曾经指望有一个相当的时期可以进行和平建设。缔结布列斯特和约[63]之后,好像危险已经过去,可以着手和平建设了。结果我们大失所望,因为在1918年,随着捷克斯洛伐克军的叛乱[138]和国内战争(它一直延续到1920年)的爆发,真正的军事危险向我们袭来了。当时在某种程度上由于军事任务突然压来,由于共和国在帝国主义战争结束时似乎已经陷于绝境,由于这一些和其他一些情况,我们犯了错误:决定直接过渡到共产主义的生产和分配。当时我们认定,农民将遵照余粮收集制交出我们所需数量的粮食,我们则把这些粮食分配给各个工厂,这样,我们就是实行共产主义的生产和分配了。

不能说我们就是这么明确具体地给自己描绘了这样的计划,但是我们差不多就是根据这种精神行事的。不幸这是事实。我说不幸,是因为经过一段不很长的试验我们终于确信,这种构想是错误的,是同我们以前关于从资本主义到社会主义的过渡的论述相抵触的,以前我们认为,不经过一个实行社会主义的计算和监督的时期,即使要走到共产主义的低级阶段也是不可能的。从1917年产生了接收政权的任务和布尔什维克向全体人民揭示了这一任务的时候起,在我们的理论文献中就明确地强调指出,要从资本主义社会走上接近共产主义社会的任何一条通道,都需要有社会主义的计算和监督这样一个过渡,一个漫长而复杂的过渡(资本主义社会愈不发达,所需要的过渡时间就愈长)。

战 略 退 却

当我们不得不在国内战争激烈进行的情况下在建设方面采取必要措施的时候,好像把这一点遗忘了。而我们的新经济政策的实质正在于,我们在这一点上遭到了严重的失败,开始作战略退却:"趁我们还没有被彻底打垮,让我们实行退却,一切都重新安排,不过要安排得更稳妥。"共产党人既然自觉地提出了新经济政策问题,他们对于在经济战线上遭到了惨败这一点就不可能有丝毫怀疑。当然,一部分人不免会在这个问题上陷于灰溜溜的、近乎惊慌失措的状态,而一旦实行退却,甚至会手足无所措。这是不可避免的事情。要知道,当红军撤退的时候,它避开敌人就是取得胜利的开始,而无论在哪一条战线上,每一次撤退都会使一些人惊慌一阵子。但不论在高尔察克战线上、邓尼金战线上、尤登尼奇战线上,或者在波兰战线上、弗兰格尔战线上,每当我们被痛打一顿(有时甚至不止一顿)之后,"一个挨过打的抵得上两个没有挨过打的"这句谚语都在我们身上得到了验证。我们挨过一顿打后,就开始从容地、有步骤地和谨慎地发起进攻。

当然,经济战线上的任务要比军事战线上的任务困难好多倍,但在战略的基本轮廓上是有相似之处的。在经济战线上,由于我们企图过渡到共产主义,到1921年春天我们就遭到了严重的失败,这次失败比高尔察克、邓尼金或皮尔苏茨基使我们遭到的任何一次失败都严重得多,重大得多,危险得多。这次失败表现在:我们上层制定的经济政策同下层脱节,它没有促成生产力的提高,而提高生产力本是我们党纲规定的紧迫的基本任务。①

在农村实行余粮收集制,这种解决城市建设任务的直接的共产主义办法阻碍了生产力的提高,它是我们在1921年春天遭到严重的经济危机和政治危机的主要原因。所以必须采取某种从我们的路线和政策来看只能叫做最严重的失败和退却的步骤。而且不能说,这种退却和红军那种秩序井然地退到预先准备好的阵地上去的退却是一样的。诚然,阵地是事先准备好的。这一点可以查证,只要把我们党1921年春的决定[139]同我上面提到的1918年4月的决定对照一下就行了。阵地是事先准备好的,但是向这些阵地的退却(外省很多地方现在还在退却)非常混乱,甚至太混乱了。

新经济政策的含义

在这里,政治教育委员会要同这种现象作斗争的任务就提到了

---

① 参看《列宁全集》第2版第36卷第414页。——编者注

第一位。从新经济政策的角度来看,根本的问题就在于要善于尽快利用当前的形势。

新经济政策就是以实物税代替余粮收集制[116],就是在很大程度上转而恢复资本主义。究竟到什么程度,我们不知道。同外国资本家签订租让合同(诚然,已经签订的合同还很少,特别是同我们提出的建议相比),把企业租给私人资本家,这些都是直接恢复资本主义,是从新经济政策的根上萌发出来的。因为废除余粮收集制就意味着农民可以自由买卖完税后的剩余农产品,而实物税征收的只是他们产品中的一小部分。农民在全国人口和整个经济中占极大的比重,因此在这种自由贸易的土壤上不可能不滋长资本主义。

这是经济学初级读本教给我们的最基本的经济常识,而在我国,除此以外,每一个粮贩也都这样教我们,他们撇开经济学和政治学,出色地教我们认识经济。从战略上看,根本的问题在于谁能更快地利用这种新形势。全部问题在于农民跟谁走:跟无产阶级走呢,还是跟资本家走。无产阶级力求建成社会主义社会,而资本家则说:"我们回头吧,这样保险一些,别让他们用什么社会主义来打扰我们了。"

谁将取得胜利——是资本家还是苏维埃政权?

目前这场战争要解决的问题是:谁将取得胜利,谁能更快地利用目前形势,是我们从一个大门甚至几个大门(我们自己也不知道有许多大门,因为打开这些大门并没有和我们打招呼,而是违反我们的意愿的)放进来的资本家呢,还是无产阶级的国家政权。无产阶级的国家政权在经济上能够依靠什么?一方面是依靠人民生活状况的改善。在这方面应当想到农民。虽然我们遭到了像饥荒这样的严重灾难,人民在受灾的情况下生活状况仍有改善,而这种改善正是来之于经济政策的改变,这是无可争辩的,是大家都看得到的。

另一方面,如果资本主义得益,工业生产就会得到发展,无产阶级也会随着成长。资本家将得益于我们的政策,并创造出工业无产阶级。我们的无产阶级由于战争和极严重的经济破坏,已经丧失了阶级特性,就是说,它已经失去本阶级的生活常态,不再作为无产阶级而存在了。所谓无产阶级,就是在资本主义大工业的企业中生产物质财富的阶级。既然资本主义大工业已被破坏,工厂已经停产,无产阶级也就不存在了。它有时在形式上仍算做无产阶级,但它已经失去了经济根基。

恢复资本主义也就是恢复无产阶级,使他们在大机器工厂里生产有利于社会的物质财富,而不去做投机生意,不去制造打火机出卖,不去干其他一些不太有益但在我国工业遭受破坏的情况下必然存在的"活计"。

全部问题就在于谁跑在谁的前面?资本家如果先组织起来,他们就会把共产党人赶走,那就什么也不用谈了。必须清醒地看待这些事情:谁战胜谁?无产阶级的国家政权是不是能够依靠农民,对资本家老爷加以适当的控制,把资本主义纳入国家轨道,建立起一种受国家领导并为国家服务的资本主义呢?必须清醒地提出这个问题。在这方面各式各样的思想、各式各样的关于政治自由的议论我们可以找到很多,如果看一看国外的俄国即第二个俄国,更是如此。在国外,各种政党出版几十种日报,用世上所有的曲调来赞美政治自由。这一切都是废话、空话。我们必须善于抛弃这些东西。

斗争还将更加残酷

四年来我们经历了许多严峻的战斗,我们知道:进行严峻的战斗是一回事,而关于严峻战斗的空谈、特别是那些袖手旁观的人的空谈又是一回事。必须善于抛弃这种思想、这种空谈,而去思索问题的实质。而问题的实质是:不论目前还是今后,斗争都比同高尔察克和邓尼金作战更加激烈,更加残酷。因为那种军事斗争是司空见惯的。千百年来人们一直在打仗。用战争杀人的本领大有长进。

诚然,几乎在每一个地主的大本营里都有社会革命党人和孟什维克,他们高喊民权、立宪会议[72],叫喊布尔什维克破坏了一切自由。

完成军事任务毕竟要比完成现在摆在我们面前的任务容易些。军事任务可以用猛攻、袭击和热情来完成,可以直接依靠看到地主正向自己进攻的广大工农拼体力来完成。现在没有公开的地主了。弗兰格尔、高尔察克和邓尼金匪徒,一部分去见尼古拉·罗曼诺夫了,一部分则躲在国外安全的地方。人民看不见从前的地主和资本家那样明显的敌人。人民看不清楚,敌人就在我们中间,这个敌人就是原来的敌人,革命正面临一道深渊(以往的一切革命碰到这道深渊后都退回去了)。人民不会有这样的认识,因为他们是文盲,非常无知。各种特设委员会[140]需要多长时间才能用特殊手段扫除文盲,还很难说。

人民怎么会知道高尔察克、弗兰格尔和邓尼金垮台以后,在我们中间还存在着葬送了以往一切革命的敌人呢?要知道,如果资本家战胜我们,那就意味着恢复老样子。这一点已为以往一切革命的经验所证实。我们党的任务就是要使大家都认识到,存在于我们中间的敌人就是无政府状态的资本主义和无政府状态的商品交换。必须清楚地了解斗争的这个实质,并且使广大工农群众清楚地了解斗争的这个实质:"谁战胜谁?谁将取得胜利?"无产阶级专政是一场最残酷最激烈的斗争,在这场斗争中,无产阶级要同全世界作战,因为全世界都支持高尔察克和邓尼金,反对我们。

现在,支持俄国资产阶级的世界资产阶级仍然比我们强大好多倍。我们并不因此而有丝毫的惊慌失措,因为过去他们的兵力也比我们强,然而这并不足以在战争中击溃我们,虽然他们拥有比我们强得多的炮兵和空军,在战争中击溃我们本当容易得多。也许反对我们的某个资本主义强国只要及时地再拼凑几个军,再借给高尔察克几百万金卢布,就能把我们打垮。

然而这还是无济于事。因为不论是开到阿尔汉格尔斯克的英国士兵,或是迫使舰队撤离敖德萨的法国水兵,都已深深地认识到他们是非正义的,我们是正义的。现在,反对我们的力量仍然比我们强大。要取得这场斗争的胜利,还必须依靠最终的力量源泉。而最终的力量源泉就是工农群众,就是他们的自觉性,他们的组织性。

或者是建立起一个无产阶级的有组织的政权,那我们就会取得胜利,而先进的工人和少数先进的农民是会理解这项任务,会在自己周围组织起人民运动的。

或者是我们不能做到这一点,那么在技术上比我们强大的敌人就一定会把我们打垮。

是最后的斗争吗?

无产阶级专政是一场残酷的战争。无产阶级在一个国家里取得了胜利,但是它在国际范围内仍然比较弱。它应当认识到战争还没有结束而把全体工农团结在自己的周围。我们常常在歌中唱道:"这是最后的斗争"。可惜这有点不符合实际,可惜这并不是我们最后的斗争。或者你们能在这场斗争中把工农团结起来,或者你们得不到胜利。

我们目前所见到的这种斗争在历史上还不曾有过。但是农民和地主间的战争,从奴隶占有制初期起,在历史上已经发生过不止一次。这种战争曾多次发生,但一个国家政权反对本国资产阶级和各国联合起来的资产阶级的战争还从来没有过。

或者是我们能在无产阶级政权支持下发展小农的生产力,并在这个基础上把小农组织起来;或者是资本家控制小农,——斗争成败的关键就在于此。在以往几十次革命中也碰到过这种情形,但是像我们这样的战争世界上还从来没有见过。人民不可能有这种战争的经验。我们必须自己创造这种经验,在创造这种经验时,我们只能依靠工农的觉悟。这就是我们的格言,也是任务的最大困难所在。

我们不应该指望直接采用
共产主义的过渡办法

我们不应该指望直接采用共产主义的过渡办法。必须以同农民个人利益的结合为基础。有人对我们说:"同农民的个人利益结合,就是恢复私有制。"不对,我们从来没有废除过农民对消费品和工具的个人所有制。我们废除的是土地私有制,而农民并没有私有的土地,他们是在租来的土地上经营。在许多国家里都存在过这种制度。这在经济上并没有什么办不到的地方。困难在于如何同个人利益结合。必须使每个专家也从生产的发展中得到好处。

我们是否善于这样做呢?不,不善于!我们以为在一个无产阶级已丧失其阶级特性的国家里可以按共产主义的命令进行生产和分配。我们一定要改变这种办法,否则我们就不能使无产阶级认识这种过渡。历史上还从来没有提出过这样的任务。我们曾尝试用所谓正面攻击的办法来直接完成这项任务,但是失败了。这种错误在每次战争中都有,而人们并不把它们看做错误。正面攻击失败了,那我们就改用迂回的办法,采用围攻和对壕战。

同个人利益结合和个人负责的原则

我们说,必须把国民经济的一切大部门建立在同个人利益的结合上面。共同讨论,专人负责。由于不善于实行这个原则,我们每走一步都吃到苦头。整个新经济政策要求我们把这两者分得非常清楚、非常明确。当人民转到新的经济条件下的时候,他们马上就讨论起来:这会产生什么结果,应当怎样按新方式来做。开始做任何一件事之前都非经过大家讨论不可,因为几十年几百年来,人民一直被禁止讨论任何事情,而革命不经过一段普遍开群众大会讨论各种问题的时期,是不能得到发展的。

这造成了许多混乱现象。确实是这样,这是不可避免的,但是应该说这并不危险。我们只有及时学会区分哪些事需要开群众大会讨论,哪些事需要管理,才能使苏维埃共和国达到应有的水平。可惜我们还没有学会这样做,大多数代表大会离务实很远。

我国代表大会之多，超过世界上一切国家。任何一个民主共和国都没有像我们那样召开这么多代表大会，而且它们也不会允许这样做。

我们应当记住，我国是一个损失惨重和贫穷不堪的国家，必须使它学会如何开群众大会才不致像我前面所说的那样，把需要开群众大会讨论的和需要管理的混淆起来。一方面要开群众大会，一方面要毫不犹豫地进行管理，要比以前资本家管得更严。否则，就不能打败他们。应该记住，一定要比以前更严更紧地进行管理。

在红军里，经过好几个月开群众大会讨论的阶段之后，它的纪律已经不亚于旧军队的了。红军采取了连旧政府都没有采取过的直到枪决的严厉措施。市侩们在书刊上号叫："看啊，布尔什维克采用枪决的办法了。"我们应当说："是的，我们采用了，而且是完全有意采用的。"

我们应当说：或者是那些想毁灭我们的人、我们认为理应灭亡的人灭亡，这样我们的苏维埃共和国就会生存下来；或者相反，是资本家生存下来而共和国灭亡。在一个贫穷不堪的国家里，或者是那些不能振作起来的人灭亡，或者是整个工农共和国灭亡。在这里没有而且也不可能有其他的选择，而且也容不得有任何温情主义。温情主义是一种并不亚于战争中的利己行为的罪恶。现在谁不守秩序，不守纪律，谁就是把敌人放进我们的队伍中来。

所以我说新经济政策还有学习方面的意义。你们在这里讨论应当如何进行教育。你们应当得出结论说：我们这里决不容许有学得不好的人。到了共产主义，学习的任务会轻一些。可是现在，在灭亡的威胁下，学习不能不是一项严峻的任务。

我们是否能为自己工作?

过去在我们军队中有开小差现象。劳动战线上也有这种现象,因为你是为资本家工作,为剥削者工作,那时不好好干是可以理解的。但现在你是为自己工作,为工农政权工作。应该记住,现在必须解决我们是否能为自己工作的问题,不解决这个问题,我再说一遍,我们的共和国就会灭亡。所以我们要像在军队中说过的那样说:或者是让所有想毁灭我们的人灭亡,为此我们要采取最严厉的纪律措施;或者是拯救我们国家,使我们的共和国生存下来。

这就是我们应当采取的路线,这就是我们所以需要新经济政策的原因之一。

大家都去做经济工作吧!资本家将同你们在一起,外国资本家,即承租人和租借人,也将同你们在一起,他们将从你们那里攫取百分之几百的利润,他们将在你们那里大发横财。就让他们发财吧,但你们要跟他们学会做经济工作。只有这样,你们才能够建成共产主义共和国。从必须赶快学会做经济工作这个角度来看,任何懈怠都是极大的犯罪。必须向这门科学进军,向这门艰难、严峻、有时甚至是残酷无情的科学进军,否则就没有出路。

你们应当记住,现在包围着我们这个经过多年磨难而贫穷不堪的苏维埃国家的,不是会用自己高度发达的技术和工业来帮助我们的社会主义法国和社会主义英国。不是的!我们必须记住,现在它们的高度发达的技术和工业,全部都归反对我们的资本家所有。

我们必须记住,我们应当高度紧张地从事每天的劳动,否则我们就必然灭亡。

在目前的形势下,整个世界发展得比我们迅速。发展着的资本主义世界正调动一切力量来反对我们。问题就这样摆着!这就是我们必须特别重视这个斗争的原因。

由于我国文化落后,我们不能用正面攻击来消灭资本主义。如果我们的文化是另一种水平,那就可以比较直截了当地解决这项任务了。也许其他国家到了建设它们的共产主义共和国的时候会这样来解决这项任务。但是我们不能用直截了当的方式来解决问题。

国家必须学会这样经营商业,即设法使工业能满足农民的需要,使农民能通过商业满足自己的需要。办事情应能使每一个劳动者都拿出自己的力量来巩固工农国家。只有这样,我们才能建立起大工业。

必须使群众都深刻认识到这一点,不仅是认识,还要使他们把这种认识付诸实现。我认为政治教育总委员会[103]的任务就是由此产生的。在任何一次深刻的政治变革以后,人民需要用很长时间来消化这种变革。因此这里有这样一个问题:人民是否已经理解了他们所得到的教训。非常遗憾,对这个问题只能回答:没有。如果他们已经理解了这些教训,那我们动手建立大工业就会迅速得多,早得多。

在解决了世界上最伟大的政治变革的任务以后,摆在我们面前的已是另一类任务,即可称为"小事情"的文化任务。必须消化这个政治变革,使它为人民群众所理解,使它不致仅仅是一纸宣言。

过时的方法

这些宣言、声明、布告和法令在当初是需要的。这些东西我们已经够多了。为了向人民表明我们要怎样建设和建设什么,要为哪些前所未有的新事物奋斗,这些东西在当初是必要的。但是,能不能继续向人民表明我们要建设什么呢?不能!要是这样,连一个最普通的工人也要取笑我们了。他会说:"你怎么老是向我们说你要怎样建设,让我们看看你的行动,——你会不会建设。如果不会,那我们就走不到一块,滚你的吧!"他这样说是对的。

应当从政治上描述伟大任务的时期已经过去,应当实际完成这些任务的时期已经到来。现在摆在我们面前的是文化任务,是消化那个应该而且能够得到贯彻的政治经验。或者是断送苏维埃政权所取得的一切政治成果,或者是为这些成果奠定经济基础。现在没有这种经济基础。我们应当做的正是这件工作。

提高文化水平是最迫切的任务之一。这正是政治教育委员会的任务,如果这样的委员会果真能为政治教育服务("政治教育"是它给自己选的名称)的话。取名并不难,可是,工作做得怎么样呢?希望在这次大会以后我们能够得到这方面的准确材料。我们的扫除文盲委员会是1920年7月19日成立的。在出席这次大会之前,我特地看了一下有关的法令。是叫全俄扫除文盲委员会…… 而且是扫除文盲特设委员会。希望在这次大会以后我们能够得到说明有多少个省在这方面做了些什么工作的材料,希望能够得到准确的工作报告。但是,不得不成立扫除文盲特设委员会这个事实已经证明,我们好像是一些(怎样说得轻一点呢?)半野蛮人,因为,在一个不是半野蛮人的国家里,是耻于成立扫除文盲特设委员会的。在这样的国家里,文盲是在学校里扫除的。那里有像样的学校,人们在学校里学习。学习什么呢?首先是识字。如果这个起码的任务还没有完成,那么谈新经济政策是可笑的。

最大的奇迹

哪里谈得上是什么新政策呢?既然我们得采取特殊措施来扫除文盲,上帝保佑,那还是让我们设法维持旧的吧。这是很明显的。但是更明显的是,我们无论在军事方面或其他方面都创造了许多奇迹。我想,要是能够把扫除文盲委员会本身彻底扫除掉,那会是这些奇迹中最大的奇迹。我还希望不要产生如我在这里听说的要把它从教育人民委员部分出来的提案。如果我听说的是事实,如果你们仔细想想,那你们就会同意我的看法:必须成立一个扫除某些坏提案的特设委员会。

此外,仅仅扫除文盲是不够的,还需要建立苏维埃经济,而在这件事上,光能识字是无济于事的。我们需要大大提高文化水平。必须使每个人能够实际运用他的读写本领,必须使他有东西可读,有报纸和宣传小册子可看,必须合理分配这些书刊,使它们能到人民手里,不致中途散失,而现在人们读到的还不及一半,其余的都在办公室里派了用场,到达人民手里的恐怕还不到四分之一。我们必须学会利用我们现有的一点点书刊。

因此,由于实行新经济政策,应当不断宣传这样一种思想:政治教育务必要能提高文化水平。应当用读和写的本领来提高文化水平,应当使农民有可能用读写本领来改进自己的经营和改善自己国家的状况。

苏维埃的法律是很好的,因为它使每一个人都有可能同官僚主义和拖拉作风作斗争。在任何一个资本主义国家里,都没有给工人和农民提供这种可能。然而有人利用了这种可能性吗?几乎没有!不仅农民不会利用,就连相当多的共产党员也不会利用苏维埃的法律去同拖拉作风和官僚主义作斗争,或者去同贪污受贿这种道地的俄国现象作斗争。是什么东西妨碍我们同这种现象作斗争呢?是我们的法律吗?是我们的宣传吗?恰恰相反!法律制定得够多了!那为什么这方面的斗争没有成绩呢?因为这一斗争单靠宣传是搞不成的,只有靠人民群众的帮助才行。我们的共产党员至少有一半不会进行斗争,且不说还有一些人妨碍斗争。不错,你们中间99%都是共产党员,所以你们知道,我们现在正在处理这些妨碍斗争的共产党员,清党[141]委员会在做这件事。但愿能从我们党内清除10万人左右。有人说20万人左右。我更喜欢后面这个数字。

我很希望我们能从党内赶走10万到20万混进来的人,他们不仅不会同拖拉作风和贪污受贿行为作斗争,而且妨碍同这些现象作斗争。

政治教育工作者的任务

我们将把一二十万人清除出党,这是一件有益的事情,但这只是我们应该做的工作的极小一部分。应当使政治教育委员会的全部工作都适应这个目的。文盲固然应当扫除,但仅仅识字还不够,还要有能教人们同拖拉作风和贪污受贿行为作斗争的文化素养。拖拉作风和贪污受贿行为是任何军事胜利和政治改革都无法治好的毛病。说实在的,这种毛病靠军事胜利和政治改革是治不好的,只有用提高文化的办法才能治好。这项任务就落在政治教育委员会的肩上了。

应当使政治教育工作者不用官僚的眼光来看待自己的任务。但有一种情况却常常可以看到,比如有人问,可否把省政治教育委员会的代表也吸收进省经济会议[126]。对不住,不必把你们编进什么机关去,你们要作为一个普通公民来完成自己的任务。你们一进什么机关就会官僚化。如果你们同人们打交道,从政治上教育他们,经验就会告诉你们,政治上有教养的人是不会贪污受贿的,但是在我们这里,这种行为却处处可见。人们会问你们:怎样才能消灭贪污受贿现象,防止执行委员会里有人贪污受贿呢?请你们教我们怎样才能做到这一点。如果政治教育工作者回答说:"这事不归我们管","关于这个问题我们已经出了小册子和布告",那么人们就会对你们说:"你们是坏党员。这事固然不归你们管,有工农检查院[142]来管,可是你们也是共产党员呀!"你们给自己取了"政治教育"这个名称。当你们取这个名称时,就曾提醒你们,名称不要搞得太显眼,还是用一个普通一点的好。可是你们要用"政治教育"这个名称,而这个名称含义很广。你们没有把自己称为教人民识字的人,而用了政治教育这个名称。于是人们可以对你们说:"很好,你们教人民读书写字,搞经济运动,这些都很好。但是这些并不是政治教育,因为政治教育是要使一切事情都有结果。"

我们正在进行反对野蛮行为和反对贪污受贿这类毛病的宣传,我希望你们进行这项工作,但是,政治教育并不限于这种宣传,它意味着实际的结果,意味着教会人民怎样取得实际结果,并且不是以执行委员会委员的身份而是以普通公民的身份给人们示范。政治教育工作者由于在政治上比别人有修养,不仅会责骂一切拖拉现象(这在我们这里非常风行),并且能以行动表明怎样克服这一弊病。这是一种很难掌握的艺术。不普遍提高文化水平,不使工农群众比现在更有文化,就不能掌握这种艺术!我希望政治教育总委员会特别注意这项任务。

现在我把我所说的概括一下,把省政治教育委员会所面临的各项任务归纳一下。

三 大 敌 人

在我看来,现在每一个人,不论他的职务是什么,面前都有三大敌人,每一个政治教育工作者,如果他是共产党员的话(而政治教育工作者大多是党员),面前都摆着这三项任务。他们面前的三大敌人就是:(一)共产党员的狂妄自大,(二)文盲,(三)贪污受贿。

第一个敌人——共产党员的狂妄自大

所谓共产党员的狂妄自大,是指一个人置身于共产党内,还没有被清洗出去,就以为可以用共产党员的名义发号施令来解决他的一切任务。他以为,只要他是执政党的党员和某某国家机关的工作人员,就有资格谈论政治教育成就的大小。完全不是这么一回事!这只是共产党员的狂妄自大。要学会进行政治教育,这就是问题的所在,可是我们还没有学会,而且我们还没有正确解决这个问题的办法。

第二个敌人——文盲

至于第二个敌人——文盲,我可以这样说:只要在我国还存在文盲现象,那就很难谈得上政治教育。这并不是政治任务,这是先决条件,没有这个条件就谈不上政治。文盲是处在政治之外的,必须先教他们识字。不识字就不可能有政治,不识字只能有流言蜚语、谎话偏见,而没有政治。

第三个敌人——贪污受贿

最后,只要有贪污受贿这种现象,只要有贪污受贿的可能,就谈不上政治。在这种情况下甚至连搞政治的门径都没有,在这种情况下就无法搞政治,因为一切措施都会落空,不会产生任何结果。在容许贪污受贿和此风盛行的条件下,实施法律只会产生更坏的结果。在这种条件下不能搞任何政治,这里没有搞政治的基本条件。应该懂得,为了能向人民说明我们的政治任务,能向人民群众表明"我们必须力求完成的任务"(而这本是我们必须做到的!),就要提高群众的文化水平。必须达到一定的文化水平。否则就不能真正完成我们的任务。

军事任务和文化任务的区别

文化任务的完成不可能像政治任务和军事任务那样迅速。应当懂得,现在前进的条件已经和从前不一样了。在危机尖锐化时期,几个星期就可以取得政治上的胜利。在战争中,几个月就可以取得胜利,但是在文化方面,要在这样短的时间内取得胜利是不可能的。从问题的性质看,这需要一个较长的时期,我们应该使自己适应这个较长的时期,据此规划我们的工作,发扬坚韧不拔、不屈不挠、始终如一的精神。没有这些品质,甚至无法着手做政治教育工作。而政治教育的成果只能用经济状况的改善来衡量。我们不仅需要消灭文盲，消灭靠文盲这块土壤滋养的贪污受贿行为，而且应该使我们的宣传、我们实行的领导、我们的小册子真正为人民所接受，并且使这些工作的成果体现在国民经济的改善上。

　　这就是由于实行新经济政策而向政治教育委员会提出的任务。我希望通过这次大会我们能够在这方面取得更大的成就。

选自《列宁全集》第2版第42卷
第180—201页

在莫斯科省第七次党代表会议上
关于新经济政策的报告[143]（节选）

（1921年10月29日）

1
报　　告

同志们！在作关于新经济政策的报告以前，首先应该声明，我对这个题目的理解可能出乎在座许多同志的意料，或者说得确切些，我只能谈谈这个题目中的一小部分。对于这个问题，大家的主要兴趣可能在于了解和评价苏维埃政权最近一些有关新经济政策的法令和决定，这是很自然的。这类决定愈多，完善、整理这些决定并总结其执行情况的需要愈迫切，对于这个问题发生兴趣也就愈自然。根据我在人

列宁在报告中回顾了苏维埃政权几年来探索社会主义道路的曲折历程，指出社会主义是前无古人的伟大事业，要想一劳永逸地找到一条唯一正确的发展道路是不可能的。共产党人应当敢于承认失败，善于从失败的经历中学习，学会用符合俄国实际的新的方式方法来完成自己的任务。这种新的方式方法就是新经济政策。列宁根据客观形势和具体条件，首次提出了苏维埃经济同市场、同商业的关系问题，指出由国家来调节商业和货币流通，是苏维埃政权面临的一项重要而又紧迫的任务，只有完成了这一任务，才能提高生产力，才能恢复作为社会主义社会唯一基础的大工业。

民委员会的所见所闻,现在已深感有这种需要。大家都希望知道现有的一些能说明新经济政策的成果的事实和数字,这同样也是很自然的。当然,这些事实经过查证核实的为数还很少,但是毕竟还有一些。毫无疑问,为了了解新经济政策,注意这些事实并试加总结,是绝对必要的。但是关于问题的这两个方面,我都不能谈,如果你们对这些感兴趣,我相信你们一定会找到谈这些问题的报告人。我感兴趣的是另一个问题,即策略问题,或者说(如果可以这样说的话),是我们随着政策的改变而采取的革命战略问题,以及对下述情况的估计,即这个政策同我们对我们任务的一般理解符合到什么程度,另一方面,今天党内的认识和觉悟同实行新经济政策的必要性适应到什么程度。我想谈的,就只是这个专题。

我感兴趣的首先是这样一个问题:在评价我们的新经济政策时,在什么意义上可以说过去的经济政策是错误的;说它错误是否正确;最后,如果正确,那么在什么意义上可以认为这种评价是有益的和必要的?

我认为,这个问题对于估计今天我们党内在目前经济政策的一些最根本问题上意见一致的程度是有意义的。

党现在是否应该把注意力只放在这个经济政策的一些具体问题上,还是至少有时也应该把注意力放在如何估计实行这个政策的一般条件上,放在如何使党内的觉悟、兴趣和注意力适应于这些一般条件上?我认为目前的情况是:我们党内有很多人对新经济政策还不那么清楚;我们如果对过去的经济政策的错误没有明确的认识,就不能顺利完成自己的任务,即给新经济政策打基础并最终确定新经济政策的方向。

为了说明我的看法,为了回答在什么意义上可以说(而且我认为应该说)我们过去的经济政策是错误的这个问题,我想拿日俄战争中的一个事件来作比喻。我认为,这个事件会帮助我们更确切地认识像在我国所发生的这种革命中不同的政治办法和手段的相互关系。我说的这个例子,就是日本乃木将军攻克旅顺口这个事件。使我对这个例子感兴趣的主要一点,就是攻克旅顺口经历了两个完全不同的阶段。第一阶段是多次猛烈的强攻,结果都失败了,使这位著名的日本统帅付出了极大的牺牲。第二阶段是不得不对这个要塞改用非常艰苦、非常困难而缓慢的地地道道的围攻,而过了一些时日,正是用这种方法完成了攻克要塞的任务。我们看一看这些事实,就会很自然地提出一个问题:在什么意义上可以说这位日本将军对旅顺口要塞采取的第一种战法是错误的呢?强攻要塞是否错误?如果是错误的,那么日军为了正确完成任务,应该在什么条件下承认这是错误,应该认识到这个错误有多大?

当然,乍看起来,答案是再简单不过了。既然对旅顺口的多次强攻毫无结果(这是事实),既然进攻者的牺牲非常大(这也是无可争辩的事实),那么,显而易见,对旅顺口要塞采取直接强攻的战术是错误的,这已无需任何证明了。但是从另一方面也不难看出,完成这种包含很多未知数的任务时,如果不作适当的实际试探,就很难有绝对的把握——哪怕是相当大的把握——大致准确或完全准确地确定用什么战法来攻克敌人要塞。不实际试探一下要塞的实力,即工事坚固程度、守军情况等等,这是无法确定的。不经过试探,就是一个优秀的统帅(乃木将军无疑算得上)也无法解决用什么正确战法攻克要塞的问题。从另一方面说,胜利结束整个战争这个目的和前提,也要求从完成这项任务的多种方法中选择速决战法;同时,事情很可能是这样的:即使牺牲极大,如果这对于用强攻拿下要塞是必要的话,那也还是得多于失。因为这样就能把日军腾出来,调到其他战场上去作战,就能在敌人即俄军把大批兵力调到这个远方战场以前,在把大批兵力训练得更好,在俄军或许变得比日军强好几倍以前,完成一项最重要的任务。

如果看一看整个战役的发展和日军作战的条件,我们就应得出这样的结论:对旅顺口的多次强攻不仅说明日军不惜巨大牺牲,作战非常英勇,而且还说明在当时的情况下,即在战役初期,这是唯一可能的而且是必要的和有益的做法,因为不用强攻要塞这一实际行动来检查一下兵力,不试探一下抵抗的力量,是没有理由采取比较长期比较艰苦的战斗方式的,要知道这种战斗方式仅仅由于时间长就蕴含着许多别的危险。从整个战役来说,我们也不能不把由强攻和冲击组成的战役第一阶段看做是必要的和有益的阶段,因为,我再说一遍,日军不经过这种试探,就不可能摸清这次战斗的具体条件。日军在对敌要塞进行强攻的阶段结束时情况是怎样的呢?成千上万的士兵被打死了,就是再死上几千士兵,用这种战法要塞还是拿不下来。当时的情况就是这样。当时有一部分人,或者说大多数人,已得出结论:必须放弃强攻而改用围攻。既然在战术上犯了错误,那就必须加以纠正。同这一错误战术有关的一切都应认为有碍于作战,需要作出调整:必须停止强攻而改用围攻,变更军队部署,重新分配作战物资。至于改变个别作战方法和作战行动,那就更不待说了。必须坚决地、明确地承认过去的做法是错误的,不要让它阻碍新战略和新战术的发展,阻碍作战行动的发展。这时作战行动必须完全用另一种方式来进行,而且如我们所知道的,新的作战行动取得了全胜,尽管时间比预料的长得多。

我认为,这个例子可以用来说明我国革命在解决经济建设领域里的社会主义任务时所处的境况。在这方面,十分明显地分为两个时期。一个是从(大致是从)1918年初到1921年春的时期,另一个是从1921年春开始的现在这个时期。

你们回想一下我们党从1917年底到1918年初所作的各种正式的和非正式的声明就可以发现,我们那时已认为,革命的发展、斗争的发展的道路,既可能是比较短的,也可能是漫长而艰辛的。但是,在估计可能的发展道路时,我们多半(我甚至不记得有什么例外)都是从直接过渡到社会主义建设这种设想出发的,这种设想也许不是每次都公开讲出来,但始终是心照不宣的。我特意重新翻阅了过去写的东西,例如1918年3、4月间所写的关于我国革命在社会主义建设方面的任务的文章[1],我确信当时我们真有过这样的设想。

那时正好是这样一个时期,当时,一项根本任务,政治上需要先行完成的任务,已经完成了,那就是夺取了政权,建立了苏维埃国家制度来代替从前的资产阶级议会制,接着又完成了退出帝国主义战争这项任务,而且大家知道,为了退出帝国主义战争,我们作出了惨重的牺牲,签订了十分屈辱的、条件极其苛刻的布列斯特和约[63]。在和约签订以后,从1918年3月到夏天这段时期,军事任务似乎已经完成了。但是后来事变表明:情况并非如此;1918年3月,我们在完成了退出帝国主义战争的任务之后,只是接近了国内战争的开端。从1918年夏天起,由于捷克斯洛伐克军的叛乱[138],国内战争愈来愈迫近。那时,1918年3、4月间,在谈论我们的任务时,我们就已把搞斗争的行动方式同渐进过渡的方法作过对比,前者主要是用于剥夺剥夺

---

①见《列宁全集》第2版第34卷第73—77、264—293页,本书第79—115页。——编者注

者,而这项任务正是1917年底和1918年初革命头几个月的主要特点。那时我们已经不能不承认,我们在组织计算和监督方面的工作远远落后于剥夺剥夺者方面的工作。这就是说,我们所剥夺的要比我们所能计算、监督、管理等等的多得多。因此便提出由实行剥夺、由破坏剥削者和剥夺者的政权的任务转向组织计算和监督的任务,转向所谓平凡的经济任务即直接从事建设的任务。那时我们已经在许多问题上都需要后退。例如1918年3、4月间出现了专家报酬这样的问题:专家报酬的标准不符合社会主义的关系而符合资产阶级的关系,也就是说,不符合劳动的艰辛程度或特别艰苦的劳动条件而符合资产阶级习惯和资产阶级社会的条件。给专家以这种非常高的、资产阶级式的报酬,原先并没有列入苏维埃政权的计划,甚至不符合1917年底所颁布的许多法令。但是在1918年初,我们党就直截了当地指出,我们在这方面应该后退一步,应该承认要作某种"妥协"(我这里用的是当时所用的字眼)。全俄中央执行委员会1918年4月29日的决定承认有必要在总的工资制度中实行这一变动[144]。

当时我们把建设工作、经济工作提到首位,只是从一个角度来看的。当时设想不必先经过一个旧经济适应社会主义经济的时期就直接过渡到社会主义。我们设想,既然实行了国家生产和国家分配的制度,我们也就直接进入了一种与以前不同的生产和分配的经济制度。我们设想,国家的生产和分配同私营商业的生产和分配这两种制度将互相斗争,而斗争所处的环境是:我们将建立起国家的生产和分配,逐步夺回敌对制度在这两个领域中的阵地。我们说,现在我们的任务与其说是剥夺剥夺者,不如说是计算、监督、提高劳动生产率和加强纪律。这是我们在1918年3、4月间说的,但是当时根本没有提出我们的经济同市场、同商业的关系问题。当1918年春我们同一部分曾反对签订布列斯特和约的同志论战而提出国家资本主义问题时，并没有说我们要退到国家资本主义上去，而是说我们俄国如果有国家资本主义作为占统治地位的经济制度，那我们的处境就会好一些，我们完成社会主义的任务就会快一些。我希望你们特别注意这一情况，因为我觉得，为了了解我们经济政策有什么转变以及怎样评价这个转变，这是必要的。

现在我举一个例子，它可以更具体、更清楚地说明我们当时的斗争是在什么样的条件下展开的。不久以前，我在莫斯科看到一份私人办的《广告小报》[145]。在我们先前的经济政策执行了三年以后，这份《广告小报》给人一种十分特殊、十分新奇的印象。但从我们经济政策所采取的一般方法来看，这里又没有什么可奇怪的。在举这个虽然很小但却相当有代表性的例子时，需要回想一下，在我们整个革命中，斗争是怎样发展的，它的任务是什么，它的方法是什么样的。在1917年底颁布的头一批法令中，有一条关于国家垄断广告业务的法令。这条法令意味着什么呢？它意味着：争得国家政权的无产阶级设想，向新的社会经济关系过渡尽可能采用渐进的办法——不取消私人报刊，而使它们在某种程度上服从国家的领导，把它们纳入国家资本主义轨道。法令规定国家垄断广告业务，也就是设想还保留私营报纸而把它作为一种常规，还保留需要私人广告的经济政策，也保留私有制，即保留许多需要刊登广告的私营企业。关于垄断私人广告业务的法令就是这样，而且也只能这样来理解。关于银行业的一些法令也有与此相似的地方，为了不使例子复杂化，我就不谈它们了。

那么，在苏维埃政权成立后头几个星期里颁布的这项垄断私人广告业务的法令命运如何呢？它的命运是这样的：很快就被踢开了。现在我们回想起斗争的发展和从那以后的斗争条件，一想到我们那么天真,竟在1917年底大谈国家垄断私人广告业务,真是可笑。在进行殊死斗争的时期,哪会有什么私人广告!我们的敌人——资本主义世界——对苏维埃政权这项法令的回答是:继续进行斗争,把斗争推向白热化,把斗争进行到底。法令设想,苏维埃政权、无产阶级专政已经非常巩固,因此任何其他经济都不可能再存在,所有私人企业主和个体业主都非常清楚必须服从苏维埃政权,我们国家政权在什么地方布置斗争,他们就会在什么地方应战。当时我们说,你们还可以保留私人报刊、私人经营企业的权利以及为这些企业提供服务所必需的刊登广告的自由,我们只规定国家对广告征税,只规定把广告业务集中在国家手中,对私人广告制度本身不但不去破坏,而且相反,由于信息业务的适当集中,只会让你们得到某些好处。然而事实表明,我们不得不在完全不同的战场上进行斗争。我们的敌人资本家阶级用完全否认整个国家政权来回答它的这项法令。当时根本谈不上什么广告,因为残留在我们制度中的一切资产阶级资本主义势力当时已经全力以赴地投入夺取政权基础的斗争。当时我们向资本家建议:"你们服从国家的调节吧,服从国家政权吧,那么一切符合居民的旧利益、旧习惯、旧观点的东西就不会被完全消灭,而是通过国家的调节逐渐地加以改变。"但是他们却向我们提出了我们本身的生死存亡问题。资本家阶级所采取的策略就是迫使我们进行殊死的无情的斗争,因而我们对旧关系的破坏比原来设想的要彻底得多。

关于垄断私人广告业务的法令没有得到任何结果,它依然是一纸空文。实际生活,即资本家阶级的反抗,迫使我们的国家政权把全部斗争转移到另一个完全不同的方面,不是把斗争放在我们在1917年底曾天真地研究过的那些琐碎得可笑的问题上,而是放在生死存亡的问题上——粉碎整个职员阶级的怠工,击退得到全世界资产阶级支持的白卫军。

　　我认为,这一小段关于广告法令的插曲,对我们了解旧的策略是否错误这个基本问题提供了有益的启示。当然,我们现在从后来历史的发展这个背景上来评价事件,不能不认为这个法令是天真的,而且从某种意义上说是错误的,但是同时其中也有正确的成分,即国家政权(无产阶级)在向新的社会关系过渡时曾试图通过一种可以说是最能适应当时存在的关系的途径,尽可能采用渐进的办法,不作大的破坏。而我们的敌人资产阶级却施展一切手段,迫使我们采取殊死斗争的极端做法。从敌人方面说,这在战略上是否正确呢?当然是正确的,因为资产阶级如果不在这方面通过直接的搏斗来试一下自己的力量,怎么会突然服从一个崭新的、从来没有过的无产阶级政权呢?资产阶级回答我们说:"对不起,可敬的先生们,我们要和你们谈的根本不是什么广告问题,而是我们能否再找到一个弗兰格尔、高尔察克和邓尼金,国际资产阶级是否会来帮助他们解决问题,解决的也决不是你们要不要有国家银行的问题。"关于国家银行,正如关于广告问题一样,我们在1917年底写了很多东西,它们在很大程度上都成了废纸。

　　当时资产阶级用正确的(从他们的利益来看)战略回答了我们:"我们首先要为这样一个根本问题进行斗争:你们是否真的是国家政权,抑或这只是你们的错觉。这个问题当然不能靠法令,而要靠战争、靠暴力来解决。这种战争很可能不仅仅是我们这些被赶出俄国的资本家进行的战争,而是所有得益于资本主义制度的人进行的战争。如果事实表明这同其余的世界有相当的利害关系,那么国际资产阶级就会支持我们这些俄国资本家。"资产阶级这样做,从维护他们利益的角度看是做得对的,只要他们还有一线希望用最有效的手段——

战争来解决这个根本问题,他们就不可能也不应当接受苏维埃政权为了用比较渐进的办法过渡到新制度而对他们作出的局部性让步。"根本不要过渡,根本不要新制度!"——这就是资产阶级的回答。

这就是事态发展成我们现在所看到的样子的原因。一方面,无产阶级国家在1917—1918年在人民意气风发的条件下进行了轰轰烈烈的斗争,取得了胜利;另一方面,苏维埃政权试行了一种经济政策,起初打算实行一系列渐进的改变,打算比较慎重地向新制度过渡,这一点也表现在我所举的那个小小的例子里。但是,苏维埃政权从敌人的阵营得到的回答却是:决心进行残酷的斗争,以确定苏维埃政权作为一个国家能否在世界经济关系体系中站住脚。这个问题只能用战争来解决,而且既然是国内战争,它就是非常残酷的。斗争愈艰巨,实行慎重过渡的余地就愈小。我已经说过,资产阶级按照这种斗争逻辑来行动,从他们方面来说是正确的。而我们能说些什么呢?我们只能说:"资本家先生们,你们吓不倒我们。你们在政治方面已经连同你们的立宪会议被打垮了,现在我们在这方面要再次把你们打垮。"我们不能不这样做。采用任何其他的行动方式,从我们方面说,都等于完全交出我们的阵地。

回想一下我们斗争的发展条件你们就会懂得,这种看来似乎不正确和偶然的改变意味着什么,为什么我们依靠普遍高涨的热情和政治上的稳固统治能够轻而易举地解散了立宪会议[72],又为什么在这同时我们却必须试用一系列的措施来逐渐地慎重地实行经济改造,最后,为什么斗争的逻辑和资产阶级的反抗迫使我们改用内战这样一种最极端的、拼命的、不顾一切的斗争方式,从而使俄国遭受了三年的破坏。

到1921年春天已经很清楚了:我们用"强攻"办法即用最简单、

迅速、直接的办法来实行社会主义的生产和分配原则的尝试已告失败。1921年春天的政治形势向我们表明,在许多经济问题上,必须退到国家资本主义的阵地上去,从"强攻"转为"围攻"。

如果这种转变引起某些人的埋怨、悲泣、颓丧和不满,那么应该指出,失败并不危险,危险的是不敢承认失败,不敢从失败中得出应有的结论。军事斗争比社会主义同资本主义的斗争要简单得多,我们所以战胜了高尔察克之流,是因为我们敢于承认自己的失败,敢于从失败中吸取教训,把没有做完和做得不好的工作再三重做。

在社会主义经济反对资本主义经济这场复杂得多、困难得多的斗争中也应该这样。敢于承认失败,从失败的经历中学习,把做得不好的工作更仔细、更谨慎、更有步骤地重新做过。如果我们有人以为承认失败会像放弃阵地那样使人颓丧气馁,那就应该说这样的革命者是一钱不值的。

我希望除个别情况外,谁也不能说在三年国内战争的实践中锻炼出来的布尔什维克是这种人。无论过去和将来,我们的力量都在于,我们对最惨重的失败也能给予十分冷静的估计,从失败的经历中学习应该怎样改进我们的活动方式。因此应当直言不讳。这一点,不仅从理论真理来看,而且从实践来看,都是重要的和值得注意的。如果昨天的经验教训没能使我们看到旧的方式方法的不正确,那么我们今天就决不可能学会用新的方式方法来完成自己的任务。

所以提出改行新经济政策的任务,是因为经过了在空前困难的条件下,在国内战争的条件下,在资产阶级强迫我们采用残酷斗争的形式的条件下直接进行社会主义建设的试验之后,到1921年春天情况已经很清楚:不是直接进行社会主义建设,而是要在许多经济领域退向国家资本主义;不是实行强攻,而是进行极其艰苦、困难和不愉快的长期围攻,伴以一连串的退却。要动手解决经济问题,也就是说,保证经济转到社会主义的基础之上,就必须这样做。

我今天不能用数字、总结或事实来说明这种退回到国家资本主义的政策给了我们什么好处。我只举一个小小的例子。你们知道,顿巴斯是我国经济几大中心之一。你们知道,我们在那里有一些原来是资本主义的大企业,它们已达到西欧资本主义企业的水平。你们也知道,我们在那里的任务是先恢复大工业企业,因为我们靠数量不多的工人恢复顿巴斯的工业比较容易。但是在春天改变政策以后,我们今天在那里看到了什么呢?我们在那里看到了相反的情况——生产发展得特别顺利的是租给农民的小矿井。我们看到,国家资本主义的关系有了发展。农民矿井的生产情况很好,他们把开采的煤拿出大约30%作为租金交给国家。顿巴斯生产的发展表明,与今年夏天的惨状相比,目前情况已经普遍有了显著的好转,在这方面,小矿井生产的好转以及它们按国家资本主义原则经营这一点起了不小的作用。我不能在这里分析全部有关材料,但你们从这个例子里还是可以清楚地看到政策的改变所取得的某些实际结果。经济生活的活跃(这是我们绝对需要的)和生产率的提高(这也是我们绝对需要的),这些,我们通过局部退回到国家资本主义制度已经开始得到了。至于今后的成绩如何,将取决于我们的本事,取决于我们今后执行这一政策的正确程度。

现在回过头来阐发一下我的基本思想。今年春天我们改行新经济政策,退回到采用国家资本主义的经营手段、经营方式和经营方法,这种退却是否已经够了,以致可以停止退却而开始准备进攻呢?不,实际表明退得还不够。理由如下。如果按我开头所讲的那个比喻(战争中的强攻和围攻)来说,那么我们还没有重新部署好军队,还没有重新分配好作战物资,如此等等。一句话,我们还没有作好新战役的准备,而根据新的战略和战术,新战役将按另一种方式进行。既然我们现在正在转向国家资本主义,那么试问,是不是应该设法使适合于以前的经济政策的活动方式现在不来妨碍我们呢?不言而喻,而且我们的经验也证明,我们应该做到这一点。今年春天我们说过我们不怕退回到国家资本主义,我们还说过我们的任务就是把商品交换这一形式固定下来。自1921年春天以来,我们制定了一连串法令和决定,写了大批文章,进行了大量宣传工作和立法工作,这一切都是在适应发展商品交换的需要。商品交换这个概念包括一些什么内容呢?这个概念所设想的建设计划(如果可以这样说的话)是怎样的呢?它设想,在全国范围内,或多或少要按照社会主义方式用工业品换取农产品,并通过这种商品交换来恢复作为社会主义结构唯一基础的大工业。结果怎样呢?现在你们从实践中以及从我国所有的报刊上都可以清楚地看到,结果是商品交换失败了。所谓失败,是说它变成了商品买卖。如果我们不想把脑袋藏在翅膀下面,如果我们不想硬着头皮不看自己的失败,如果我们不怕正视危险,我们就必须认识到这一点。我们应当认识到,我们还退得不够,必须再退,再后退,从国家资本主义转到由国家调节买卖和货币流通。商品交换没有得到丝毫结果,私人市场比我们强大,通常的买卖、贸易代替了商品交换。

你们要努力适应这种情况,否则买卖的自发势力、货币流通的自发势力会把你们卷走的!

这就是为什么我们处于目前这种境地,仍然不得不退却,以便在日后最终转入进攻。这就是为什么目前我们大家都应该认识到以前的经济政策所采取的方法是错误的。我们必须了解这一点,以便弄清目前问题的关键在哪里,我们当前的转变的特点是什么。对外任务目前不是我们的迫切任务。军事任务也不是我们的迫切任务。现时摆在我们面前的主要是经济任务,而且我们应该记住,眼下还不能直接过渡到社会主义建设。

我们在三年内还没有能搞好我们的工作(经济工作)。我国的经济破坏和贫困是这么厉害,文化是这么落后,要在这样一个短时期内完成这项任务是不可能的。但是一般说来,过去的强攻并不是毫无影响和毫无益处的。

现在我们处于必须再后退一些的境地,不仅要退到国家资本主义上去,而且要退到由国家调节商业和货币流通。这条道路比我们预料的要长,但是只有经过这条道路我们才能恢复经济生活。必须恢复正常的经济关系体系,恢复小农经济,用我们自己的力量来恢复和振兴大工业。不这样我们就不能摆脱危机。别的出路是没有的。但是,我们中间有人对实行这一经济政策的必要性还认识得不够清楚。例如,当你说到我们的任务就是使国家变成一个批发商或者学会经营批发商业,说到我们的任务就是经商做买卖的时候,就觉得非常奇怪,有些人甚至感到非常可怕。他们说:"共产党员居然说出这种话来,说什么现在要把商业任务,把最平常、最普通、最庸俗、最微贱的商业任务提上日程,这样共产主义还能剩下什么呢?人们看到这种情况万念俱灰,说了一声'唉,一切都完了!'这有什么不应该呢?"我想,只要看一看自己的周围,就能发现这种情绪;这种情绪是非常危险的,因为它一旦蔓延开来,就会蒙蔽许多人的眼睛,使人难于清醒地理解我们当前的任务。1921年春季,我们在经济方面实行了退却,而且现在,秋季,乃至于1921年到1922年的这个冬季,我们还要继续退却。如果我们对自己、对工人阶级、对群众隐瞒这一点,那就等于承认我们根本没有觉悟,等于没有勇气正视现状。要是这样,我们就无法进行工作和斗争。

如果一支军队已经确信不能用强攻方式拿下要塞,但仍然表示不同意撤出旧阵地,不去占领新阵地,不改用新方法来完成任务,那么对于这样的军队应当说:只学会了进攻而没有学会在某些困难条件下为了适应这种条件必须实行退却,是不会取得战争胜利的。自始至终全是胜利进攻的战争在世界历史上是从来没有过的,即或有过也是例外。就普通的战争来说,情况就是这样。而在决定整个阶级的命运、决定是社会主义还是资本主义这个问题的战争中,是否有合理的根据设想第一次解决这个课题的人民一下子就能找到唯一正确无误的方法呢?有什么根据作这样的设想呢?毫无根据!经验证明恰恰相反。在我们所完成的任务中,没有一项是不经过反复而一次完成的。失败了再来,一切重新做过,相信一项任务总有办法可以完成,即使做得不能绝对正确,至少也能差强人意。我们过去是这样工作的,今后还应该这样工作。如果面对眼前的情况我们的队伍不能齐心一致,这是最令人痛心的,这说明在我们党内有一种非常危险的颓丧情绪。相反,如果我们敢于直截了当地说出甚至是痛苦的严重的真实情况,那么我们就一定能学会、绝对能学会如何战胜一切困难。

我们必须立足于现有的资本主义关系。我们害怕这样的任务吗?或者说这不是共产主义的任务吗?如果这样,那就说明我们不懂得革命斗争,不懂得革命斗争的性质,不懂得革命斗争是一种最紧张的斗争,伴有许多我们决不可以漠视的急剧转变。

现在我作几点总结。

我来谈一个很多人都关心的问题。既然现在,即1921年秋季和冬季,我们又一次退却,那么究竟要退到什么时候为止呢?我们时常直接或间接地听到这样的问题。这个问题使我想起签订布列斯特和约时所听到的一个类似的问题,我们签了布列斯特和约以后有人问我们:"你们对德帝国主义作了这样那样的让步,到底要让到哪年哪月为止呢?有什么东西能保证到时候停止让步呢?你们这样做不是使处境更加危险了吗?"当然,我们是增加了自己处境的危险性,但是不应当忘记一切战争的基本规律。战争的要素是危险。在战争中你无时无刻不被危险包围着。什么是无产阶级专政呢?无产阶级专政是一场战争,是一场比过去任何战争更残酷、更持久和更顽强得多的战争。在这场战争中,时时处处都有危险。

我们的新经济政策所造成的情况,如小型商业企业的发展、国营企业的出租等,都意味着资本主义关系的发展,看不到这一点,那就是完全丧失了清醒的头脑。不言而喻,资本主义关系的加强,其本身就是危险性的增强。你们能给我指出什么没有危险的革命道路、没有危险的革命阶段和革命方法吗?危险的消失就意味着战争的结束,无产阶级专政的终止。当然,此时此刻我们谁也不作这样的梦想。这个新经济政策所采取的每一个步骤都包含着许许多多的危险。我们在今年春天说,我们要用粮食税代替余粮收集制[116],要颁布法令,规定交纳粮食税以后剩下的粮食可以自由买卖。当时我们这样做,也就是使资本主义得到发展的自由。不明白这一点,就等于根本不懂得基本的经济关系,根本不可能认清形势和正确行动。当然,斗争方法改变后,发生危险的条件也改变了。在解决建立苏维埃政权和解散立宪会议的问题时,危险来自政治方面。这种危险是微不足道的。在全世界资本家所支持的国内战争的时期到来后,出现了军事上的危险,这种危险就比较严重了。而在我们改变了我们的经济政策后,危险就更大了,因为整个经济是由大量经营管理方面的日常的琐事构成的,而人们对这些琐事习以为常,不太注意,这就要求我们聚精会神、全力以赴,这就非常明确地提出了学会用正确方法来克服这种危险的必要性。资本主义的恢复、资产阶级的发展和资产阶级关系在商业领域的发展等等,这些就是我们目前的经济建设所遇到的危险,就是我们目前逐步解决远比过去困难的任务时所遇到的危险。在这一点上切不可有丝毫的糊涂。

我们必须懂得:目前的具体条件要求国家调节商业和货币流通,我们正应当在这方面发挥我们的作用。我们目前经济现实中的矛盾比实行新经济政策以前要多:居民中某些阶层即少数人的经济状况有了部分的、些许的改善,但是另一些阶层,即大多数人,他们得到的物质资料同他们的基本需要则完全不相适应。矛盾增加了。不难理解,在我们经历大变革的时候,要一下子消除这些矛盾是不可能的。

最后,我想强调一下我的报告中的三个主题。第一个是一般性问题:我们应当在什么意义上承认在新经济政策以前的一个时期内我们党所实行的经济政策是错误的?我举了某次战争中的一个例子,力求用它来说明由强攻转为围攻的必要性,说明开头实行强攻的必然性以及认识到强攻失败后采取新的战法的意义的必要性。

其次,到1921年春天才明确起来的第一个教训和第一个阶段,就是在新的道路上发展国家资本主义。在这方面现在取得了一些成绩,但也产生了从未有过的矛盾。我们还没有掌握这个领域。

第三个是,自从1921年春天我们不得不从社会主义建设退到国家资本主义之后,我们看到,调节商业和货币流通的问题已提上日程。不管我们怎样觉得商业领域距离共产主义很遥远,但正是在这个领域我们面临着一项特殊任务。只有完成了这一任务,我们才能着手解决极其迫切的经济需要问题。也只有这样,通过一条比较漫长然而比较可靠的、也是目前我们唯一走得通的道路,我们才能保证大工业有恢复的可能。

　　这就是我们在新经济政策问题上应该看清的主要之点。我们在解决这一政策的种种问题时，应当认清基本的发展路线，以便对现时我们在经济关系中所看到的表面上的混乱现象有清楚的认识。当前，在看到旧事物的破坏同时，我们还看到了新事物的仍很孱弱的幼苗，也常常看到我们的一些活动方式还不适应新的条件。我们既已提出提高生产力和恢复作为社会主义社会唯一基础的大工业的任务，我们就应当努力做到正确地对待这一任务，并且务必完成这一任务。

选自《列宁全集》第2版第42卷
第216—233页

论黄金在目前和
在社会主义完全胜利后的作用

（1921年11月5日）

　　庆祝伟大革命的纪念日，最好的办法是把注意力集中在还没有完成的革命任务上。现在，有一些根本性的任务革命还没有完成，要完成这些任务需要把握某种新的（同至今革命已经做到的相比）事物，在这种时候用上述办法来庆祝革命特别适当而且必要。

　　目前的新事物，就是我国革命在经济建设的一些根本问题上必须采取"改良主义的"、渐进主义的、审慎迂回的行动方式。这一"新事物"无论在理论上或实践上都引起了许多问题和疑虑。

　　理论问题是：在革命总的说来是胜利推进的条件下，在同一个领域里，在采取了许多最革命的行动之后，又转而采取非常"改良主义的"措施，这该怎样解释呢？这里有没有"放弃阵地"、"承认失败"或诸如此类的事情呢？我们的敌人，从半封建的反动分子到孟什维克或

　　列宁在文中结合新经济政策的实施，指出社会主义建设的实践中出现了马克思本人当年预见不到的新情况，必须创造性地运用马克思主义来解决俄国的实际问题。列宁用马克思主义的观点分析了在无产阶级掌握政权的条件下革命与改良的关系，指出在经济文化比较落后的俄国可以采用改良主义的办法来建设社会主义，所谓改良主义的办法，就是不摧毁旧的社会经济结构——商业、小经济、小企业、资本主义，而是活跃商业、小企业、资本主义，审慎地逐渐地掌握它们，对它们实行国家调节。苏维埃政权只有紧紧抓住商业这一环节，才能掌握整个历史事变的链条，否则就建不成社会主义社会经济关系的基础。

第二半国际[128]的其他骑士，当然说有。要是他们不假托各种理由或者不要任何理由就发出这样的叫嚣，那他们就不成其为敌人了。一切政党，从封建主到孟什维克，在这个问题上的惊人的一致，不过再一次证明所有这些政党对无产阶级革命来说确实是"反动的一帮"（顺便说一句，这正像1875年和1884年恩格斯给倍倍尔的信中所预见的一样[①]）。

但是，在朋友中间也有某种……"疑虑"。

我们要恢复大工业，组织大工业和小农业间的直接产品交换，帮助小农业社会化。为了恢复大工业，我们实行了余粮收集制，从农民那里借来一定数量的粮食和原料。这就是我们在1921年春天以前的三年多时间内所实行的方案（或方法、制度）。从直接和彻底摧毁旧社会经济结构以便代之以新社会经济结构的意义上说，这是完成任务的一种革命办法。

1921年开春以来，我们提出（还不是"已经提出"，只是刚刚"提出"，并且还没有充分意识到这一点）完全不同的、改良主义的办法来代替原先的行动的办法、方案、方法、制度。所谓改良主义的办法，就是不**摧毁**旧的社会经济结构——商业、小经济、小企业、资本主义，而是**活跃**商业、小企业、资本主义，审慎地逐渐地掌握它们，或者说，做到有可能**只在**使它们活跃起来的**范围内**对它们实行国家调节。

这是完成任务的另一种完全不同的办法。

与原先的革命办法相比，这是一种改良主义的办法（革命这种改造是最彻底、最根本地摧毁旧事物，而不是审慎地、缓慢地、逐渐地

①见《马克思恩格斯选集》第3卷人民出版社1972年版第27页和《马克思恩格斯全集》第1版第36卷第252—253页。——编者注

改造旧事物,力求尽可能少加以破坏)。

有人问,既然你们试用革命方法以后承认这种方法失败而改用改良主义方法,那岂不证明你们是在宣布革命就是根本错误的吗?那岂不证明根本不应该从革命开始,而应该从改良开始,并且只限于改良吗?

孟什维克和类似的人所作的就是这样的结论。但这种结论,不是政治上饱经"风霜"的人的诡辩和骗人伎俩,就是"初出茅庐"的人的幼稚无知。对于一个真正的革命者来说,最大的危险,甚至也许是唯一的危险,就是夸大革命作用,忘记了恰当地和有效地运用革命方法的限度和条件。真正的革命者如果开始把"革命"写成大写,把"革命"几乎奉为神明,丧失理智,不能极其冷静极其清醒地考虑、权衡和验证在什么时候、什么情况下、什么活动领域要善于采取革命的行动,而在什么时候、什么情况下、什么活动领域要善于改用改良主义的行动,那他们就最容易为此而碰得头破血流。要是真正的革命者失去清醒的头脑,异想天开地以为"伟大的、胜利的、世界性的"革命在任何情况下、在任何活动领域都一定能够而且应该用革命方式来完成一切任务,那他们就会毁灭,而且一定会毁灭(是指他们的事业由于内因而不是由于外因而失败)。

谁"异想天开"要这么干,那他就完了,因为他想在根本问题上干蠢事,而在激烈的战争(革命就是最激烈的战争)中干蠢事是要受到失败这种惩罚的。

凭什么说"伟大的、胜利的、世界性的"革命能够而且应该只采用革命的方法呢?这是毫无根据的。这样说是完全错误、绝对错误的。如果站在马克思主义立场上,从纯理论原理来看,这种说法的不正确是不言而喻的。我国革命的经验也证实了这种说法的不正确。从理论上看，在革命时期也和在其他任何时期一样，都会干出蠢事来。这是恩格斯说的①，他说得对。应该尽量少干蠢事，尽快地纠正已经干了的蠢事，尽量冷静地考虑：在什么时候，哪些任务可以用革命方法完成，哪些任务不能用革命方法完成。从我们自己的经验看：布列斯特和约63就是一个决非革命行动而是改良行动的例证，这种行动甚至比改良行动更糟，因为这是倒退行动，而改良行动通常是缓慢地、审慎地、逐渐地前进，而不是倒退。我们在缔结布列斯特和约时的策略的正确性，现在已得到充分的证实，大家都很清楚，一致公认，因此对这个问题用不着多讲。

我国革命充分完成了的只是资产阶级民主性的工作。我们完全有权以此自豪。在我国革命中，无产阶级的或者说社会主义的工作可以归纳为三大项：(1)通过革命手段退出世界帝国主义战争；揭露两个世界性的资本主义强盗集团的大厮杀并使这场战争**打不下去**；从我们方面说，这一点已经完全做到了；但是要从各方面都做到这一点，只有靠几个先进国家的革命。(2)建立苏维埃制度这一实现无产阶级专政的形式。有世界意义的转变已经完成。资产阶级民主议会制时代已经终结。世界历史的新的一章——无产阶级专政的时代已经开始。只不过苏维埃制度和无产阶级专政的各种形式还要靠许多国家来改进和完善。在这方面我们还有很多很多事情没有完成。如果看不到这一点，那是不可饶恕的。我们的工作还得不止一次地补做、改做或重做。今后在发展生产力和文化方面，我们每前进一步和每提高一步都必定要同时改善和改造我们的苏维埃制度，而现在我们在经济和文化方面水平还很低。我们有待于改造的东西很多，如果因此而

①见《马克思恩格斯选集》第2卷人民出版社1972年版第594页。——编者注

"面有愧色",那就荒谬绝顶了(如果不是比荒谬更糟的话)。(3)从经济上建设社会主义制度的基础。在这方面,最主要最根本的工作还没有完成。而这是我们最靠得住的事业,——无论从原则来看或从实践来看,也无论从俄罗斯联邦的现状来看或从国际方面来看,都是最靠得住的事业。

既然在打基础上最主要的工作还没有完成,那就应该把全部注意力放在这上面。这里的困难在于过渡的形式。

我在1918年4月《苏维埃政权的当前任务》一文中曾这样写道:"仅仅一般地做一个革命者和社会主义拥护者或者共产主义者是不够的。必须善于在每个特定时机找出链条上的特殊环节,必须全力抓住这个环节,以便抓住整个链条并切实地准备过渡到下一个环节;而在这里,在历史事变的链条里,各个环节的次序,它们的形式,它们的联接,它们之间的区别,都不像铁匠所制成的普通链条那样简单和粗陋。"①

当前,在我们所谈的这个活动领域里,这样的环节就是在国家的正确调节(引导)下活跃国内**商业**。在历史事变的链条中,在1921—1922年我国社会主义建设的各种过渡形式中,商业正是我们无产阶级国家政权、我们居于领导地位的共产党**"必须全力抓住的环节"**。如果我们**现在**能紧紧"抓住"这个环节,那么不久的将来我们就一定能够掌握**整个**链条。否则我们就掌握不了整个链条,建不成社会主义社会经济关系的基础。

这看起来很奇怪:共产主义与商业?!这是两种风马牛不相及、毫不相干、相去甚远的东西。但是,如果**从经济上**认真考虑一下,就会知

①见本书第112页。——编者注

道这二者之间的距离并不比共产主义同小农的、宗法式的农业的距离更远。

我们将来在世界范围内取得胜利以后，我想，我们会在世界几个最大城市的街道上用黄金修建一些公共厕所。这样使用黄金，对于当今几代人来说是最"公正"而富有教益的，因为他们没有忘记，怎样由于黄金的缘故，在1914—1918年"伟大的解放的"战争中，即在为了解决是布列斯特和约坏些还是凡尔赛和约[135]坏些这个重大问题的战争中，曾使1 000万人死于非命，3 000万人变成残废；怎样又是由于黄金的缘故，不知是在1925年前后还是在1928年前后，是在日美之间还是在英美之间的战争中，或者在诸如此类的战争中，一定还会使2 000万人死于非命，6 000万人变成残废。

但是，无论上述那种使用黄金的办法多么"公正"，多么有益，多么人道，我们仍然说：要做到这一点，我们还应当像1917—1921年间那样紧张、那样有成效地再干它一二十年，不过工作的舞台比那时要广阔得多。目前在俄罗斯联邦仍然应当爱惜黄金，卖黄金时要卖得贵些，用黄金买商品时要买得便宜些。和狼在一起，就要学狼叫。至于要消灭所有的狼（在一个合理的人类社会里理应如此），那我们就要照俄国一句精辟的俗话去做："上战场别吹牛，下战场再夸口……"

假定……**假定**在千百万小农旁边没有电缆纵横的先进的大机器工业，——这种工业按其技术能力和有组织的"上层建筑"以及其他伴生的条件来说，能够比从前更迅速更便宜更多地向小农提供优质产品——那么商业就是千百万小农与大工业之间唯一可能的经济联系。就世界范围来说，这种"假定"没有的东西**已经有了**，这个条件已经具备了，但是，某一个国家，而且是最落后的资本主义国家之一，在试图马上直接实现即实际建立工业和农业之间的这种**新**的联系时未能用"强攻"方法完成这项任务,现在就不得不采取一系列缓慢的、渐进的、审慎的"围攻"行动来完成这项任务。

掌握商业,引导商业,把它控制在一定的范围内,这是无产阶级国家政权能够做到的。现在举一个小例子,一个小小的例子。在顿巴斯,一方面由于国营大矿井劳动生产率提高,另一方面由于把小矿井出租给农民,经济已经开始活跃,虽然活跃的程度还很小,但无疑是活跃了。这样一来,无产阶级国家政权额外得到了一些为数不多的煤(对于先进国家来说,这个数量是微不足道的,然而在我国一贫如洗的情况下却是很可观的)。我们所得到的煤,假使成本是100%,而我们卖给国家机关是按120%,卖给私人是按140%(附带声明一下,这些数字完全是我随便举的,因为第一,我不知道确切的数字,第二,即使知道,我现在也不会公布)。看来我们**已开始**掌握——哪怕是规模极小——工农业之间的**流转**,掌握批发商业,掌握这样的任务:抓住现有的落后的小工业或被削弱被破坏了的大工业,在**目前的**经济基础上使商业活跃起来,使中等的普通的农民(他们是农民的多数,农民群众的代表,自发势力的体现者)感到经济上的活跃,利用这一点来更有步骤、更顽强、更广泛、更有效地进行恢复大工业的工作。

我们决不会受本能地轻视商业的"感情社会主义"或旧俄半贵族半农民的宗法情绪的支配。各种过渡经济形式都可以利用,而且既然有利用的必要,就**应该**善于利用它们来巩固农民同无产阶级的联系,立即活跃我们这个满目疮痍、受尽苦难的国家的国民经济,振兴工业,为今后采取各种更广泛更深入的措施如电气化等创造条件。

只有马克思主义才精确地正确地规定了改良同革命的关系,然而,马克思只能从一个方面,只能在无产阶级还没有在哪一个国家取得第一次稍微巩固、稍微持久的胜利的情况下看到这种关系。在这种情况下,正确关系的基础就是把改良看做无产阶级的革命阶级斗争的副产品。就整个资本主义世界来说,这种关系是无产阶级革命策略的基础,是一个起码常识,而第二国际卖身求荣的领袖们以及第二半国际半是迂腐、半是装腔作势的骑士们却歪曲和抹杀这种起码常识。无产阶级哪怕在一个国家取得胜利以后,在改良同革命的关系中就出现了某种新东西。从原则上说情况还和从前一样,但在形式上发生了变化。这种变化马克思本人当时是预见不到的,我们只有根据马克思主义的哲学和政治学说才能认识到。为什么我们能够正确地实行布列斯特的退却呢?因为我们已前进了相当远,有退却的余地。从1917年10月25日到签订布列斯特和约时为止,我们**在几个星期之内**以令人头晕目眩的速度建立了苏维埃国家,通过革命手段退出了帝国主义战争,完成了资产阶级民主革命,**即使**作了签订布列斯特和约这个大倒退,我们仍然保留了充分广阔的阵地,可以利用"喘息时机"再胜利前进,反击高尔察克、邓尼金、尤登尼奇、皮尔苏茨基、弗兰格尔。

无产阶级取得胜利以前,改良是革命的阶级斗争的副产品。取得胜利以后,改良在国际范围内仍然是一种"副产品",但对取得胜利的国家来说,如果经过极度紧张的斗争,实力显然不足以用革命手段来实行某种过渡,那么改良又是一种必要的、合理的喘息时机。胜利提供了很多"后备力量",我们即使被迫退却也能坚持下去,无论在物质方面或精神方面都能坚持下去。所谓在物质方面坚持下去,就是保持兵力的充分优势,使敌人不能彻底打垮我们。所谓在精神方面坚持下去,就是不使自己精神沮丧,组织瓦解,仍保持对情况的清醒估计,保持饱满的精神和坚强的意志,退得虽远但退得适度,能及时停下来并重新转入进攻。

　　我们已经退到了国家资本主义。但我们退得适度。现在我们正退到由国家调节商业。但我们会退得适度的。现在已经有一些迹象可以使人看到退却的终点了,可以使人看到在不很久的将来停止这种退却的可能性了。这次必要的退却进行得愈自觉,愈协调,成见愈少,那么,我们就会愈快停止退却,而随后的胜利进击就会愈有把握,愈迅速,愈波澜壮阔。

1921年11月5日

选自《列宁全集》第2版第42卷
第244—252页

关于工会在新经济政策条件下的作用和任务的提纲草案[146]（节选）

（1921年12月30日—1922年1月4日）

俄共中央全会1921年12月28日审议了关于工会在新经济政策条件下的作用和任务的问题。会上听取了鲁祖塔克、安德列耶夫、施略普尼柯夫三位同志的报告（原定的卢托维诺夫同志的报告由于没有及时通知报告人而没有作）。经过交换意见，决定把鲁祖塔克和安德列耶夫两位同志的提纲草稿（加上列宁同志的补充）交给由他们两人组成的委员会，委托该委员会拟出提纲草案，提交政治局审批。

（**在**委员会和政治局批准该草案**后**对这段话还要补充几句。）

草　　案

1. 新经济政策和工会

新经济政策使无产阶级的状况、因而也使工会的状况发生了一

列宁在草案中简要阐述了实行新经济政策的目的和意义，指出在这一过程中，工会最主要的任务之一就是要从各方面全力维护工人阶级和劳动群众的利益。苏维埃俄国的一切政治经济工作都是由工人阶级的先锋队共产党来领导的，工会应当成为国家政权最亲密的、不可缺少的合作者。工会是共产主义的学校，也是劳动者学习管理社会主义工业的学校。联系群众是工会一切工作的基本条件。

些重大的变化。发生这些变化,是由于目前共产党和苏维埃政权在从资本主义向社会主义过渡的整个政策上实行特殊的过渡办法,在许多方面采取和以前不同的方式,用所谓"新的迂回方法"来夺取一些阵地,实行退却,以便更有准备地再转入对资本主义的进攻。比如说,现在不但容许而且还发展由国家调节的自由贸易和资本主义,而另一方面,国营企业也在改行所谓经济核算,实际上就是在相当程度上实行商业的和资本主义的原则。

2. 无产阶级国家中的国家 资本主义和工会

无产阶级国家在不改变其本质的情况下,可以容许贸易自由和资本主义的发展,但只是在一定限度内,而且要以国家调节(监察、监督、规定形式和规章等等)私营商业和私人资本主义为条件。这种调节能否成功,不仅取决于国家政权,而且更取决于无产阶级和全体劳动群众的成熟程度以及文化水平等等。即使这种调节十分成功,劳资之间阶级利益的对立无疑还是存在的。因此,今后工会最主要的任务之一,就是在无产阶级同资本作斗争时从各方面全力维护无产阶级的阶级利益。这项任务应当公开提到一个极重要的地位,工会的机构应当作相应的改组、改变或扩充,应当设立,或确切些说,应当着手设立罢工基金等等。

3. 改行所谓经济核算的国营企业和工会

国营企业改行所谓经济核算,同新经济政策有着必然的和密切的联系,而且在最近的将来,这种企业即使不会成为唯一的一种,也必定会是主要的一种。在容许和发展贸易自由的情况下,这实际上等于让国营企业在相当程度上改行商业的即资本主义的原则。由于迫切需要提高劳动生产率,使每个国营企业扭亏为盈,由于必然会产生本位利益和过于热衷本位利益的现象,这样做难免造成工人群众同国营企业的经理即管理人员或同企业主管部门在利益上的某种对立。因此,即使在国营企业中,工会也义不容辞应维护无产阶级和劳动群众的阶级利益,使之不受雇用他们的人侵犯。

4. 无产阶级在承认土地工厂等的私有制、由资本家阶级掌握政权的国家中进行的阶级斗争同在不承认土地和多数大企业的私有制、由无产阶级掌握政权的国家中进行的阶级斗争之间的重大区别

只要阶级存在,阶级斗争就不可避免。在从资本主义到社会主义的过渡时期,必然存在着阶级。俄共纲领十分明确地指出:我们现在还只是在采取最初步骤从资本主义向社会主义过渡。因此共产党也好,苏维埃政权也好,工会也好,都应当公开承认:只要工业和农业

的电气化还没有完成(哪怕是基本完成),只要小经济和市场统治的一切根子还没有因此而被铲除,阶级斗争就会存在,而且不可避免。因此,目前我们决不能放弃罢工斗争,不能在原则上同意实行用强制的国家调解代替罢工的法律。

另一方面,在资本主义制度下,罢工斗争的最终目的显然是破坏国家机构,推翻现有的、阶级的国家政权。而在我们这种过渡型的无产阶级国家中,罢工斗争的最终目的只能是通过同这个国家的官僚主义弊病,同它的错误和缺点,同资本家力图逃避国家监督的阶级野心等等作斗争,来巩固无产阶级国家和无产阶级的国家政权。因此,无论共产党、苏维埃政权或工会都决不能忘记,而且也不应当向工人和劳动群众隐瞒:在无产阶级掌握国家政权的国家里采取罢工斗争,其原因只能是无产阶级国家中还存在着官僚主义弊病,在它的机构中还存在着各种资本主义旧残余,这是一方面;另一方面,是由于劳动群众政治上不开展和文化上落后。既然法院和其他一切国家机关都是由劳动者自己在阶级基础上建立的,而把资产阶级排除在选民之外,那么,解决劳资之间、受雇者和雇用者之间的冲突,应当愈来愈多地采取由劳动者直接投诉国家机关这种正常的方式。

5. 恢复工会的自愿入会制

把所有工人强行登记为工会会员的做法,既不符合工业社会化实际达到的水平,也不符合群众的觉悟水平。此外,强制入会的做法还使工会产生了某种程度的官僚主义弊病。必须在相当长的时期内坚决恢复自愿入会的做法。对工会会员决不能要求具有一定的政治观点;在这一点上,也和对待宗教的问题一样,工会应当是非党的。对于无产阶级国家中的工会会员,只应要求他们懂得同志纪律,懂得工人团结起来捍卫劳动者的利益和忠于劳动者政权即苏维埃政权的必要性。无产阶级国家应当从权利上和物质上鼓励工人参加工会组织。但是工会如果不尽义务,就不应当有任何权利。

6. 工会和企业管理

无产阶级取得国家政权以后,它的最主要最根本的需要就是增加产品数量,大大提高社会生产力。这项在俄共纲领上已经明确提出的任务,今天由于战后的经济破坏和饥荒而变得格外紧迫了。因此,在恢复大工业方面必须尽速取得尽可能扎实的成绩,没有这个条件,劳动摆脱资本桎梏这整个解放事业就不可能获得成功,社会主义就不可能获得胜利。但是要取得这样的成绩,在俄国目前的环境下,又绝对需要把全部权力集中在工厂管理机构手中。这些通常按个人管理制原则组成的管理机构,在享有最大的机动自由、极其严格地检查在提高生产和扭亏增盈方面的实际成绩、十分认真地选拔最优秀最能干的行政管理人员等等条件下,应当独立地处理规定工资数额以及分配纸币、口粮、工作服和其他种种供应品的工作。

在这种情况下,工会对企业管理进行任何直接干预都必须认为是绝对有害的,不能允许的。

但是把这一无可争辩的真理解释成工会不得参加社会主义的工业组织和国营工业的管理,那就完全错了。在以下几种严格规定的形式下,工会的参加是必要的。

7. 工会的作用和工会怎样参加无产阶级 国家的经济机关和国家机关

无产阶级是正在从资本主义向社会主义过渡的国家的阶级基础。在一个小农占极大优势的国家里,无产阶级只有非常巧妙地、谨慎地和逐渐地同绝大多数农民结成联盟,才能顺利完成过渡这一任务。在我国,国家政权的一切政治经济工作都由工人阶级觉悟的先锋队共产党领导,工会应当是国家政权最亲密的和不可缺少的合作者。工会一般说来是共产主义的学校,尤其应当是全体工人群众以至全体劳动者学习管理社会主义工业(以后也逐渐管理农业)的学校。

根据这些原则,应当为工会参加无产阶级国家经济机关和国家机关规定以下几种基本形式:

(1)工会用推荐候选人、提供咨询的方式参与一切经济机关以及同经济有关的国家机关的人事安排;工会也参加这些机关,但不是直接参加,而是通过由它们推举并经共产党和苏维埃政权批准的领导人选来参加,这些人选包括最高一级国家机关的委员、经济部门的委员、工厂管理机构的委员(在实行这种集体管理制的单位),还有行政管理人员及其助手,等等。

(2)工会最重要的任务之一,就是从工人和一般劳动群众中提拔和培养行政管理人员。目前这种工业行政管理人员,完全称职的我们有几十个,比较称职的有几百个。但是不久我们就需要有几百个完全称职和几千个比较称职的行政管理人员。工会应当远比现在更细致更坚持不懈地系统登记一切有能力担任这种工作的工人和农民,从各方面切实认真地检查他们学习管理工作的成绩。

(3)工会参加无产阶级国家一切计划机关的工作同样重要。除了参加一切文化教育工作和生产宣传工作之外,工会的这一活动应当能够更广泛更深入地吸引工人阶级和劳动群众参加国家的整个经济建设,使他们熟悉经济生活的整个情况,熟悉工业从采购原料到销售产品的全部工作,使他们更具体地了解国家统一的社会主义经济计划和实现这一计划同工农的实际利害关系。

(4)在建设社会主义和参加工业管理方面,工会工作的一个必要组成部分就是制定工资标准和供给标准等。特别是纪律审判会应当不断加强劳动纪律,不断改进加强劳动纪律和提高生产率的文明工作方法,但决不可干涉人民法院和管理机构的职权。

以上列举的工会在社会主义经济建设中几项最重要的职能,当然还应当由工会和苏维埃政权的有关机关作出详细规定。最重要的是,工会要自觉地坚决地放弃对管理工作进行没有准备的、外行的、不负责任的、危害不浅的直接干预,而去进行顽强的、切实的、预计需要做许多年的工作:**实地训练**工人和全体劳动者**管理**全国的国民经济。

8. 联系群众是工会一切工作的基本条件

联系群众,也就是联系大多数工人以至全体劳动者,这是工会任何一项工作取得成绩的最重要最基本的条件。工会组织及其机关从下级到最上级,应当培养出一批负责同志,并在多年的实践中加以考察,这些负责同志不一定都是共产党员,他们应当生活在工人群众之中,非常熟悉他们的生活,能够在任何时候任何问题上正确无误地判断群众的情绪,判断他们真正的需要、愿望和想法,能够不带半点虚假拔高成分来确定群众的觉悟程度,确定这样那样的旧偏见和旧残余对他们的影响有多大,能够用同志的态度对待群众、关心满足群众的要求,以此赢得群众的无限信任。对于一个人数不多的共产党来说,对于一个作为工人阶级的先锋队来领导一个大国在暂时没有得到较先进国家的直接援助的情况下向社会主义过渡的共产党来说,最严重最可怕的危险之一,就是脱离群众,就是先锋队往前跑得太远,没有"保持排面整齐",没有同全体劳动大军即同大多数工农群众保持牢固的联系。一家拥有优良发动机和第一流机器的上等工厂,如果发动机和机器之间的传动装置坏了,那就不能开工,同样,如果共产党和群众之间的传动装置——工会位置摆得不正或工作得不正常,那我们的社会主义建设就必然遭殃。这个道理,仅仅加以解释、提醒、论证是不够的,还应当从组织上把它落实到工会的一切机构中,落实到工会的日常工作中。

9. 在无产阶级专政下工会处境的矛盾

按照以上的论述,工会各项任务之间就产生了一系列矛盾。一方面,工会的主要工作方法是说服教育;另一方面,工会既然是国家政权的参加者,就不能拒绝参加强制。一方面,工会的主要任务是维护劳动群众的利益,而且是最直接最切身这种意义上的利益;另一方面,工会既然是国家政权的参加者和整个国民经济的建设者,就不能拒绝实行压制。一方面,工会应当按照军事方式来工作,因为无产阶级专政是一场最残酷、最顽强、最激烈的阶级战争；另一方面，正是工会最不宜采用专门适合军事的工作方法。一方面，工会要善于适应群众，适应群众当时的水平；另一方面，工会又决不应当姑息群众的偏见和落后，而要坚持不懈地提高他们的水平，如此等等。

这些矛盾不是偶然的，而且不是在几十年的时间内所能消除的。因为第一，这是一切学校所固有的矛盾。而工会是共产主义的学校。没有几十年的时间，休想使大多数劳动者达到高度发展水平，从而能把成人"学校"的痕迹和回忆统统抹掉。第二，只要资本主义和小生产的残余还存在，在整个社会制度中这些残余和社会主义幼芽之间的矛盾就不可避免。

由此可以得出两个实际结论。第一个结论：工会要有效地进行工作，仅仅正确地理解工会的任务、仅仅有适当的机构设置是不够的，还必须有特殊的机智，善于在各种具体场合用不同的方式对待群众，在文化、经济和政治方面把群众提高一步，而又能尽量减少摩擦。

第二个结论：上述种种矛盾必然会引起冲突、不协调和摩擦等现象。因此必须有一个相当权威的上级机关及时地解决这类问题。这种机关就是共产党和各国共产党的国际联合组织共产国际[13]。

10. 工会和专家

关于这个问题的基本原则已经在俄共纲领中阐明。但是，如果不经常注意事实，不看这些原则贯彻到什么程度，那么这些原则还会停留在纸上。最近就有这样的事实：第一，不仅在乌拉尔的而且在顿巴斯的社会化矿山中,都发生了工人打死工程师的事件;第二,莫斯科自来水厂总工程师弗·瓦·奥登博格尔自杀。①

造成这种现象,共产党和整个苏维埃政权的责任当然要比工会大得多。但是现在的问题不是要确定政治责任的大小,而是要作出一定的政治结论。我们一切领导机关,无论是共产党、苏维埃政权还是工会,如果不能做到像爱护眼珠那样爱护一切勤恳工作、精通和热爱本行业务的专家(尽管他们在思想上同共产主义完全格格不入),那么社会主义建设事业就不可能取得任何重大的成就。在没有达到共产主义社会最高发展阶段以前,专家始终是一个特殊的社会阶层,我们应该使专家这个特殊的社会阶层在社会主义制度下比在资本主义制度下生活得更好,不仅在物质上和权利上如此,而且在同工农的同志合作方面以及在思想方面也如此,也就是说,使他们能从自己的工作中得到满足,能意识到自己的工作不再受资本家阶级私利左右而有益于社会。这一切我们还不能很快办到,但无论如何一定要办到。如果某个主管部门在保障专家的各种需要、鼓励优秀的专家、维护他们的利益等方面工作无计划,没有取得实际效果,那么,谁也不会承认这个部门办得还不坏。工会应当不是着眼于本部门的利益,而是着眼于劳动和国民经济整体的利益,来进行所有这些工作(或者经常参加各部门的有关工作)。在专家问题上,工会担负着一项极其艰巨的任务,就是要经常教育广大劳动群众同专家建立正确的相互关系,只有这样做才能收到真正重大的实际效果。

---

① 请看1922年1月3日《真理报》关于此事的报道:((援引该报第4版《新闻栏》报道的全文))。147

11. 工会和小资产阶级对工人阶级的影响

工会只有把极广大的非党工人群众联合起来,才算是真正的工会。这样一来,作为资本主义残余和小生产的上层建筑的政治影响,必然会在工会中相当稳固地存在,在一个农民占极大优势的国家里尤其如此。这是一种小资产阶级的影响,也就是说,一方面是社会革命党-孟什维克(第二国际和第二半国际[128]各党在俄国的变种)的影响,一方面是无政府主义的影响。只有在这些流派中还有那么一些人不是出于自私的阶级动机而是在思想上维护资本主义,继续相信他们所鼓吹的一般的"民主"、"平等"和"自由"具有超阶级的含义。

正是应当用上述社会经济原因而不是用个别集团的作用,更不是用个别人物的作用,来解释为什么我们工会中还存在着现在这种小资产阶级思想的残余(有时甚至是复苏)。因此,共产党和领导文化教育工作的苏维埃机关以及工会中的全体共产党员,都应当更加重视同工会中的小资产阶级的影响、思潮和倾向进行思想斗争,尤其是在新经济政策不能不在某种程度上加强资本主义的时候。为了对抗资本主义的加强,加紧抵制小资产阶级对工人阶级的影响是十分必要的。

选自《列宁全集》第2版第42卷
第365—376页

关于司法人民委员部
在新经济政策条件下的任务[148]

给德·伊·库尔斯基的信（节选）

1922年2月20日

库尔斯基同志：

司法人民委员部的工作看来还完全不适应新经济政策。

以前,苏维埃政权的战斗机关主要是陆军人民委员部和全俄肃反委员会[149]。现在战斗性**特别**强的职能则由司法人民委员部承担。遗憾的是,看不出司法人民委员部的领导人和主要工作人员已经理解了这一点。

加紧惩治苏维埃政权的政治敌人和资产阶级代理人(**特别是孟什维克和社会革命党人**[27]);由革命法庭和人民法院采取最迅速、**最符合革命要求的**方式加以惩治;在莫斯科、彼得格勒、哈尔科夫和其他一些最重要的中心城市必须安排一批**示范性**审判(在从速从严惩治方面,在法院和报刊向人民群众**说明**这些审判的意义方面作出示范);通过党对人民审判员和革命法庭成员施加影响,以改进审判工作和加紧惩治;——这一切应当经常地、坚持不懈地进行,并且必须

列宁在信中要求加强司法工作,惩治苏维埃政权的政治敌人和滥用新经济政策的犯罪行为,维护社会主义法律的严肃性,作好法制宣传,为新经济政策的实施创造良好的法制环境。

执行汇报制度(汇报要简明扼要,用电报文体,但要实事求是,准确无误,并且一定要用统计数字说明司法人民委员部怎样惩办和怎样学习惩办在我们队伍中占多数的、只会讲空话和摆架子而不会工作的"共产主义"坏蛋)。

司法人民委员部在保证**新经济政策**实施方面的战斗职能同样重要,因而它在这方面的软弱无能和精神不振更加令人愤慨。现在看不出他们已经理解到:我们过去承认和今后也要承认的只是**国家资本主义**,而国家就是我们,就是我们有觉悟的工人,就是我们共产党员。因此,应当认为有些共产党员是毫无用处的共产党员,他们不**像我们那样理解国家概念和国家任务**,根本不理解自己的任务是限制、制止、监督、当场抓住犯罪行为,是狠狠地惩办**任何超越国家资本主义范围的资本主义**。

在这方面,正是司法人民委员部和人民法院肩负着战斗性特别强、责任特别重大的任务。然而看不出他们对此有所理解。报纸上对滥用**新经济政策**的现象议论纷纷。这种现象多不胜数。

可是,对惩办滥用新经济政策的坏蛋的**示范性审判**,什么地方有过议论呢?没有,因为并没有进行过这类审判。司法人民委员部"忘记了":这是它的事情;没有能督促、推动、整顿人民法院的工作,没有能教会它们**无情地(直至枪决)和迅速地惩办**滥用新经济政策的人,而这正是司法人民委员部的职责。**它**要对此负责。在这方面一点也看不到司法人民委员部的生气勃勃的工作,因为它根本没有这样做。

审判的教育意义是巨大的。我们是否关心过这件事呢?是否考虑过实际效果呢?没有,而这却是整个司法工作的起码常识。

对共产党员的惩办应比对非党人员加倍严厉,这同样是起码常识,而司法人民委员部对此同样漠不关心。

沙皇时代是根据胜诉的百分比来撤换或提升检察官的。我们从沙皇俄国学到了最坏的东西,也就是简直要把我们窒息死的官僚主义和奥勃洛摩夫习气[124],可是**高明的东西**却没有学到手。对司法人民委员部的每一个部务委员和每一个工作人员进行鉴定应当依据他的履历,先问问他:在你监禁的共产党员中有几个判刑比犯同样过失的非党人员更重?你监禁了多少个犯有官僚主义和拖拉作风罪过的官僚主义者?你把多少个滥用**新经济政策**的商人判处了枪决,或者处以其他并非儿戏的(像在莫斯科在司法人民委员部鼻子底下经常发生的那样)惩罚?你无法回答这个问题吗?——那就是说你是个不干正事的人,这种人由于"共产党员的空谈"和"共产党员的狂妄自大"应当驱逐出党。

目前正在制定新的民法。司法人民委员部在"随波逐流",这种情况我看得出来。可是它是应当**同**潮流作斗争的。不要因袭(确切点说,不要被那些昏庸的资产阶级旧法学家所愚弄,他们总是因袭)陈旧的、资产阶级的民法概念,而要创造新的。不要受"因职责关系"沿用"适合欧洲"的行动方式的外交人民委员部的影响,而要同这种行动方式**作斗争**,制定**新的**民法,确定对"私人"契约的新的态度,等等。我们不承认任何"私人"性质的东西,在我们看来,经济领域中的**一切**都属于**公法**范畴,而不是什么私人性质的东西。我们容许的资本主义**只是**国家资本主义,而国家,如上所述,就是我们。因此必须:对"私法"关系更广泛地运用国家干预;扩大国家废除"私人"契约的权力;不是把罗马法典,而是把**我们的革命的法律意识**运用到"民事法律关系"上去;通过一批示范性审判来经常地、坚持不懈地表明应当**怎样**动脑筋、花力气做这件事;通过党来抨击和撤换那些不学习这个本事和不愿理解这一点的革命法庭成员和人民审判员。

如果司法人民委员部不立即振作起来,不立即全力以赴地承担起战斗任务,走上新的轨道,就会在热那亚会议[150]面前(也在全世界面前)声誉扫地。

建议您:

1.向司法人民委员部全体部务委员宣读我的信;

2.召集100—200名从事民法、刑法和国家法实际工作的人,都要共产党员,向他们宣读我的信;

3.禁止乱谈此事(此信),违者给予党纪处分,因为向敌人泄露我们的战略是愚蠢的;

4.让一些在法院和司法人民委员部工作的、完全同意本信精神的共产党员就这些问题在报刊上发表一些文章,作一些公开的专题报告;

5.组织全体部务委员(尽可能也包括在司法人民委员部系统担任重要职务的其他共产党员)分工**负责**:

(1)新**民**法的各个部分(这是**特别**重要**和最为**重要的)

(2)刑法的各个部分

(3)国家法

　　和政治法的各个部分 ⎫ 迫切性稍小

(4)在上述中心城市安排和进行若干有声势的、**有教育意义的**示范性审判

(5)对人民法院和革命法庭进行切实有效的而不是有名无实的监督,使它们真正能够既对苏维埃政权的政治敌人**加紧惩治**(如果不加紧惩治,司法人民委员部就是**头号罪犯**),也对**滥用新经济政策的人加紧惩治**。

做生意吧，发财吧！我们允许你这样做，但是我们将**加倍**严格地要求你做老实人，呈送真实准确的表报，不仅要认真对待我们共产主义法律的条文，而且要认真对待它的**精神**，不得有**一丝一毫**违背我们的法律，——这些就应当是司法人民委员部在**新经济政策**方面的基本准则。如果司法人民委员部不能够使我们这里的资本主义成为"训练有素的"、"循规蹈矩的"资本主义，如果司法人民委员部不能用一批示范性审判证明它**善于**抓住违反以上规定的行为，并且不是用罚款一两亿这样一种蠢得丢人的"共产党员的愚笨"办法，而是**用判处枪决的办法**来**进行惩办**，那么，司法人民委员部就毫不中用，那时我就认为自己有责任要求中央撤换司法人民委员部的负责工作人员。

司法人民委员部全体部务委员按上述任务分工的情况，请尽快通知我，使我能十分准确地知道（除人民委员负责**全盘**工作外）究竟是谁负责**民**法（其次是刑法等等）的某某部分，谁负责进行示范性审判（每一个部务委员都应当通过安排和进行**若干**示范性审判来显显**身手**），谁负责切实监督某个省或莫斯科某个区的革命法庭和人民法院以及法院侦查人员等等的工作。

不是把"各部分"分隔开来，也不是就此采取官僚主义的不闻不问态度，而是要使每一个参加部务委员会的**共产党员**都亲自负责某一项生动的革命工作，——这就是人民委员应当做到而且应当证明他能够做到的事。

人民委员会主席

弗·乌里扬诺夫（列宁）

选自《列宁全集》第2版第42卷
第424—429页

俄共(布)中央委员会
政治报告(节选)

(1922年3月27日)

    主要问题当然是新经济政策。整个报告年度就是在新经济政策的标志下度过的。如果说我们这一年取得了什么重大的和不可剥夺的成就(对这一点我还不那么深信无疑),那也不过是从开始实行这个新经济政策方面学到了一些东西。尽管我们学到的东西不多,可是我们这一年确实在新经济政策方面学到了很多东西。至于我们是否真正学会以及学会了多少,这大概就要由后来发生的很少以我们意志为转移的事情来检验,比如由当前面临的财政危机来检验。我觉得,在我国新经济政策问题上主要应当注意如下三点,这是讨论如何吸取上一年的经验、如何为下一年提供实际教训的基础。

本文是《俄共(布)第十一次代表大会文献》之二。列宁在报告中总结了一年来执行新经济政策的三点经验:(1)用新经济政策来检验无产阶级政权是否真正做到了把新经济同农民经济结合起来,这种结合是新经济政策的意义和政策基础之所在;(2)通过国营企业同资本主义企业的竞赛来检验共产党人的经营管理水平,新经济政策的关键,就是促进共产党人努力提高管理经济工作的能力;(3)充分运用无产阶级掌握的政治权力和经济手段,学会管理的本领,合理地利用和限制国家资本主义,使之为社会主义服务。列宁还论述了资本主义制度下的国家资本主义和无产阶级专政条件下的国家资本主义的根本区别,指出,对后一种国家资本主义,任何理论、任何著作都没有探讨过,连马克思也没有对此写下只言片语,一切都要靠共产党人同人民群众一起在实践中进行探索。

第一,新经济政策对我们之所以重要,首先是因为它能够检验我们是否真正做到了同农民经济的结合。在我国革命发展的前一时期,全部注意力和全部力量主要放在或者说几乎都放在抵抗入侵的任务上,我们不可能很好地考虑这种结合,还顾不上这一点。那时我们刻不容缓的万分紧急的任务,是如何防止立刻被世界帝国主义的强大势力扼杀的危险,因此,在某种程度上忽略这种结合是可以的,也是应该的。

转向新经济政策,这是上次代表大会[151]完全一致通过的,而且比我们党决定其他问题时更加一致(应当承认,一般说来我们党是非常一致的)。这种一致表明,通过新的途径来建设社会主义经济已经绝对必要了。在许多问题上有分歧、以不同观点来估计形势的人们,都一致地、非常迅速地、毫不犹豫地得出结论说,我们还没有找到建设社会主义经济、建立社会主义经济基础的真正途径,但我们有找到这种途径的唯一办法,这就是实行新经济政策。由于军事事态的发展,由于政治事态的发展,由于旧的文明西方的资本主义的发展和各殖民地的社会条件和政治条件的发展,我们不得不在我国还是经济最落后的国家,至少是最落后的国家之一的时候,首先在资本主义旧世界打开一个缺口。我国绝大多数农民都经营着小个体经济。我们把我们制定的建设共产主义社会的纲领中可以立刻实现的东西先建立起来,因而在某种程度上脱离了广大农民群众中所发生的情况,我们把很重的负担加在他们身上,理由是战争不容许我们在这方面有丝毫犹豫。从整体上说,这个理由农民是接受了的,虽然我们犯了一些无法避免的错误。总的说来,农民群众看到并且懂得,为了保卫工农政权不被地主推翻,为了不致被可能夺走全部革命成果的资本主义入侵所扼杀,他们肩负起这些重担是必要的。但当时在国有化、社会化的工厂和国营农场中建立起来的经济没有同农民经济结合起来。

这一点我们在上次党代表大会上就看清楚了。这一点我们看得很清楚，所以在新经济政策势在必行这个问题上，党内没有发生过任何摇摆。

看看国外俄国各党派大量出版的报刊对我们这个决定的各种评价，真觉得好笑。这些评价几乎没有区别。他们生活在往事的回忆里，现在还一再说左派共产主义者[74]至今仍在反对新经济政策。他们在1921年回忆着1918年的事情，回忆连我们这里的左派共产主义者自己都已忘记的事情，他们至今还在反复唠叨这一点，硬说这些布尔什维克自然是狡猾撒谎之徒，说他们向欧洲隐瞒内部的意见分歧。读到这些话，心里就会想：就让他们执迷不悟吧！既然他们对我们的情况持这种看法，那就可以根据这点看出这些现在逃往国外的似乎极有教养的旧人物的认识程度了。我们知道，我们没有任何意见分歧，之所以没有，是因为大家都很清楚，有实际必要通过另一种途径来建立社会主义经济的基础。

我们试着建立的新经济并没有同农民经济结合起来。现在是否结合了呢？还没有。我们只是开始寻求这种结合。我们的报刊现在还常常到处探寻新经济政策的意义，但是找的不是地方，其实新经济政策的全部意义就在于而且仅仅在于：找到了我们花很大力量所建立的新经济同农民经济的结合。我们的功绩就在这里。不然，我们就不成其为共产党人革命家了。

我们不顾一切旧事物，完全按照新的方式开始建设新经济。如果我们不开始建设新经济，那我们在头几个月或头几年就被打垮了。但这并不是说，我们要固执己见，认为我们既然无所畏惧地开始了新经济的建设，那就非这样干下去不可。这有什么根据呢？没有任何根据。

我们一开头就说过,我们要进行的是崭新的事业,如果资本主义比较发达的国家的工人同志不能很快地来帮助我们,我们的事业就会遇到极大的困难,一定会犯许多错误。主要的是应该善于清醒地看出在什么地方犯了这样的错误,接着一切从头做起。既然不是一两次,而是很多次地不得不一切从头做起,那这正说明我们没有成见,我们是用冷静的眼光来看待自己肩负的世界上最伟大的任务的。

在新经济政策问题上,现在主要是要正确地吸取过去一年的经验。应该这样做,我们也愿意这样做。如果我们想务必做到这一点(我们是想做到这一点,而且一定会做到!),那就应该知道,新经济政策的基本的、有决定意义的、压倒一切的任务,就是使我们开始建设的新经济(建设得很不好,很不熟练,但毕竟已在完全新的社会主义经济,即新的生产和新的分配的基础上开始建设)同千百万农民赖以为生的农民经济结合起来。

以前没有这种结合,所以现在我们首先要建立这种结合。一切都应当服从于这种打算。我们还应该弄清楚,新经济政策在多大程度上能做到既建立这种结合,又不破坏我们在不熟练的情况下开始建设的东西。

我们在同农民一道建设自己的经济。我们要一次次地改造这种经济,并把它组织得能使我们在大工业和农业中的社会主义工作同每个农民从事的工作结合起来,农民是能怎么干就怎么干,只求摆脱贫困,而且是会怎么干就怎么干,决不卖弄聪明(因为他们要摆脱惨遭饿死的直接威胁,哪里还顾得上卖弄聪明呢?)。

要让人看到这种结合,让我们清楚地看到它,让全体人民看到它,让全体农民群众都看到,他们现在空前破产、空前贫穷的艰难困苦的生活同人们为了远大的社会主义理想而进行的工作之间是有联系的。要做到让每一个普通劳动者都了解,他的境况得到了某种改善,而且这种改善与地主当政时代、资本主义时代少数农民境况的改善不同,那时每一点改善(改善无疑是有的,甚至很大)都是同对庄稼人的讥笑、侮辱和嘲弄分不开的,是同对群众的暴行分不开的,这一点俄国哪个农民也没有忘记,再过几十年也不会忘记。我们的目的是恢复这种结合,用行动向农民证明,我们是从农民所理解、所熟悉、目前在他们极其贫困的境况下办得到的事情做起,而不是从在农民看来是遥远的、空想的事情做起;证明我们能够帮助农民,共产党人在眼下小农破产、贫困、挨饿的困难时刻,正在实际帮助他们。要么我们能证明这一点,要么就被农民撵走。这是完全不可避免的。

这就是新经济政策的意义,这就是我们全部政策的基础。这是我们过去一年来实施新经济政策的主要教训,也可以说是我们下一年度的主要政治准则。农民是在贷款给我们,他们有了过去的经历,当然不会不给。农民大都同意这样做:"好,既然你们不会,那我们就等一等吧,也许你们会学会的。"但是这种贷款不会是取之不尽的。

应该明白这一点,并且借了钱总得抓紧学。要知道,农民国家不再贷款给我们的日子快到了,那时,如果用一句商业术语来说,农民就会要求现金交易了。"最敬爱的执政者,时间虽然拖延了好几个月、好几年,但你们现在终于找到了帮助我们摆脱贫困、饥饿和破产的最正确最可靠的办法。你们学会了,你们已经证明这一点。"这就是我们一定要经受的一次考试,归根到底这次考试将决定一切,既决定新经济政策的命运,也决定俄国共产主义政权的命运。

我们能不能完成我们眼前要做的事情呢?这种新经济政策是否有点用处呢?既然退却是正确的,那么,在退却之后同农民群众汇合起来一道前进,虽然缓慢百倍,却能坚定地稳步前进,使他们随时看到我们毕竟在前进。那时我们的事业就一定会立于不败之地,世界上任何力量都不能战胜我们。第一个年头已经过去了,我们至今还没有达到这一点。这是应当直率地说清楚的。但我深信(我们的新经济政策使我们能够十分明确肯定地作出这个结论),只要我们充分认识到新经济政策所包含的巨大危险,用我们的全部力量去克服薄弱环节,我们就一定能够完成这个任务。

同农民群众,同普通劳动农民汇合起来,开始一道前进,虽然比我们所期望的慢得多,慢得不知多少,但全体群众却真正会同我们一道前进。到了一定的时候,前进的步子就会加快到我们现在梦想不到的速度。依我看,这就是新经济政策的第一个基本的政治教训。

第二个是较为局部的教训,就是通过国营企业同资本主义企业的竞赛来进行检查。现在我们正在建立合营公司——关于合营公司我下面还要略微谈一谈——这些公司也和我们的全部国营商业以及整个新经济政策一样,都是我们共产党人运用商业方法,资本主义方法的表现。这些公司还有另一种意义,就是资本主义的办法和我们的办法进行实际竞赛。请作实际的比较吧!我们过去写了纲领,许了诺言。这在当时是完全必要的。没有纲领和诺言就不能发动世界革命。如果白卫分子,包括孟什维克在内,为这一点骂我们,那只说明孟什维克以及第二国际、第二半国际[128]的社会党人根本不懂得革命是怎样发展的。不经过这个过程,我们就无从着手。

但目前的情况是,我们应当对自己的工作进行认真的检查,不过不是通过那些正在由共产党员建立的监察机关来检查,虽然这些监察机关非常好,虽然在苏维埃机关系统中,在党的机关系统中都设有这种监察机关,虽然它们几乎可以说是理想的监察机关,这种检查从农民经济的实际需要看来是可笑的,但从我们的建设来看决不可笑。我们现在正在建立这些监察机关,但我这里说的不是这种检查,而是一种着眼于民众经济的检查。

资本家会做供应工作。他们做法恶劣,像强盗那样行事,他们侮辱我们,掠夺我们。这一点连不谈论共产主义(因为不知道共产主义是怎么一回事)的普通工人和农民都知道。

"但是,资本家毕竟会做供应工作,你们会吗?你们不会。"这就是去年春天听到的,并不总是听得很清楚的一种议论,而这种议论说出了去年春天整个危机的内在原因。"你们这些人倒是很好,可就是不会干你们所抓的事务,经济事务。"这就是去年农民以及一些工人阶层通过农民对共产党提出的最朴实、最致命的批评。在新经济政策问题上,这个老早就有的论点所以具有这样重要的意义,其原因就在这里。

检查必须是真正的检查。旁边资本家在活动,在抢劫,在攫取利润,但他们有这种本领。而你们呢,你们试行新的一套,你们没有利润,原则是共产主义的,理想是很好的,你们简直像圣人,真可以活着升天堂,但是,你们会不会办事呢?这需要检查,需要真正的检查,但不是由中央监察委员会[152]调查和提出指责,再由全俄中央执行委员会决定处分的那种检查——不是这样,而是需要一种着眼于国民经济的真正的检查。

共产党人得到的贷款比任何其他政府多,而且可以一再延期归还。当然,共产党人曾帮助农民摆脱资本家和地主的压迫,农民很珍视这一点,所以才答应延期还债,但总有一定的期限。接着就要检查了:你们是不是会经营得不亚于别人?旧日的资本家会经营,你们却不会。

　　这就是第一个教训,中央政治报告的第一个主要部分。我们不会经营。这是一年来已经证明了的。我真想能举出几个国营托拉斯①(如果用这种曾受到屠格涅夫如此赞扬的优美的俄罗斯语言来说[153])的例子来说明我们会不会经营。

　　可惜,由于种种原因,主要是由于生病,我不能很好地准备报告的这一部分,只能根据自己对现状的观察谈一些看法。这一年来我们十分明显地证明,我们不会经营。这是基本的教训。如果我们不能在最近一年内证明我们会经营,那苏维埃政权就无法生存下去。而最大的危险就在于,不是所有的人都认识到这一点。如果全体共产党员、负责工作人员都清楚地认识到,我们不会经营,让我们从头学起,那我们就会把事情办好——依我看,这就是主要的根本的结论。但是,他们没有认识到这一点,反而认为谁这样想,谁就是无知的人,没有学过共产主义——也许学一下就会懂得的。不,对不起,问题不在于农民和非党工人没有学过共产主义,而在于需要阐发纲领、号召人民实现这一伟大纲领的时期已经过去了。这种时期已经过去了,现在需要证明,你们在目前的困难情况下有本事实际帮助工人和庄稼汉的经济,让他们看到你们能在竞赛中取胜。

　　我们开始设立的合营公司,既有俄国和外国的私人资本家参加,也有共产党员参加,这种公司是一种可以正常展开竞赛的形式,通过这种形式可以表明并且学会,我们能够不比资本家逊色地建立起同农民经济的结合,能够满足农民的需要,就在农民目前这种十分愚昧的情况下(因为要在短期内使农民改观是不可能的),也能帮助他们前进。

---

　　①原文为"гострест",并不是地道的俄语词。——编者注

　　摆在我们面前的就是这样的竞赛,这是一项刻不容缓的任务。这就是新经济政策的关键,并且我认为也是党的政策的全部实质。我们这里纯政治的问题和困难,要多少有多少。这你们都知道,又有热那亚会议150,又有武装干涉危险。困难很大,但是同上述困难比起来,它们全都微不足道。在那方面我们已经看到该怎么办,在那方面我们已经学会很多东西,领教过资产阶级的外交。这套玩意孟什维克已经教了我们15年,也教会了我们一些有益的东西。这并不新鲜。

　　然而在经济方面,我们现在必须做的事情是在同普通店员、普通资本家和商人的竞赛中取胜。这些人到农民那里,并不是去争论共产主义(你看,不是去争论共产主义),而是去争论:如果你们需要弄到什么东西,把交易做好,建筑得好,那可以由我来办,价钱虽然贵,可是让共产党人来办也许更贵,甚至贵上10倍。这种宣传反映了现在问题的本质,经济的根基也就在这里。

　　我再说一遍,由于我们采取了正确的政策,我们获得了人民的贷款,并且可以延期偿还,如果用新经济政策的用语来说,这叫做期票,但这些期票并没有写明期限,至于什么时候要求兑现,从票面上是看不出的。危险就在这里,这些政治期票和普通商业期票不同的地方也就在这里。这一点我们要特别注意,不要以为在国营托拉斯和合营公司中到处都有负责的优秀共产党员,就可以高枕无忧了——这毫无用处,因为他们不会经营,在这种意义上他们还不如那些经过大工厂大商号训练的普通资本主义店员。这一点我们没有意识到,这里还存在着共产党员的狂妄自大,用了不起的俄罗斯语言来说,就是комчванство。问题在于负责的共产党员虽然优秀,人人知道他忠诚老实,受过苦役折磨,不怕死,可是他不会做生意,因为他不是生意人，没有学过也不愿学这一行，他不懂得应当从头学起。他是共产党员，是完成了世界上最伟大的革命的革命者，即使没有40座金字塔[154]，也有40个欧洲国家怀着摆脱资本主义的希望看着他，然而他应当向那些在粮食行里跑了十来年而懂得这一行的普通店员学习。可是他这个负责的共产党员，忠诚的革命者，不仅不懂得这一行，甚至还不知道自己不懂得这一行。

同志们，哪怕我们能改变一下不知道自己不懂行这种状况，那也是一个极大的胜利。这次代表大会闭幕后，我们应该带着这种信念回去：我们不懂这一行，我们要从头学起。我们毕竟还是革命者（虽然很多人说，甚至不是毫无根据地说，我们已经官僚化了），我们能够了解一个简单的道理，对于新的异常困难的事业，应当善于三番五次地从头做起，开始了，碰壁了，从头再来——哪怕反复重做十次，但一定要达到我们的目的，不要摆架子，不要狂妄自大，认为你是共产党员，那是非党店员，也许还是白卫分子，甚至确实是个白卫分子，但他却会办经济上非办到不可的事，而你却不会。如果你是负责的共产党员，有成百个官衔和称号，又有共产党和苏维埃的"勋章"，只要你了解这一点，你就能够达到自己的目的，因为这是可以学会的。

一年来我们虽然取得了一些小小的成绩，但毕竟是微不足道的。主要是没有意识到，没有使全体共产党员普遍相信，现在我们俄国最忠诚的负责共产党员在这方面的本领比任何一个旧店员都差。我再重复一遍，应当从头学起。如果我们意识到这一点，那我们考试就能及格，这是日益逼近的财政危机举行的一场严峻的考试，是俄国和国际的市场举行的一场考试，我们受制于这个市场，同它有割不断的联系。这是一场严峻的考试，因为在这场考试中人家可能在经济上和政治上击败我们。

问题就是这样,也只能是这样,因为这是一场重大的竞赛,具有决定性意义的竞赛。我们曾有过各种各样的克服我国政治经济困难的途径和办法。我们可以引为骄傲的是,在此以前我们一直善于根据不同的情况把各种途径和办法配合起来运用,但是,现在我们再也没有办法了。请允许我毫不夸大地告诉你们这一点,从这个意义上说,我们确实是在进行"最后的斗争",不是同国际资本主义(同它还要进行许多次"最后的斗争"),而是同从小农经济中成长起来的、得到小农经济支持的俄国资本主义进行这种斗争。这里在不久的将来就会有斗争,准确时间不能确定。这里将进行"最后的斗争",没有任何道路——政治的或其他的道路可以绕行,因为这是同私人资本进行竞赛的考试。或者我们能在这场同私人资本竞赛的考试中及格,或者我们完全失败。通过这次考试所需要的一切,除了本领,我们要什么有什么,既有政治权力,又有各种经济资源和其他资源。就是缺本领。如果我们能从过去一年的经验中吸取这个简单的教训,把它当做我们在整个1922年的行动指南,那我们就连这个困难也能战胜,虽然这个困难要比以前的困难大得多,因为这个困难在我们本身。这并不是什么外来的敌人。这个困难在于我们自己不愿意认识我们非接受不可的不愉快的现实,也不愿做我们应该做的不愉快的事情:从头学起。我看,这是从新经济政策中得出的第二个教训。

第三个教训,补充的教训,是国家资本主义问题上的教训。可惜,布哈林同志没有参加这次代表大会,我本想同他稍微争论一下[155],不过还是留到下次代表大会再说吧。在国家资本主义问题上,我们的报刊和我们的党都犯了一个错误,就是染上了知识分子习气,堕入了自由主义,自作聪明地来理解国家资本主义,并且去翻看旧本本。可是那些书里写的完全是另一回事,写的是资本主义制度下的国家资本主义,而没有一本书写到过共产主义制度下的国家资本主义。连马克思也没有想到要就这个问题写下片言只语,他没有留下任何明确的可供引用的文字和无可反驳的指示就去世了。因此现在我们必须自己来找出路。如果像我在准备这个报告时所试图做的那样,在脑子里综观一下我国报刊上关于国家资本主义的论述,就会确信,这些文章完全看偏了,没有谈到点子上。

照所有经济著作解释,国家资本主义就是资本主义制度下由国家政权直接控制这些或那些资本主义企业的一种资本主义。但是我国是一个无产阶级国家,它依靠无产阶级,给无产阶级种种政治上的优先权,并通过无产阶级把下层农民吸引到自己方面来(你们记得,我们是从建立贫苦农民委员会[87]开始这项工作的)。因此,国家资本主义把很多很多人都弄糊涂了。要消除这种现象,必须记住基本的一点,我们现有的这种国家资本主义,是任何理论、任何著作都没有探讨过的,原因很简单,所有同这一名词有关的常用概念都只适用于资本主义社会的资产阶级政权。而我们的社会虽已脱离资本主义轨道,但还没有走上新轨道,不过领导这个国家的已不是资产阶级,而是无产阶级。我们不愿了解,当我们说到"国家"的时候,这国家就是我们,就是无产阶级,就是工人阶级的先锋队。国家资本主义,就是我们能够加以限制、能够规定其范围的资本主义,这种国家资本主义是同国家联系着的,而国家就是工人,就是工人的先进部分,就是先锋队,就是我们。

国家资本主义是我们应当将之纳入一定范围的资本主义,但是直到现在我们还没有本领把它纳入这些范围。全部问题就在这里。这种国家资本主义将来会怎样,这就取决于我们了。我们有足够的、绰绰有余的政治权力,我们还拥有足够的经济手段,但是,被推举出来的工人阶级先锋队却没有足够的本领去直接进行管理,确定范围,划定界限,使别人受自己控制,而不是让自己受别人控制。这里所需要的只是本领,但我们缺乏这种本领。

无产阶级,革命先锋队掌握着足够的政治权力,同时又存在国家资本主义,这种情况是历史上前所未见的。问题的关键在于我们要懂得,这是一种我们可以而且应当容许其存在、我们可以而且应当将之纳入一定范围的资本主义,因为这种资本主义是广大农民和私人资本所需要的,而私人资本做买卖应能满足农民的需要。必须让资本主义经济和资本主义流转能够像通常那样运行,因为这是人民所需要的,少了它就不能生活。其余的一切对于他们,对于这个阵营,并不是绝对必需的,其余的一切,他们是可以迁就的。你们共产党员,你们工人,你们负责管理国家的无产阶级的觉悟分子,你们必须善于使自己掌握的国家按照你们的意志来行动。我们又经历了一年,国家掌握在我们手中,但是这一年在新经济政策方面,它是否按照我们的意志行动了呢?没有。我们不愿意承认,它没有按照我们的意志行动。它是怎样行动的呢?就像一辆不听使唤的汽车,似乎有人坐在里面驾驶,可是汽车不是开往要它去的地方,而是开往别人要它去的地方,这个别人不知是非法活动分子,不法之徒,投机倒把分子,天知道哪里来的人,还是私人经济资本家,或者两者都是。总之,汽车不完全按照,甚至常常完全不按照掌握方向盘的那个人所设想的那样行驶。这就是在国家资本主义问题上我们要记住的基本点。应该在这个基本领域从头学起,而只有当我们完全领会到和意识到这一点的时候,我们才能担保说,我们能够学会这点。

现在我来谈谈停止退却的问题,这个问题我在五金工人代表大会¹⁵⁶上的讲话中已经谈过了。①从那时起，无论在党的报刊上，在同志们的私人来信中，还是在中央委员会里，我都没有听到过任何反对意见。中央委员会批准了我的报告提纲，提纲要求在代表中央委员会向这次大会所作的报告中突出强调停止退却，并请求代表大会代表全党作出相应的必须执行的指令。我们已经退了一年。我们现在应当代表党宣告：够了！退却所要达到的目的已经达到了。这个时期就要结束或者已经结束。现在提出的是另一个目标，就是重新部署力量。我们已经到达新的地点，总的说来，我们的退却总算进行得比较有秩序。不错，从各方面听到过不少想使这次退却陷入慌乱的喊叫声。有些人说，你们在这个或那个地方退得不对，例如，那个叫做"工人反对派"¹⁵⁷（我认为他们这个名称取错了）的集团中某些代表就是这样。由于热心过头，他们本来要进这个门，结果却跑进了那个门¹⁵⁸，这一点现在已经明显地暴露出来了。当时他们没有看到，他们的活动不是在纠正我们的运动，实际上只是起了一个作用，那就是散布惊慌情绪，妨害有纪律地退却。

退却是一件难事，尤其是对于已经习惯于进攻的革命家，尤其是在他们几年来习惯于进攻并取得巨大成就的时候，尤其是在他们周围的各国革命家一心向往发起进攻的时候，那就更难了。他们中间有些人看见我们在退却，竟很不应该地像小孩子那样大哭起来，在最近这次共产国际执行委员会扩大会议上就发生过这样的事情。有些同志出于最崇高的共产主义感情和共产主义志向，看到优秀的俄国共产党人竟然退却起来而嚎啕大哭。¹⁵⁹也许我现在已经很难体会西欧人的这种心理了，尽管我在这些美好的民主国家侨居过好多年。也

---

① 见《列宁全集》第2版第43卷第8—15页。——编者注

许在他们看来,这实在难于理解,只好放声大哭。不管怎样,我们是没有工夫伤感的。我们明白,正因为我们许多年来这样胜利地实行了进攻,获得了这么多不平常的胜利(而且是在一个遭到了难以置信的破坏和缺乏物质前提的国家里!),为了巩固这种进攻,我们在取得这么多的战果之后完全有必要实行退却。我们不能保持住迅速夺得的全部阵地;另一方面,正因为我们依靠工农蓬勃的热情迅速取得了无数的胜利,我们才有这么宽广的地盘,使我们可以退得很远,甚至现在还可以退得很远,而丝毫不会丧失主要的和基本的东西。虽然惊慌失措的喊叫,其中包括"工人反对派"的喊叫(他们最大的害处也就在这里!),使我们这里发生过局部的偏差,即违反纪律,不能正常地退却,但是总的说来,退却是相当有秩序的。退却时最危险的就是惊慌失措。假如全军(我打个比方)在撤退,那就不会有全军前进时的那种情绪。这时处处都会看到某种沮丧的情绪。我们甚至有过这样一些诗人,他们写道:看!莫斯科受寒忍饥,从前整洁美丽,而现在是买卖投机。我们这里有很多这样的诗作。

可以理解,这是退却造成的。正是在这里蕴藏着巨大的危险,在伟大的胜利进攻之后,实行退却是一件极其困难的事情;退却的时候,情况是完全不同的;进攻的时候,即使维持不了纪律,大家也会自动向前飞奔;但在退却的时候,就必须自觉地遵守纪律,百倍地需要纪律,因为在全军退却的时候,它不清楚、也看不见退到哪里为止,看见的只是退却,所以有时只要有一点惊慌的喊叫,就会使大家逃跑。这里的危险是很大的。真正的军队在实行这种退却的时候,就架起机关枪,一旦正常的退却发生混乱,就下令"开枪!"这样做是对的。

当我们实行空前困难的退却的时候,当全部关键在于保持良好的秩序的时候,如果有人散布惊慌情绪,即使是出于好意,我们对这种稍微破坏纪律的人也必须严厉地、残酷地、无情地惩罚,不仅对于我们党内的某些事情应该如此,而且对于孟什维克或第二半国际的所有先生们更应该如此。

前几天我在《共产国际》杂志[160]第20期上读到了拉科西同志的一篇评论奥托·鲍威尔新著的文章[161],我们大家过去曾向鲍威尔请教过,但是,他在战后和考茨基一样成了可怜的市侩。他现在写道:"看,他们在退向资本主义;我们一直说,他们的革命是资产阶级革命。"

孟什维克和社会革命党人[27]也都在宣传这些东西,听到我们说要枪毙进行这种宣传的人,都感到惊奇。他们感到惊异,然而问题很清楚,当军队退却的时候,纪律必须比进攻时严格百倍,因为在进攻时大家都拼命向前冲。可是如果现在大家都开始拼命向后逃,那就必然会立刻灭亡。

正是在这种关头,退却要有秩序,要准确规定退却的限度,不要惊慌失措,这是最主要的事情。如果孟什维克说:"你们现在在退却,而我一直主张退却,我同意你们的做法,我是你们的人,让我们一块退却吧!"那我们就要这样回答他们:"凡是公开宣传孟什维主义者,我们革命法庭应一律予以枪决,否则它就不是我们的法庭,而天晓得是什么东西。"

但是,他们怎么也不能理解,他们说:"这些人的独裁作风有多厉害!"他们直到现在还认为,我们所以要惩办孟什维克,是因为他们在日内瓦同我们吵过架[162]。如果我们真是那样的话,那我们的政权大概连两个月也保持不住。其实,奥托·鲍威尔、第二国际和第二半国际领导人、孟什维克、社会革命党人所作的这种说教反映了他们的本性:"革命跑得太远了。我们一直这么说,现在你也这么说了。让我们再来重申这一点吧。"而我们对这一点回答说:"正因为这样,让我们枪毙你们吧。要么劳驾收起你们的观点,要么你们在目前这种情况下,在我们的处境比遭到白卫分子直接进犯时困难得多的条件下,还要谈自己的政治观点,那对不起,我们就要把你们当做最可恶最有害的白卫分子来对待。"我们不应当忘记这一点。

我说停止退却,我讲这话的意思决不是指我们已经学会经商了。我的看法恰恰相反,如果我讲的话给人留下了这样的印象,那说明我的话被误解了,说明我不善于正确表达自己的思想。

问题在于,新经济政策实行以后在我们这里出现的那种神经过敏和无谓奔忙的现象,那种追求一切都按新样子建立和赶浪头的倾向,必须加以制止。我们现在有了一些合营公司。诚然,这种公司还很少。在我们这里,对外贸易人民委员部批准成立9个有外国资本家参加的合营公司,索柯里尼柯夫委员会[163]批准了6个,白海北部地区森林工业特别管理局[164]也办了两个。这样,现在由不同机关批准的拥有数百万资本的合营公司就有17个了(当然,由于我们各机关存在着严重的混乱现象,这方面也可能错过一些机会)。但无论如何,现在我们已经有了同俄国资本家和外国资本家合办的公司。数量还不多。这个小小的却又是实际的开端表明,对共产党人已作出评价,根据他们的实践作出评价,而且作出评价的不是中央监察委员会和全俄中央执行委员会这样一些高级机关。当然,中央监察委员会是一个很好的机关,我们现在还要给它更大的权力。尽管如此,当这些机关考查共产党员时……你们瞧,国际市场是不承认它们的权威的。(笑声)而当俄国的和外国的普通资本家同共产党人一起办合营公司的时候,我们可以说:"我们总算会办一些事情了,尽管我们还办得不好,少得可怜,但作为一个开端我们毕竟取得了一点成绩。"当然,成绩还不怎么多;请想一想,我们宣布要把全副精力(据说,我们的精力很充沛)放到这件事上已经有一年了,而一年来还只办了17个合营公司。

这一点证明,我们是多么不灵活、多么笨拙,证明我们还有多少奥勃洛摩夫习气[124],为此我们一定还要挨打。但我再说一遍,我们毕竟有了一个开端,侦察工作已经完成。如果资本家连起码的活动条件都没有,他们是不会到我们这里来的。现在既然已经来了一小部分,那就说明,我们已经取得了部分胜利。

当然,他们还会在合营公司内部揍我们,会把我们揍得几年以后才明白过来。但这没有什么关系。我没有说这就是胜利,这只是一种侦察,它表明我们已经有了活动场所,有了一块地方,我们已经可以停止退却了。

侦察探明,同资本家签订的合同并不多,但毕竟是签订了。这方面还应该继续学习,继续进行活动。就这个意义上说,是中止神经过敏、大喊大叫和无谓奔忙的时候了。人们纷纷写条子和打电话来问:"既然我们实行了新经济政策,我们这里能不能也改组一下?"大家都在无谓奔忙,杂乱无章;谁都不做实际工作,却去议论怎样适应新经济政策,结果是一无所成。

商人们却在嘲笑共产党人,大概还会说:"过去有过劝说司令[165],现在又出了空谈司令。"资本家挖苦我们,我们动手迟了,错过了机会——这是毫无疑问的,因此我提议,要用代表大会的名义批准这个指令。

退却已经结束。主要的活动方法,即如何同资本家共事的方法,已经订出来了。样板已经有了,虽然为数甚少。

在新经济政策问题上,不要再卖弄聪明、高谈阔论了!诗,让诗人去写好了,这是他们诗人的事。但是,经济工作者,请不要再侈谈新经济政策了,请你们更多地建立这种合营公司,查一下善于同资本家竞赛的共产党员有多少。

退却已经结束,现在的问题是重新部署力量。这就是代表大会应当作出的指令,这个指令应当结束忙乱现象。安静点吧,不要自作聪明,这是有害的。需要在实践上证明,你工作得并不比资本家坏。资本家为了发财致富建立了同农民的经济结合;为了加强我们无产阶级国家的经济实力,你也应该建立同农民经济的结合。你比资本家占优势,因为你手中有国家政权,有多种经济手段,只是你不善于利用这些东西,观察事物要清醒一些,扔掉华而不实的东西,脱去华丽的共产主义外衣,老老实实地学着做些平凡的工作,这样我们就能战胜私人资本家。我们有国家政权,我们有许多经济手段;如果我们击溃了资本主义,建立了同农民经济的结合,那我们就会成为绝对不可战胜的力量。那时,社会主义建设就不仅仅是作为沧海一粟的共产党的事业,而是全体劳动群众的事业了;那时,普通农民就会看到,我们在帮助他;那时,他就会跟着我们走,虽然这种步子要慢百倍,却稳当可靠百万倍。

应该在这个意义上来谈停止退却,所以用这种那种形式把这个口号变成代表大会的决议是正确的。

说到这里,我想谈一个问题:布尔什维克的新经济政策到底是什么,是演变还是策略?路标转换派[166]就是这样提问题的,你们知道,他们是俄国流亡者中的一种派别,一种社会政治派别,领导这一派别的是立宪民主党[37]的一些著名人士,前高尔察克政府的一些部长,他们确信苏维埃政权在建设俄罗斯国家,因此应当跟这个政权走。路标转换派议论说:"但是这个苏维埃政权在建设什么样的国家呢?共产党人说是共产主义国家,并要人相信这是一种策略:布尔什维克在困难关头把私人资本家糊弄过去，然后再达到自己的目的。布尔什维克可以爱怎么说就怎么说，但实际上这并不是策略，而是演变，是内部的蜕变，他们一定会走向通常的资产阶级国家，我们应当支持他们。历史是殊途同归的。"

他们有些人装做共产党人的样子，但是也有比较坦率的，乌斯特里亚洛夫就是其中的一个。他好像在高尔察克手下当过部长。他不同意他的伙伴们的意见，他说："关于共产主义你们随便怎么说都行，而我断定，这并不是他们的策略，而是演变。"我认为，乌斯特里亚洛夫这种直言不讳的声明[167]对我们有很大的好处。我们常常听到一种甜蜜的共产主义谎言，"комвраньё"，尤其是我，由于职务的关系每天都听得到，有时听得简直恶心死了。最近到了一期《路标转换》杂志[168]，它不说这种共产主义谎言，而是直率地说："你们那里根本不是那么一回事，这不过是你们的想象而已，其实，你们正在滚进通常的资产阶级泥潭，那里只不过摇动着几面写着各种空话的共产主义小旗子罢了。"这话很有好处，因为我们从这些话里看到的，已经不是简单地重复在我们周围经常听到的话，而完全是阶级敌人的阶级真话了。看看这种东西是很有益的，之所以这样写并不是由于在共产主义国家中通常都这样写而不许有另一种写法，而是由于这确实是阶级敌人粗鲁地公开说出的阶级真话。乌斯特里亚洛夫虽然是立宪民主党人、资产者，支持过武装干涉，但现在他却说："我赞成支持俄国的苏维埃政权，我之所以赞成，是因为它踏上了走向通常的资产阶级政权的道路。"

这是很有益的话，我觉得必须予以重视；路标转换派这样写，对我们说来，比起他们中间某些装得很像共产党人的人要好得多，这种人远远看去真假难分——他们也许信仰上帝，也许信仰共产主义革命。无可讳言,这种坦率的敌人是有益的。无可讳言,乌斯特里亚洛夫所说的这种事情是可能的。历史上有过各种各样的变化;依靠信念、忠诚和其他优秀的精神品质,这在政治上是完全不严肃的。具有优秀精神品质的是少数人,而决定历史结局的却是广大群众,如果这些少数人不中群众的意,群众有时就会对他们不太客气。

这样的例子是很多的,所以应当欢迎路标转换派的这种坦率的声明。敌人说出了阶级的真话,指出了我们面临的危险。敌人力图使之成为不可避免的事情。路标转换派反映了成千成万的各色各样资产者或者参加我们新经济政策工作的苏维埃职员的情绪。这是一个主要的真正的危险。因此,应当把主要注意力放在这个问题上:究竟谁会得胜?我说的是竞赛。现在没有人向我们直接进攻,没有人掐住我们的喉咙。至于明天会怎样,我们还要看看再说,不过今天还没有人拿着武器向我们进攻,可是我们同资本主义社会的斗争却残酷、危险百倍,因为我们不能随时看清楚,反对我们的敌人在什么地方,谁是我们的朋友。

我不是从同情共产主义的角度,而是从经济形式和社会结构形式发展的角度来谈共产主义竞赛的。这不是竞赛,这是资本主义与共产主义之间拼命的激烈的斗争,即使不是最后一次也是接近最后一次的殊死斗争。

这里必须明确地提出一个问题:我们的力量是什么,我们缺少的是什么?政治权力是完全够了。这里恐怕没有一个人能指出,在处理某个实际问题时,在某个办事机构中,共产党员或共产党的权力不够。有些人还是这样认为,这些人都无可救药地向后看,而不懂得应该向前看。主要经济力量操在我们手里。一切具有决定意义的大企业、铁路等等,都操在我们手里。不管租赁在某些地方得到多么广泛的发展,但总的说来它的作用是微不足道的,它的比重总的说来是微乎其微的。俄国无产阶级国家掌握的经济力量完全足以保证向共产主义过渡。究竟缺少什么呢?缺什么是很清楚的:做管理工作的那些共产党员缺少文化。如果拿莫斯科4 700名负责的共产党员和一堆官僚主义的庞然大物来说,是谁领导谁呢?说共产党员在领导这堆庞然大物,我很怀疑这种说法。说句实话,不是他们在领导,而是他们被领导。这像我们小时候上历史课听到的情况。我们听老师说过,一个民族征服另一个民族,于是征服人家的民族成了征服者,而被征服的民族则成了战败者。这很简单,人人都懂。至于这两个民族的文化怎样呢?那就不那么简单了。如果出征民族的文化高于被征服民族,出征民族就迫使被征服民族接受自己的文化,反之,被征服者就会迫使征服者接受自己的文化。在俄罗斯联邦的首都是否有类似的情况呢?4 700名共产党员(差不多整整一师人,而且全是最优秀的分子)是否受别人的文化的支配呢?不错,这里似乎可以给人一种印象,被征服者有高度的文化。根本不是那么一回事。他们的文化低得可怜,但毕竟要比我们高一些。尽管他们的文化低得可怜,微不足道,可是总比我们那些负责的共产党员干部高一些,因为这些人没有足够的管理本领。共产党员担任机关领导的时候,往往被人愚弄,因为怠工者有时巧妙地故意把他们推到前面当做招牌。承认这一点是很不愉快的。或者说,至少是不很愉快的,但我觉得,必须承认这一点,因为现在问题的关键就在这里。我看,这就是过去一年的政治教训,而且1922年的斗争也将在这个标志下进行。

俄罗斯联邦和俄国共产党的负责共产党员,是否了解他们不会管理呢?是否了解他们自以为在领导,其实是被领导呢?如果他们能了解这一点,那他们当然能学会,因为是可以学会的,但为此就应该学习,可是我们的人不学习。我们的人到处发号施令,结果完全事与愿违。

我们宣布新经济政策之后,提到日程上来的竞赛和比赛,是一场严重的竞赛。看起来这种竞赛是在所有国家机关中进行的,而实际上这是两个不共戴天的敌对阶级的又一斗争形式。这是资产阶级同无产阶级斗争的又一形式,这种斗争还没有结束,即使在莫斯科各中央机关,从文化上来说斗争也还没有过去。因为资产阶级人士往往比我们的优秀共产党员懂行,我们党员虽然拥有全部政权和一切条件,但丝毫不会利用自己的权利和自己的政权。

我想从亚历山大·托多尔斯基的一本小册子[169]中引证一段话。这本小册子是在韦谢贡斯克城(特维尔省有这样一个县城)于俄国苏维埃革命一周年——1918年11月7日出版的,时间已经过去很久了。韦谢贡斯克的这位同志看来是个党员。这本书我是很久以前读的,因此不敢担保现在不会引错。他谈到自己怎样着手装备两个苏维埃工厂,怎样吸收两个资产者参加工作,怎样用当时的办法,即以剥夺自由和没收全部财产相威胁做到了这一点。这两个人被吸收参加了恢复工厂的工作。我们知道1918年是怎样吸收资产阶级参加工作的(笑声),所以用不着详细讲,而现在我们正用另一种办法吸收他们参加工作。请看他的结论:"仅仅战胜资产阶级、给资产阶级致命打击是不够的,这不过是事情的一半,还必须强迫他们为我们工作。"

这是多么精彩的话啊。这句精彩的话说明,甚至在韦谢贡斯克这样的县城,甚至在1918年,对胜利的无产阶级和被战胜的资产阶级之间的关系,就有了正确的认识。

我们痛打了剥削者的双手,使他不能为害,给了他致命打击,这还只是事情的一半。可是在我们莫斯科,在100个负责工作人员里,大约有90个都认为，问题仅仅在于给剥削者以致命打击，使他不能为害，痛打他的双手，如此而已。我关于孟什维克、社会革命党人和白卫分子所说过的话，往往被人只理解成使他们不能为害，痛打他们的双手（也许不光是打他们的手，还打别的地方），给他们致命打击。但这仅仅是事情的一半。甚至在1918年韦谢贡斯克的那位同志说这话的时候，这还是事情的一半，而现在连事情的四分之一都不到了。我们应当强迫资产阶级用他们的双手来为我们工作，而不能让负责的共产党员身居领导地位，头戴官衔，却跟着资产阶级随波逐流。问题的全部实质就在这里。

只靠共产党员的双手来建立共产主义社会，这是幼稚的、十分幼稚的想法。共产党员不过是沧海一粟，不过是人民大海中的一粟而已。他们只有不仅从世界历史发展方向来看是正确地确定了道路，才能领导人民走他们的道路。从世界历史发展方向来看，我们确定的道路是绝对正确的，每个国家都在证实我们确定的道路是正确的，但在我们的祖国，在自己的国家里，我们也应当正确地确定这条道路。确定这条道路不仅靠这一点，还要看有没有武装干涉，我们能不能用商品换取农民的粮食。农民会说："你是好人，你保卫了我们的祖国；因此我们一直听你的，可是现在你如果不会经营，那就走开吧。"是的，农民会这样说的。

如果共产党员能够用别人的手来建设经济，而自己能向资产阶级学习，使资产阶级走共产党员要走的道路，那我们就能管理这种经济。而有的共产党员自以为我什么都懂，因为我是负责的共产党员，我打败的不是什么店员，我们在前线打过仗，难道打的是这种人吗——正是这种最常见的情绪在害我们。

我们使剥削者不能为害，痛打并斩断他们的双手，这不过是事情的最不重要的一部分。这是要做的。我们的国家政治保卫局和我们的法院都要做，而且不应当像以前那样软弱无力，要记住，它们是受全世界敌人包围的无产阶级的法院。不过这并不难，我们基本上已经学会了。这方面应当施加点压力，但这是容易做的。

至于胜利的第二部分，即用非共产党人的手来建设共产主义，切实做好经济上非做不可的事情，那就是要找到同农民经济的结合，满足农民的需要，让农民说："不管饥饿多么难受，多么痛苦，多么严重，但我看到，尽管对这个政权不习惯，尽管它很特别，但它带来了实际的、确实可以感觉到的好处。"我们必须设法让那些与我们共事的、为数众多的、超过我们许多倍的人这样工作，使我们能够观察他们的工作，了解他们的工作，用他们的手做一些有益于共产主义的事情。目前形势的关键就在这里，因为还只有个别共产党员懂得和看到这一点，而广大党员群众还没有认识到吸收非党群众参加工作的必要性。关于这一点已写过多少通告，说过多少话，可是一年来做了些什么呢？什么也没有做。在我们100个党委会中，能够拿出自己实际成绩来的连5个也没有。看，我们是多么严重地落后于当前的迫切需要，我们是多么厉害地保持着1918年和1919年的传统。那是伟大的年代，那是具有世界历史意义的极其伟大的事业。如果只回头看这些年代，而看不到目前面临的任务，那就是自取灭亡，毫无疑问必定自取灭亡。而整个症结就在于我们不愿意认识这一点。

[……]

俄国革命的成果是不可剥夺的。这是世界上任何力量也不能夺去的，正如世界上没有任何力量能改变苏维埃国家已经建立这一事实。这是具有世界历史意义的胜利。几百年来，国家都是按照资产阶级类型建立的，现在第一次找到了非资产阶级的国家形式。也许我们的机关还不好,但是据说,最先发明的那台蒸汽机也是不好的,甚至不清楚它是否开动过。但是问题不在这里,问题在于已经发明出来了。就算头一台蒸汽机从外形来看是不适用的,但是现在我们有了火车头。就算我们的国家机关糟透了,但它毕竟建立起来了,已经有了历史上最伟大的发明,无产阶级类型的国家已经创立。全欧洲,千万家资产阶级报纸都说我们这里乱七八糟,贫困不堪,劳动人民只有受苦受难,就让它们宣传去吧,世界上所有的工人还是向往苏维埃国家的。这就是我们所获得的不可剥夺的伟大成果。但是对于我们这些共产党的代表来说,这还只是打开了门。现在摆在我们面前的任务是建设社会主义经济的基础。这点做到了没有呢?没有,还没有做到。我们还没有社会主义的基础。有些共产党人以为已经有了这种基础,这是极其错误的。全部关键在于,我们应当坚决地、明确地、冷静地分清楚,哪些是俄国革命具有世界历史意义的功绩,哪些我们还做得很不好,哪些还没有建立起来,哪些还要多次重新做起。

政治事态总是非常错综复杂的。它好比一条链子。你要抓住整条链子,就必须抓住主要环节。不能你想抓哪个环节就挑哪个环节。1917年的整个关键是什么呢?是摆脱战争,这是全体人民的基本要求,因此这压倒了一切。革命的俄国摆脱了战争。虽然费了很大的力气,但注意到了人民的基本要求,因而保证了我们多年的胜利。人民感觉到,农民看到,从前线回来的每个士兵也都十分明白,苏维埃政权是他们所获得的比较民主、比较接近劳动群众的政权。不管在其他方面我们做了多少愚蠢荒唐的事情,但是,我们注意到了这个主要的任务,这就是说,一切都是正确的。

1919年和1920年的关键是什么呢?是武装抵抗。当时称雄世界的协约国[89]向我们进攻,要扼杀我们,因此用不着进行宣传,任何一个非党农民都懂得发生了什么事情。地主来了。共产党员能同他们作斗争。这就是大多数农民拥护共产党员的原因，这就是我们获得胜利的原因。

1921年的关键是实行有秩序的退却。所以必须有十分严格的纪律。"工人反对派"说："你们低估了工人，工人应当发挥更大的主动性。"主动性应当表现在有秩序退却和严格遵守纪律上。谁要是稍微发出点惊慌的声调或破坏纪律，他就会断送革命，因为最困难的事情，就是同那些习惯于进攻、浸透革命观点和理想、认为任何退却都是卑劣行为的人们一起退却。最大的危险就是破坏秩序，最大的任务就是保持秩序。

目前的关键是什么呢？目前的关键，也是我想把它作为这次报告的结论的关键，并不在于政治，就是说不在于改变方针；实行新经济政策以后，关于这一点已经谈得够多的了。所有这些谈论都是徒劳无益的。这是最有害的空谈。新经济政策实行后，我们有人开始忙乱起来，又是改组机构，又是建立新机构。这是最有害的空谈。我们得出了结论，目前的关键在于人才，在于挑选人才。一个习惯于反对抓小事、反对单纯文化工作的革命家，是难以领会这一点的。但是，我们目前的处境是（对此在政治上应当有清醒的估计），我们前进得太远了，所以不能而且也不应保持所有的阵地了。

在国际方面，我们的境况近年来有极大的改善。我们争得了苏维埃类型的国家，这是全人类的一大进步，共产国际[13]每天从任何一个国家得到的消息都向我们证实了这一点。这是谁也不会怀疑的。但是在实际工作方面情况却是这样：共产党员如果不能给农民群众实际的帮助，农民群众就不会支持他们。注意力不应集中在立法、颁布更好的法令等等上面。我们有一个阶段把法令当做宣传的形式。人们嘲笑我们,说布尔什维克不知道人们并不执行他们的法令;所有白卫分子的报刊也充满了这种嘲笑,但是这个阶段是合理的,那时布尔什维克夺得了政权,他们告诉普通农民、普通工人说:我们想这样来管理国家,这就是法令,请试试看吧!我们用法令的形式把我们的政策设想迅速告诉普通的工人和农民。结果我们在人民群众中过去和现在都获得了极大的信任。这是革命初期必然经过的阶段,不然我们就不会走在革命浪潮的前头,而只会充当尾巴。不然所有那些想在新基础上建设新生活的工人农民就不会信任我们。但是这个阶段已经过去了,而我们却不愿了解这一点。现在再有人下命令来设立和改组什么机构,工人农民就要嘲笑了。现在普通的工人农民对这点已不感兴趣,他们是对的,因为现在重点不在这里。你,共产党员,现在不应当向人民宣传这一套。虽然我们这些坐在国家机关里的人总是埋头于这种琐事,但是该抓的不是链条上的这一环节,关键不在这里,关键在于人员安排不当,革命干得很出色的负责的共产党员被派去搞他们一窍不通的工商业,他们妨碍别人看清事实真相,因为奸商和骗子都巧妙地躲在他们的背后。问题在于我们没有对执行情况进行实际检查。这是一种平凡的小任务,是些小事情,可是我们在最伟大的政治革命之后所处的环境是:我们在一段时间内必须与资本主义成分并存,全部情况的关键不在于政治,狭义的政治(报上所说的全是些政治高调,没有丝毫社会主义的东西),不在于决议,不在于机构,也不在于改组。这些只要对我们有必要,我们会做的,但决不要向人民灌输这些东西,而要挑选所需的人才,检查实际执行情况,这才是人民所重视的。

在人民群众中,我们毕竟是沧海一粟,只有我们正确地表达人民的想法,我们才能管理。否则共产党就不能率领无产阶级,而无产阶级就不能率领群众,整个机器就要散架。现在人民、全体劳动群众认为,对他们最重要的是切实帮助他们摆脱赤贫和饥饿,使他们能看到情况确有改善,而且符合农民的需要和习惯。农民熟悉市场,熟悉商业。我们不能实行直接的共产主义分配。要这样做,我们的工厂和设备都不够。所以我们必须通过商业来供给,而且要做得不比资本家差,否则人民就不能忍受这种管理。问题的全部关键就在这里。如果不出现什么意外,这就应当成为我们1922年全部工作的关键,不过要有以下三个条件:

第一个条件是没有武装干涉。我们虽然在外交上尽力避免它,但是每天都有发生的可能。我们确实应当时刻戒备,并且为了加强红军,我们应当作某些重大牺牲,当然也要严格规定牺牲的限度。我们面对着整个资产阶级世界,它不过是在寻找扼杀我们的方式。而我国的孟什维克和社会革命党人无非是这些资产阶级的代理人罢了。他们的政治地位就是如此。

第二个条件是财政危机[170]不过分严重。危机正在逼近。关于这一点,你们可以听有关财政政策问题的报告。如果危机太厉害、太严重,有许多事情我们就不得不重新调整,把一切力量都集中在某一点上。如果危机不过于严重,那甚至还可能有好处,因为它会把所有国营托拉斯中的共产党员清洗一下。只是不要忘记做这件事。财政危机能清理我们的机关和企业,其中不中用的会首先垮台。不过不要忘记,不能把垮台都归咎于专家,说什么负责的共产党员都很好,他们在前线打过仗,工作一贯很好。所以财政危机要是不过分严重,那么从中还可能得到好处,它不会像中央监察委员会或中央审查委员会[171]那样进行清洗,而是对经济机关中的全体负责共产党员来一次认真的清洗。

第三个条件是要在这期间不犯政治错误。当然,如果我们犯了政治错误,那整个经济建设就要受挫,那就不得不去争论纠偏和确定方针的问题。如果不犯这种可悲的错误,那最近的关键就不在于法令,也不在于政治,狭义的政治,不在于机构,也不在于机构的组织——这些事将根据需要由负责的共产党员和苏维埃机构来做,而全部工作的关键在于挑选人才和检查执行情况。只要我们在这方面实际上学到东西,收到实际成效,那我们就能再次克服一切困难。

选自《列宁全集》第2版第43卷
第72—97、106—110页

日 记 摘 录[172]

（1923年1月2日）

　　根据1920年的人口调查资料编成的俄国居民识字状况一书
（《俄国识字状况》1922年莫斯科中央统计局国民教育统计处版）日
前出版，是一件很重要的事情。

　　现将该书中1897年和1920年俄国居民识字状况表抄录如下：

	每一千男子中识字人数		每一千妇女中识字人数		每一千人口中识字人数	
	1897年	1920年	1897年	1920年	1897年	1920年
1.欧俄………	326	422	136	255	229	330
2.北高加索…	241	357	56	215	150	281
3.西伯利亚（西部）………	170	307	46	134	108	218
共　计………	318	409	131	244	223	319

　　当我们高谈无产阶级文化[173]及其与资产阶级文化的关系时，事
实提供的数据向我们表明，在我国就是资产阶级文化的状况也是很
差的。果然不出所料，我们距离普遍识字还远得很，甚至和沙皇时代

　　这是列宁关于加强国民教育的口授记录。列宁指出，为了建设社会主义，
必须高度重视国民教育工作，努力提高国民的文化素质。一方面，要使国家预
算首先满足初级国民教育的需要；另一方面，应该把教师的地位提到在资产阶
级社会从来没有、也不可能有的高度。列宁还提出加强城乡文化联系的任务，
要求城市在农村的思想建设和文化建设中发挥积极的作用。

（1897年）比，我们的进步也太慢。这是对那些一直沉湎于"无产阶级文化"的幻想之中的人的一个严厉警告和责难。这说明我们还要做多少非做不可的粗活，才能达到西欧一个普通文明国家的水平。这也说明，我们现在还要进行多么繁重的工作，才能在我国无产阶级所取得的成就的基础上真正达到稍高的文化水平。

我们不应当光讲这个不容争辩的但过于理论化的道理。应当在最近修改我国季度预算的时候，实际着手干起来。当然，首先应当削减的不是教育人民委员部的经费，而是其他部门的经费，以便把削减下来的款项转用于教育人民委员部。在今年这个粮食供应还比较不错的年份，不要再舍不得增加教师的面包配给额了。

目前在国民教育方面所做的工作，一般说来，范围并不算太窄。为了推动旧的教师们前进，吸引他们来执行新的任务，使他们注意教育学一些问题的新提法，注意宗教之类的问题，我们做了很不少的工作。

但是我们没有做主要的事情。我们没有关心或者远没有充分关心把国民教师的地位提到应有的高度，而不做到这一点，就谈不上任何文化，既谈不上无产阶级文化，甚至也谈不上资产阶级文化。问题就在于我们直到今天还没有摆脱半亚洲式的不文明状态，如果我们不作重大的努力，是不能摆脱的，虽然我们有可能摆脱，因为没有哪一个地方的人民群众像我国的人民群众这样关心真正的文化；没有哪一个地方像我国这样把文化问题提得这样深刻，这样彻底；没有哪一个地方，哪一个国家像我国那样国家政权掌握在工人阶级手里，而大多数工人深知自己的——且不说在文化方面，而是在识字方面——不足；没有哪一个地方的工人阶级像我国工人阶级这样，为了改善自己在这方面的状况，情愿忍受并且正在忍受如此重大的牺牲。

　　使我们的整个国家预算首先去满足初级国民教育的需要,这个工作我们还做得太少,做得还远远不够。甚至在我们教育人民委员部里也经常可以看到编制过分庞大的现象,一个国家出版总局[174]的编制就大得不像话,而丝毫没有注意到国家首先要关心的不应是出版机构,而是有读书的人,有更多能阅读的人,使出版机构在未来的俄国有更大的政治影响。我们还是按照旧的(很坏的)习惯,用在出版机构这类技术问题上的时间和精力比用在国民识字这个一般的政治问题上的要多得多。

　　拿职业教育总局[175]来说,我们深信,这儿也能发现有许多机构是多余的,这是由于从部门利益考虑而膨胀起来的,并不适应广泛的国民教育的需要。在职业教育总局里,远非一切都是从首先发展我国青工教育并使这种教育有具体方向这一合理愿望出发的。如果从这个角度来仔细考察一下职业教育总局的编制,其中有很多是臃肿的和形同虚设的,应予撤销。在无产阶级和农民的国家里,还有很多经费可以而且应当节省下来用以发展国民识字教育,办法就是把那些半贵族老爷式的玩意儿,那些在上述统计材料所表明的国民识字情况下可以不要、可以长期不要而且应当不要的机构一律撤销。

　　应当把我国国民教师的地位提到在资产阶级社会里从来没有、也不可能有的高度。这是用不着证明的真理。为此,我们必须经常不断地坚持不懈地工作,既要振奋他们的精神,也要使他们具有真正符合他们的崇高称号的全面修养,而最最重要的是提高他们的物质生活水平。

　　应当不断地加强组织国民教师的工作,以便使他们从资产阶级制度的支柱(在无一例外的所有资本主义国家里,他们一直是资产阶级制度的支柱)变成苏维埃制度的支柱,以便通过他们去争取农民,使农民脱离同资产阶级的联盟而同无产阶级结成联盟。

我想简短地指出,经常下农村的做法在这方面一定会起特别重要的作用,这种工作我们已经在进行,还必须有计划地加以发展。对于下农村这类措施,不要舍不得花钱,我们常常在几乎完全属于旧历史时代的国家机关上白花钱。

我曾收集过一些材料,准备在1922年12月的苏维埃代表大会[176]上作关于城市工人支援农村居民的报告,但这个报告没有作成。关于这方面的材料,有些是霍多罗夫斯基同志给我提供的,既然我自己没有来得及研究这个问题并通过苏维埃代表大会来发表,现在就把它提出来请同志们研究。

这是城乡关系的一个基本政治问题,对于我们的整个革命有决定的意义。资产阶级国家不断地极力愚弄城市工人,使国家、沙皇政党和资产阶级政党出钱办的所有出版物配合这一目的,而我们能够而且应当利用我们的政权使城市工人真正成为在农村无产阶级中传播共产主义思想的人。

说了"共产主义"这几个字,我要赶快声明一下,以免引起误会或过于机械的理解。决不能把这话理解为我们应当马上把纯粹的和狭义的共产主义思想带到农村去。在我们农村中奠定共产主义的物质基础之前,这样做对于共产主义可以说是有害的,可以说是致命的。

不能这样做。应当从建立城乡间的交往开始,决不给自己提出向农村推行共产主义这种事先定下的目标。这种目标现在是达不到的。这种目标是不合时宜的。提出这种目标不但无益,反而有害。

可是,在城市工人与农村雇工之间建立交往,在他们之间建立一种他们之间可以很容易建立起来的友好互助形式,这是我们的责任,这是执政的工人阶级的基本任务之一。为此就必须在工厂工人中组成许多以经常帮助农村发展文化为宗旨的团体(党的、工会的、个人的)。

能不能做到把所有的城市支部都"分配"给各农村支部,使每一个"分配"给相应的农村支部的工人支部经常注意利用一切机会、一切场合,来满足自己的兄弟支部的各种文化需求呢?或者还能找到其他联系形式?我在这里只是提出问题,为的是引起同志们的注意,举出现有的西伯利亚西部的经验(这经验是霍多罗夫斯基同志告诉我的),并充分地把这一具有世界历史意义的巨大文化任务提出来。

除了我们的正式预算或正式联系,我们几乎没有为农村做任何事情。诚然,我国今天城乡的文化联系自然而然地、必然地具有另一种性质。在资本主义制度下,城市给予农村的是那些在政治、经济、道德、身体等等方面对农村起坏影响的东西。而我们的城市自然而然地开始给予农村的,正是相反的东西。可是这一切正是自然而然地、自发地进行的,如果使这个工作带有自觉性、计划性和系统性,这一切就可以加强起来(而且以后更会百倍地加强起来)。

只有当我们研究了这个问题,建立起各种各样的工人团体(尽量防止它们官僚主义化),把这个问题提出来讨论并付诸行动的时候,我们才能开始前进(那时我们定能开始百倍迅速地前进)。

1923年1月2日

选自《列宁全集》第2版第43卷
第356—360页

论合作社[177]

（1923年1月4日和6日）

一

　　我觉得我们对合作社注意得不够。未必每个人都理解，现在，自从十月革命以来，不管新经济政策如何（相反，在这方面应该说，正是由于实行了新经济政策），合作社在我国有了非常重大的意义。旧日合作社工作者的理想中有很多幻想。他们常常由于这种幻想而显得可笑。可是他们的幻想究竟表现在什么地方呢？表现在这些人不懂得工人阶级为推翻剥削者统治而进行的政治斗争的根本意义。现在，我

　　列宁在本文中批评了在实行新经济政策时忘记了合作社，对发展合作社的深远意义重视不够、估计不足的倾向，论述了合作社的性质和通过合作社来建设社会主义的思路，强调目前我们应该特别加以支持的一种社会制度就是合作社制度。他认为，在工人阶级掌握国家政权和生产资料的前提下，在工人和农民结成牢固联盟的形势下，苏维埃政权完全有必要也完全有可能通过合作社来建设社会主义。在这种情况下，合作社的发展也就等于社会主义的发展。列宁还深刻地指出：我们不得不承认我们对社会主义的整个看法根本改变了。这种根本的改变表现在：从前我们是把重心放在而且也应该放在政治斗争、革命、夺取政权等等方面，而现在重心改变了，转到和平的"文化"组织工作上去了。为此我们需要认清并完成两个划时代的主要任务：一是改造我们从旧时代接收过来的国家机关；二是在农民中进行文化工作，这种文化工作，就其经济目的来说，就是合作化。

国已经推翻了剥削者的统治,因此,旧日合作社工作者的理想中许多曾经是幻想的、甚至是浪漫主义的或庸俗的东西,正在成为不加任何粉饰的现实。

在我国,既然国家政权操在工人阶级手中,既然全部生产资料又属于这个国家政权,我们要解决的任务的确就只剩下实现居民合作化了。正确坚信必须进行阶级斗争、为夺取政权进行斗争等等的人们曾合理嘲笑、讥讽和蔑视过的那种社会主义,现在在居民最大限度合作化的情况下,自然就能达到目的了。但并不是所有的同志都明了,俄国的合作化现在对我们有多么巨大的、不可估量的意义。在新经济政策中,我们向作为商人的农民作了让步,即向私人买卖的原则作了让步;正是从这一点(这与人们所想的恰恰相反)产生了合作社的巨大意义。从实质上讲,在实行新经济政策的条件下,使俄国居民充分广泛而深入地合作化,这就是我们所需要的一切,因为现在我们发现了私人利益即私人买卖的利益与国家对这种利益的检查监督相结合的合适程度,发现了私人利益服从共同利益的合适程度,而这是过去许许多多社会主义者碰到的绊脚石。情况确实如此,国家支配着一切大的生产资料,无产阶级掌握着国家政权,这种无产阶级和千百万小农及极小农结成了联盟,这种无产阶级对农民的领导得到了保证,如此等等——难道这不是我们所需要的一切,难道这不是我们通过合作社,而且仅仅通过合作社,通过曾被我们鄙视为做买卖的合作社的——现时在新经济政策下我们从某一方面也有理由加以鄙视的——那种合作社来建成完全的社会主义社会所必需的一切吗?这还不是建成社会主义社会,但这已是建成社会主义社会所必需而且足够的一切。

我们许多做实际工作的人所估计不足的正是这一情况。在我国,人们还轻视合作社,还不了解:第一,在原则方面(生产资料所有权在国家手中),第二,在采用尽可能使**农民感到简便易行和容易接受的**方法过渡到新制度方面,这种合作社具有多么重大的意义。

而这又正是主要之点。幻想出种种工人联合体来建设社会主义,是一回事;学会实际建设这个社会主义,能让**所有**小农都参加这项建设,则是另一回事。我们现在达到的就是这级台阶。毫无疑义,我们虽然达到了这级台阶,却绝少利用它。

我们改行新经济政策时做得过头的地方,并不在于我们过分重视自由工商业的原则;我们改行新经济政策时做得过头的地方,在于我们忘记了合作社,在于我们现在对合作社仍然估计不足,在于我们已经开始忘记合作社在上述两方面的巨大意义。

我现在想跟读者谈一谈,从这个"合作社"原则出发,立即在实践上可以而且应当做到的是些什么事情。立即可以而且应当用哪些手段来着手发挥这个"合作社"原则,使得人人明白这一原则的社会主义意义。

在政策上要这样对待合作社,就是不仅使它能一般地、经常地享受一定的优待,而且要使这种优待成为纯粹资财上的优待(如银行利息的高低等等)。贷给合作社的国家资金,应该比贷给私人企业的多些,即使稍微多一点也好,甚至和给重工业等部门的一样多。

任何一种社会制度,只有在一定阶级的财政支持下才会产生。不待说,"自由"资本主义的诞生曾花了亿万卢布。目前我们应该特别加以支持的一种社会制度就是合作社制度,这一点我们现在必须认识到而且必须付诸行动。但是支持合作社制度就应该是名副其实的支持,就是说,把这种支持仅仅理解为支持任何一种合作社的流转是不够的,而应该理解为支持**确实有真正的居民群众参加**的合作社的

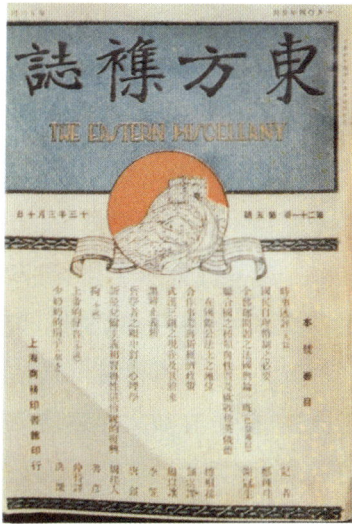

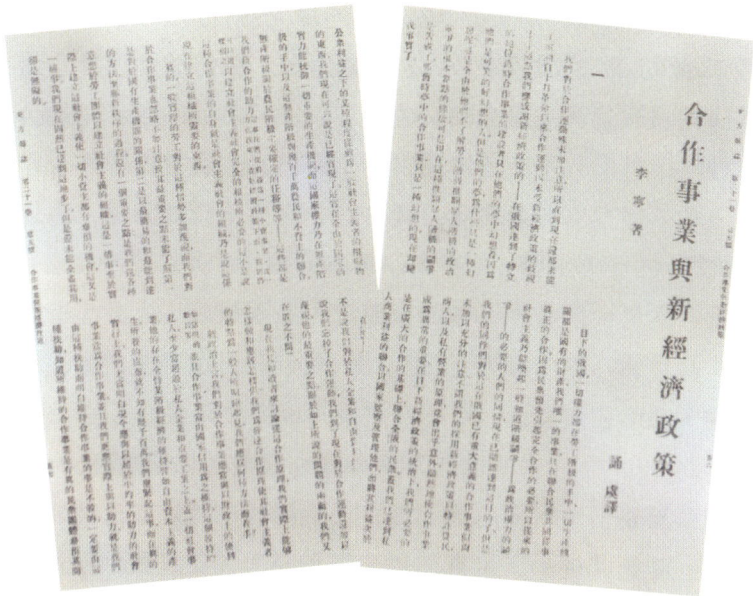

1924年3月10日《东方杂志》第21卷第5期封面和该刊所载列宁
《论合作社》的中译文（当时译《合作事业与新经济政策》）

流转。奖励参加合作社流转的农民,这种方式无疑是正确的,但同时应当检查农民参加的情况,检查参加的自觉性及其质量——这就是问题的关键所在。合作社工作者来到农村开设合作商店,严格地说,居民还完全没有参加这一工作,但同时出于个人得益的考虑,他们又会急于试试参加。

这个问题还有另外一面。为了使全体居民人人参加合作社的业务,并且不是消极地而是积极地参加,我们还须要完成在一个"文明的"(首先是识字的)欧洲人看来并不很多的工作。说实在的,我们要做的事情**"仅有"**一件,就是要使我国居民"文明"到能够懂得人人参加合作社的一切好处,并参加进去。**"仅有"**这一件事情而已。为了过渡到社会主义,目前我们并不需要任何其他特别聪明的办法。可是为要完成这一"仅有"的事情,就需要一场变革,需要有全体人民群众在文化上提高的一整个阶段。因此,我们的准则应该是尽量少卖弄聪明,尽量少要花样。在这一方面,新经济政策是一种进步,因为它适合最普通的农民的水平,它没有向他们提出什么更高的要求。但是,为了通过新经济政策使全体居民人人参加合作社,这就需要整整一个历史时代。在最好的情况下,我们度过这个时代也要一二十年。但这终究是一个特殊的历史时代,如果不经过这一历史时代,不做到人人识字,没有足够的见识,没有充分教会居民读书看报,没有做到这一点的物质基础,没有一定的保障,如防备歉收、饥荒等等的保障——没有以上这些条件,我们就达不到自己的目的。现在全部问题在于,要善于把我们已经充分表现出来而且取得完全成功的革命气势、革命热情,同(这里我几乎要说)做一个有见识的和能写会算的商人的本领(有了这种本领就足以成为一个优秀的合作社工作者)结合起来。所谓做商人的本领,我指的是做文明商人的本领。这一点是俄国人，或者直截了当说是农民应该牢牢记住的，他们以为一个人既然做买卖，那就是说有本领做商人。这种想法是根本不对的。他虽然在做买卖，但这离有本领做个文明商人还远得很。他现在是按亚洲方式做买卖，但是要能成为一个商人，就得按欧洲方式做买卖。他要做到这一点，还需要整整一个时代。

现在结束我的话：在经济、财政、银行方面给合作社以种种优惠，这就是我们社会主义国家对组织居民的新原则应该给予的支持。但这还只是一般地提出任务，因为在实践上这一任务的全部内容还是不清楚的，还没有详细规划出来，也就是说，应该善于找出我们对合作化的"奖励"方式（和奖励条件），找出我们能用来充分帮助合作社的奖励方式，找出我们能用来培养出文明的合作社工作者的奖励方式。而在生产资料公有制的条件下，在无产阶级对资产阶级取得了阶级胜利的条件下，文明的合作社工作者的制度就是社会主义的制度。

1923年1月4日

二

每当我写到新经济政策问题时，我总要引我1918年那篇论国家资本主义的文章①。这曾不止一次地使某些青年同志产生疑问。但他们的疑问主要是在抽象的政治方面。

他们觉得，生产资料属于工人阶级，国家政权也属于这工人阶级，这样的制度就不能叫做国家资本主义。但他们没有注意到，我所

①见《列宁全集》第2版第34卷第264—293页。——编者注

以用"国家资本主义"这个名称,**第一**,是为了指明我们现在的立场同我在与所谓左派共产主义者[74]论战时的立场之间有历史联系,而且那时我就已证明过,国家资本主义要高于我国当前的经济;我很重视判明普通的国家资本主义同我在帮助读者认识新经济政策时所说的那种特别的,甚至非常特别的国家资本主义之间的继承性的联系。**第二**,我一向很重视实际目的。而我国新经济政策的实际目的就是实行租让;在我国条件下,租让无疑就是纯粹的国家资本主义类型。我关于国家资本主义的看法就是这样。

不过事情还有另一方面,在谈这一方面时我们可能要涉及国家资本主义,或者说,至少要同国家资本主义作一对比。这就是合作社问题。

毫无疑问,合作社在资本主义国家条件下是集体的资本主义机构。同样毫无疑问,在我国目前的经济现实中,当我们把私人资本主义企业(但必须是建立在公有土地上的,必须是处在工人阶级的国家政权监督下的)同彻底的社会主义类型的企业(无论生产资料或企业占用的土地以及整个企业都属于国家)连接起来的时候,这里也就出现了第三种企业的问题,即合作企业的问题,从原则意义上说,这种企业以前是没有起过独立作用的。在私人资本主义下,合作企业与资本主义企业不同,前者是集体企业,后者是私人企业。在国家资本主义下,合作企业与国家资本主义企业不同,合作企业首先是私人企业,其次是集体企业。在我国现存制度下,合作企业与私人资本主义企业不同,合作企业是集体企业,但与社会主义企业没有区别,如果它占用的土地和使用的生产资料是属于国家即属于工人阶级的。

我们有些人在谈论合作社时,对于这一情况估计不足。他们常常忘记,由于我们国家制度的特点,合作社在我国具有非常重大的意义。如果把租让(顺便说一句,租让在我国并未得到多大的发展)单独划开,那么在我国的条件下合作社往往是同社会主义完全一致的。

现在来说明我的看法。为什么说自罗伯特·欧文以来所有的旧日合作社工作者的计划都是幻想呢?因为他们没有估计到阶级斗争、工人阶级夺取政权、推翻剥削者阶级的统治这样的根本问题,而梦想用社会主义来和平改造现代社会。因此我们有理由把这种"合作"社会主义看做彻头彻尾的幻想,把以为只要实行居民合作化就能使阶级敌人变为阶级朋友、使阶级战争变为阶级和平(所谓国内和平)的梦想,看做浪漫主义的,甚至庸俗的东西。

毫无疑问,从当代的基本任务看来,我们是正确的,因为不进行争取国家政权的阶级斗争,社会主义就不能实现。

但是你们看,现在国家政权既已掌握在工人阶级手里,剥削者的政权既已推翻,全部生产资料(除工人国家暂时有条件地自愿租让给剥削者的一部分生产资料外)既已掌握在工人阶级手里,情况就大不一样了。

现在我们有理由说,对我们来说,合作社的发展也就等于(只有上述一点"小小的"例外)社会主义的发展,与此同时我们不得不承认我们对社会主义的整个看法根本改变了。这种根本的改变表现在:从前我们是把重心放在而且也应该放在政治斗争、革命、夺取政权等等方面,而现在重心改变了,转到和平的"文化"组织工作上去了。如果不是因为国际关系,不是因为必须为我们在国际范围内的阵地进行斗争,我真想说,我们的重心转移到文化主义[178]上去了。如果把国际关系撇开不谈,只就国内经济关系来说,那么我们现在的工作重心的确在于文化主义。

我们面前摆着两个划时代的主要任务。第一个任务就是改造我们原封不动地从旧时代接收过来的简直毫无用处的国家机关;这种机关,我们在五年来的斗争中还来不及也不可能来得及认真加以改造。我们的第二个任务就是在农民中进行文化工作。这种在农民中进行的文化工作,就其经济目的来说,就是合作化。要是完全实现了合作化,我们也就在社会主义基地上站稳了脚跟。但完全合作化这一条件本身就包含有农民(正是人数众多的农民)的文化水平的问题,就是说,没有一场文化革命,要完全合作化是不可能的。

我们的敌人曾不止一次地对我们说,我们在一个文化不够发达的国家里推行社会主义是冒失行为。但是他们错了,我们没有从理论(一切书呆子的理论)所规定的那一端开始,我们的政治和社会变革成了我们目前正面临的文化变革,文化革命的先导。

现在,只要实现了这个文化革命,我们的国家就能成为完全社会主义的国家了。但是这个文化革命,无论在纯粹文化方面(因为我们是文盲)或物质方面(因为要成为有文化的人,就要有相当发达的物质生产资料的生产,要有相当的物质基础),对于我们说来,都是异常困难的。

1923年1月6日

选自《列宁全集》第2版第43卷
第361—368页

论我国革命

（评尼·苏汉诺夫的札记）[179]

（1923年1月16日和17日）

一

    这几天我翻阅了一下苏汉诺夫的革命札记。特别引人注目的是我国所有小资产阶级民主派也和第二国际全体英雄们一样迂腐。引人注目的是他们对过去的盲目模仿，至于他们非常怯懦，甚至其中的优秀人物一听说要稍微离开一下德国这个榜样，也要持保留态度，至于所有小资产阶级民主派在整个革命中充分表现出来的这种特性，就更不用说了。

    本文总结了俄国社会主义革命和建设的经验，驳斥了孟什维克和第二国际代表人物借口俄国缺乏实行社会主义的客观经济前提来否定俄国革命的论调，运用革命辩证法论证了俄国进行社会主义革命和建设的必要性和可能性，指出：世界历史发展的一般规律不仅丝毫不排斥个别发展阶段在发展的形式或顺序上表现出特殊性，反而是以此为前提的；俄国革命的道路不同于欧洲，东方各国的革命道路又将不同于俄国，这种特殊性是符合世界历史发展的总的路线的；建设社会主义的确需要一定的经济、文化发展水平，但俄国由于自身的历史条件，可以先夺取革命的胜利，然后在工农政权和苏维埃制度的基础上提高生产力和文化水平。

他们都自称马克思主义者，但是对马克思主义的理解却迂腐到无以复加的程度。马克思主义中有决定意义的东西，即马克思主义的革命辩证法，他们一点也不理解。马克思说在革命时刻要有极大的灵活性[180]，就连马克思的这个直接指示他们也完全不理解，他们甚至没有注意到，例如，马克思在通信中（我记得是在1856年的通信中）曾表示希望能够造成一种革命局面的德国农民战争同工人运动结合起来[181]，就是对马克思的这个直接指示，他们也像猫儿围着热粥那样绕来绕去，不敢触及。

他们的一举一动都暴露出他们是些怯懦的改良主义者，唯恐离开资产阶级一步，更怕跟资产阶级决裂，同时又用满不在乎的空谈和大话来掩饰自己的怯懦。即使单从理论上来看，也可以明显地看出他们根本不能理解马克思主义的下述见解。他们到目前为止只看到过资本主义和资产阶级民主在西欧的发展这条固定道路。因此，他们不能想象到，这条道路只有作相应的改变，也就是说，作某些修正（从世界历史的总进程来看，这种修正是微不足道的），才能当做榜样。

第一，这是和第一次帝国主义世界大战相联系的革命。这样的革命势必表现出一些新的特征，或者说正是由于战争而有所改变的一些特征，因为世界上还从来没有过在这种情况下发生的这样的战争。到目前为止我们看到，最富有的国家的资产阶级在这场战争之后还没有能调整好"正常的"资产阶级关系，而我们的改良主义者，即硬充革命家的小资产者，却一直认为正常的资产阶级关系是一个极限（不可逾越的极限），而且他们对于这种"正常"的理解是极其死板、极其狭隘的。

第二，他们根本不相信任何这样的看法：世界历史发展的一般规律,不仅丝毫不排斥个别发展阶段在发展的形式或顺序上表现出特殊性,反而是以此为前提的。他们甚至没有想到,例如,俄国是个介于文明国家和初次被这场战争最终卷入文明之列的整个东方各国即欧洲以外各国之间的国家,所以俄国能够表现出而且势必表现出某些特殊性,这些特殊性当然符合世界发展的总的路线,但却使俄国革命有别于以前西欧各国的革命,而且这些特殊性到了东方国家又会产生某些局部的新东西。

例如,他们在西欧社会民主党发展时期背得烂熟的一条论据,已成为他们万古不变的金科玉律,这条论据就是:我们还没有成长到实行社会主义的地步,或像他们中间各种"博学的"先生们所说的那样,我们还没有实行社会主义的客观经济前提。可是他们谁也没有想到问一问自己:面对第一次帝国主义大战所造成的那种革命形势的人民,在毫无出路的处境逼迫下,难道他们就不能奋起斗争,以求至少获得某种机会去为自己争得进一步发展文明的并不十分寻常的条件吗?

"俄国生产力还没有发展到可以实行社会主义的高度。"第二国际的一切英雄们,当然也包括苏汉诺夫在内,把这个论点真是当做口头禅了。他们把这个无可争辩的论点,用千百种腔调一再重复,他们觉得这是对评价我国革命有决定意义的论点。

试问,既然特殊的环境把俄国卷入了西欧所有多少有些影响的国家也被卷入的帝国主义世界大战,其次使处于东方即将开始或部分已经开始的革命边缘的俄国,发展到有条件实现像马克思这样的"马克思主义者"在1856年谈到普鲁士时曾作为一种可能的前途提出来的"农民战争"同工人运动的联合,那该怎么办呢?

既然毫无出路的处境十倍地增强了工农的力量,使我们能够用与西欧其他一切国家不同的方法来创造发展文明的根本前提,那又该怎么办呢?世界历史发展的总的路线是不是因此改变了呢?正在卷入和已经卷入世界历史总进程的每个国家的各基本阶级的基本相互关系是不是因此改变了呢?

既然建立社会主义需要有一定的文化水平(虽然谁也说不出这个一定的"文化水平"究竟是什么样的,因为这在各个西欧国家都是不同的),我们为什么不能首先用革命手段取得达到这个一定水平的前提,**然后**在工农政权和苏维埃制度的基础上赶上别国人民呢?

1923年1月16日

二

你们说,为了建立社会主义就需要文明。好极了。那么,我们为什么不能首先在我国为这种文明创造前提,如驱逐地主,驱逐俄国资本家,然后开始走向社会主义呢?你们在哪些书本上读到过,通常的历史顺序是不容许或不可能有这类改变的呢?

记得拿破仑这样写过:"On s'engage et puis… on voit",意译出来就是:"首先要投入真正的战斗,然后便见分晓。"我们也是首先在1917年10月投入了真正的战斗,然后就看到了像布列斯特和约[63]或新经济政策等等这样的发展中的细节(从世界历史的角度来看,这无疑是细节)。现在已经毫无疑问,我们基本上是胜利了。

我们的苏汉诺夫们,更不必说那些比他们更右的社会民主党人了,做梦也没有想到,不这样就根本不能进行革命。我们的欧洲庸人们做梦也没有想到,在东方那些人口无比众多、社会情况无比复杂的国家里，今后的革命无疑会比俄国革命带有更多的特殊性。

不用说，按考茨基思想编写的教科书在当时是很有益处的。不过现在毕竟是丢掉那种认为这种教科书规定了今后世界历史发展的一切形式的想法的时候了。应该及时宣布，有这种想法的人简直就是傻瓜。

1923年1月17日

选自《列宁全集》第2版第43卷
第369—372页

我们怎样改组工农检查院

（向党的第十二次代表大会提出的建议）[182]

（1923年1月23日）

毫无疑问,工农检查院[142]对我们说来是一个大难题,而且这个难题至今没有解决。一些同志用否认工农检查院的好处或必要性来解决这个难题,我认为是不对的。但同时我并不否认,我们国家机关及其改善的问题,是一个非常困难、远未解决同时又亟待解决的问题。

我们的国家机关,除了外交人民委员部,在很大程度上是旧事物的残余,极少有重大的改变。这些机关仅仅在表面上稍微粉饰了一下,而从其他方面来看,仍然是一些最典型的旧式国家机关。所以,为了找到真正革新这些机关的办法,我觉得应该向我们国内战争的经验请教。

在国内战争比较危急的关头我们是怎样做的呢?

我们把党的优秀力量集中在红军里,我们动员了我国工人中的优秀分子,我们到我国专政根基最深的地方去发掘新的力量。

照我的看法,我们也应当按这个路子去寻找改组工农检查院的

列宁在文中围绕改组工农检查院问题,论述了在党和国家机关内部推进改革的重大意义,指出改革的目标是增进同人民群众的联系,提高工作效率,加强对领导机关的纪律检查和监督。

源泉。我建议党的第十二次代表大会采纳下面这个以特殊方式扩大我们中央监察委员会[152]为基础的改组计划。

我党中央全会已有发展成为党的一种最高代表会议的趋势。它现在平均每两月至多开会一次,至于日常工作,大家知道,则由我们的政治局、我们的组织局、我们的书记处等等以中央委员会的名义处理。我认为,我们应当走完这条已经走上的道路,把中央全会完全变成党的最高代表会议,每两月开会一次,有中央监察委员会参加。而这个中央监察委员会要根据下述条件同改组后的工农检查院的基本部分结合起来。

我建议代表大会从工人和农民中选出75—100名(这当然是大致的数字)新的中央监察委员。当选者也像一般中央委员一样,应该经过党的资格审查,因为他们也应享有中央委员的一切权利。

另一方面,应该把工农检查院的职员缩减到300—400人,这些职员要经过专门考查,看他们是否认真负责,是否了解我们的国家机关,同时还要经过专门考验,看他们是否了解科学组织劳动特别是管理、办公等方面劳动的原理。

据我看来,把工农检查院和中央监察委员会这样结合起来,对于两个机关都有好处。一方面,工农检查院因此能获得很高的、至少不亚于我们外交人民委员部的威信。另一方面,我们的中央委员会就会同中央监察委员会一起最终走上变成党的最高代表会议的道路,实际上中央委员会已经走上这条道路,而为了在以下两方面正确地完成自己的任务,它应当沿着这条道路走到底:一方面,使**它的**组织和工作有计划、有目的、有系统,另一方面,通过我国工农中的优秀分子同真正广大的群众联系起来。

我预见到,那些使我们机关成为旧机关的人,也就是那些主张让我们机关照现在这样保留着革命前的糟糕透顶的状态的人，一定会直接或间接地提出反对意见（顺便说一句，我们现在得到了历史上很少有的机会，可以测定进行根本的社会变革所必需的期限，我们现在清楚地看到，**什么**可以在5年内做到，什么需要更长的时期）。

这种反对意见认为我提出的改革只会造成混乱。中央监察委员会委员们将在各机关游逛，不知道该到哪儿去，去干什么，去找谁，弄得到处一片混乱，打断职员们的日常工作，如此等等。

我觉得，这种反对意见是哪些居心险恶的人提出来的，十分明显，甚至用不着回答。自然，从中央监察委员会主席团和工农检查人民委员及其部务委员会（相应的还有我们的中央书记处）来说，需要顽强地努力若干年，才能恰当地组织自己的人民委员部及其协同中央监察委员会进行的工作。我认为，工农检查人民委员可以（而且应当）仍旧是人民委员，整个部务委员会也是一样，仍旧领导整个工农检查院的工作，包括所有"派来"听他调遣的中央监察委员会委员的工作。按照我的计划，工农检查院留下来的300—400个职员，一方面要在工农检查院其他委员和增派来的中央监察委员会委员的领导下做纯粹秘书性的工作，另一方面，他们应该是高度熟练、经过特别审查、非常可靠的人，同时要给他们很高的薪金，使他们完全摆脱目前工农检查院官员们的真正不幸的（如果不说得更重的话）处境。

我相信，把职员减少到我所说的那个数目，会使工农检查院工作人员的质量和整个工作的质量提高许多倍，同时也会使人民委员和部务委员有可能集中全力安排工作，有步骤地、不断地提高工作质量，而提高工作质量对于工农政权和我们苏维埃制度是绝对必要的。

另一方面，我还认为，工农检查人民委员应设法把我们共和国现有的12个以上的劳动组织高级研究所（中央劳动研究所、科学劳动组织研究所等等）一部分合并，使另一部分的工作协调起来。过于雷同也好，因此而要求统统合并也好，都是有害的。恰恰相反，应该在把所有这些机构合并成一个和使它们在保持一定独立性的条件下适当分工这两者之间，找出一个合理的适当的折中办法。

由于这种改革，我们中央委员会本身所得到的好处无疑不会少于工农检查院，这个好处就是，中央委员会能增进同群众的联系，使它的工作更有条理、更扎实。那时就能够（而且一定会）在准备政治局会议方面规定更严格更负责的制度。中央监察委员会应有一定人数的委员出席这种会议，其人数视某一时期或某一组织计划而定。

工农检查人民委员应协同中央监察委员会主席团给中央监察委员会委员们分一下工，或者根据他们是否必须出席政治局会议和检查送交政治局审理的各种文件，或者根据他们是否必须抽出工作时间来学习理论和研究科学组织劳动，或者根据他们是否必须实际参加监督和改善从上层国家机构到基层地方机构的我国国家机关的工作，等等。

经过这种改革，中央委员和中央监察委员能更好地了解情况，在政治局会议以前能更好地进行准备（凡与政治局会议有关的文件，一律应在会议前24小时送交中央委员会和中央监察委员会的各委员，刻不容缓的事情除外，这类事情要通过特别程序通知中央委员会委员和中央监察委员会委员并加以解决）。我认为，除了上述政治上的好处以外，还有一个好处，就是在我们中央委员会里纯粹个人因素和偶然情况的影响会减少，从而分裂的危险也会减少。

我们中央委员会已经形成为一个严格集中的和威信很高的集体，但是这个集体的工作条件还和它的威信不相称。我提出的改革必将有助于改变这种状况。有一定的人数必须出席政治局每次会议的中央监察委员会的委员们,应该形成一个紧密的集体,这个集体应该"不顾情面",应该注意不让任何人的威信,不管是总书记,还是某个其他中央委员的威信,来妨碍他们提出质询,检查文件,以至做到绝对了解情况并使各项事务严格按照规定办事。

当然,在我们苏维埃共和国内,社会制度是以工人和农民这两个阶级的合作为基础的,现在也容许"耐普曼"即资产阶级在一定的条件下参加这个合作。如果在这两个阶级之间发生严重的阶级分歧,那么分裂将是不可避免的。但是,在我们的社会制度内并不存在必然发生这种分裂的基础,所以我们中央委员会和中央监察委员会以及我们全党的主要任务在于密切注视可能产生分裂的情况并防止这种情况发生,因为我们共和国的命运归根到底将取决于农民群众是和工人阶级一道走,忠实于和工人阶级的联盟呢,还是让"耐普曼"即新资产阶级把他们和工人拆开,使他们和工人分裂。对这两种结局,我们看得愈清楚,我国全体工人和农民了解得愈清楚,我们避免那种会使苏维埃共和国覆灭的分裂的可能就愈大。

1923年1月23日

选自《列宁全集》第2版第43卷
第373—377页

宁肯少些，但要好些

在改善我们国家机关的问题上，我认为工农检查院[142]不应当追求数量和急于求成。直到现在，我们还很少考虑和关心我们国家机关的质量，所以，理所当然应该关心特别认真地提高它的质量，把具有真正现代素质的人才，即同西欧优秀人才相比并不逊色的人才集中到工农检查院里来。当然，对社会主义共和国说来，这个要求是太低了。但是在头五年里，我们脑子里充满了不相信和怀疑。例如，对那些过多地、过于轻率地侈谈什么"无产阶级"文化的人，我们就不禁要抱这种态度，因为在开始的时候，我们能够有真正的资产阶级文化也就够了，在开始的时候，我们能够抛掉资产阶级制度以前的糟糕之极的文化，即官僚或农奴制等等的文化也就不错了。在文化问题上，急躁冒进是最有害的。我们许多年轻的著作家和共产党员应该牢牢记住这一点。

因此，在国家机关问题上，根据过去的经验我们现在也应当得出这样的结论：最好慢一些。

我们国家机关的情况，即使不令人厌恶，至少也非常可悲，因此

列宁在文中指出，为了推进社会主义事业，必须认真进行国家机关的改革。要反对官僚主义，切实改进作风；要厉行节约，杜绝浪费现象；要大力培养优秀人才，努力提高工作效率。为此，列宁给各级领导和机关干部提出了重要的任务：第一是学习，第二是学习，第三还是学习，然后是检查，使我们学到的东西真正深入血肉。

我们必须首先认真考虑怎样来克服它的缺点，同时要记住，这些缺点根源于过去，过去的东西虽已被打翻，但还没有被消灭，没有退到早已成为陈迹的旧文化的阶段去。我在这里提出的正是文化问题，因为在这种事情上，只有那些已经深入文化、深入日常生活和成为习惯的东西，才能算做已达到的成就。而在我们这里，可以说，对社会制度中的精华没有仔细考虑，没有充分理解，没有深切感受，只是匆忙地抓过来，没有经过检验，没有经过考验，没有为经验所证实，没有固定下来，如此等等。当然，在革命时代，在五年之内就使我们从沙皇制度转到苏维埃制度这样令人眩晕的发展速度之下，也不能不是这样。

应当及时醒悟过来。应当采取的解救办法是对任何冒进和说大话等等一概不相信。应当想一想怎样检查我们每小时都在宣布，每分钟都在实行，而后又每秒钟都在证明其不扎实、不可靠和未被理解的那些前进步骤。这里最有害的就是急躁。最有害的，就是自以为我们总还懂得一点什么，或者总还有不少人能用来建立真正新的机关，名副其实是社会主义的、苏维埃的机关，如此等等。

其实不然，在我们这里，这样的机关，甚至这样的机关人员，是少得可笑的，所以我们必须记住，为了建立这样的机关，不应该舍不得时间，而应该花上许多许多年的时间。

我们有哪些人可以用来建立这种机关呢？只有两种人。第一，是一心为社会主义奋斗的工人。这些人受的教育是不够的。他们倒是想给我们建立优秀的机关。但是他们不知道怎么做。他们无法办到。他们直到现在还没有具备建立这种机关所必需的文化修养。而做这件事情所必需的正是文化。在这里，蛮干或突击，机敏或毅力，以及人的任何优秀品质，都是无济于事的。第二，是有知识的、受过教育和训练的人，而我国比起其他各国来这种人少得可笑。

在这里也不要忘记,我们往往太喜欢用热心和急于求成等等来弥补(或者以为可以弥补)没有知识这种缺陷。

为了革新我们的国家机关,我们一定要给自己提出这样的任务:第一是学习,第二是学习,第三还是学习,然后是检查,使我们学到的东西真正深入血肉,真正地完全地成为生活的组成部分,而不是学而不用,或只会讲些时髦的词句(毋庸讳言,这种现象在我们这里是特别常见的)。总之,我们应该提出的不是西欧资产阶级所提出的要求,而是向一个以发展成社会主义国家为宗旨的国家应该提出的恰如其分的要求。

由此得出的结论是:我们应当把作为改善我们机关的工具的工农检查院改造成真正的模范机关。

要想使工农检查院达到应有的水平,就必须遵守"七次量,一次裁"的准则。

要做到这一点,我们必须非常慎重地、考虑周到地、熟悉情况地利用我们社会制度中真正的精华来建立新的人民委员部。

要做到这一点,就要求我们社会制度中所有的优秀分子,即第一,先进工人,第二,真正受过教育而且可以保证决不相信空话、决不说昧心话的分子,不怕承认任何困难,不怕为达到自己郑重提出的目的而进行任何斗争。

在改善我们的国家机关方面,我们已经瞎忙了五年,但只不过是瞎忙而已,五年来已经证明这是无用的,徒劳无益的,甚至是有害的。这种瞎忙使我们看来像是在工作,实际上却搅乱了我们的机关和我们的头脑。

这种状况终究应该改变了。

我们应该遵守一条准则:宁可数量少些,但要质量高些。我们应该遵守一条准则:与其匆忙从事而毫无希望得到优秀人才,倒不如再过两年甚至三年好些。

我知道,这条准则很难坚持,很难用于我们的实际生活。我知道,相反的准则会通过无数渠道在我们这里得到奉行。我知道,需要大力抵制,需要表现出无比坚韧的精神,这方面的工作至少在头几年内是极难收效的。然而我深信,我们只有通过这样的工作才能达到我们的目的,而只有达到这个目的,我们才能建立名副其实是苏维埃的、社会主义的共和国,以及其他等等。

许多读者也许认为我在前一篇文章①中举出来作例子的数字太小了。我相信,可以用很多计算来证明这些数字是很不够的。但我认为,我们应该把真正合乎标准的质量这一点看得比一切计算更重要。

我认为,对我们国家机关来说,正是现在终于到了我们应该十分认真地好好地对它进行一番工作的时候了,对于这种工作,急躁几乎是最有害的。所以我要竭力防止扩大这些数字。相反地,依我看,在这里对数字要掌握得特别紧。让我们直说吧,工农检查人民委员部现在没有丝毫威信。大家都知道,再没有比我们工农检查院这个机关办得更糟的机关了,在目前情况下,对这个人民委员部没有什么可要求的了。如果我们真正抱定目的要在几年后建成这样的机关:第一,它应当是模范的,第二,它应当得到大家绝对信任,第三,能向所有的人证明,我们所做的确实不愧为中央监察委员会[152]这样一个高级机关所做的工作,那我们就必须牢记这一点。我认为,应该立即坚决冲破一般的职员编制标准。我们必须用完全特殊的办法,经过极严格的考核来挑选工农检查院的职员。一个人民委员部,如果工作马马虎虎,

---

① 见本书第361—365页。——编者注

并且得不到任何信任,说话毫无威信,说实在的,那又何必设立它呢?我想,在进行我们现在所谈的改组工作时,我们的主要任务就是要避免这种现象。

我们吸收来当中央监察委员的工人,应当是无可指责的共产党员,我想,为了使他们学会工作方法和胜任工作任务,还应该对他们进行长期的培养。其次,在这项工作中,应有一定数目的秘书人员做助手,在任用他们以前,必须再三审查。最后,凡是我们决定要破例立刻委派为工农检查院职员的公职人员,应符合下列条件:

第一,他们必须有几名共产党员推荐;

第二,他们必须通过关于我们国家机关知识的考试;

第三,他们必须通过有关我们国家机关问题的基本理论、管理科学、办文制度等等基础知识的考试;

第四,他们必须同中央监察委员和本院秘书处配合工作,使我们能够信赖整个机关的全部工作。

我知道,要达到这些要求还要有许许多多先决条件,所以我很担心工农检查院的大多数"实际工作者"会说这些要求是无法执行的,或者轻蔑地加以嘲笑。但我要问一问工农检查院任何一个现任领导人或与之有关的人,他能不能真心地告诉我,像工农检查院这样的人民委员部在实践上有什么必要?我想,这个问题会帮助他们掌握分寸。要么不值得去做改组工农检查院这样一件没有希望的工作(这类改组我们已经进行过许多次),要么应当真正给自己确定一个任务,用缓慢、艰难和非常的办法,经过多次检查,来建立一个真正模范的、不只是由于官衔和职位才受到大家尊敬的机关。

如果没有耐心,如果不准备花几年工夫来做这件事,那最好是根本不做。

我认为,应该从我们在高级劳动研究所等等方面已经搞起来的那些机构中挑出少数几个来,检查它们是否完全认真地工作,只有它们的工作确实符合现代科学的水平,并能使我们得到现代科学提供的一切成果,才能继续工作。这样,指望在几年之内建成一个能胜任工作的机关,就不是空想了;所谓胜任,就是能得到工人阶级、俄国共产党以及我们共和国全体居民的信任,有步骤地、坚持不懈地为改善我们的国家机关而工作。

现在就可以开始进行这方面的准备工作。如果工农检查人民委员部同意这个改造计划,它现在就可以开始采取准备措施,以便有条不紊地工作到彻底完成,既不要急躁,也不要拒绝重做已经做过的事情。

在这里,任何不彻底的解决办法都是极其有害的。凡是根据其他任何考虑制定的工农检查院的编制,实质上都是根据旧官僚的考虑,根据旧的偏见,根据已经受到批判、引起大家讥笑等等的观点制定出来的。

实质上,这里的问题是这样的:

要么现在就表明,我们在国家建设方面真正学到了一些东西(五年里也该学到点东西了);要么承认,我们还没有成熟到这个程度,那就不必动手去做。

我想,就我们现有的人才而论,认为我们学到的东西已经足以有条不紊地重建一个人民委员部了,这并不是不谦逊。不错,这一个人民委员部应能确定我们整个国家机关的面貌。

现在就发征稿启事,争取写出两本或更多的关于组织一般劳动、特别是管理方面的劳动的教科书。我们现有的叶尔曼斯基的那本书可以作为基础,附带说一句,虽然他很明显地同情孟什维主义,不适于编写适合苏维埃政权的教科书。其次,不久以前出版的克尔任采夫的那本书也可以作为基础[183];最后,在现有的专题参考书中还有一些可能有用。

派几个有学问的切实可靠的人到德国或英国去搜集图书和研究这个问题。我提出英国,是考虑到派人去美国或加拿大可能做不到。

成立一个委员会来草拟工农检查院职员候选人和中央监察委员会委员候选人的考试的初步纲要。

这些以及诸如此类的工作当然不会使人民委员为难,也不会使工农检查院部务委员会委员们或中央监察委员会主席团为难。

同时还要成立一个筹备委员会来物色中央监察委员会委员的候选人。我相信,现在在各部门有经验的工作人员中,在我们苏维埃学校的学员中,能担任这项职务的候选人是绰绰有余的。事先排除某一类人未必是正确的。最好是使这个机构有各种各样的人员,在这个机构里我们应当设法把多种素质和不同优点结合起来,因此,我们得下功夫拟好候选人名单。举例来说,如果新的人民委员部是由一个模子出来的人组成的,假定是由官吏型的人组成的,或者排除鼓动员型的人,或者排除善于交际或深入他们不太熟悉的群众中去的人等等,那就糟糕透了。

*　　　　*　　　　*

我想,如果把我的计划和学院式的机关比较一下,那我的意思就表达得更清楚了。中央监察委员会委员必须在自己主席团的领导下,经常检查政治局的一切文件。同时他们应当恰当地分配自己做检查工作的时间,以便对我们的机关(从最小的分支机关到最高的国家机关)的办文制度进行检查。最后,他们的工作范围包括研究理论,即研究如何组织他们将要去做的工作的理论,也包括在老同志或劳动组织高级研究所教师的指导下进行的实习。

但是我认为,他们决不能只限于做这类学院式的工作。除这些工作以外,他们还要学会做别的工作,这种工作,我可以不客气地说,虽然不是学会捉拿骗子,也是捉拿诸如此类的家伙,同时还要想出特别巧妙的办法来掩护自己的进攻、接近等等。

这样的建议在西欧国家机关中会引起空前的不满、道义上的愤慨等等,但我希望我们还没有官僚化到会采取这种态度的地步。在我们这里,新经济政策还没有被人尊重到如此地步,以至一想到可能捉人就恼怒起来。我们的苏维埃共和国建立还不很久,却已积了这样一堆形形色色的渣滓,未必会有人一想到要用某些巧计、有时要用寻根究源或迂回曲折的侦察方法来挖掘这些渣滓就恼怒起来,假如有,那也可以相信,我们大家都会痛快地嘲笑这种人的。

我们希望,我们新的工农检查院会丢掉法国人称之为pruderie的毛病,这种毛病我们可以把它叫做可笑的装腔作势或可笑的妄自尊大,它对我们的官僚,不论是苏维埃官僚还是党官僚最为合适。附带说一句,官僚不仅在苏维埃机关里有,而且在党的机关里也有。

我在上面说,我们必须学习,到高级劳动组织研究所等机构去学习,但这决不是说,我把这种"学习"理解为有点像学校式的学习,或者我的想法仅仅限于学校式的学习。我希望,没有一个真正的革命者会怀疑我,说我不承认这里所说的"学习"包含着某种半玩笑式的手法,某种巧计,某种花招或诸如此类的东西。我知道,在西欧庄重严肃的国家里,这种意见一定会使人大为震惊,任何一个体面的官员连讨论这个意见都不会容许。但是我希望,我们还没有官僚化到这种程度,在我们这里讨论这种意见只会使人感到愉快。

真的,为什么不把愉快和有益结合起来呢?为什么不能运用某种玩笑式的或半玩笑式的手法去暴露那些可笑的、有害的、半可笑半有害等等的现象呢?

我认为:如果我们的工农检查院把这些想法研究一下,那会获益匪浅;记载我们中央监察委员会或它在工农检查院工作的同事们取得过几次极其辉煌胜利的奇案录,将增添我们未来的“工农检查员”和“中央监察委员”的不少奇遇,在那些古板正经的教科书不易提及的地方所发生的奇遇。

＊　　　　＊　　　　＊

怎么可以把党的机关和苏维埃机关结合起来呢?这里难道没有什么不可容许的东西吗?

这个问题倒不是我要提出的。我在上面说过官僚主义者不仅在我们苏维埃机关里有,而且在我们党的机关里也有,这个问题是代表我这句话所暗指的那些人提出的。

真的,为了工作的利益,为什么不把两种机关结合起来呢?在外交人民委员部这样的人民委员部里,这种结合带来了极大的好处,并且从一开始就是这么做的,这难道还有谁没有看到吗?为了挫败外国的计谋(姑且这样说吧),难道在政治局里没有从党的角度讨论过关于我们用什么“招数”来对付外国的“招数”这方面的许多大大小小的问题吗?难道苏维埃机关和党的机关这种灵活的结合,不是我们政策的巨大力量的泉源吗?我想,在我们对外政策方面证明正确和确立起来的东西,已经成为惯例而在这个部门已毫无疑问的东西,对于我们的一切国家机关至少是同样适用的(而我认为是更为适用的)。工农检查院本来就是为我们的一切国家机关而设的,它的活动应毫无例外地涉及所有一切国家机构:地方的、中央的、商业的、纯公务的、教育的、档案的、戏剧的等等——总之,各机关一无例外。

对于活动范围这样广,又需要活动方式非常灵活的机关,为什么不能容许它用特殊的形式把党的监察机关同苏维埃的监察机关合并起来呢?

我看不出这里有什么障碍。而且我认为,这种结合是顺利工作的唯一保证。我认为,只有在我们国家机关的那些落满灰尘的角落里才会有人怀疑这一点,而对这种怀疑只有付之一笑。

*　　　　*　　　　*

还有些人怀疑:把学习和业务结合起来是否合适?我觉得不但合适,而且应该。一般说来,虽然我们对西欧的国家制度采取了革命的态度,但还是沾染上了它的许多最有害和最可笑的偏见,在某种程度上是我们那些可爱的官僚有意使我们沾染上这类偏见的,他们有意一再在这类偏见的浑水中摸鱼;他们这种浑水摸鱼的勾当已经猖狂到如此地步,我们中间只有瞎子才看不见。

在社会关系、经济关系和政治关系的所有领域中,我们是"极端"革命的。但在尊敬上司,遵守办文的形式和礼节上,我们的"革命性"往往被最腐败的因循守旧的习气取而代之了。在这里常常可以看到一种极其有趣的现象:在社会生活中,最大的跃进和对极小的变革令人吃惊的畏怯两者兼而有之。

这也是不难理解的,因为迈出最勇敢的前进步伐的是早就成为理论研究对象的那个领域,是主要从理论上、甚至几乎完全从理论上耕耘过的那个领域。俄国人躲开令人厌恶的官僚制的现实,而在家里酝酿非常大胆的理论构想,因此这些非常大胆的理论构想在我们这里就具有非常大的片面性。在我们这里提出一般构想的理论勇气和在微不足道的办公制度改革上的惊人畏怯兼而有之。我们以举世无双的勇气进行了具有世界意义的极其伟大的土地革命,但在极其次要的办公制度改革上却又缺乏想象力,缺乏把在一般问题上收到"辉煌"效果的一般原理运用到这种改革上去的想象力或耐心。

因此,在我们现实生活中非凡的勇敢行动同对最微小变革的畏怯心理令人吃惊地同时并存。

我想,在任何真正伟大的革命中,也历来如此,因为真正伟大的革命是从旧事物同改造旧事物的意向和追求新事物(要新得连一丁点旧事物也没有)的抽象愿望这种矛盾中产生的。

这种革命来得愈猛,许多这样的矛盾就会存在愈久。

*　　　　　*　　　　　*

现在我们生活的一般特征是这样的:我们摧毁了资本主义工业,曾力求完全摧毁中世纪设施和地主的土地占有制,并在这个基础上培植出小农和极小农,他们由于相信无产阶级革命工作的成果而跟着它走。但是我们靠这种信任一直支持到社会主义革命在比较发达的国家里获得胜利,那是不容易的,因为小农和极小农,特别是在新经济政策的条件下,由于经济的必然性,还停留在极低的劳动生产率水平上。此外,国际环境也把俄国抛回到过去的水平,我国国民劳动生产率,整个说来,现在比战前低得多。西欧资本主义列强半自觉半自发地尽一切可能把我们抛回到过去的水平,利用俄国国内战争中的各种因素尽量破坏我国经济。当然正是这样结束帝国主义战争在它们看来是最有利的:即使我们推翻不了俄国的革命制度,至少也要使它难于向社会主义发展。——列强大致上就是这样考虑的,而且从它们的角度也不能不这样考虑。结果,它们的任务只完成了一半。它们并没有推翻革命所创立的新制度,但是它们也不让新制度能够立刻大步前进,以证实社会主义者的预言,使他们能够迅速地发展生产力和发挥所有能发展成为社会主义的潜力，并向所有的人直观地清楚地证明：社会主义蕴藏着巨大的力量，人类现在已经转入一个新的、有着光辉灿烂前途的发展阶段。

国际关系体系现在已成为这样：欧洲的一个国家受着各战胜国的奴役，这就是德国。其次，一些国家，而且是西方一些最老的国家，因获得胜利而能够利用胜利向本国被压迫阶级作一些不大的让步，这些让步毕竟在推迟这些国家的革命运动，造成某种类似"社会和平"的局面。

同时东方许多国家，如印度、中国等等，正是由于最近这次帝国主义战争的影响而完全被抛出了自己的常轨。这些国家的发展已完全按照整个欧洲的资本主义的方向进行。在这些国家里开始出现整个欧洲的那种动荡。现在全世界都已清楚，这些国家已经卷入不能不引起整个世界资本主义危机的发展进程。

因此，现在我们面临这样一个问题：在我国这种小农和极小农的生产条件下，在我国这种经济破坏的情况下，我们能不能支持到西欧资本主义国家发展到社会主义的那一天呢？不过，这些国家完成这一发展过程，不会像我们从前所期待的那样。它们完成这一发展过程，不会是经过社会主义在这些国家里平衡"成熟"，而将是经过一些国家对另一些国家进行剥削，经过对帝国主义战争中第一个战败国进行剥削，再加上对整个东方进行剥削的道路来完成的。另一方面，正是由于第一次帝国主义大战，东方已经最终加入了革命运动，最终卷入了全世界革命运动的总漩涡。

在这样的形势下，我国应该采取怎样的策略呢？显然应该采取这样的策略：为了保住我国的工人政权，为了保持工人政权在我国小农和极小农中间的威望和对他们的领导，我们必须极其谨慎小心。现在全世界正进入一种必然引起全世界社会主义革命的运动,这对我们是有利的。但是也有对我们不利的地方,这就是帝国主义者已把整个世界分裂为两个阵营,而且因德国这个真正先进的、文明的、资本主义发达的国家现在很难抬起头来而使这种分裂更加复杂化。所谓西方的一切资本主义列强都在啄食它,不让它抬起头来。而另一方面,拥有亿万过着极端贫困生活的被剥削劳动人民的整个东方已陷入这样的境地:其体力、物力根本不能同西欧任何一个小得多的国家的体力、物力和军事力量相比。

我们能不能避免同这些帝国主义国家在未来发生冲突呢?过去西方和东方反革命营垒中的矛盾,东方和西方剥削者营垒中的矛盾,日本和美国营垒中的矛盾,曾使西欧反革命势力发动的援助俄国反革命势力的进攻遭到失败,现在能不能指望西方日益强大的帝国主义国家同东方日益强大的帝国主义国家之间的内部矛盾和冲突像过去那样,再给我们一次延缓我们同帝国主义国家的冲突的机会呢?

我觉得,对这一问题应当这样来回答:这里问题的解决取决于许许多多的情况;整个说来,只有根据地球上绝大多数人口终于在资本主义本身的训练和培养下起来斗争了这一点,才能预见到斗争的结局。

斗争的结局归根到底取决于如下这一点:俄国、印度、中国等等构成世界人口的绝大多数。正是这个人口的大多数,最近几年来非常迅速地卷入了争取自身解放的斗争,所以在这个意义上说,世界斗争的最终解决将会如何,是不可能有丝毫怀疑的。在这个意义上说,社会主义的最终胜利是完全和绝对有保证的。

但是我们关心的并不是社会主义最终胜利的这种必然性。我们关心的是我们俄国共产党,我们俄国苏维埃政权为阻止西欧反革命国家扼杀我们所应采取的策略。为了保证我们能存在到反革命的帝国主义的西方同革命的和民族主义的东方，世界上最文明的国家同东方那样落后的但是占人口大多数的国家发生下一次军事冲突的时候，这个大多数必须能赶得上建立文明。我们的文明程度也还够不上直接向社会主义过渡，虽然我们已经具有这样做的政治前提。我们必须坚持这样的策略，或者说，为了自救必须采取下面的政策。

我们应当努力建成这样一个国家，在这个国家里工人能够保持他们对农民的领导，保持农民对他们的信任，并通过大力节约把自己社会关系中任何浪费现象的任何痕迹铲除干净。

我们应当使我们的国家机关厉行节约。我们应当把沙皇俄国及其资本主义官僚机关大量遗留在我们国家机关中的一切浪费现象的痕迹铲除干净。

这岂不是会成为农民局限性的天下吗？

不会的。只要我们能够保持工人阶级对农民的领导，我们就有可能在我国靠大力节约把任何一点积蓄都保存起来，以发展我们的大机器工业，发展电气化，发展泥炭水力开采业，完成沃尔霍夫水电站工程[184]，如此等等。

我们的希望就在这里，而且仅仅在这里。只有这样，我们才能够——打个比喻说——从一匹马上跨到另一匹马上，就是说，从农民的、庄稼汉的、穷苦的马上，从指靠破产的农民国家实行节约的马上，跨到无产阶级所寻求的而且不能不寻求的马上，跨到大机器工业、电气化、沃尔霍夫水电站工程等等的马上。

在我的思想上，我就是这样把我们的工作、我们的政策、我们的策略、我们的战略等等的总计划同改组后的工农检查院的任务联系起来的。我们之所以应该对工农检查院特别关心、特别注意，把它的地位提得特别高,使它的领导具有中央委员会的权利等等,在我看来,理由就在这里。

这个理由是说,只有彻底清洗我们的机关,尽量削减机关非绝对必要的一切,我们才能够有十分把握地坚持下去。而且我们将能够不是在小农国家的水平上,不是在这种普遍的局限性的水平上坚持下去,而是在不断地前进、向着大机器工业前进的水平上坚持下去。

这就是我所向往的工农检查院的崇高任务。这就是我为了工农检查院而打算把一个最有威信的党的上层机关和一个"普通的"人民委员部合并起来的原因。

1923年3月2日

选自《列宁全集》第2版第43卷
第378—392页

重要论述摘编

　　工人阶级要获得真正的解放，必须进行资本主义全部发展所准备起来的社会革命，即消灭生产资料私有制，把它们变为公有财产，组织由整个社会承担的社会主义的产品生产代替资本主义商品生产，以保证社会全体成员的充分福利和自由的全面发展。

《关于俄国社会民主工党纲领的文献》
（1902年1—3月），《列宁全集》第2版第6卷
第193页

　　我们要争取新的、更好的社会制度：在这个新的、更好的社会里不应该有穷有富，大家都应该做工。共同劳动的成果不应该归一小撮富人享受，应该归全体劳动者享受。机器和其他技术改进应该用来减轻大家的劳动，不应该用来使少数人发财，让千百万人民受穷。这个新的、更好的社会就叫**社会主义社会**。关于这个社会的学说就叫**社会主义**。

《告贫苦农民》（1903年3月1日和28日〔3月
14日和4月10日〕之间），《列宁全集》第2版
第7卷第112页

　　乐于吸取外国的好东西：苏维埃政权＋普鲁士的铁路秩序＋美国的技术和托拉斯组织＋美国的国民教育等等等等＋＋＝总和＝

社会主义。

《〈苏维埃政权的当前任务〉一文的几个提
纲》(1918年3—4月),《列宁全集》第2版第
34卷第520页

如果我们问一下自己,共产主义同社会主义的区别是什么,
那么我们应当说,社会主义是直接从资本主义生长出来的社会,
是新社会的初级形式。共产主义则是更高的社会形式,只有在社
会主义完全巩固的时候才能得到发展。社会主义的前提是在没有
资本家帮助的情况下进行工作,是在劳动者的有组织的先锋队即
先进部分施行最严格的计算、监督和监察下进行社会劳动;同时
还应该规定劳动量和劳动报酬。这种规定所以必要,是因为资本
主义社会给我们留下了诸如分散的劳动、对公共经济的不信任、
小业主的各种旧习惯这样一些遗迹和习惯,这些在所有农民国家
中都是最常见的。这一切都是同真正共产主义经济背道而驰的。
所谓共产主义,是指这样一种制度,在这种制度下,人们习惯于履
行社会义务而不需要特殊的强制机构,不拿报酬地为公共利益工
作成为普遍现象。

《在俄共(布)莫斯科市代表会议上关于星期
六义务劳动的报告》(1919年12月20 日),
《列宁全集》第2版第38卷第36—37页

我们认为革命无产阶级的**独立的**、毫不妥协的马克思主义政
党,是社会主义胜利的唯一保证,是一条通向胜利的康庄大道。因此,
我们在任何时候,包括最革命的时刻,都不会放弃社会民主党的完全

独立性,不会放弃我们的思想体系的彻底的不妥协性。

《关于起义的战斗协议》(1905年2月4日〔17日〕),《列宁全集》第2版第9卷第257页

　　马克思主义教导说——这一教导不仅已经由整个共产国际在共产国际第二次代表大会(1920年)关于无产阶级政党的作用的决议中正式加以肯定,而且也已经为我国革命的实践所证实——只有工人阶级的政党,即共产党,才能团结、教育和组织无产阶级和全体劳动群众的先锋队,而只有这个先锋队才能抵制这些群众中不可避免的小资产阶级动摇性,抵制无产阶级中不可避免的种种行业狭隘性或行业偏见的传统和恶习的复发,并领导全体无产阶级的一切联合行动,也就是说在政治上领导无产阶级,并且通过无产阶级领导全体劳动群众。不这样,便不能实现无产阶级专政。

《俄共(布)第十次代表大会文献》(1921年3月),《列宁全集》第2版第41卷第85页

　　社会主义的伟大奠基人马克思和恩格斯,在几十年中考察了工人运动的发展和世界社会主义革命的成长,清楚地看到:从资本主义过渡到社会主义,需要经过长久的阵痛,经过长时期的无产阶级专政,摧毁一切旧东西,无情地消灭资本主义的各种形式,需要有全世界工人的合作,全世界的工人则应当联合自己的一切力量来保证彻底的胜利。

《全俄工兵农代表苏维埃第三次代表大会文献》(1918年1月中旬),《列宁全集》第2版第33卷第278页

要知道无产阶级专政决不只是推翻资产阶级或推翻地主,——一切革命都这样做过,——我们的无产阶级专政是要保证建立秩序、纪律,提高劳动生产率,实行计算和监督,建立比过去更巩固更坚强的无产阶级苏维埃政权。

> 《在全俄中央执行委员会会议上关于苏维埃政权的当前任务的报告》(1918年4月29日),《列宁全集》第2版第34卷第242页

社会主义反对对民族使用暴力。这是无可争辩的。而且社会主义一般是反对对人使用暴力的。但是,除了信基督教的无政府主义者和托尔斯泰主义者以外,谁也没有由此得出结论说,社会主义反对**革命**暴力。可见,笼统地谈论"暴力",而不分析那些区别反动暴力和革命暴力的条件,那就成了背弃革命的市侩,或者简直是用诡辩来自欺欺人。

> 《无产阶级革命和叛徒考茨基》(1918年10—11月),《列宁全集》第2版第35卷第287页

我已向你们证明,要摆脱资本主义,无产阶级专政是不可避免的,是非有不可的,是绝对必需的。专政固然非有暴力不可,但它并不仅仅意味着暴力,它还意味着比先前的劳动组织更高级的劳动组织。

> 《在全俄社会教育第一次代表大会上的讲话》(1919年5月),《列宁全集》第2版第36卷第355页

革命军队是进行军事斗争和对人民群众实行军事领导以对付专制制度军事力量的残余所必需的。革命军队之所以必要,是因为只

有靠**暴力**才能解决伟大的历史问题,而在现代斗争中,**暴力组织**就是军事组织。

《革命军队和革命政府》(1905年6月27日〔7月10日〕),《列宁全集》第2版第10卷第318—319页

废除武装是社会主义的理想。在社会主义社会里不会有战争,因此,废除武装将会实现。但是,谁指望**不通过**社会革命和无产阶级专政来实现社会主义,谁就不是社会主义者。专政是直接依靠**暴力**的国家政权。在20世纪这个时代(以及在整个文明时代),暴力不是拳头,不是木棍,而是**军队**。把"废除武装"写进纲领,就意味着笼统地说:我们反对使用武器。这也和假使我们说我们反对使用暴力一样,没有一点马克思主义的气味!

《论"废除武装"的口号》(1916年9月),《列宁全集》第2版第28卷第172页

恩格斯说过:法国每次革命以后,工人总是武装起来了;"因此,掌握国家大权的资产者的第一个信条就是解除工人的武装。"武装工人是**新**军队的萌芽,是**新**社会制度的组织细胞。破坏这个细胞,不让它发展起来,——这就是资产阶级的第一个信条。马克思和恩格斯多次着重指出,任何取得胜利的革命的第一个信条就是打碎旧军队,解散旧军队,用新军队代替它。一个上升到统治地位的新的社会阶级,如果不使旧军队完全解体(即反动的或胆小的市侩叫喊的所谓"瓦解"),不经历一个没有任何军队的最困难最痛苦的时期(法国大革命就经历了这样一个痛苦时期),不逐渐建立起、在艰苦的内战中建立起新阶级的新军队、新纪律、新军事组织,它无论过去和现在都不能

取得也不能巩固这种统治地位。

《无产阶级革命和叛徒考茨基》(1918年10—
11月),《列宁全集》第2版第35卷第286页

到目前为止,军事一直是资本家地主阶级剥削无产阶级的一种工具,到目前为止,整个欧洲的资本家政权还靠资产阶级军官所统率的旧军队的残部来支持。但是,一旦工人拿起枪杆子,开始建立自己的庞大的无产阶级军队,开始教育士兵,使他们知道为什么而战,使他们保卫工人、农民和工厂,不让地主和资本家重掌政权,那时,资产阶级的这个最牢固的支柱就会倒坍。

《普遍军训节讲话》(1919年5月25日),《列宁全集》第2版第36卷第373页

我们在采取和平步骤的同时,也应当全面加强我们的作战准备,绝对不能解除我们军队的武装。我们军队是使帝国主义列强丝毫不敢轻举妄动、不敢侵犯我国的切实保障,因为列强纵然可以指望起初获得某些暂时的胜利,但结果任何一国都不免被苏维埃俄国所粉碎。这是我们应当知道的,这应当成为我们鼓动和宣传的重点,对于这一点我们要作好准备,要完成好在日益疲惫的情况下把和与战两者结合起来这一任务。

《俄共(布)第九次代表大会文献》(1920年
3—4月),《列宁全集》第2版第38卷第278页

我们不止一次地公开申明我们的和平愿望,申明我们需要和平,以及我们愿意向外国资本提供最慷慨的租让和保障。但是我们无意让人假借和平来扼杀我们。

为什么像我们这样的社会主义国家不能同资本主义国家有无限制的生意往来,我看不出有任何理由不能这样做。我们并不反对使用资本主义国家的机车和农业机器,那么,为什么他们要反对利用我们社会主义国家的小麦、亚麻和白金呢?要知道社会主义国家粮食的味道同任何其他国家粮食的味道是一样的,不是吗?当然,他们不得不同可怕的布尔什维克,即同苏维埃政府有生意往来。

《同美国〈世界报〉记者林肯·埃尔的谈话》
(1920年2月20日以前),《列宁全集》第2版
第38卷第165页

我们的目的只有一个,就是要在资本主义包围中利用资本家对利润的贪婪和托拉斯与托拉斯之间的敌对关系,为社会主义共和国的生存创造条件。社会主义共和国不同世界发生联系是不能生存下去的,在目前情况下应当把自己的生存同资本主义的关系联系起来。

《在全俄工会中央理事会共产党党团会议上
关于租让问题的报告》(1921年4月11日),
《列宁全集》第2版第41卷第167页

有一种力量胜过任何一个跟我们敌对的政府或阶级的愿望、意志和决定,这种力量就是世界共同的经济关系。正是这种关系迫使它们走上这条同我们往来的道路。它们沿着这条路走得愈远,今天我在1921年的工作报告中只能用一些可怜的数字向你们描绘的那种前景就会展现得愈广阔愈迅速。

《全俄苏维埃第九次代表大会文献》(1921
年12月),《列宁全集》第2版第42卷第332页

苏维埃政权现在所面临的管理国家这一提到首位的任务,还有这样一个特点:现在(在文明民族的现代史上大概还是第一次)所说的管理,不是政治而是经济具有主要的意义。通常,人们正是首先把主要是甚至纯粹是政治的活动同"管理"一词联系在一起。然而,苏维埃政权的基本原则和实质,以及从资本主义社会向社会主义社会过渡的实质,是政治任务对经济任务来说居于从属地位。而现在,特别是有了苏维埃政权在俄国存在四个多月的实际经验之后,我们应当十分清楚,管理国家的任务现在首先是归结为纯粹经济的任务:医治战争给国家带来的创伤,恢复生产力,调整好对产品的生产和分配的计算和监督,提高劳动生产率,——总之,归结为经济改造的任务。

可以说,这一任务分为两个主要项目:(1)对产品的生产和分配以各种形式实行最广泛的、遍及各地的和包罗万象的计算和监督;(2)提高劳动生产率。任何一个向社会主义过渡的集体或国家,只有在资本主义充分地造成了完成这两项任务的经济、社会、文化和政治的基本前提这种条件下,才能够解决这些任务。

《〈苏维埃政权的当前任务〉一文初稿》(1918年3月23日和28日之间),《列宁全集》第2版第34卷第122—123页

现在的任务是要把无产阶级所能集中的一切力量,把无产阶级的绝对统一的力量都投到经济建设这一和平任务上去,都投到恢复被破坏了的生产这一任务上去。这里需要有铁一般的纪律,铁一般的组织,否则,我们不仅支持不了两年多,甚至连两个月也支持不了。

《俄共(布)第九次代表大会文献》(1920年3—4月),《列宁全集》第2版第38卷第279—280页

没有工人阶级,社会主义革命是不能完成的;如果工人阶级没有积蓄起足够的力量来领导千百万受资本主义压抑的、受尽折磨的、不识字的和分散的农民,社会主义革命也不能完成。

《苏维埃政权的成就和困难》(1919年3—4月),《列宁全集》第2版第36卷第60页

要使农村中争取社会主义的斗争真正获得成功,就要求:第一,各国共产党教育工业无产阶级,使他们认识到,为了推翻资产阶级和巩固无产阶级政权必须忍受牺牲和具有承担牺牲的决心,因为无产阶级专政就意味着无产阶级善于组织和引导全体被剥削劳动群众,意味着这个先锋队也善于为达到这一目的而承担最大的牺牲和表现出英勇精神;第二,要取得成功,还要使农村中受剥削最重的劳动群众能从工人的胜利中靠剥夺剥削者来立刻大大改善自己的境况,否则就不能保证工业无产阶级取得农村的支持,特别是工业无产阶级也就无法保证城市的粮食供应。

《为共产国际第二次代表大会准备的文件》(1920年6—7月),《列宁全集》第2版第39卷第176页

这里只需要弄清楚,我们大家看法最一致的基本问题是什么,从我国整个革命和未来一切社会主义革命(即世界范围的社会主义革命)最本质最根本的问题来看,最本质的东西是什么。

这个最根本最本质的问题就是工人阶级同农民的关系,就是工人阶级同农民的联盟,就是经过大工厂长期艰苦而有成效的锻炼的先进工人是否能够搞好工作,把那些被资本主义和地主、被自己贫困而粗陋的旧经济压得透不过气来的农民群众吸引到自己方面来,向

他们证明,只有同工人结成联盟而不管在这条道路上会遇到多大的困难(困难很多,我们不能闭眼不看),只有这样才能使农民摆脱地主资本家的世世代代的压迫。只有巩固工农联盟,人类才能普遍摆脱像不久以前的帝国主义大厮杀那样的祸害,摆脱我们现在所看到的资本主义世界中的奇怪的矛盾,即为数极少的几个最有钱的强国被财富噎得要死,而地球上广大的居民却贫苦不堪,无法享受现有的文明和利用那些由于流通不畅而没有出路的丰富资源。

> 《全俄苏维埃第九次代表大会文献》(1921
> 年12月),《列宁全集》第2版第42卷第332—
> 333页

任何管理工作都需要有特殊的本领。有的人可以当一个最有能力的革命家和鼓动家,但是完全不适合做一个管理人员。凡是熟悉实际生活、阅历丰富的人都知道:要管理就要懂行,就要精通生产的全部情况,就要懂得现代水平的生产技术,就要受过一定的科学教育。这就是我们无论如何都应当具备的条件。

> 《在全俄水运工人第三次代表大会上的讲
> 话》(1920年3月15日),《列宁全集》第2版第
> 38卷第240页

要竭力做到:管理工作上花费人力最少,管理人员个个都有能力,不论是专家还是工人都要做工作,都要参加管理,如果他们不参加管理,就要被认为是犯了罪。要学习自己的实际经验,也要向资产阶级学习。他们善于保持自己的阶级统治,他们有我们不可缺少的经验;拒绝吸取这种经验,就是妄自尊大,就会给革命造成极

大的危害。

《在全俄水运工人第三次代表大会上的讲
话》（1920年3月15日），《列宁全集》第2版第
38卷第241页

国家机关的领导人应该具有吸收人才的高超能力，具有检查他
们的工作的相当丰富的科学技术知识。这是基本的方面。不然，工作
就不能做好。另一方面，很重要的是他要善于做行政管理工作，并且
在这方面有一个或几个得力的助手。

《关于赋予国家计划委员会以立法职能》
（1922年12月27日），《列宁全集》第2版第43
卷第346页

为了表明苏维埃政权要向社会主义过渡必须利用资产阶级知
识分子的服务，我冒昧地说一句骤然听来似乎是奇谈怪论的话：学习
社会主义，在很大程度上要向托拉斯的领导者学习，学习社会主义，
要向资本主义最大的组织者学习。正是大工厂，正是把对劳动者的剥
削发展到空前规模的大机器工业，是唯一能够消灭资本统治并开始
向社会主义过渡的那个阶级集中的中心；凡是考虑到这一点的人都
不难相信，上面的说法并不是奇谈怪论。因此，当社会主义的组织工
作提到日程上时，为了解决社会主义的实际任务，我们就必须吸收大
批的资产阶级知识分子，特别是那些曾经从事过资本主义的最大生
产的实际组织工作，首先是组织过辛迪加、卡特尔和托拉斯的人来协
助苏维埃政权，这是毫不奇怪的。

《〈苏维埃政权的当前任务〉一文初稿》
（1918年3月23日和28日之间），《列宁全集》
第2版第34卷第128页

必须利用现成的机构,因为不利用资本主义的遗产,就不能把社会主义建立起来。必须利用资本主义为反对我们而创造的一切文化珍品。社会主义的困难就在于它要用外人所创造的材料来建立,可是又只有这样才能建立社会主义,这一点我们在理论上都懂得,经过这一年,我们更从实践中看到:只有利用资本主义为反对我们而创造的材料,才能建立社会主义;我们应当利用这一切来建立社会主义,巩固社会主义。

《在全俄中央执行委员会、莫斯科苏维埃和全俄工会代表大会联席会议上的讲话》(1919年1月17日),《列宁全集》第2版第35卷第416页

即使在最先进的国家里,资本家和托拉斯组织者,也要费好多年的工夫,有时是十年甚至更多的时间,去研究和检查自己的(和别人的)实际经验,纠正和改变已经开始的工作,一次又一次倒退回去,经过多次纠正,才能找到完全适合某种业务的管理制度,选拔出高级和低级的行政管理人员,等等。这是资本主义制度下的情况,资本主义在整个文明世界中是依靠**几百年的经验和习惯**来经营自己的事业的。而我们则是在新的基础上进行建设,这就要求我们对资本主义遗留给我们的习惯进行极其长久的、顽强的和耐心的改造工作,而这一工作只能一步步来。

《再论工会、目前局势及托洛茨基同志和布哈林同志的错误》(1921年1月25日),《列宁全集》第2版第40卷第286页

什么是租让呢?它是国家同资本家订立的一种合同,资本家负

责安排或改进生产(如采伐和浮运木材,开采煤炭、石油和矿石等等),把所得的一部分产品交给国家,另一部分作为利润归自己所有。

苏维埃政权赶走了俄国的地主和资本家,而现在却把外国资本家请到俄国来,这样做对吗?这样做是对的,因为,既然其他国家的工人革命迟迟没有到来,那我们就不得不作出某些牺牲,只要能迅速改善甚至立即改善工农的生活状况。所谓牺牲,就是我们要在许多年内把几千万普特宝贵的产品交给资本家,而所谓改善工农的生活状况,就是我们将立即得到更多的石油、煤油、食盐、煤以及农具等等。我们没有权利不去立即改善工农的生活状况,因为在我国经济破坏的情况下这是必要的,而我们并不会因为作出上述牺牲就遭到毁灭。

把资本家请到俄国来不危险吗?这不是意味着发展资本主义吗?是的,这是意味着发展资本主义,但是这并不危险,因为政权掌握在工农手中,地主和资本家的所有制不会恢复。租让是一种特殊的租借合同。根据合同,资本家在一定期限内是一部分国家财产的租借者,但不是所有者。所有权仍然属于国家。

《留声机片录音讲话》(1921年4月25日),
《列宁全集》第2版第41卷第238—239页

新经济政策的真正实质在于:第一,无产阶级国家**准许小生产者有贸易自由**;第二,**对于大资本的生产资料,无产阶级国家采用资本主义经济学中叫做"国家资本主义"的一系列原则。**

《答〈曼彻斯特卫报〉记者阿·兰塞姆问》
(1922年11月),《列宁全集》第2版第43卷第
263页

工人和旧社会之间从来没有一道万里长城。工人同样保留着许

多资本主义社会的传统心理。工人在建设新社会,但他还没有变成新人,没有清除掉旧世界的污泥,他还站在这种没膝的污泥里面。现在只能幻想把这种污泥清除掉。如果以为这可以马上办到,就是十足的空想,就是在实际上把社会主义世界移到半空中去的空想。

不,我们不是这样建设社会主义的。我们是站在资本主义社会的土壤上进行建设的,是在同劳动者身上同样存在的、经常拖无产阶级后腿的一切弱点和缺点作斗争中进行建设的。

《在全俄工会第二次代表大会上的报告》(1919年1月20日)《列宁全集》第2版第35卷第438页

在国民教育方面,俄共给自己提出的任务是:把1917年十月革命时开始的事业进行到底,即把学校由资产阶级的阶级统治工具变为摧毁这种统治和完全消灭社会阶级划分的工具。学校应当成为无产阶级专政的工具,就是说,不仅应当传播一般共产主义原则,而且应当对劳动群众中的半无产者和非无产者的阶层传播无产阶级在思想、组织、教育等方面的影响,以利于彻底镇压剥削者的反抗和实现共产主义制度。

《俄共(布)纲领草案》(1919年2月),《列宁全集》第2版第36卷第106页

应当明确地认识到,只有确切地了解人类全部发展过程所创造的文化,只有对这种文化加以改造,才能建设无产阶级的文化,没有这样的认识,我们就不能完成这项任务。无产阶级文化并不是从天上掉下来的,也不是那些自命为无产阶级文化专家的人杜撰出来的。如果硬说是这样,那完全是一派胡言。无产阶级文化应当是人类在资本

主义社会、地主社会和官僚社会压迫下创造出来的全部知识合乎规律的发展。

《青年团的任务》(1920年10月2日),《列宁全集》第2版第39卷第299页

当我们听到有些青年以及某些维护新教育制度的人常常非难旧学校,说它是死记硬背的学校时,我们就告诉他们,我们应当吸取旧学校中的好东西。我们不应当吸取旧学校的这样一种做法,即用无边无际的、九分无用一分歪曲了的知识来充塞青年的头脑,但是这并不等于说,我们可以只学共产主义的结论,只背共产主义的口号。这样是建立不了共产主义的。只有了解人类创造的一切财富以丰富自己的头脑,才能成为共产主义者。

《青年团的任务》(1920年10月2日),《列宁全集》第2版第39卷第299页

工人在夺得政权之后,就会把旧的官僚机构打碎,把它彻底摧毁,彻底粉碎,而用仍然由这些工人和职员组成的新机构来代替它;为了**防止**这些人变成官僚,就会立即采取马克思和恩格斯详细分析过的措施:(1)不但选举产生,而且随时可以撤换;(2)薪金不得高于工人的工资;(3)立刻转到使**所有的人**都来执行监督和监察的职能,使**所有的人**暂时都变成"官僚",因而使**任何人**都不能成为"官僚"。

《国家与革命》(1917年8—9月),《列宁全集》第2版第31卷第105页

现在已经到了同浩如烟海的公文作斗争,不信任这些公文,不信任永无休止的"改组"的时候了;当前的首要任务不是颁布法令,不

是改组，而是**选拔人才**，建立**个人对所做的工作负责的制度，检查实际工作**。不这样做，就无法克服窒息着我们的官僚主义和拖拉作风。

> 《关于改革人民委员会、劳动国防委员会和
> 小人民委员会的工作问题》（1922年1—2
> 月），《列宁全集》第2版第42卷第394页

通过对人的考核和对实际工作的检查同腐败的官僚主义和拖拉作风作斗争；毫不留情地赶走多余的官员，压缩编制，撤换不认真学习管理工作的共产党员，——人民委员和人民委员会、人民委员会主席和副主席的工作方针就应该是这样。

> 《关于改革人民委员会、劳动国防委员会和
> 小人民委员会的工作问题》（1922年1—2
> 月），《列宁全集》第2版第42卷第395页

必须十分明确地划分党（及其中央）和苏维埃政权的职责；提高苏维埃工作人员和苏维埃机关的责任心和独立负责精神，党的任务则是对所有国家机关的工作进行总的领导，不是像目前那样进行过分频繁的、不正常的、往往是琐碎的干预。

> 《就党的第十一次代表大会政治报告提纲给
> 维·米·莫洛托夫并转俄共（布）中央全会的
> 信》（1922年3月23日），《列宁全集》第2版第
> 43卷第64页

只要我们还处于孤立状态，落在我们肩上的恢复我国国民经济的任务就会是非常沉重的。为了改善劳动者的状况以及即使是一点一滴地恢复我们被帝国主义战争和国内战争破坏了的经济，必须最

大限度地调动全体农民和全体工人的力量,必须改进还很糟的国家机关,减少用于国家机关的经费。

《给全俄工会第五次代表大会的信》(1922年9月17日),《列宁全集》第2版第43卷第211—212页

我们这里的机关仍是旧的,我们现在的任务就是把它改造一新。我们不能一下子把它改造过来,但我们必须把我们现有的共产党员正确地分配好。要让这些共产党员掌握他们所在的机关,而不是像我们这里常见的那样,让机关掌握他们。这一点用不着隐瞒,应该坦率地说出来。这就是目前这个时候我们面临的任务和我们面临的困难,目前我们踏上了实干的道路,我们必须走向社会主义,但不是把它当做用庄严的色彩画成的圣像。我们必须采取正确的方针,必须使一切都经过检验,让广大群众,全体居民都来检验我们的道路,并且说:"是的,这比旧制度好。"这就是我们给自己提出的任务。

《在莫斯科苏维埃全会上的讲话》(1922年11月20日),《列宁全集》第2版第43卷第300—301页

马克思主义者重视承认民族平等和语言平等,不仅因为他们是最彻底的民主派。无产阶级团结的利益、工人的阶级斗争的同志般团结一致的利益要求各民族最充分的平等,以消除民族间最微小的不信任、疏远、猜疑和仇恨。

《精致的民族主义对工人的腐蚀》(1914年5月10日〔23日〕),《列宁全集》第2版第25卷第153页

帝国主义是少数"大"国不断加紧压迫全世界各民族的时代,因此,不承认民族自决权,就不可能为反帝的国际社会主义革命而斗争。"压迫其他民族的民族是不能获得解放的。"(马克思和恩格斯语)无产阶级如果容许"本"民族对其他民族采取一点点暴力行为,它就不成其为社会主义的无产阶级。

《社会主义与战争》(1915年7—8月),《列宁全集》第2版第26卷第341页

任何一个马克思主义者,如果不愿违背马克思主义和整个社会主义的原则,那就不能否认,社会主义的利益高于民族自决权的利益。

《谈谈不幸的和约问题的历史》(1918年1月7日〔20日〕—2月11日〔24日〕以前),《列宁全集》第2版第33卷第254页

我在关于民族问题的一些著作中已经指出过,抽象地提民族主义问题是极不恰当的。必须把压迫民族的民族主义和被压迫民族的民族主义,大民族的民族主义和小民族的民族主义区别开来。

《关于民族或"自治化"问题》(1922年12月30日),《列宁全集》第2版第43卷第352页

一切民族都将走向社会主义,这是不可避免的,但是一切民族的走法却不会完全一样,在民主的这种或那种形式上,在无产阶级专政的这种或那种形态上,在社会生活各方面的社会主义改造的速度上,每个民族都会有自己的特点。

《论面目全非的马克思主义和"帝国主义经济主义"》(1916年8—9月),《列宁全集》第2版第28卷第163页

社会主义不是按上面的命令创立的。它和官场中的官僚机械主义根本不能相容；生气勃勃的创造性的社会主义是由人民群众自己创立的。

《全俄中央执行委员会会议文献》（1917年11月4日〔17日〕），《列宁全集》第2版第33卷第53页

我们并不苛求马克思或马克思主义者知道走向社会主义的道路上的一切具体情况。这是痴想。我们只知道这条道路的方向，我们只知道引导走这条道路的是什么样的阶级力量；至于在实践中具体如何走，那只能在千百万人开始行动以后由**千百万人的经验**来表明。

《政论家札记》（1917年8月29日〔9月11日〕），《列宁全集》第2版第32卷第111页

对俄国来说，根据书本争论社会主义纲领的时代也已经过去了，我深信已经一去不复返了。今天只能根据经验来谈论社会主义。

《在全俄苏维埃第五次代表大会上关于人民委员会工作的报告》（1918年7月5日），《列宁全集》第2版第34卷第466页

伟大的俄国革命家车尔尼雪夫斯基说过：历史活动并不是涅瓦大街的人行道。谁认为无产阶级革命必须一帆风顺，各国无产者必须一下子就采取联合行动，事先必须保证不会遭到失败，革命的道路必须宽阔、畅通、笔直，在走向胜利的途中根本不必承受极其重大的牺牲，不必"困守在被包围的要塞里"，或者穿行最窄狭、最难走、最曲折和最危险的山间小道，谁认为只有"在这种条件下"才"可以"进行无

产阶级革命,谁就不是革命者,谁就没有摆脱资产阶级知识分子的迂腐气,谁就常常会在实际上滚入反革命资产阶级的阵营,像我国右派社会革命党人、孟什维克以至左派社会革命党人(虽然比较少见)那样。

《给美国工人的信》(1918年8月20日),《列宁全集》第2版第35卷第55—56页

在到达完全的共产主义以前,任何形式都不是最终的。我们不敢说我们准确地知道道路怎样走。但是我们必然会确定不移地走向共产主义。

《在莫斯科党工作人员大会上关于无产阶级对小资产阶级民主派的态度的报告》(1918年11月27日),《列宁全集》第2版第35卷第217页

注　释
索　引

注　释

1　《社会民主党人报》(《Социал-Демократ》)是俄国社会民主党秘密发行的中央机关报。1908年2月在俄国创刊,第2—32号(1909年2月—1913年12月)在巴黎出版,第33—58号(1914年11月—1917年1月)在日内瓦出版,总共出了58号,其中5号有附刊。根据俄国社会民主工党第五次代表大会选出的中央委员会的决定,该报编辑部由布尔什维克、孟什维克和波兰社会民主党人的代表组成。实际上该报的领导者是列宁。1911年6月孟什维克尔·马尔托夫和费·伊·唐恩退出编辑部。同年12月起《社会民主党人报》由列宁主编。该报先后刊登过列宁的80多篇文章和短评。在反动年代和新的革命高涨年代(1907—1914年),该报同取消派、召回派和托洛茨基分子进行了斗争,宣传了布尔什维克的路线,加强了党的统一和党与群众的联系。第一次世界大战期间,该报同国际机会主义、民族主义和沙文主义展开了斗争,反对帝国主义战争,团结了各国坚持国际主义立场的社会民主党人,宣传了布尔什维克在战争、和平和革命等问题上提出的口号,联合并加强了党的力量。该报在俄国国内和国外传播很广,影响很大。——1。

2　指俄国社会民主工党国外支部代表会议。

　　俄国社会民主工党国外支部代表会议于1915年2月14—19日(2月27日—3月4日)在伯尔尼举行。这次会议是在列宁的倡议下召开的,实际上起了全党代表会议的作用。

　　参加代表会议的有俄国社会民主工党中央委员会、中央机关报——《社会民主党人报》、社会民主党妇女组织以及俄国社会民主工党巴黎、苏黎世、伯尔尼、洛桑、日内瓦、伦敦等支部和博日小组的代表。列宁作为俄国社会民主工党中央委员会和中央机关报的代表出席了代表会议,并领导了代表会议的全部工作。

　　列入代表会议议程的问题是:各地工作报告;战争和党的任务(对其

他政治集团的态度);国外组织的任务(对各集团的共同行动和共同事业的态度);中央机关报和新报纸;对"侨民团体"事务的态度(流亡者"侨民团体"的问题);国外组织委员会的选举;其他事项。列宁就战争和党的任务这一主要议题作了报告。

列宁在报告中阐明了俄国社会民主工党中央委员会宣言《战争和俄国社会民主党》中的论点。从蒙彼利埃支部特别是博日小组在代表会议之前通过的决议可以看出,布尔什维克各支部的某些成员还不懂得列宁关于国内战争问题的提法。经过代表会议的讨论,列宁的提纲得到了一致的支持。只有尼·伊·布哈林仍坚持博日小组决议的观点。他在自己的提纲中反对民族自决权以及整个最低纲领的要求,宣称这些要求和社会主义革命是"矛盾"的。列宁后来在1916年3月给亚·加·施略普尼柯夫的信(见《列宁全集》第2版第47卷)中对布哈林的提纲作了尖锐的批评。

"欧洲联邦"口号的问题引起了热烈的争论,但是这种争论只偏重了政治方面。会议决定把这个问题推迟到在报刊上讨论了这个问题的经济方面之后再来解决。

代表会议根据列宁的报告通过的决议,规定了布尔什维克党在帝国主义战争条件下的任务和策略。

代表会议还通过了《俄国社会民主工党国外组织的任务》、《对"侨民团体"事务的态度》、《关于为中央机关报募捐》以及《中央机关报和新报纸》等决议。代表会议选出了新的国外组织委员会。

列宁高度评价伯尔尼代表会议的意义,并且作了很大努力来广泛宣传会议的决议。代表会议的主要决议和列宁为发表决议而写的引言刊载于1915年3月16日(29日)《社会民主党人报》第40号,而且作为附录收入了用俄文和德文出版的《社会主义与战争》这本小册子。伯尔尼代表会议的决议也用法文印成单行本,分发给了齐美尔瓦尔德代表会议的代表和国际社会民主党左派。代表会议的全部决议,见《苏联共产党代表大会、代表会议和中央全会决议汇编》第1分册人民出版社1964年版第419—429页。——1。

3 蒲鲁东主义是以法国无政府主义者皮·约·蒲鲁东为代表的小资产阶级社会主义流派,产生于19世纪40年代。蒲鲁东主义从小资产阶级立场出发批判资本主义所有制,把小商品生产和交换理想化,幻想使小资产阶级私有制永世长存。它主张建立"人民银行"和"交换银行",认为它们能帮助工人购置生产资料,使之成为手工业者,并能保证他们"公平地"销售自己的产品。蒲鲁东主义反对任何国家和政府,否定任何权威和法律,宣扬阶级调和,反对政治斗争和暴力革命。马克思在《哲学的贫困》这部著作中,对蒲鲁东主义作了彻底的批判。列宁称蒲鲁东主义为不能领会工人阶级观点的市侩和庸人的痴想。蒲鲁东主义被资产阶级的理论家们广泛地利用来鼓吹阶级调和。——3。

4　《无产阶级革命的军事纲领》一文(列宁在通信中称之为《论废除武装》)是用德文写的。根据列宁1916年8月间给格·叶·季诺维也夫的信(见《列宁全集》第2版第47卷),本文应写于1916年8月9日以前。本文原拟在瑞士、瑞典和挪威的左派社会民主党人的刊物上发表,但是当时没有刊登出来。同年9月,列宁用俄文加以改写,以《论"废除武装"的口号》为题发表于1916年12月出版的《〈社会民主党人报〉文集》第2辑(见《列宁全集》第2版第28卷第171—181页)。

　　　本文最初的德文原稿到1917年9月和10月,才在国际社会主义青年组织联盟的机关刊物《青年国际》杂志的第9期和第10期上发表出来。杂志编辑部给文章加了如下按语:"现在,当列宁成为一位大家谈得最多的俄国革命活动家的时候,下面登载的这位钢铁般的老革命家的一篇阐明他的大部分政治纲领的文章,会引起人们特殊的兴味。本文是列宁1917年4月离开苏黎世前不久送交本刊编辑部的。"《无产阶级革命的军事纲领》这一标题看来是《青年国际》杂志编辑部加的。——6。

5　《青年国际》杂志(《Jugend-Internationale》)是靠拢齐美尔瓦尔德左派的国际社会主义青年组织联盟的机关刊物,于1915年9月—1918年5月在苏黎世出版,威·明岑贝格任编辑。列宁对它的评价,见《青年国际(短评)》一文(《列宁全集》第2版第28卷第287—291页)。1919—1941年,该杂志是青年共产国际执行委员会的机关刊物。——6。

6　指罗·格里姆拟的关于军事问题的提纲。该提纲载于1916年7月14日和17日《格留特利盟员报》第162号和第164号。

　　　由于瑞士被卷入战争的危险日益增大,瑞士社会民主党内就对战争的态度问题展开了一场争论。根据瑞士社会民主党执行委员会1916年4月的委托,该党著名活动家格里姆、古·弥勒、沙·奈恩、保·伯·普夫吕格尔等分别在《伯尔尼哨兵报》、《民权报》、《格留特利盟员报》上发表文章或提纲,表明自己对这一问题的见解。列宁密切注视这场争论的发展。他对争论材料的批注,见《列宁文集》俄文版第17卷。——6。

7 《新生活》杂志(《Neues Leben》)是瑞士社会民主党的机关刊物(月刊),1915年1月—1917年12月在伯尔尼出版。该杂志宣传齐美尔瓦尔德右派的观点,从1917年初起采取社会沙文主义的立场。——6。

8 《先驱》杂志(《Vorbote》)是齐美尔瓦尔德左派的理论机关刊物,用德文在伯尔尼出版,共出了两期:1916年1月第1期和同年4月第2期。该杂志的正式出版人是罕·罗兰-霍尔斯特和安·潘涅库克。列宁参与了杂志的创办和把第1期译成法文的组织工作。杂志曾就民族自决权和"废除武装"口号问题展开讨论。杂志刊载过列宁的《机会主义与第二国际的破产》和《社会主义革命和民族自决权(提纲)》两文。——6。

9 国际派(斯巴达克派)是德国左派社会民主党人的革命组织,于第一次世界大战初期形成,创建人和领导人有卡·李卜克内西、罗·卢森堡、弗·梅林、克·蔡特金、尤·马尔赫列夫斯基、莱·约吉希斯(梯什卡)、威·皮克等。1915年4月,卢森堡和梅林创办了《国际》杂志,这个杂志是团结德国左派社会民主党人的主要中心。1916年1月1日,全德左派社会民主党人代表会议在柏林召开,会议决定正式成立组织,取名为国际派。代表会议通过了一个名为《指导原则》的文件,作为该派的纲领,这个文件是在卢森堡主持和李卜克内西、梅林、蔡特金参加下制定的。1916年—1918年10月该派定期出版秘密刊物《政治书信》,署名斯巴达克,因此该派也被称为斯巴达克派。1917年4月,斯巴达克派加入了德国独立社会民主党,但保持组织上和政治上的独立。斯巴达克派在群众中进行革命宣传,组织反战活动,领导罢工,揭露世界大战的帝国主义性质和社会民主党机会主义领袖的叛卖行为。斯巴达克派在理论和策略问题上也犯过一些错误,列宁曾屡次给予批评和帮助。1918年11月,斯巴达克派改组为斯巴达克联盟,12月14日公布了联盟的纲领。1918年底,联盟退出了独立社会民主党,并在1918年12月30日—1919年1月1日举行的全德斯巴达克派和激进派代表会议上创建了德国共产党。——7。

10　这段话见于1871年5月英国《每日新闻报》,普·奥·利沙加勒《1871年公社史》曾经引用(见该书1962年三联书店版第211页)。——12。

11　指齐美尔瓦尔德代表会议。

　　齐美尔瓦尔德代表会议即国际社会党第一次代表会议,于1915年9月5—8日在瑞士齐美尔瓦尔德举行。这次会议是根据意大利和瑞士社会党人的倡议召开的。出席会议的有德国、法国、意大利、俄国、波兰、罗马尼亚、保加利亚、瑞典、挪威、芬兰、瑞士等11个欧洲国家的38名代表。大多数代表持中派立场。第二国际的两个最大的党德国社会民主党和法国社会党没有正式派代表参加会议。在出席会议的俄国代表中,列宁和格·叶·季诺维也夫代表俄国社会民主工党中央委员会,帕·波·阿克雪里罗得和尔·马尔托夫代表孟什维克的俄国社会民主工党组织委员会,维·米·切尔诺夫和马·安·纳坦松代表社会革命党。会上,以列宁为首的革命的国际主义者同以格·累德堡为首的考茨基主义多数派展开了尖锐的斗争。会议通过了专门委员会起草的宣言——《告欧洲无产者书》。代表会议多数派否决了左派提出的关于战争和社会民主党人的任务的决议草案和宣言草案。但是,由于列宁的坚持,在会议通过的宣言中还是写进了一些革命马克思主义的基本论点。会议还通过了德法两国代表团的共同宣言,通过了对战争牺牲者和因政治活动而遭受迫害的战士表示同情的决议,选举了齐美尔瓦尔德联盟的领导机关——国际社会党委员会。——13。

12　指昆塔尔会议。

　　昆塔尔会议即国际社会党第二次代表会议,于1916年4月24日在伯尔尼开幕,以后的会议于4月25—30日在瑞士的一个山村昆塔尔举行。出席会议的有来自俄国、德国、法国、意大利、瑞士、波兰、塞尔维亚和葡萄牙等国的40多名代表。出席会议的俄国代表是:以列宁为首的俄国社会民主工党中央委员会的3名代表、孟什维克组织委员会的2名代表和社会革命党人左翼的3名代表。

　　代表会议讨论了下列问题:为结束战争而斗争;无产阶级对和平问题的态度;鼓动和宣传;议会活动;群众斗争;召集社会党国际局。

　　由于列宁和布尔什维克在会议前做了大量工作,左翼力量在这次会议上比在齐美尔瓦尔德会议上有所增强。齐美尔瓦尔德左派在昆塔尔会议上共有代表12名,而在某些问题上可以获得12—19票,即几乎占了半数,这反映了国际工人运动中力量对比发生了有利于国际主义者的变化。在昆塔尔会议期间,列宁主持了一系列左派会议,讨论《俄国社会民主工党中央委员会向社会党第二次代表会议提出的提案》。列宁成功地把左派团结了起来,以便在会议上同考茨基主义多数派进行共同的、有组织的斗争。齐美尔瓦尔德左派制定并提出了和平问题的决议草案。这个草案包括了列宁的基本原则。代表会议的右派多数被迫在一系列问题上追随左派,但他们继续反对同社会沙文主义者决裂。

会议围绕对召集社会党国际局的态度问题展开了极其激烈的斗争,列宁参加了关于召集社会党国际局问题的委员会。经过左派的努力,会议对一项谴责社会党国际局的工作、但不反对召集社会党国际局的决议作了如下补充:社会党国际局一旦召集,即应召开国际社会党扩大委员会来讨论齐美尔瓦尔德联盟代表的共同行动的问题。代表会议通过了关于为争取和平而斗争问题的决议,并通过了《告遭破产和受迫害的人民书》。由于法国议会党团少数派投票赞成军事拨款,齐美尔瓦尔德左派在代表会议上发表声明,指出这种行为同社会主义、同反战斗争是不相容的。

尽管昆塔尔会议没有通过变帝国主义战争为国内战争、使"自己的"帝国主义政府在战争中失败、建立第三国际等布尔什维主义的基本原则,列宁认为这次代表会议的工作仍然是前进的一步。昆塔尔会议促进了国际主义分子的团结。这些国际主义分子后来组成了第三国际即共产国际的核心。——13。

13 第三国际(共产国际)是在1919年3月2—6日于莫斯科举行的共产国际第一次代表大会上成立的。参加这次大会的有来自21个国家的35个政党和团体的代表52名。列宁主持了大会。他在3月4日的会议上宣读了关于资产阶级民主和无产阶级专政的提纲,并在自己的报告中论证了提纲的最后两点。代表大会一致赞同列宁的提纲,决定交执行局向世界各国广为传播。代表大会通过了《共产国际的行动纲领》,指出无产阶级的社会主义革命的时代已经开始,无产阶级要团结所有力量同机会主义决裂,为建立无产阶级专政的苏维埃而斗争。代表大会在《关于对各"社会主义"派别和伯尔尼代表会议的态度的决议》中谴责了恢复第二国际的企图。代表大会还通过了题为《告全世界无产者》的宣言,宣称共产国际是《共产党宣言》宣布的事业的继承者和实践者,号召全世界无产者在工人苏维埃的旗帜下、在夺取政权和实行无产阶级专政的革命斗争的旗帜下、在共产国际的旗帜下联合起来。——13、305、339。

14　社会民主党工作小组("工作小组")是德国的中派组织,由一些脱离了社会民主党国会党团的议员组成,1916年3月成立。领导人为胡·哈阿兹、格·累德堡和威·迪特曼。社会民主党工作小组曾出版《活页文选》,1916年4月以前还在《前进报》编辑部中占优势。中派分子被排除出《前进报》以后,社会民主党工作小组把在柏林出版的《消息小报》作为自己的中央机关报。社会民主党工作小组得到柏林党组织中多数人的支持,是1917年4月成立的德国独立社会民主党的基本核心。——13。

15　独立工党是英国改良主义政党,1893年1月成立。领导人有凯尔-哈第、拉·麦克唐纳、菲·斯诺登等。党员主要是"新工联"和一些老工会的成员以及受费边派影响的知识分子和小资产阶级分子。独立工党从建党时起就采取资产阶级改良主义立场,把主要注意力放在议会斗争和同自由主义政党进行议会交易上。列宁称它是始终依附资产阶级的机会主义政党。1900年,该党作为集体党员加入工党。在第一次世界大战期间,该党领袖采取资产阶级和平主义立场。——13。

16　军事工业委员会是第一次世界大战时期俄国资产阶级的组织。这一组织是根据1915年5月第九次全俄工商界代表大会的决议建立的,其目的是把供应军火的工厂主联合起来,动员工业企业为战争需要服务,在政治上则对沙皇政府施加压力,并把工人阶级置于资产阶级影响之下。1915年7月,军事工业委员会的领导人在孟什维克和社会革命党的支持下,开始在委员会内建立工人团。布尔什维克在大多数工人的支持下对工人团的选举进行了抵制。在244个地方军事工业委员会中,只有76个委员会进行了选举,成立了工人团的委员会则只有58个。中央军事工业委员会内组织了以孟什维克库·安·格沃兹杰夫为首的工人团。1917年二月革命后,中央军事工业委员会的领导人在临时政府中担任部长职务,委员会成了资产阶级反对工人阶级的组织。十月革命胜利后,苏维埃政府曾试图利用军事工业委员会里的专家来整顿被战争破坏了的生产,遭到了资产阶级上层的反抗。1918年7月24日军事工业委员会被撤销。——14。

17　巴塞尔宣言即1912年11月24—25日在瑞士巴塞尔举行的国际社会党人非

常代表大会一致通过的《国际局势和社会民主党反对战争危险的统一行动》决议,德文本称《国际关于目前形势的宣言》。宣言谴责了各国资产阶级政府的备战活动,揭露了即将到来的战争的帝国主义性质,号召各国人民起来反对帝国主义战争。宣言斥责了帝国主义的扩张政策,号召社会党人为反对一切压迫小民族的行为和沙文主义的表现而斗争。宣言写进了1907年斯图加特代表大会决议中列宁提出的基本论点:帝国主义战争一旦爆发,社会党人就应该利用战争所造成的经济危机和政治危机,来加速资本主义的崩溃,进行社会主义革命。——14、246。

18 《哨兵报》(《La Sentinelle》)是纳沙泰尔州(瑞士法语区)瑞士社会民主党组织的机关报,1890年创刊于绍德封。1906—1910年曾停刊。在第一次世界大战期间,该报持国际主义立场。1914年11月13日该报第265号曾摘要发表了俄国社会民主党中央委员会宣言《战争和俄国社会民主党》。——17。

19 《民权报》(《Volksrecht》)是瑞士社会民主党、苏黎世州社会民主党组织和苏黎世工人联合会的机关报(日报),1898年在苏黎世创刊。在第一次世界大战期间,该报刊登过一些有关工人运动的消息和齐美尔瓦尔德左派的文章。——17。

20 《伯尔尼哨兵报》(《Berner Tagwacht》)是瑞士社会民主党的机关报,于1893年在伯尔尼创刊。1909—1918年,罗·格里姆任该报主编。第一次世界大战初期,该报发表过卡·李卜克内西、弗·梅林及其他左派社会民主党人的文章。从1917年起,该报公开支持社会沙文主义者。——17。

21 指1915年11月20—21日在阿劳举行的瑞士社会民主党代表大会。这次代表大会的中心议题是瑞士社会民主党对齐美尔瓦尔德联盟的态度问题。围绕这个问题,瑞士社会民主党内的三派——反齐美尔瓦尔德派(赫·格雷利希、保·伯·普夫吕格尔等)、齐美尔瓦尔德右派的拥护者(罗·格里姆、厄·保·格拉贝等)和齐美尔瓦尔德左派的拥护者(弗·普拉滕、恩·诺布斯等)——展开了斗争。格里姆提出了一个决议案,建议瑞士社会民主党加入齐美尔瓦尔德联盟并赞同齐美尔瓦尔德右派的政治路线。瑞士左派社会民主党人以洛桑支部名义对格里姆的决议案提出修正案,建议承认展开群众性的反战革命斗争是必要的,并声明只有胜利的无产阶级革命才能结束帝国主义战争。在格里姆的压力下,洛桑支部撤回了这个修正案,可是由瑞士社会民主党的一个组织选派参加代表大会并拥有表决权的布尔什维克莫·马·哈利东诺夫重新把它提了出来。格里姆及其拥护者从策略上考虑支持了修正案。结果,左派的修正案以258票对141票的多数被通过。——17。

22　《论无产阶级在这次革命中的任务》一文包含了著名的《四月提纲》。4月4日(17日),列宁在塔夫利达宫的两个会(出席全俄工兵代表苏维埃会议的布尔什维克代表的会议和布尔什维克代表与孟什维克代表的联席会议)上宣读了这个提纲。——18。

23　指全俄党的工作者会议。

　　　全俄党的工作者会议是俄国社会民主工党中央委员会俄国局召开的一次非正式会议,于1917年3月27日—4月2日(4月9—15日)在彼得格勒举行,又称三月会议。参加会议的有来自约70个党组织的120多名党的工作者,他们是出席全俄苏维埃会议的代表和各地方党组织的特邀代表。会议讨论了战争问题、对待临时政府的态度问题以及组织革命力量同反革命斗争等问题。会议的决议反映了列宁回国以前中央委员会俄国局和各地方组织在某些重要策略问题上缺乏明确性。4月1日(14日),会议接受孟什维克提议,讨论了没有列入议程的同孟什维克统一的问题,并决定为了解情况而参加同孟什维克的联席会议。——18。

24　出席全俄工兵代表苏维埃会议的布尔什维克代表和孟什维克代表的联席会议于1917年4月4日(17日)举行。出席这次联席会议的还有:彼得格勒苏维埃执行委员会委员,《真理报》、《统一报》、《工人报》、《消息报》的代表,俄国社会民主工党中央委员会和彼得堡委员会的代表,组织委员会的代表,历届国家杜马的社会民主党代表,各民族社会党的代表和地方代表。在会议上,约·彼·戈尔登贝格(梅什科夫斯基)在弗·萨·沃伊京斯基、尼·谢·齐赫泽和伊·格·策列铁里的支持下,发言呼吁各社会民主党组织统一起来。接着列宁作了报告,反对在当时情况下统一的主张。他的报告遭到孟什维克策列铁里、戈尔登贝格、费·伊·唐恩等人的攻击。亚·米·柯伦泰发言维护列宁的纲领。为了表示抗议,布尔什维克退出了会议,同时以俄国社会民主工党中央委员会的名义发表一项声明,表示布尔什维克将不参加任何统一的尝试。——18。

25 指1917年3月2日(15日)成立的俄国资产阶级临时政府。这个政府是国家杜马临时委员会同把持彼得格勒工兵代表苏维埃执行委员会的社会革命党和孟什维克领导人协议成立的,起初称"第一届社会内阁",3月10日(23日)定名为临时政府。这个政府的组成是:总理兼内务部长格·叶·李沃夫公爵(立宪民主党人)、外交部长帕·尼·米留可夫(立宪民主党人)、陆海军部长亚·伊·古契柯夫(十月党人)、交通部长尼·维·涅克拉索夫(立宪民主党人)、工商业部长亚·伊·柯诺瓦洛夫(进步党人)、财政部长米·伊·捷列先科(无党派人士)、教育部长亚·阿·曼努伊洛夫(立宪民主党人)、农业部长安·伊·盛加略夫(立宪民主党人)、司法部长亚·费·克伦斯基(劳动派)、正教院总监В.Н.李沃夫、国家监察长И.В.戈德涅夫(十月党人)。——20。

26 人民社会党人是1906年从俄国社会革命党右翼分裂出来的小资产阶级政党人民社会党的成员。人民社会党的领导人有尼·费·安年斯基、韦·亚·米雅柯金、阿·瓦·彼舍霍诺夫、弗·格·博哥拉兹、谢·雅·叶尔帕季耶夫斯基、瓦·伊·谢美夫斯基等。人民社会党提出"全部国家政权应归人民",即归从无产者到资产阶级知识分子的全体劳动者,主张对地主土地进行赎买和实行土地国有化,但不触动份地和经营"劳动经济"的私有土地。在俄国1905—1907年革命趋于低潮时,该党赞同立宪民主党的路线。六三政变后,因没有群众基础,实际上处于瓦解状态。二月革命后,该党开始恢复组织。1917年6月,同劳动派合并为劳动人民社会党。这个党代表富农利益,积极支持资产阶级临时政府,十月革命后参加反革命阴谋活动和武装叛乱,1918年后不复存在。——20。

27 社会革命党人是俄国最大的小资产阶级政党社会革命党的成员。该党是1901年底—1902年初由一些民粹派团体联合而成的。社会革命党人否认无产阶级和农民之间的阶级差别,抹杀农民内部的矛盾,否认无产阶级在资产阶级民主革命中的领导作用。在土地问题上,社会革命党人主张消灭土地私有制,按照平均使用原则将土地交村社支配,发展各种合作社。在策略方面,社会革命党人采用了社会民主党人进行群众性鼓动的方法,但主要斗争方法还是搞个人恐怖。在第一次世界大战期间,社会革命党的大多数领导人采取了社会沙文主义的立场。

　　1917年二月革命后,随着广大的小资产阶级群众参加政治生活,社会革命党的影响和党员人数激增(1917年5月已达50万)。社会革命党人和孟什维克在苏维埃中,在土地委员会中都占多数。社会革命党中央实行妥协主义和阶级调和的政策,积极支持资产阶级临时政府,党的首领亚·费·克伦斯基、尼·德·阿夫克森齐耶夫、维·米·切尔诺夫、谢·列·马斯洛夫参加了临时政府。1917年七月事变时期,社会革命党公开转向资产阶级方面。社会革命党中央的妥协政策造成党的分裂,左翼于1917年12月组成了一个独立政党——左派社会革命党。

　　1917年十月革命后,社会革命党人(右派和中派)公开进行反苏维埃的活动,建立地下组织,1918年6月被开除出全俄中央执行委员会。1918—1920年国内战争时期,他们进行反对苏维埃政权的武装斗争,对共产党和苏维埃国家的领导人实行个人恐怖。社会革命党人推行所谓"第三种力量"的蛊惑政策,在1918年充当了小资产阶级反革命活动的主要组织者,在各地参与建立反革命"政府",实际上为资产阶级和地主的反革命统治扫清了道路。1919年8月,一部分社会革命党人组成了人民派,同苏维埃政权合作。该党的极右派则同白卫分子结成公开联盟。内战结束后,社会革命党重新成了俄国国内反革命势力的领导。他们提出"没有共产党人参加的苏维埃"的口号,组织了一系列的叛乱。这些叛乱被平定后,1922年社会革命党彻底瓦解。——20、47、51、82、144、172、207、214、217、236、241、250、308、328。

28　组织委员会(简称组委会)是1912年在取消派的八月代表会议上成立的俄国孟什维克领导中心。第一次世界大战期间,组委会采取了社会沙文主义立场,站在沙皇政府方面为战争辩护。组委会先后出版过《我们的曙光》、《我们的事业》、《事业》、《工人晨报》、《晨报》等报刊。1917年8月孟什维克党选出中央委员会以后,组委会的职能即告终止。除了在俄国国内活动的组委会外,在国外还有一个组委会国外书记处。这个书记处由帕·波·阿克雪里罗得、伊·谢·阿斯特罗夫-波韦斯、尔·马尔托夫、亚·萨·马尔丁诺夫和谢·尤·谢姆柯夫斯基组成,持和中派相近的立场,实际上支持俄国的社会沙文主义者。书记处的机关刊物是《俄国社会民主工党组织委员会国外书记处通报》,1915年2月—1917年3月在日内瓦出版,共出了10号。——20。

29　《国家与革命(马克思主义关于国家的学说与无产阶级在革命中的任务)》一书写于1917年8—9月,1918年5月在彼得格勒出版。在此以前,1917年12月17日(30日),《真理报》发表了它的序言和第1章的头两节。

　　为了撰写关于马克思主义对国家态度问题的著作,列宁于1916年秋和1917年初在苏黎世精心研究了马克思和恩格斯的国家学说,并把收集到的材料汇集成了一本笔记,取名为《马克思主义论国家》(见《列宁全集》第2版第31卷第130—222页)。因笔记本封面为蓝色,通称"蓝皮笔记"。1917年4月列宁从瑞士回到俄国后,由于忙于革命实际活动,不能立即进行国家问题的著述,但也没有把这一计划完全搁置一边。1917年6月,他曾拟了一张研究马克思主义对国家态度问题的书单,并了解过彼得格勒公共图书馆的工作制度。1917年七月事变后,列宁匿居在拉兹利夫,才得以着手写作《国家与革命》一书。为此他请人把"蓝皮笔记"送到拉兹利夫,后又请人送来了马克思和恩格斯的著作《反杜林论》、《哲学的贫困》和《共产党宣言》(德文版和俄文版)等。8月上旬到芬兰的赫尔辛福斯后,他继续专心写作。按原定计划,本书共7章。列宁写完了前6章,拟了第7章《1905年和1917年俄国革命的经验》的详细提纲和《结束语》的提纲(同上书,第230—231页和第241—242页)。列宁曾写信告诉出版者,如果第7章完稿太晚,或者分量过大,那就有必要把前6章单独出版,作为第1分册。本书最初就是作为第1分册出版的。

　　在本书手稿的第1页上,为了应付临时政府的检查,作者署了一个从未用过的笔名:弗·弗·伊万诺夫斯基。但是这本书到1918年才出版,因此也就没有使用这个笔名而用了大家都知道的笔名:弗·伊林(尼·列宁)。1919年本书再版时,列宁在第2章中加了《1852年马克思对问题的提法》一节。——23。

30　《新时代》杂志(《Die Neue Zeit》)是德国社会民主党的理论刊物,1883—1923年在斯图加特出版。1890年10月前为月刊,后改为周刊。1917年10月以前编辑为卡·考茨基,以后为亨·库诺。1885—1895年间,杂志发表过马克思和恩格斯的一些文章。恩格斯经常关心编辑部的工作,并不时帮助它纠正背离马克思主义的倾向。为杂志撰过稿的还有威·李卜克内西、保·拉法格、格·瓦·普列汉诺夫、罗·卢森堡、弗·梅林等国际工人运动活动家。《新时代》杂志在介绍马克思主义基本理论、宣传俄国1905—1907年革命等方面做了有益的工作。随着考茨基转到机会主义立场,1910年以后,《新时代》杂志成了中派分子的刊物。第一次世界大战期间,它持中派立场,实际上支持社会沙文主义者。——24。

31　哥达纲领即德国社会主义工人党纲领。这个纲领是在德国两个社会党——
　　爱森纳赫派(1869年成立的社会民主工党)和拉萨尔派(1863年成立的全
　　德工人联合会)——于1875年5月在哥达举行的合并代表大会上通过的。
　　哥达纲领比爱森纳赫派的纲领倒退了一步,它是爱森纳赫派不惜一切代
　　价追求合并、向拉萨尔派作了无原则的妥协和让步的产物。纲领宣布党的
　　目的是解放工人阶级和建立社会主义社会,但是回避了社会主义革命和
　　无产阶级夺取政权的问题,并写进了一系列拉萨尔主义的论点,如所谓
　　"铁的工资规律",所谓对无产阶级说来其他一切阶级都是反动的一帮,工
　　人阶级只有通过普选权和由国家帮助建立生产合作社才能达到自己的目
　　的,应当用一切合法手段建立所谓"自由国家"等。马克思和恩格斯对哥达
　　纲领的草案作了彻底的批判(见《马克思恩格斯选集》第3卷人民出版社
　　1972年版第1—25页),但是他们的意见没有被认真考虑。哥达纲领于
　　1891年被爱尔福特纲领代替。——25。

32　夏洛克是英国作家威·莎士比亚的喜剧《威尼斯商人》中的人物,一个残忍
　　冷酷的高利贷者。他曾根据借约提供的权利,要求从没有如期还债的商人
　　安东尼奥身上割下一磅肉。——36。

33　指19世纪俄国民主主义作家尼·格·波米亚洛夫斯基于1862—1863年所写
　　的《神学校特写》。——37。

34　《布尔什维克能保持国家政权吗?》一文是在维堡写的,十月武装起义前夕
　　出版过单行本。——43。

35　《新生活报》(《Новая Жизнь》)是俄国报纸(日报),由一批孟什维克国际
　　主义者和聚集在《年鉴》杂志周围的作家创办,1917年4月18日(5月1日)
　　起在彼得格勒出版,1918年6月1日起增出莫斯科版。出版人是阿·谢列布
　　罗夫(阿·尼·吉洪诺夫),编辑部成员有马·高尔基、谢列布罗夫、瓦·阿·杰
　　斯尼茨基、尼·苏汉诺夫,撰稿人有弗·亚·巴扎罗夫、波·瓦·阿维洛夫、亚·
　　亚·波格丹诺夫等。在1917年9月2—8日(15—21日)被克伦斯基政府查封
　　期间,曾用《自由生活报》的名称出版。十月革命以前,该报的政治立场是
　　动摇的,时而反对临时政府,时而反对布尔什维克。该报对十月革命和建
　　立苏维埃政权抱敌对态度。1918年7月被查封。——43、107、124。

36　新生活派是在《新生活报》周围形成的孟什维克国际主义者集团。参见注35。——43、55、89。

37　立宪民主党人是俄国自由主义君主派资产阶级的主要政党立宪民主党的成员。立宪民主党(正式名称为人民自由党)于1905年10月成立。中央委员中多数是资产阶级知识分子、地方自治人士和自由派地主。主要活动家有帕·尼·米留可夫、谢·安·穆罗姆采夫、瓦·阿·马克拉柯夫、安·伊·盛加略夫、彼·伯·司徒卢威、约·弗·盖森等。立宪民主党提出一条与革命道路相对抗的和平的宪政发展道路,主张俄国实行立宪君主制和资产阶级的自由。在土地问题上,它主张将国家、皇室、皇族和寺院的土地分给无地和少地的农民;私有土地部分地转让,并且按"公平"价格给予补偿;解决土地问题的土地委员会由同等数量的地主和农民组成,并由官员充当他们之间的调解人。1906年春,它曾同政府进行参加内阁的秘密谈判,后来在国家杜马中自命为"负责任的反对派"。第一次世界大战期间,它支持沙皇政府的掠夺政策,曾同十月党等反动政党组成"进步同盟",要求成立责任内阁,即为资产阶级和地主所信任的政府,力图阻止革命并把战争进行到最后胜利。二月革命后,立宪民主党在资产阶级临时政府中居于领导地位,竭力阻挠土地问题、民族问题等基本问题的解决,并奉行继续帝国主义战争的政策。七月事变后,它支持科尔尼洛夫叛乱,阴谋建立军事独裁。十月革命胜利后,苏维埃政府于1917年11月28日(12月11日)宣布立宪民主党为"人民公敌的党"。该党随之转入地下,继续进行反革命活动,并参与白卫将军的武装叛乱。国内战争结束后,该党上层分子大多数逃亡国外。1921年5月,该党在巴黎召开代表大会时分裂,作为统一的党不复存在。——43、82、144、242、331。

38　季特·季特奇是俄国剧作家亚·尼·奥斯特罗夫斯基的喜剧《无端遭祸》中的一个专横霸道、贪婪成性的富商。——46、193。

39　色当是法国东北部的一个城市。1870年9月1—2日,在这里进行了普法战争中最大的一次交战。交战以法国帕·莫·麦克马洪元帅指挥的沙隆集团军被击溃和投降、随军督战的法国皇帝拿破仑第三被俘而结束。——46。

40　"容克"是德文Junker的音译,即普鲁士的贵族地主阶级。容克从16世纪起就利用农奴劳动经营大庄园经济,并长期垄断普鲁士军政职位,掌握国家领导权。为适应资本主义关系的发展,普鲁士在19世纪前半期进行了一系列改革,主要是:1807年废除了农奴制;1850年3月颁布了新的《调整地主和农民关系法》,允许农民以高额赎金赎免劳役和其他封建义务。通过这些改革,容克不仅获得了大量赎金,而且掠夺了$\frac{1}{3}$的农民土地;另一方面,广大农民群众则丧失了土地和牲畜,成为半无产者;这就为封建经济转变为资本主义经济创造了条件。在以大地产为基础的容克农场中越来越多地使用雇佣劳动和农业机器,但容克仍保留某些封建特权,包括对自己庄园范围内的农民的审判权。列宁称这种农业资本主义发展道路为普鲁士式的道路。——46、123。

41　国民公会是法兰西第一共和国的最高立法机关和执行机关,存在于1792年9月21日—1795年10月26日。在雅各宾派执政时期(1793年6月2日—1794年7月27日),国民公会是雅各宾专政的最高机关。这一专政完成了革命的最重要的任务,如组织全国力量战胜反革命,清除农村中的封建关系,通过1793年民主宪法等。——47。

42　指全俄农民代表苏维埃非常代表大会。

全俄农民代表苏维埃非常代表大会是根据全俄中央执行委员会的决定召开的,1917年11月11—25日(11月24日—12月8日)在彼得格勒举行。右派社会革命党人把持的第一届农民代表苏维埃执行委员会企图阻挠大会的召开,但没有得逞。出席大会的有各省、县农民苏维埃和各方面军、集团军、军、师农民委员会的代表330名(据11月18日(12月1日)的统计),其中有左派社会革命党人195名、布尔什维克37名、右派和中派社会革命党人65名。会议议程包括政权问题、土地问题、粮食问题和其他问题。

代表大会左翼同右翼之间进行了尖锐的斗争。左派社会革命党人的立场不坚定,影响了对右派社会革命党人的斗争。在由左派社会革命党人提出的代表大会关于政权问题的决议里,包含了社会革命党人、孟什维克关于成立所谓"清一色的社会党人政府"的要求,但是这项决议承认成立政府是为了实现全俄苏维埃第二次代表大会的纲领,并规定农民代表苏维埃执行委员会要同全俄中央执行委员会合并。

11月15日(28日)下午,代表大会讨论并批准了大会主席团关于它同全俄中央执行委员会主席团共同拟定的全俄中央执行委员会和农民代表苏维埃执行委员会合并的条件的报告。然后,大会全体代表前往斯莫尔尼宫参加全俄中央执行委员会、农民代表苏维埃非常代表大会和彼得格勒苏维埃的联席会议。会议听取并讨论了关于全俄中央执行委员会同农民代表苏维埃非常代表大会选出的执行委员会合并的报告,还通过了承认全俄苏维埃第二次代表大会的和平法令和土地法令以及全俄中央执行委员会的工人监督法令的决议。

在土地问题上,代表大会通过了左派社会革命党人提出的以平均使用土地的原则为基础的决议。

代表大会委托主席团于11月26日(12月9日)召开全俄农民代表苏维埃第二次代表大会。非常代表大会的代表全部参加了第二次代表大会。——50。

43 左派社会革命党人是俄国小资产阶级政党社会革命党的左翼,于1917年12月2日(15日)组成了独立的政党,其领袖人物是玛·亚·斯皮里多诺娃、波·达·卡姆柯夫和马·安·纳坦松。

左派社会革命党人这一派别在第一次世界大战中形成,1917年七月事变后迅速发展,在十月革命中加入了军事革命委员会,参加了武装起义。在全俄苏维埃第二次代表大会上,左派社会革命党人在社会革命党党团中是多数派。当右派社会革命党人遵照社会革命党中央的指示退出代表大会时,他们仍然留在代表大会中,并且在议程的最重要的问题上和布尔什维克一起投票。但是在参加政府的问题上,他们拒绝了布尔什维克的建议,而同孟什维克国际主义派一起要求建立有社会革命党、孟什维克和布尔什维克参加的所谓"清一色的社会党人政府"。左派社会革命党人在长期犹豫之后,为了保持他们在农民中的影响,决定参加苏维埃政府。经过布尔什维克和左派社会革命党人的谈判,1917年底有7名左派社会革命党人加入了人民委员会,而左派社会革命党人也保证在自己的活动中实行人民委员会的总政策。

左派社会革命党人虽然走上和布尔什维克合作的道路,但是反对无产阶级专政,在建设社会主义的一些根本问题上同布尔什维克有分歧。1918年初,左派社会革命党人反对签订布列斯特和约,在同年3月苏维埃第四次(非常)代表大会批准布列斯特和约后退出了人民委员会,但仍留在中央执行委员会和其他苏维埃机关中。左派社会革命党人也反对苏维埃政权关于在企业和铁路部门中建立一长制和加强劳动纪律的措施。

1918年夏天,随着社会主义革命在农村中的展开和贫苦农民委员会的建立,左派社会革命党人中的反苏维埃情绪开始增长。1918年6月24日,左派社会革命党中央通过决议,提出用一切可行的手段来"纠正苏维埃政策的路线"。接着,左派社会革命党人于1918年7月6日在莫斯科发动了武装叛乱。这次叛乱被粉碎之后,全俄苏维埃第五次代表大会通过决议,把那些赞同其上层领导路线的左派社会革命党人从苏维埃开除出去。1918年9月,一部分采取同布尔什维克合作立场的左派社会革命党人组成了民粹主义共产党和革命共产党。这两个党的大部分党员后来参加了俄共(布)。20年代初,左派社会革命党不复存在。——50、106、120。

44　**全俄苏维埃第二次代表大会**(全俄工兵代表苏维埃第二次代表大会)于1917年10月25—27日(11月7—9日)在彼得格勒斯莫尔尼宫举行,有一些县和省的农民代表苏维埃也派代表参加了这次代表大会。根据代表大会开幕时的统计,到会代表共649人,按党派分,有布尔什维克390人,社会革命党人160人,孟什维克72人,统一国际主义者14人,孟什维克国际主义者6人,乌克兰社会党人7人。

　　根据全俄工兵代表苏维埃第一次代表大会的决议,这次代表大会本应在9月中旬召开。社会革命党人和孟什维克把持的第一届中央执行委员会对这个决议实行怠工。他们打算用民主会议来代替苏维埃的代表大会。只是由于布尔什维克党团的坚持,中央执行委员会才不得不于9月23日(10月6日)通过决议召开这次代表大会,日期先定在10月20日(11月2日),后来改为10月25日(11月7日)。10月21日(11月3日),布尔什维克党中央开会讨论了代表大会的议程,并委托列宁就政权、战争、土地等问题作报告。

　　代表大会于10月25日(11月7日)晚10时40分开幕。当时赤卫队、水兵和革命的彼得格勒卫戍部队正在冲击临时政府所在地冬宫。列宁因忙于领导起义,没有出席大会的第一次会议。被选进代表大会主席团的有列宁、弗·亚·安东诺夫-奥弗申柯、尼·瓦·克雷连柯、阿·瓦·卢那察尔斯基等14名布尔什维克,还有波·达·卡姆柯夫、弗·亚·卡列林、玛·亚·斯皮里多诺娃等7名左派社会革命党人和1名乌克兰社会党人。孟什维克和右派社会革命党人拒绝参加主席团,他们把正在进行的社会主义革命称为阴谋,要求与临时政府谈判建立联合政府。孟什维克、右派社会革命党人和崩得分子在断定代表大会的多数支持布尔什维克之后,退出了大会。10月26日

(11月8日)凌晨3时许,代表大会听取了安东诺夫-奥弗申柯关于占领冬宫和逮捕临时政府成员的报告,随后通过了列宁起草的《告工人、士兵和农民书》。会议在凌晨5时15分结束。

代表大会第二次会议于10月26日(11月8日)晚9时开始。列宁在会上作了关于和平问题和土地问题的报告。大会一致通过了列宁起草的和平法令,以绝大多数票(有1票反对、8票弃权)通过了列宁起草的土地法令。代表大会组成了工农政府——以列宁为首的人民委员会。由于左派社会革命党人拒绝参加,政府名单上全是布尔什维克。代表大会选出了由101人组成的全俄中央执行委员会,其中布尔什维克62人,左派社会革命党人29人,社会民主党人国际主义者6人,乌克兰社会党人3人,社会革命党人最高纲领派1人。代表大会还决定,农民苏维埃和部队组织的代表以及退出大会的那些集团的代表可以补进全俄中央执行委员会。会议还通过了关于在前线废除死刑、在军队中成立临时革命委员会、立即逮捕前临时政府首脑亚·费·克伦斯基等决定。10月27日(11月9日)凌晨5时15分,代表大会闭幕。——51。

45 这里选收了列宁有关俄共(布)第七次(紧急)代表大会的两件文献。

俄共(布)第七次(紧急)代表大会 于1918年3月6—8日在彼得格勒塔夫利达宫举行。这是布尔什维克党在十月革命胜利以后首次召开的代表大会。大会的主要任务是最终解决同德国签订和约的问题。

在签订对德和约的问题上,当时党内斗争非常尖锐。列宁和支持他的中央委员力主苏维埃俄国退出帝国主义战争。列宁的立场的基本原则最充分地反映在他的《关于立刻缔结单独的兼并性和约问题的提纲》中(见《列宁全集》第2版第33卷第247—255页)。以尼·伊·布哈林为首的"左派共产主义者"反对签订布列斯特和约。"左派共产主义者"掌握了莫斯科、彼得格勒、乌拉尔等地的党组织的领导权,激烈反对列宁的路线。列·达·托洛茨基的立场接近于"左派共产主义者"。"左派共产主义者"的冒险主义口号遭到了大多数基层党组织的驳斥。到召开代表大会时,列宁的缔结和约的路线已经得到了大多数党组织的支持。

出席大会的有表决权的代表47名,有发言权的代表59名,共代表17万左右党员。当时俄共(布)有30多万党员,由于大会召开过分紧急和某些地区暂时被德国占领,一部分党组织未能选派代表。大会的议程是:中央委员会组织报告;中央委员会政治报告——关于战争与和平的报告;修改党纲和更改党的名称;组织问题;选举中央委员会。

列宁领导了大会的全部工作。他作了中央委员会政治报告与修改党纲和更改党的名称的报告,参加了所有问题的讨论,总共发言18次。

列宁作了中央委员会政治报告之后,布哈林作了副报告,他仍然坚持其对德作战、反对签订和约的立场。会上就这个问题展开了激烈的辩论,有18位代表发言。支持列宁的有雅·米·斯维尔德洛夫、费·安·谢尔盖耶夫(阿尔乔姆)、伊·捷·斯米尔加、雅罗斯拉夫尔的代表罗扎诺夫以及其他代表。列宁的富于说服力的论据使得一部分"左派共产主义者"改变了自己的立场。代表大会一致批准了列宁所作的中央委员会政治报告,否决了"左派共产主义者"作为决议提出的《关于当前形势的提纲》,而以30票赞成、12票反对、4票弃权通过了列宁提出的关于布列斯特和约问题的决议。这一和约随后在3月14—16日召开的全俄苏维埃第四次(非常)代表大会上得到批准。

代表大会接着讨论了关于修改党纲和更改党的名称的问题。列宁写的《党纲草案草稿》在大会开幕时就分发给了大会代表,他的报告就是以这个文件为基础的。大会根据列宁的提议,通过了关于把党的名称由俄国社会民主工党(布尔什维克)改为俄国共产党(布尔什维克)的决议。为了制定新党纲,代表大会选出了以列宁为首的七人委员会。

代表大会以秘密投票方式选出了由15名委员和8名候补委员组成的新的中央委员会。——63。

46　1917年二月资产阶级民主革命后,列宁就提出了修改党纲的问题。1917年4月,俄国社会民主工党(布)第七次全国代表会议讨论了这个问题。1917年7—8月举行的俄国社会民主工党(布)第六次代表大会确认了四月代表会议关于修改党纲的决议,并决定召开专门的代表大会来制定新党纲。1917年9月20日(10月3日),中央委员会讨论了召开党的紧急代表大会的问题,党中央组织局发表公告,宣布紧急代表大会定于1917年10月17日(30日)召开,其议程为:(1)修改党纲;(2)组织问题。党中央委员会就代表大会的筹备和代表选举问题向党组织发了通告信。1917年10月5日,中央委员会会议决定推迟召开大会,并成立了以列宁为首的委员会,负责起草向代表大会提出的党纲草案。1917年10月,列宁发表了《论修改党纲》一文

（见《列宁全集》第2版第32卷第344—372页）。由于准备和实行十月武装起
义,党的紧急代表大会没有开成。十月革命后,1918年3月举行的第七次党
代表大会决定制定新的党纲,以确定党在建设社会主义社会中的任务。
1919年3月举行的第八次党代表大会通过了新党纲,党纲草案的所有主要
部分都是列宁起草的。

更改党的名称问题是列宁在1914年即第一次世界大战开始时提出
的。以后列宁在《四月提纲》中、在《无产阶级在我国革命中的任务》这本小
册子中（见《列宁全集》第2版第29卷第116、178—182页）以及在1917年发
表的其他许多著作和讲话中都论证了更改党的名称的必要性。这个问题
在1917年的四月代表会议和第六次代表大会上都没有审议。直到党的第
七次代表大会才根据列宁的报告通过了更改党的名称的决议。——63。

47　指1917年出版的两本有关修改党纲的文集。一本是列宁编辑并作序、彼得
格勒波涛出版社出版的《修改党纲的材料》（见《列宁全集》第2版第29卷第
472—493页）。另一本是俄国社会民主工党莫斯科工业区区域局出版的《修
改党纲的材料》,载有弗·巴·米柳亭、维·索柯里尼柯夫、阿·洛莫夫和弗·
米·斯米尔诺夫的文章。列宁在《论修改党纲》一文中详细分析和批评了索
柯里尼柯夫和斯米尔诺夫的文章（见《列宁全集》第2版第32卷第344—372
页）。——65。

48　《启蒙》杂志（《Просвещение》）是俄国布尔什维克的合法的社会政治和文
学月刊,1911年12月—1914年6月在彼得堡出版,一共出了27期。该杂志是
根据列宁的倡议创办的,受以列宁为首的国外编辑委员会领导。出版杂志
的实际工作,由俄国国内的编辑委员会负责。在不同时期参加国内编辑委
员会的有:安·伊·乌里扬诺娃-叶利扎罗娃、列·米·米哈伊洛夫、米·斯·奥
里明斯基、А.А.里亚比宁、马·亚·萨韦利耶夫、尼·阿·斯克雷普尼克等。
从1913年起,《启蒙》杂志文艺部由马·高尔基领导。《启蒙》杂志作为布尔
什维克的机关刊物,曾同取消派、召回派、托洛茨基分子和资产阶级民族
主义者进行过斗争,登过列宁的28篇文章。第一次世界大战前夕,《启蒙》
杂志被沙皇政府封闭。1917年秋复刊后,只出了一期（双刊号）,登载了列
宁的《布尔什维克能保持国家政权吗?》和《论修改党纲》两篇著作（见《列
宁全集》第2版第32卷第282—331、344—372页）。——65。

49　《斯巴达克》杂志(《Спартак》)是俄国社会民主工党莫斯科区域局、莫斯
　　科委员会和莫斯科郊区委员会(从第2期起)的理论刊物,1917年5月20
　　日—10月29日(6月2日—11月11日)在莫斯科出版。该刊编辑是尼·伊·
　　布哈林。参加该刊工作的有米·斯·奥里明斯基、尼·列·美舍利亚科夫、
　　伊·伊·斯克沃尔佐夫–斯捷潘诺夫、恩·奥新斯基、叶·米·雅罗斯拉夫斯
　　基等。——65。

50　指1903年俄国社会民主工党第二次代表大会通过的党纲。这个党纲的草
　　案是《火星报》编辑部于1901年底至1902年上半年制定的。党纲理论部分
　　由格·瓦·普列汉诺夫负责起草。列宁对普列汉诺夫的草案提出了批评,自
　　己另写了一个草案。为了编写出共同的纲领草案,《火星报》编辑部成立了
　　一个协商委员会。委员会以普列汉诺夫草案作为它的草案的基础,同时,
　　在草案中写入了列宁的一些重要论点。党纲实践部分中的土地问题的条
　　文和结束语是列宁写的。1902年4月《火星报》编辑部苏黎世会议批准了全
　　编辑部的党纲草案,包括理论部分和实践部分。《火星报》编辑部的党纲草
　　案在1903年7—8月间举行的俄国社会民主工党第二次代表大会上略加修
　　改后通过。

　　　　这个党纲论述资本主义发展的一般规律和趋势的理论部分,根据列
　　宁的建议,写入了俄共(布)第八次代表大会通过的新党纲。——65。

51　开姆尼茨代表大会即1912年9月15—21日在开姆尼茨召开的德国社会民
　　主党代表大会。这次代表大会通过的《关于帝国主义的决议》指出帝国主
　　义国家的政策是“卑鄙的掠夺和侵略政策”,号召工人阶级“加倍努力来反
　　对帝国主义”。

　　　　巴塞尔代表大会即1912年11月24—25日在瑞士巴塞尔举行的第二国
　　际非常代表大会。这次代表大会只讨论了一个问题,即反对军国主义与战
　　争威胁问题。大会一致通过的《国际局势和社会民主党反对战争危险的统
　　一行动》决议,即著名的巴塞尔宣言,号召全世界工人积极展开反对帝国
　　主义战争的斗争,并建议社会党人在帝国主义战争爆发时,利用战争造成
　　的经济危机和政治危机,来进行社会主义革命。

　　　　但是在第一次世界大战爆发后,西欧各国社会民主党的领袖们违反
　　这个宣言和历次国际社会党代表大会的决议,采取社会沙文主义立场,
　　站到了本国帝国主义政府一边。对第二国际领袖们的这种变节行为,列

宁在《第二国际的破产》、《社会主义与战争》(见《列宁全集》第2版第26卷第223—277、319—363页)等著作中作了深刻的揭露和批判。——69。

52 指芬兰革命政府——人民代表委员会,它是在推翻斯温胡武德资产阶级政府以后于1918年1月28日建立的。除人民代表委员会外,还成立了工人组织总委员会,作为最高权力机关。由有组织的工人选举产生的各工人组织议会构成了国家政权的基础。——70。

53 十月革命胜利以后,苏维埃俄国通过1917年10月26日(11月8日)的土地法令实现了土地国有化,同时逐步把工业和基本生产资料收归国有。到1918年春,彼得格勒、莫斯科和其他地区的最大的冶金工厂和机器制造工厂以及乌拉尔和顿巴斯的采矿业已转归国家所有。从1918年5月起,制糖、石油等工业的整个部门开始国有化。1918年6月28日,人民委员会颁布法令,把全部大工业收归国有。——73。

54 银行国有化法令于1917年12月14日(27日)由全俄中央执行委员会批准,并在1917年12月15日(28日)《全俄中央执行委员会消息报》第252号上公布(见《苏维埃政权法令汇编》1957年俄文版第1卷第225—230页)。—— 75。

55 1917年10月26日(11月8日)的《土地法令》和1918年1月18日(31日)的《土地社会化基本法》都规定平均分配土地(按劳动土地份额或消费土地份额)。这是苏维埃政权为巩固工农联盟而对中农作出的一种让步。同时,《土地社会化基本法》提出了发展农业中的集体经济的任务,规定农业公社、农业劳动组合和农业协作社享有使用土地的优先权。——75。

56 尼·伊·布哈林建议在列宁的决议案中加一些话,说明应从评述帝国主义和评述社会主义制度这两个方面来补充和修改党纲的理论部分。布哈林的这一修正意见,在列宁发言之后,为代表大会以多数票否决。——77。

57 《苏维埃政权的当前任务》是列宁受党中央全会的委托于1918年4月间写的,手稿中标题为《关于苏维埃政权当前任务的提纲》。1918年4月26日,中央委员会讨论并一致批准了这个《提纲》,决定以文章形式发表,并出版单行本。——79。

58　指全俄苏维埃第四次(非常)代表大会。

全俄苏维埃第四次(非常)代表大会于1918年3月14—16日在莫斯科举行。这次代表大会是为解决批准布列斯特和约问题而召开的。

在代表大会开幕的前一天,代表大会共产党党团讨论了和约问题,列宁在会上讲了话。党团会议以453票赞成、36票反对、8票弃权赞同批准布列斯特和约。由于代表还没有全部到达,党团的人数不齐。

3月14日,代表大会开幕。出席大会的有表决权的代表共1 232名,其中布尔什维克795名,左派社会革命党人283名,中派社会革命党人25名,孟什维克21名,孟什维克国际主义派11名。副外交人民委员格·瓦·契切林向代表大会介绍了和约的内容后,列宁代表全俄中央执行委员会就批准和约问题作了报告。波·达·卡姆柯夫代表左派社会革命党党团作了反对批准和约的副报告。

会上,孟什维克、社会革命党和左派社会革命党、最高纲领派、无政府主义者等结成统一阵线,反对批准布列斯特和约。经过辩论,大会以784票赞成、261票反对、115票弃权通过了列宁提出的关于批准和约的决议。"左派共产主义者"不顾党的第七次(紧急)代表大会和全俄苏维埃第四次(非常)代表大会共产党党团的决定以及中央委员会在代表大会开会期间作出的党员不得反对党的决定的规定,投了弃权票。和约批准后,左派社会革命党人宣布退出人民委员会。

大会还批准了全俄中央执行委员会1918年2月底作出的关于把苏维埃共和国的首都由彼得格勒迁往莫斯科的决定,选出了由207人组成的新的全俄中央执行委员会。——79。

59　指人民委员会1917年11月18日(12月1日)通过、11月23日(12月6日)发布的《关于人民委员、高级职员和官员的薪金额的决定》。这个决定是列宁起草的(见《列宁全集》第2版第33卷第101页)。根据这一决定,人民委员每月薪金的最高标准为500卢布,另给没有劳动能力的家属每人补贴100卢布。这大体上相当于中等工人工资水平。

1918年1月2日(15日),人民委员会为答复劳动人民委员亚·加·施略普尼柯夫的询问在列宁起草的一项决定中解释说,1917年11月18日(12月1日)的法令并不禁止付给专家以超过规定界限的报酬,这样就批准了对科学技术专家支付较高的工资。——89。

60　苏维埃政权一开始就对对外贸易实行监督。最初,由彼得格勒军事革命委员会调节对外贸易,审查进出口商品申请和监督海关活动。1917年12月29日(1918年1月11日),人民委员会下令由工商业人民委员部监督对外贸易。但是仅仅靠监督和关税保护,还不可能可靠地保护苏维埃经济免受外国资本的侵害。1917年12月,列宁在关于实行银行国有化及其必要措施的法令草案草稿的第11条中就提出了实行对外贸易国家垄断的问题(见《列宁全集》第2版第33卷第444页)。1918年4月22日,人民委员会通过了关于对外贸易垄断的法令。——92。

61　在苏维埃政权成立初期,强行摊派和征收特别税曾是补充预算的主要来源之一,在地方上尤其如此。随着苏维埃政权的巩固,苏俄政府采取了向正规课税过渡的措施。1918年5月17—21日召开的全俄苏维埃财政部门第一次代表大会通过了列宁提出的必须实行所得税和财产税的建议,并选出专门的委员会,根据列宁的提纲制定了相应的条例。1918年6月17日,人民委员会批准了《对1917年11月24日的直接税法令进行修改和补充的法令》,这一法令规定了征收所得税和财产税的严格制度(见《苏维埃政权法令汇编》1959年俄文版第2卷第441—443页)。——92。

62　指《关于消费合作组织的法令》。这个法令的最初草案是列宁写的《关于消费公社的法令草案》(见《列宁全集》第2版第33卷第212—213页)。

　　《关于消费公社的法令草案》是列宁在芬兰度假期间写的。粮食人民委员部根据这个草案拟了一个详细的法令草案,由粮食人民委员亚·格·施利希特尔签署,公布于1918年1月19日(2月1日)《中央执行委员会消息报》第14号。草案遭到了资产阶级合作社工作者的激烈反对,他们坚持合作社应该完全独立,不受苏维埃机关领导。人民委员会为了利用现有的合作社机构来开展商业工作和搞好对居民的粮食分配,不得不对合作社工作者作了一些让步。1918年3—4月间,最高国民经济委员会、合作社和粮食组织三方代表举行谈判,重新制定了法令草案。4月9日和10日,草案提交人民委员会讨论,经列宁作了补充和修改后通过。法令的第11、12、13条完全是列宁写的。4月11日,全俄中央执行委员会批准了这个法令,同时通过了布尔什维克党团提出的决议,指出关于消费合作社的法令是妥协的产物,有一些重大缺点,因而是作为过渡性措施通过的。法令公布于4月13日《真理报》第71号和4月16日《全俄中央执行委员会消息报》第75号。——94。

63　布列斯特和约是1918年3月3日苏维埃俄国在布列斯特-里托夫斯克同德
国、奥匈帝国、保加利亚和土耳其签订的条约,3月15日经全俄苏维埃第
四次(非常)代表大会批准。和约共14条,另有一些附件。根据和约,苏维埃
共和国同四国同盟之间停止战争状态,波兰、立陶宛全部、白俄罗斯和拉
脱维亚部分地区脱离俄国。苏维埃俄国应从拉脱维亚和爱沙尼亚撤军,由
德军进驻。德国保有里加湾和蒙海峡群岛。苏维埃军队撤离乌克兰、芬兰
和奥兰群岛,并把阿尔达汉、卡尔斯和巴统各地区让与土耳其。苏维埃俄
国总共丧失100万平方公里土地(含乌克兰)。此外,苏维埃俄国必须复员
全部军队,承认乌克兰中央拉达同德国及其盟国缔结的和约,并须同中央
拉达签订和约和确定俄国同乌克兰的边界。布列斯特和约恢复了对苏维
埃俄国极其不利而对德国有利的1904年的关税税率。1918年8月27日在柏
林签订了俄德财政协定,规定俄国必须以各种形式向德国交付60亿马克
的赔款。布列斯特和约是当时刚建立的苏维埃政权为了摆脱帝国主义战
争,集中力量巩固十月革命取得的胜利而实行的一种革命的妥协。这个和
约的签订,虽然使苏维埃俄国受到割地赔款的巨大损失,但是,没有触动
十月革命的根本成果,并为年轻的苏维埃共和国赢得了和平喘息时机去
巩固无产阶级专政,整顿国家经济和建立正规红军,为后来击溃白卫军和
帝国主义的武装干涉创造了条件。1918年德国十一月革命推翻了威廉二
世的政权。1918年11月13日,全俄中央执行委员会宣布废除布列斯特和
约。——96、245、251、274、291、359。

64　为了适应按照社会主义原则组织社会生产的需要,1918年3月27日,最高
国民经济委员会主席团通过决议,委托全俄工会中央理事会制定总的劳
动纪律条例草案。4月1日,在列宁参加下,最高国民经济委员会主席团审
查了全俄工会中央理事会起草的关于劳动纪律的决议,建议把决议改写
成法令,并在改写时考虑列宁提出的意见和建议(见《列宁全集》第2版第
34卷第195—196页)。4月3日,全俄工会中央理事会通过了修改后的《劳
动纪律条例》,发表在1918年4月《国民经济》杂志第2期。《条例》要求一切
国营企业建立严格的规章制度,规定生产定额和计算劳动生产率,实行
计件工资和超额奖励制,对破坏劳动纪律的人严加惩处。各工厂根据这
个《条例》都制定了各自的具体的章程。这对整顿社会主义生产起了巨大
的作用。

五金工会中央委员会是率先实现列宁关于实行计件和奖励工资制以提高劳动生产率的指示的单位之一。在全俄工会中央理事会讨论加强劳动纪律的问题时,五金工会中央委员会的代表坚持把必须实行计件工资制写进提交最高国民经济委员会主席团4月1日审查的决议中。根据全俄工会中央理事会通过的决定,五金工会中央委员会于1918年4月向所有基层组织发出了关于在金属工业中实行计件工资和奖励制度的指示。——97。

65 十月革命后,在苏俄,计件工资几乎完全被计时工资所代替,这对提高劳动生产率和巩固劳动纪律起了消极作用。为了改变这种状况,苏维埃政权首先在第一批国有化企业里推行计件工资制。在和平喘息时期,计件工资制得到广泛推广。到1918年7月,彼得格勒各企业已对四分之一的工人实行计件工资。1918年12月颁布的苏维埃劳动法典最后肯定了计件工资原则。——97。

66 商业秘密指资本主义企业对其一切生产、贸易和金融业务及全部有关文据保守秘密的权利,这种权利受资产阶级立法的保护。十月革命后,全俄中央执行委员会和人民委员会于1917年11月14日(27日)通过了工人监督条例,从而废除了商业秘密。——99。

67 出自俄国作家伊·安·克雷洛夫的寓言《象和哈巴狗》。寓言讲一只小哈巴狗朝着一只大象狂吠乱叫,无理取闹,以为这样可以使自己毫不费力地成为"大名鼎鼎的好汉"。——101。

68 指人民委员会《关于铁路的集中管理、保护和提高运输能力的法令》。这项法令规定,交通人民委员对人民委员会和全俄中央执行委员会负责,在运输方面拥有无限的权力,交通人民委员部部务委员会不得直接干预他的命令。所有联邦一级、区域一级及其他各级地方苏维埃组织都无权干预运输事宜。

这项法令的制定过程是:人民委员会于1918年3月18日审查了交通人民委员部提出的关于各机关不得干预铁路部门事务的法令草案后,责成专门委员会根据列宁提出的下述要点改写这个法令:"1.大集中。2.根据铁路组织的挑选任命各个负责人,即每一地方中心的执行者。3.对他们的命令不折不扣地执行。4.军事警卫队在保障秩序方面的独裁权力。

5．立即核查流动人员及其分布的措施。6．建立技术部的措施。7．燃料。"
对专门委员会改写后提交人民委员会3月21日会议讨论的草案，列宁又作
了一系列重要修改。之后，草案被政府批准。由于法令受到在孟什维克和
左派社会革命党人影响下的全俄铁路员工苏维埃执行委员会的反对，交
通人民委员部3月23日在人民委员会会议上提出修改这个法令的问题。全
俄铁路员工苏维埃执行委员会的代表在会上攻击这个法令取消了全俄铁
路员工苏维埃执行委员会的作用，而代之以委员的个人权力。列宁批驳了
这种攻击，指出必须采取最强硬的措施来消除铁路上的怠工和松垮现象，
并对法令又作了两处修改。3月23日，法令被政府最终批准，由列宁签署，
公布于3月26日《全俄中央执行委员会消息报》第57号（见《苏维埃政权法
令汇编》1959年俄文版第2卷第18—20页）。——105。

69　《前进报》（《Вперёд》）是俄国孟什维克报纸（日报），1917年3月起在莫斯
科出版。该报最初是孟什维克莫斯科组织的机关报，后来是俄国社会民主
工党（孟什维克）莫斯科组织委员会和中部区域委员会的机关报。从1918
年4月2日起，是孟什维克中央委员会的机关报，尔·马尔托夫、费·伊·唐恩
和亚·萨·马尔丁诺夫都参加了该报编辑部。1918年5月10日，根据全俄肃
反委员会的决定，该报被查封，领导人被送交法庭审判。5月14日，该报改
称《永远前进报》，出了1号。1919年1月22日—2月25日继续出版。1919年
2月，根据全俄中央执行委员会的决定被最终查封（决定草案是列宁写的，
见《列宁全集》第2版第35卷第475—476页）。——108、124。

70　《人民事业报》（《Дело Народа》）是俄国社会革命党的报纸（日报），1917
年3月15日（28日）起在彼得格勒出版，1917年6月起成为该党中央机关报。
先后担任编辑的有В.В.苏霍姆林、维·米·切尔诺夫、弗·米·晋季诺夫等，
撰稿人有尼·德·阿夫克森齐耶夫、阿·拉·郭茨、亚·费·克伦斯基等。该报
反对布尔什维克党，号召工农群众同资本家和地主妥协、继续帝国主义战
争、支持资产阶级临时政府。该报对十月革命持敌对态度，鼓动用武力反
抗革命力量。1918年1月14日（27日）被苏维埃政府封闭。以后曾用其他名
称及原名（1918年3—6月）出版。1918年10月在捷克斯洛伐克军和白卫社
会革命党叛乱分子占领的萨马拉出了4号。1919年3月20—30日在莫斯科
出了10号后被查封。——108。

71 《我们时代报》(《Наш Век》)即俄国立宪民主党中央机关报《言语报》。《言语报》在1917年10月26日(11月8日)被彼得格勒苏维埃军事革命委员会查封后,曾用《我们时代报》以及《我们的言语报》、《自由言语报》、《时代报》、《新言语报》等名称出版。——108。

72 立宪会议是俄国的议会式机关。召开立宪会议的要求是十二月党人最早提出的,以后在反对沙皇专制制度的斗争中得到了广泛的传播。俄国社会民主工党1903年纲领也列入了这项要求。

　　1917年二月革命后,一方面,小资产阶级和资产阶级政党用召开立宪会议的诺言诱使群众放弃革命斗争,断言立宪会议能通过立法方法解决一切经济和政治问题,而另一方面,资产阶级临时政府害怕比社会革命党左的农民将在立宪会议中占多数,又阻挠立宪会议的召开。布尔什维克党在不否定召开立宪会议的主张的同时,号召群众进行革命斗争,指出在资产阶级民主革命向社会主义革命发展的条件下,现实生活和革命本身将把立宪会议推到后台。

　　十月革命后,布尔什维克党采取让小资产阶级群众通过自身经验来消除资产阶级立宪幻想的方针。1917年10月27日(11月9日),人民委员会认可了上述立宪会议选举日期。选举于11—12月举行,在某些边远地区于1918年1月举行。社会革命党在选举中得到了多数席位,但这并不反映当时真正的政治力量对比。反革命势力提出了"全部政权归立宪会议!"的口号来反对苏维埃政权。虽然如此,布尔什维克党仍决定召开立宪会议。1918年1月5日(18日),立宪会议在彼得格勒塔夫利达宫开幕。以维·米·切尔诺夫为首的社会革命党中派在会上占优势。立宪会议的反革命多数派拒绝讨论全俄中央执行委员会提出的《被剥削劳动人民权利宣言》,不承认全俄工兵代表苏维埃第二次代表大会通过的苏维埃政权的法令。布尔什维克党团当即退出了会议。随后,左派社会革命党人和一部分穆斯林代表也退出了会议。全俄中央执行委员会于1918年1月6日(19日)通过法令,解散了立宪会议。——112、129、160、241、256、279。

73 关于伊·谢·屠格涅夫对尼·亚·杜勃罗留波夫和尼·加·车尔尼雪夫斯基的态度,见车尔尼雪夫斯基写的《为表谢忱》一文(《车尔尼雪夫斯基全集》1951年俄文版第10卷第122—123页)。——113。

74　"左派共产主义者"是俄共(布)党内的一个左倾机会主义集团,产生于1918年1月。核心人物是尼·伊·布哈林、安·谢·布勃诺夫、阿·洛莫夫、瓦·瓦·奥博连斯基、叶·阿·普列奥布拉任斯基、卡·伯·拉狄克、格·列·皮达可夫等。"左派共产主义者"极力反对列宁在1918年初提出的尽快同德国媾和的建议,认为同帝国主义国家媾和在原则上是不允许的,力主当时还没有军队的年轻的苏维埃共和国继续同德国作战。他们把德国革命将会爆发设想为在最近某个短时期内就要爆发,认为德国政府很快会被德国革命所推翻。列宁在批判"左派共产主义者"的冒险主张时多次指出,相信德国革命成熟和宣布德国革命已经成熟,这是完全不同的两回事。列宁说:"我们把一切希望寄托在欧洲社会主义的胜利上",这是我们的伟大的口号。但是如果我们同帝国主义斗争的策略"基于这样的希望,希望李卜克内西在最近几个星期以内一定取得胜利,那我们就只配遭到嘲笑。那我们就把当代最伟大的革命口号变成了革命空谈"(见《列宁全集》第2版第33卷第410、411页)。

　　　　1918年4月,以尼·伊·布哈林为首的"左派共产主义者"发表《目前形势的提纲》来对抗列宁的《关于苏维埃政权的当前任务的提纲》。他们否认过渡时期的必要性,主张用"对资本实行骑兵突击"、颁布相应的法令和"生活公社化"的办法立即"实行"社会主义,反对利用国家资本主义,反对使用资产阶级专家,建议完全摧毁银行信贷机构,加速废除货币,等等。列宁批评了他们的错误观点。1918年夏末,"左派共产主义者"公开承认了自己的错误。——116、315、353。

75　九头蛇是希腊神话中的一条非常凶猛而且生命力极强的怪蛇。——120。

76　纳尔苏修斯是希腊神话中的一个孤芳自赏的美少年。——124、242。

77　《共产主义者》杂志(《Коммунист》)是"左派共产主义者"的派别刊物(周刊)。该杂志从1918年4月20日起在莫斯科出版,头几期是作为俄共(布)莫斯科区域局的机关刊物出版的。由于5月召开的莫斯科区域代表会议通过了列宁的《关于目前政治形势的提纲》,莫斯科区域局从杂志上撤销了自己的署名,因此最后一期即第4期(1918年6月)是作为"左派共产主义者"集团的机关刊物出版的。——124。

78　这里说的是俄国孟什维克的论点。列宁对这种论点的批判还可参看《论我国革命(评尼·苏汉诺夫的札记)》一文(见本书第356—360页)。——129。

79　套中人是俄国作家安·巴·契诃夫的同名小说的主人公别利科夫的绰号,是因循守旧、害怕变革的典型。——129。

80　《劳动旗帜报》(《Знамя Труда》)是俄国社会革命党的政治和文学报纸(日报),1917年8月23日(9月5日)起在彼得格勒出版。担任该报编辑的有B.B.伊万诺夫-拉祖姆尼克、波·达·卡姆柯夫和玛·亚·斯皮里多诺娃等。该报起初是社会革命党彼得格勒委员会机关报,1917年11月1日(14日)第59号起成为社会革命党彼得格勒委员会和全俄苏维埃第二次代表大会中央执行委员会左派社会革命党党团机关报,1917年12月28日(1918年1月10日)第105号起成为左派社会革命党中央机关报。1918年3月15日迁往莫斯科。1918年7月左派社会革命党人发动叛乱后被查封。——130。

81　伊苏夫的提纲是指1918年4月孟什维克莫斯科区域委员会全会根据约·安·伊苏夫的建议通过的提纲。这里说的是该提纲的第3条。——130。

82　1917年6月11日(24日),俄国临时政府部长、孟什维克伊·格·策列铁里在全俄苏维埃第一次代表大会主席团、彼得格勒工兵代表苏维埃执行委员会、农民代表苏维埃执行委员会和代表大会各党团委员会联席会议上发表讲话,诬蔑布尔什维克准备在1917年6月10日举行的游行示威是企图推翻资产阶级临时政府和"夺取政权的阴谋"。策列铁里声称要解除工人的武装,说什么"对于那些不善于恰当掌握手中武器的革命者,要从他们手中把武器夺走。必须解除布尔什维克的武装。不能让他们迄今拥有的过多的技术兵器留在他们手里。不能让机关枪和武器留在他们手里"。——130。

83　李伯尔唐恩由孟什维克米·伊·李伯尔和费·伊·唐恩两人的姓氏缀合而成,出自俄国诗人杰·别德内依的同名讽刺诗,是诗人给十月革命前夕鼓吹同资产阶级联合的李伯尔和唐恩及其一伙起的绰号。——131。

84　出自俄国诗人瓦·李·普希金(著名诗人亚·谢·普希金的伯父)的一首讽刺短诗。诗里嘲笑某些初学写诗的年轻人写出来的作品袭用陈词滥调、言之无物。——133。

85　这里指制革、纺织和制糖工业中建立的国家资本主义联合体。1918年初制革工人工会同全俄皮革业工厂主协会达成了协议。根据这一协议,皮革厂在苏维埃政府的资助下应按政府规定的任务进行生产,全部产品由国家支配。在纺织、制糖和其他一些轻工、食品业部门也签订了类似的协议。

　　　　这些协议保证了工人对全工业部门的管理、向企业主和专家学习组织生产的经验、掌握管理国家经济的复杂科学、搞好生产和准确地计算生产与消费。列宁认为这样一些协议具有重大的意义。——134。

86　农业公社是苏俄当时农业生产合作的一种形式,主要在以前地主和寺院的土地上建立。在农业公社里,所有生产资料(包括建筑物、小农具、牲畜等)以及土地使用一概实行公有化。农业公社社员的消费及生活服务也完全建立在公共经济基础上,社员个人没有副业。农业公社内不按劳动而按人口进行分配。——136、156。

87　贫苦农民委员会(贫委会)是根据全俄中央执行委员会1918年6月11日《关于组织贫苦农民和对贫苦农民的供应的法令》建立的,由一个乡或村的贫苦农民以及中农选举产生。根据上述法令,贫苦农民委员会的任务是:分配粮食、生活必需品和农具;协助当地粮食机构没收富农的余粮。到1918年11月,在欧俄33省和白俄罗斯,共建立了122 000个贫苦农民委员会。在许多地方,贫苦农民委员会改选了受富农影响的苏维埃,或把权力掌握在自己手里。贫苦农民委员会的活动超出了6月11日法令规定的范围,它们为红军动员和征集志愿兵员,从事文教工作,参加农民土地(包括份地)的分配,夺取富农的超过当地平均份额的土地(从富农8 000万俄亩土地中割去了5 000万俄亩),重新分配地主土地和农具,积极参加组织农村集体经济。贫苦农民委员会实际上是无产阶级专政在农村中的支柱。到1918年底,贫苦农民委员会已完成了自己的任务。根据1918年11月全俄苏维埃第六次(非常)代表大会的决定,由贫苦农民委员会主持改选乡、村苏维埃,改选后贫苦农民委员会停止活动。——136、324。

88　1919年3月22日,匈牙利苏维埃共和国成立的消息通过无线电传到了俄国,正在举行的俄共(布)第八次代表大会委托列宁以大会的名义发出了贺电(见《列宁全集》第2版第36卷第177页)。

　　　　1918年10月30日深夜匈牙利爆发了革命。资产阶级的自由主义激进派政党和社会民主党组成了联合政府。这个政府没有能力应付内部和外部困难,于1919年3月20日辞职,并建议由社会民主党单独组织政府。但是在当时革命危机尖锐化的形势下,社会民主党的首领们不敢成立没有共产党参加的政府,不得不同当时还在狱中的匈牙利共产党领导人进行谈判。结果,双方签订了建立苏维埃政权的协议,同时决定两党在共产主义原则基础上和承认无产阶级专政的条件下合并,改称匈牙利社会党。3月21日,匈牙利苏维埃共和国宣告成立,匈牙利第一届苏维埃政府——革命政府委员会组成,社会民主党人加尔拜·山多尔任主席,匈牙利共产党领袖库恩·贝拉任外交人民委员。

匈牙利苏维埃政权采取了一系列革命措施,如实行工业企业、运输业、银行的国有化和对外贸易的垄断,没收地主土地建立大农场,把职工的平均工资提高25%,实行八小时工作制等等,并为保卫共和国建立了红军。但匈牙利苏维埃政权也犯了一些错误,特别是没有满足无地少地农民对土地的要求,因而未能建立起巩固的工农联盟。协约国帝国主义者从4月起利用罗马尼亚和捷克斯洛伐克的军队对匈牙利苏维埃共和国进行武装干涉,并对它实行经济封锁。在困难局势下,右派社会民主党人背叛革命,同国际帝国主义相勾结。1919年8月1日,匈牙利革命政府委员会被迫辞职。匈牙利苏维埃共和国存在了133天,就在国内外反革命势力的夹击下被扼杀。匈牙利反革命随即用极端残暴的手段对革命人民进行血腥镇压。——138。

89 协约国(三国协约)是1907年最后形成的英、法、俄三国帝国主义联盟。这一联盟同德、奥、意三国同盟相对立,在第一次世界大战期间先后有美、日、意等20多个国家加入。十月革命后,协约国联盟的主要成员——英、法、美、日等国发动和组织了对苏维埃俄国的武装干涉。——142、164、212、338。

90 黑帮是指1905—1907年沙皇俄国警察当局和一些君主派团体为镇压革命运动、杀害进步人士和制造反犹太人暴行而建立的武装暴徒组织。黑帮队伍的主要来源是小资产阶级的反动阶层、店铺老板、无业游民以及刑事犯罪分子等等。为了同黑帮作斗争,革命工人在布尔什维克党的领导下组织了战斗队、自卫队等。

在1905—1917年间,黑帮一词也泛指沙皇俄国反动的君主派团体如俄罗斯人民同盟、米迦勒天使长同盟、法制党、十月十七日同盟、工商党以及和平革新党等。他们力图保持旧的专制制度。这些党派和组织的成员通称黑帮分子。——144。

91　指1919年夏尤登尼奇白卫军进攻彼得格勒期间潜藏在苏维埃军队后方的反革命分子所策划的阴谋活动。1919年6月12日夜间，反革命组织"民族中心"的成员策动位于芬兰湾东端南岸的红丘、灰马等炮台的守备部队举行叛乱。叛乱分子企图使喀琅施塔得防区陷于瘫痪，然后与白卫军进攻相配合，攻占加契纳，切断彼得格勒同莫斯科的联系，进而夺取彼得格勒。苏维埃政权组织了主要由水兵和彼得格勒工人参加的海岸部队，于15日发动进攻，在海军舰艇和飞机配合下，迅速攻下了这些炮台，平定了叛乱。同时，15 000多名彼得格勒工人同肃反委员会工作人员一起在彼得格勒进行了一次大规模的搜查，拘捕了反革命分子数百人。——144。

92　指列宁《在彼得格勒苏维埃会议上关于人民委员会对外对内政策的报告(1919年3月12日)》(见《列宁全集》第2版第36卷第1—7页)。——144。

93　伯尔尼国际是持社会沙文主义、机会主义和中派主义立场的各国社会民主党的首领们在1919年2月伯尔尼代表会议上成立的联盟。伯尔尼国际的领袖是卡·亚·布兰亭、卡·考茨基、爱·伯恩施坦、皮·列诺得尔等。他们力图恢复已于1914年瓦解的第二国际，阻挠革命和共产主义运动的发展，防止成立共产国际。他们敌视苏维埃俄国的无产阶级专政，颂扬资产阶级民主。1921年2月，德国独立社会民主党、奥地利社会民主党、法国社会党、英国独立工党等退出伯尔尼国际，成立了维也纳国际(第二半国际)。1923年5月，在革命斗争浪潮开始低落的形势下，伯尔尼国际同维也纳国际合并成为社会主义工人国际。——145。

94　萨多瓦会战亦称克尼格雷茨会战，是1866年普奥战争中规模最大的一次交战，于当年7月3日在捷克境内的萨多瓦和克尼格雷茨(今赫拉德茨－克拉洛韦)地区进行，结果普军大败奥军，从而决定了这次普奥战争的结局。——148。

95　中央统计局(俄罗斯联邦人民委员会中央统计局)是根据1918年7月25日人民委员会的命令成立的。中央统计局受委托对国民经济各个部门进行统计、制作和加工调查材料,'出版统计方面的年鉴和其他定期出版物。1921年3月19日中央统计局受委托对各人民委员部和主管部门所组建的一切部际委员会进行登记。3月3日,所有苏维埃共和国的统计工作实行统一计划,中央统计局的工作与各加盟共和国和自治共和国的统计机关的工作就结合起来了。俄罗斯联邦中央统计局的地方机构,在1918—1923年是各级苏维埃执行委员会所属的省的、县的和市的统计局。1923年建立了全苏机构即苏联人民委员会中央统计局,该局主持全国的全部统计工作。俄罗斯联邦中央统计局则予以撤销。——156、211。

96 粮食人民委员部(俄罗斯联邦粮食人民委员部)成立于1917年10月26日(11月8日)。它的基本任务是收购粮食、供应居民一切日用必需品和食品。粮食人民委员部的地方机构是苏维埃执行委员会所属的粮食委员会、农村的贫苦农民委员会。随着苏联的成立,于1923年建立了苏联粮食人民委员部,而俄罗斯联邦粮食人民委员部则隶属于它,享有统一人民委员部的职权。1924年粮食人民委员部被撤销,而它的职能则转交给新成立的俄罗斯联邦国内商业人民委员部。——156、208。

97 关于国际政策问题的决议草案是列宁在俄共(布)第八次全国代表会议1919年12月2日的会议上拟订的,经代表会议略加修改后通过。12月5日,列宁在全俄苏维埃第七次代表大会上宣读了这一决议草案(见《列宁全集》第2版第37卷第394—395页)。代表大会一致通过了这一决议,作为向协约国各国提出的媾和建议。

　　代表大会的这一媾和建议于12月10日分送给协约国各国代表。英、法、美、意四国政府拒绝予以考虑。——164。

98 《关于无产阶级文化》这一决议草案是列宁在全俄无产阶级文化协会第一次代表大会期间写的。这次代表大会于1920年10月5—12日在莫斯科举行。10月9日和11日,俄共(布)中央政治局开会,以列宁的这个草案为基础,讨论了无产阶级文化协会的问题。会议建议代表大会的共产党党团通过一个组织问题决议,规定中央和地方的无产阶级文化协会从属于教育人民委员部的同级机构。代表大会一致通过了根据列宁的建议起草的这个决议。但是代表大会后,无产阶级文化协会的某些领导人却声称他们不同意这个决议,并向协会普通会员歪曲传达决议的精神,说俄共(布)中央要限制工人在艺术创作领域中的主动性并想取消无产阶级文化协会的组织。俄共(布)中央在1920年12月1日《真理报》上发表了《关于无产阶级文化协会》一信,驳斥了这些歪曲事实的说法,详细分析了无产阶级文化协会的错误。——166。

99　《消息报》(《Известия》)于1917年2月28日(3月13日)在彼得格勒创刊,最初称《彼得格勒工人代表苏维埃消息报》,从3月2日(15日)第3号起成为彼得格勒工兵代表苏维埃的机关报。编辑部成员起初有:波·瓦·阿维洛夫、弗·亚·巴扎罗夫、弗·德·邦契-布鲁耶维奇、约·彼·戈尔登贝格和格·弗·策彼罗维奇。由于编辑部内部意见分歧,阿维洛夫、邦契-布鲁耶维奇和策彼罗维奇于4月12日(25日)退出了编辑部,孟什维克和社会革命党人费·伊·唐恩、弗·萨·沃伊京斯基、A.A.郭茨、伊·瓦·切尔内绍夫随后进入编辑部。在全俄苏维埃第一次代表大会成立了工兵代表苏维埃中央执行委员会以后,该报成为中央执行委员会的机关报,从1917年8月1日(14日)第132号起,用《中央执行委员会和彼得格勒工兵代表苏维埃消息报》的名称出版。决定该报政治方向的是当时在执行委员会中占多数的社会革命党-孟什维克联盟的代表人物。

十月革命后,该报由布尔什维克领导。在全俄苏维埃第二次代表大会以后,即从1917年10月27日(11月9日)起,该报更换了编辑部成员,成为苏维埃政权的正式机关报。1918年3月该报迁至莫斯科出版。从1923年7月14日起,成为苏联中央执行委员会和全俄中央执行委员会的机关报。从1938年1月26日起,改称《苏联劳动人民代表苏维埃消息报》。——166。

100　无产阶级文化协会是苏联早期的群众性文化组织,十月革命前夕在彼得格勒成立。十月革命后在国内各地成立分会。各地协会最多时达1 381个,会员40多万。参加协会的有真诚希望帮助苏维埃国家文化建设的青年工人。但是协会的领导为亚·亚·波格丹诺夫及其拥护者所把持。他们在十月革命后仍继续坚持协会的"独立性",从而把它置于同共产党和苏维埃国家相对立的地位。他们否认以往的文化遗产的意义,力图摆脱群众性文教工作的任务,而企图通过脱离实际生活的"实验室的道路"来创造"纯粹无产阶级的"文化。波格丹诺夫口头上承认马克思主义,实际上鼓吹马赫主义这种主观唯心主义的哲学。列宁批判了无产阶级文化派的错误。无产阶级文化协会于20年代初趋于衰落,1932年停止活动。——166。

101 指1920年10月8日《全俄中央执行委员会消息报》对阿·瓦·卢那察尔斯基10月7日在全俄无产阶级文化协会第一次代表大会上的讲话的报道。报道说："卢那察尔斯基同志指出,应该保证无产阶级文化协会有特殊的地位、最完全的自治。"

关于这件事,卢那察尔斯基在自己的回忆录中说:"1920年10月无产阶级文化协会举行代表大会时,弗拉基米尔·伊里奇要我去参加会议,并明确指出,无产阶级文化协会必须接受教育人民委员部的领导,把自己看成是它的一个机构等等。总之,弗拉基米尔·伊里奇要求我们把无产阶级文化协会吸引到国家这方面来,当时他还采取了种种措施使它靠近党。我在代表大会上的讲话,措辞相当婉转温和,而传到弗拉基米尔·伊里奇那里时就变得更加软弱无力了。他把我叫去申斥了一顿,后来无产阶级文化协会就根据他的指示改组了。"——166。

102 这是列宁在全俄省、县国民教育局政治教育委员会工作会议第三次会议上的讲话。讲话发表于1920年11月5日和6日《真理报》第248号和第249号,还刊登于莫斯科出版的《全俄政治教育委员会工作会议公报(1920年11月1—8日)》。

全俄省、县国民教育局政治教育委员会工作会议于1920年11月2—8日在莫斯科举行。参加会议的有283名代表。会议主要讨论了与建立共和国政治教育总委员会有关的一些问题。会议听取了阿·瓦·卢那察尔斯基关于政治教育工作问题的讲话、娜·康·克鲁普斯卡娅作的题为《政治教育总委员会当前工作计划》的报告和叶·亚·利特肯斯作的题为《地方政治教育委员会的组织》的报告。会议还讨论了粮食运动与政治教育工作、同恢复国家经济生活有关的生产宣传、扫除文盲等问题。——169。

103 政治教育总委员会是根据人民委员会《关于共和国政治教育总委员会的法令》、在教育人民委员部社会教育司的基础上成立的。这一法令是根据列宁的指示(见《列宁全集》第2版第39卷第397—398页)制定的,1920年11月12日由列宁签署,公布于1920年11月23日《全俄中央执行委员会消息报》第263号。政治教育总委员会是教育人民委员部的总局级机构,在行政上和组织上归它领导,但在涉及工作的思想内容的问题上则直接归俄共(布)中央领导。政治教育总委员会统一和指导全国的政治教育和宣传鼓动工作,领导群众性的成人共产主义教育(扫除文盲、学校、俱乐部、图书馆、农村阅览室)以及党的教育(共产主义大学、党校)。政治教育总委员会的主席一职一直由娜·康·克鲁普斯卡娅担任。1930年6月,政治教育总委员会改组为教育人民委员部群众工作处。——169、262。

104　根据列宁的建议(见《列宁全集》第2版第39卷第397—398页)制定的人民委员会《关于共和国政治教育总委员会的法令》于1920年11月12日由列宁签署,1920年11月23日发表于《全俄中央执行委员会消息报》第263号。——169。

105　国家电气化委员会是根据列宁的倡议和指示成立的。1920年2月7日第七届全俄中央执行委员会第一次会议通过一项决议,责成最高国民经济委员会协同农业人民委员部制定建立电站网的计划草案。1920年2月21日,最高国民经济委员会主席团根据同农业人民委员部的协议,批准成立俄罗斯国家电气化委员会。委员会于1920年3月20日开始工作,并且在苏维埃第八次代表大会召开前拟定了俄罗斯苏维埃联邦社会主义共和国电气化的总规划。——180、186。

106　苏哈列夫卡是莫斯科的一个市场,坐落在1692年彼得一世所建造的苏哈列夫塔周围。在外国武装干涉和国内战争时期,苏哈列夫卡是投机商活动的中心。从此,苏哈列夫卡一词就成了私人自由贸易的同义语。1920年12月,莫斯科苏维埃作出封闭该市场的决议。新经济政策时期该市场曾恢复。1932年被取缔。——181。

107　指俄罗斯电气化计划。该计划是根据列宁提出的任务并在他的指导下由俄罗斯国家电气化委员会制定的,是一部600多页的巨著。计划规定,除恢复和改建现有的电站外,在10—15年内建设30座区域电站,包括20座火电站和10座水电站,总装机容量为175万千瓦,总的年发电量达到88亿度,而1913年俄国的年发电量为19亿度。根据计划,工业品产量将比1913年的产量增加80%—100%,比1920年增加许多倍。——182、186、225、239。

108　1920年11月14日,列宁应莫斯科省沃洛科拉姆斯克县亚罗波列茨乡卡希诺村农民的邀请,和娜·康·克鲁普斯卡娅一起出席了当地农民修建的卡希诺电站的落成典礼。列宁同农民们进行了亲切的交谈,随后在群众大会上发表了关于国际形势和电气化对国民经济的意义的讲话,并同参加群众大会的部分农民一起照了相。

列宁提到的在群众大会上讲话的农民是德米特里·罗季昂诺夫。12月1日,列宁通过莉·亚·福季耶娃要到了他的讲话稿,准备在向全俄苏维埃第八次代表大会作报告时引用。——182。

109　《经济生活报》(《Экономическая Жизнь》)是苏维埃俄国的报纸(日报),1918年11月起在莫斯科出版。该报最初是最高国民经济委员会和经济系统各人民委员部的机关报,1921年7月24日起是劳动国防委员会机关报,后来是苏联财政人民委员部、国家银行及其他金融机关和银行工会中央委员会的机关报。1937年11月16日,《经济生活报》改组成为《财政报》。——185。

110　指全俄苏维埃第八次代表大会。

全俄苏维埃第八次代表大会于1920年12月22—29日在莫斯科举行。出席大会的代表有2 537名,其中有表决权的代表1 728名,有发言权的代表809名。按党派区分,代表中有共产党员2 284名,党的同情者67名,无党派人士98名,孟什维克8名,崩得分子8名,左派社会革命党人2名,另外还有一些其他党派的成员。

这次代表大会是在国内战争胜利结束、经济战线成为主要战线的时候召开的。大会议程是:全俄中央执行委员会和人民委员会关于对外对内政策的报告;俄罗斯电气化;恢复工业和运输业;发展农业生产和帮助农民经济;改善苏维埃机关工作和同官僚主义作斗争;选举全俄中央执行委员会。议程上的主要问题预先在俄共(布)党团会议上进行讨论。

大会的工作是在列宁的直接领导下进行的。代表大会根据列宁所作的全俄中央执行委员会和人民委员会关于对外对内政策的报告,以压倒多数票通过了完全赞同政府工作的决议。大会通过了在列宁倡议下制定的国家电气化计划和列宁起草的关于电气化报告的决议(见《列宁全集》第2版第40卷第192—193页)。大会审议了人民委员会1920年12月14日通过的关于加强和发展农民农业经济的措施的法案,并一致通过了这一法案。大会通过了一个关于苏维埃建设的详尽决定。这个决定对中央和地方政权机关和经济管理机关的相互关系作了调整。大会还批准了劳动国防委员会的新条例,选举了由300名委员和100名候补委员组成的新的全俄中央执行委员会。——186、226、239。

111　劳动军是在国内战争末期暂时用于国民经济战线而保持军队建制的苏俄红军部队。第3集团军革命军事委员会首先倡议把军队用于经济战线,得到列宁的赞同。1920年1月15日,工农国防委员会把第3集团军改组成为第1(乌拉尔)革命劳动军。此后陆续成立的劳动军有:乌克兰劳动军(由西南方面军组成)、高加索劳动军(由高加索方面军第8集团军组成)、第2特种铁路劳动军(由高加索方面军第2集团军组成)、彼得格勒劳动军(由第7集团军组成)、第2革命劳动军(由土耳其斯坦方面军第4集团军组成)、顿涅茨劳动军、西伯利亚劳动军等。劳动军从事修复铁路、采煤、伐木、征购和运输粮食等工作,并在人民群众中开展文化教育活动。1920年对波战争爆发后,有些劳动军转为战斗部队。随着国内战争的结束,根据劳动国防委员会1921年12月30日的决定,劳动军被撤销。——186。

112　国防委员会(工农国防委员会)是全俄中央执行委员会为贯彻它在1918年9月2日颁发的宣布苏维埃共和国为军营的法令而于1918年11月30日设立的。国防委员会是苏维埃俄国的非常最高机关,有动员人力物力保卫苏维埃国家的全权。国防委员会的决议,中央以及地方各部门和机关、全体公民都必须执行。在外国武装干涉和国内战争时期,国防委员会是组织共和国战时经济和编制计划的中心。革命军事委员会及其他军事机关的工作都处于它的严格监督之下。列宁被任命为国防委员会主席。1920年4月初,国防委员会改组为劳动国防委员会,其任务是指导经济系统各人民委员部和所有国防机关的活动。劳动国防委员会一直存在到1937年4月。——187。

113　《俄罗斯国家电气化委员会公报》(《Бюллетени Государственной Комиссии по Электрификации России》)由最高国民经济委员会科学技术局国家技术出版社于1920年4—8月在莫斯科出版,共出了5期。——187。

114　指德国政治经济学教授卡尔·巴洛德的《未来的国家.社会主义国家的生产和消费》一书。该书于1898年在德国出版,1919年出了经过修订的第2版。俄译本于1920年在莫斯科出版。——189。

115　这里选收了列宁有关俄共(布)第十次代表大会的两件文献。

　　　俄共(布)第十次代表大会于1921年3月8—16日在莫斯科举行。参加代表大会的有717名有表决权的代表和418名有发言权的代表，共代表732 521名党员。列入代表大会议程的问题是：中央委员会的政治报告；中央委员会的组织报告；监察委员会的报告；政治教育总委员会和党的宣传鼓动工作；党在民族问题方面的当前任务；党的建设；工会及其在国家经济生活中的作用；关于以实物税代替余粮收集制；社会主义共和国在资本主义包围中；俄共（布）驻共产国际代表的报告；关于党的统一和无政府工团主义倾向；选举党的领导机关。此外，代表大会还听取了党史委员会的报告并在秘密会议上讨论了军事问题。这次代表大会通过了有关国家政治生活和经济生活的根本性问题的一些决定，规定了俄国从资本主义向社会主义过渡的具体途径。

列宁领导了代表大会的工作。他就大会议程上的主要问题——关于俄共（布）中央委员会的政治工作、关于以实物税代替余粮收集制、关于党的统一和无政府工团主义倾向——作了报告，并起草了大会的最重要的决议草案。大会根据列宁的报告通过了关于以实物税代替余粮收集制这一从战时共产主义转向新经济政策的具有历史意义的决议。代表大会特别重视党的统一问题。大会通过了列宁起草的《关于党的统一的决议》（见《列宁全集》第2版第41卷第78—83页），要求立即解散削弱党、破坏党的统一的一切派别集团，并授权中央委员会对进行派别活动的中央委员采取直到开除出党的极端措施。大会还通过了列宁起草的《关于我们党内的工团主义和无政府主义倾向的决议》（同上书，第84—87页），指出工人反对派的观点是小资产阶级无政府主义动摇性的表现。在党的建设方面，代表大会通过了扩大党内民主、改善党员素质的决定，并向中央委员会发出进行清党的指示。代表大会还通过了监察委员会条例，规定设立中央监察委员会和各省监察委员会，这对于巩固党和改善国家机关有重要意义。

代表大会总结了工会问题的争论，以绝大多数票通过了《关于工会的作用和任务的决议》。这个决议重申了工会是共产主义的学校的论点，规定了工会的作用和任务，并提出了扩大工会民主的措施。代表大会还通过了《党在民族问题方面的当前任务的决议》，要求彻底消除从前的被压迫民族的事实上的不平等现象，并谴责了大国沙文主义和地方民族主义这两种在民族问题上的错误倾向。代表大会选出了由25名委员和15名候补委员组成的新的中央委员会。——195、226。

116　关于以实物税代替余粮收集制的问题最初是在1921年2月8日俄共(布)中央政治局会议上提出的。这次会议听取了恩·奥新斯基《关于播种运动和农民状况的报告》,研究了改善农民状况的问题,并成立了一个专门委员会来起草关于这个问题的决议。在这次会议上,列宁给专门委员会写了一个题为《农民问题提纲初稿》的文件,其中表述了以实物税代替余粮收集制的基本原则(见《列宁全集》第2版第40卷第338页)。2月16日,中央政治局又决定,在《真理报》上就以实物税代替余粮收集制的问题进行公开讨论。第一批讨论文章于2月17日和26日发表。

　　2月19日,中央政治局讨论了专门委员会拟订的关于以实物税代替余粮收集制的决议草案,决定将草案提交中央全会审议。2月24日,俄共(布)中央全会审议并原则上通过了这一决议草案。会议指派一个新的委员会再次对该草案从细节上进行修订。

　　在专门委员会起草决议期间,列宁接见了一些农民和农民代表团,认真听取了他们对粮食政策的建议和要求。3月3日,列宁对专门委员会拟订的决议草案第二稿提出了三点修改意见(见《列宁全集》第2版第41卷第357—358页)。3月7日,中央全会再次审查了决议草案,并将草案交给由列宁主持的专门委员会最后定稿。3月15日,俄共(布)第十次代表大会一致通过了《关于以实物税代替余粮收集制的决议》(见《苏联共产党代表大会、代表会议和中央全会决议汇编》第2分册人民出版社1964年版第105—107页)。——197、254、285。

117　指1918年10月26日人民委员会通过、1918年10月30日全俄中央执行委员会批准的关于征收实物税的法令(公布于1918年11月14日《全俄中央执行委员会消息报》)。这个法令是根据列宁1918年8月2日写的《关于粮食问题的提纲》(见《列宁全集》第2版第35卷第27—29页)起草的。——197。

118　俄共(布)第九次代表大会于1920年3月29日—4月5日在莫斯科举行。参加代表大会的共有715名代表,其中有表决权的代表553名,有发言权的代表162名,共代表611 978名党员。这次代表大会是在红军取得了反对外国武装干涉和国内反革命的决定性胜利、苏维埃俄国获得了暂时的和平喘息时机的条件下召开的。大会主要议程是:中央委员会的工作报告;经济建设的当前任务;工会运动;组织问题;共产国际的任务;对合作社的态度;向民兵制过渡;选举中央委员会。列宁直接领导了代表大会的工作。

　　这次代表大会的中心议题是经济建设问题,即从军事战线的斗争转向劳动战线的斗争、战胜经济破坏、恢复和发展国民经济的问题。列·达·托洛茨基作了关于经济建设的当前任务的报告。大会就这个问题通过的决议指出,苏维埃俄国经济恢复的基本条件是贯彻执行最近一个历史时期的统一的经济计划。决议规定了完成统一计划的各项根本任务的先后顺序:(1)首先是改善运输部门的工作,调运和储备必要的粮食、燃料和原料;(2)发展为运输业和获取燃料、原料、粮食服务的机器制造业;(3)加紧发展为生产日用品服务的机器制造业;(4)加紧生产日用品。实现国家电气化在统一经济计划中居于重要地位;大会通过了关于制定电气化计划的指示。

　　代表大会要求各级党组织执行俄共(布)中央关于给运输部门调配5 000名优秀的经过考验的共产党员的指令,并决定动员这次代表大会的10%的代表投入运输战线。代表大会决定把1920年的"五一"节(适逢星期六)定为全俄星期六义务劳动日。

　　代表大会批准了俄共(布)中央关于动员工业无产阶级、实行劳动义务制、经济军事化以及为经济需要动用军队等问题的提纲,责成党组织帮助工会和劳动部门统计全部熟练工人,以便吸收他们参加生产,同时断然拒绝了托洛茨基关于把成立劳动军作为保证国民经济劳动力的唯一良策和把军事方法搬用于和平经济建设的意见。代表大会十分重视生产管理的组织问题。大会就这个问题通过的决议指出,必须在一长制的基础上建立熟悉业务、坚强得力的领导。以季·弗·萨普龙诺夫等为代表的民主集中派反对在企业中实行一长制和个人负责制,坚持无限制的集体管理制,同时也反对使用旧专家,反对国家的集中管理,他们得到了阿·伊·李可夫、米·巴·托姆斯基、弗·巴·米柳亭、阿·洛莫夫等的支持。大会谴责和拒绝了民主集中派的建议。

　　代表大会在关于工会问题的决议中明确规定了工会的作用、工会同国家和党的相互关系、共产党领导工会的形式和方法以及工会参加经济建设的方式,在关于合作社问题的决议中要求巩固党在合作社组织中的领导地位。

　　代表大会还作出了关于出版《列宁全集》的决定。

　　4月4日,在大会秘密会议上选出了由19名委员和12名候补委员组成的新的中央委员会。——208。

119　列宁起草的关于合作社的决议草案于1921年3月15日在俄共(布)第十次
　　　代表大会的第十四次会议上通过。——208。

120　*劳动国防委员会*是苏俄人民委员会的机关,负责指导经济系统各人民委
　　　员部和国防主管部门的活动,1920年4月在工农国防委员会的基础上成
　　　立。根据全俄苏维埃第八次代表大会通过的条例,劳动国防委员会享有俄
　　　罗斯联邦人民委员会直属委员会的权利。它在地方上的机关是各级经济
　　　会议。劳动国防委员会的成员包括人民委员会主席(兼劳动国防委员会主
　　　席),陆军、交通、农业、粮食、劳动、工农检查等人民委员,最高国民经济委
　　　员会主席,全俄工会中央理事会主席和中央统计局局长(有发言权)。列宁
　　　是第一任劳动国防委员会主席。劳动国防委员会存在到1937年4月。——
　　　210。

121　《论粮食税(新政策的意义及其条件)》这本小册子是在俄共(布)第十次代
　　　表大会闭幕后不久于1921年3月底开始写的,4月21日完稿。小册子于5月
　　　初由国家出版社刊印,接着又发表于6月出版的《红色处女地》杂志第1期。
　　　苏俄各地出版社随后相继翻印,中央和地方的报刊也都全文或摘要转载。
　　　同年,小册子被译成德文、法文和英文,刊载于《共产国际》杂志第17期。
　　　　　俄共(布)中央曾专门作出决定,要求各级党委按照列宁《论粮食税》
　　　的基本精神向劳动人民解释新经济政策的实质和意义。——215。

122　*粮食税法令*即《关于以实物税代替余粮、原料收集制的决定》,是1921年3
　　　月21日全俄中央执行委员会根据俄共(布)第十次代表大会的决议通过
　　　的,公布于3月23日。为执行这一决定,人民委员会于3月28日批准、29日颁
　　　布了《关于1921—1922年实物税税额的决定》和《关于在已完成收集余粮
　　　任务的各省实行粮食、饲料、马铃薯和干草自由交换的法令》。自4月21日
　　　起,人民委员会又陆续通过了确定粮食、马铃薯、油料和其他农产品的实
　　　物税税额的决定。——222。

123　引自俄国诗人亚·谢·普希金的抒情诗《英雄》。这首诗采取"诗人"和"友
　　　人"对话的形式,诗中的"诗人"认为:拿破仑冒着生命危险去传染病院同
　　　患黑死病的士兵握手表示慰问一事,虽经历史学家考证并非事实,但一
　　　句"令人鼓舞的谎言",要比千万个"卑微的真理"更加可贵。此处列宁是反
　　　普希金诗原意引用的。——224。

124　奥勃洛摩夫精神(奥勃洛摩夫习气)意为因循守旧、懒散懈怠。奥勃洛摩夫
　　　是俄国作家伊·亚·冈察洛夫的长篇小说《奥勃洛摩夫》的主人公,他是一
　　　个怠惰成性、害怕变动、终日耽于幻想、对生活抱消极态度的地主。——
　　　224、310、330。

125　俄共(布)第八次代表大会于1919年3月18—23日在莫斯科举行。参加代表
　　　大会的有301名有表决权的代表和102名有发言权的代表,共代表313 766
　　　名党员。列入大会议程的问题是:中央委员会的总结报告;俄共(布)纲领;
　　　共产国际的建立;军事状况和军事政策;农村工作;组织工作;选举中央委
　　　员会。
　　　　　列宁主持了大会,作了俄共(布)中央委员会的工作报告、关于党纲和
　　　农村工作的报告,并就军事问题发了言。
　　　　　代表大会的中心问题是讨论并通过新党纲。第七次代表大会选出的
　　　纲领委员会已经通过了列宁的党纲草案,但是鉴于委员会内存在分歧,在
　　　第八次代表大会上就党纲问题作报告的除代表多数派的列宁外,还有代表
　　　少数派的尼·伊·布哈林。布哈林提议把关于资本主义和小商品生产的条文
　　　从纲领中删去,而只限于论述纯粹的帝国主义。他认为帝国主义是特殊的
　　　社会经济形态。布哈林和格·列·皮达可夫还提议把民族自决权的条文从党
　　　纲中删去。列宁批判了他们的这些错误观点。代表大会先基本通过党纲草
　　　案,然后在纲领委员会对草案作了最后审订后于3月22日予以批准。
　　　　　代表大会解决的另一个重要问题是对中农的态度问题。列宁论证了
　　　党对中农的新政策,即在依靠贫苦农民,对富农斗争并保持无产阶级的领
　　　导作用的条件下从中立中农的政策转到工人阶级与中农建立牢固的联盟
　　　的政策。早在1918年11月底列宁就提出了这个口号。代表大会通过了列宁
　　　起草的《关于对中农的态度的决议》。
　　　　　在代表大会的工作中,关于军事状况问题、关于党的军事政策问题、
　　　关于红军的建设问题占了相当重要的地位。在大会上,所谓的"军事反对
　　　派"反对中央委员会的提纲。他们维护游击主义残余,否认吸收旧的军事
　　　专家的必要性,反对在军队中建立铁的纪律。在会上发言的大多数代表谴
　　　责了"军事反对派",同时也对共和国革命军事委员会主席列·达·托洛茨
　　　基轻视军队中党的领导的行为以及他的老爷作风和独裁者派头提出了尖
　　　锐的批评,代表大会批准了根据列宁的论点制定的军事问题决议。

代表大会在关于组织问题的决议中反击了萨普龙诺夫-奥新斯基集团,这个集团否认党在苏维埃中的领导作用,主张把人民委员会和全俄中央执行委员会主席团合并起来。代表大会否决了联邦制建党原则,认为必须建立一个集中统一的共产党和领导党的全部工作的统一的中央委员会。代表大会规定了中央委员会的内部组织机构,即中央设政治局、组织局和书记处。代表大会选出了由19名委员和8名候补委员组成的中央委员会。——226。

126　省经济会议是劳动国防委员会的地方机关,根据全俄苏维埃第八次代表大会(1920年12月)《关于地方经济管理机构的决议》成立,隶属于省苏维埃执行委员会。成立省经济会议是为了协调经济系统各人民委员部(最高国民经济委员会、农业人民委员部、粮食人民委员部、劳动人民委员部和财政人民委员部)所属地方机关的工作。省经济会议由省国民经济委员会主席、粮食委员、劳动局长、财政局长、土地局长和省工会理事会主席组成,省执行委员会主席兼任省经济会议主席。——228、266。

127　科尔尼洛夫叛乱是发生在1917年8月的一次俄国资产阶级和地主的反革命叛乱。叛乱的头子是俄军最高总司令、沙皇将军拉·格·科尔尼洛夫。叛乱的目的是要消灭革命力量,解散苏维埃,在国内建立反动的军事独裁,为恢复君主制作准备。立宪民主党在这一反革命阴谋中起了主要作用。临时政府首脑亚·费·克伦斯基是叛乱的同谋者,但是在叛乱发动后,他既害怕科尔尼洛夫在镇压布尔什维克党的同时也镇压小资产阶级政党,又担心人民群众在扫除科尔尼洛夫的同时也把他扫除掉,因此就同科尔尼洛夫断绝了关系,宣布其为反对临时政府的叛乱分子。

叛乱于8月25日(9月7日)开始。科尔尼洛夫调动第3骑兵军扑向彼得格勒,彼得格勒市内的反革命组织也准备起事。布尔什维克党是反对科尔尼洛夫叛乱斗争的领导者和组织者。按照列宁的要求,布尔什维克党在反对科尔尼洛夫的同时,并不停止对临时政府及其社会革命党、孟什维克仆从的揭露。彼得格勒工人、革命士兵和水兵响应布尔什维克党中央的号召,奋起同叛乱分子斗争,三天内有15 000名工人参加赤卫队。叛军推进处处受阻,内部开始瓦解。8月31日(9月13日),叛乱正式宣告平息。在群众压力下,临时政府被迫下令逮捕科尔尼洛夫及其同伙,交付法庭审判。——230。

128 指在革命群众压力下退出了伯尔尼国际的各国中派社会党筹建的国际组织。这一组织在1921年2月22—27日举行的维也纳代表会议上成立,通称第二半国际或维也纳国际,正式名称是国际社会党联合会。参加这一组织的有英国独立工党、德国独立社会民主党等10多个中派社会党以及俄国的孟什维克和社会革命党。奥地利社会民主党的弗·阿德勒任总书记。成立第二半国际的真正目的是阻碍广大群众转向共产国际。第二半国际的领袖们(阿德勒、奥·鲍威尔、罗·格里姆、阿·克里斯平、让·龙格、尔·马尔托夫、维·米·切尔诺夫等)口头上批评第二国际,实际上在无产阶级运动的一切主要问题上都执行机会主义的中派路线。1923年5月,在革命浪潮开始低落的形势下,第二半国际同伯尔尼国际合并为社会主义工人国际。——230、243、289、307、318。

129 共和国革命军事委员会(1923年8月28日起改称苏联革命军事委员会)1918—1934年是全国最高军事当局的集体管理制机关。根据1918年9月2日全俄中央执行委员会的决定而成立。共和国革命军事委员会的主席是陆海军人民委员,由全俄中央执行委员会批准任命。共和国革命军事委员会的委员是由人民委员会批准任命的。共和国革命军事委员会统一指导所有军事主管部门和军事机关的工作,领导苏联武装力量的建设,制定苏维埃国家国防方面的基本的战略性作战任务。军事主管部门的所有机关和负责人员均隶属于它。共和国革命军事委员会根据俄共(布)中央的指示进行工作,并受俄共(布)中央的直接监督。——232。

130 俄共(布)的新经济政策在代表大会上遇到了来自不坚定的、与马克思列宁主义背道而驰的无政府工团主义分子的反对,他们宣称,新经济政策似乎会在苏维埃俄国导致资本主义复辟,并给世界革命的进一步发展设置障碍。代表大会批驳了这些观点,通过了列宁的提纲和完全赞同俄共(布)政策的决议。——235。

131 指全俄电气技术人员第八次代表大会。

　　全俄电气技术人员第八次代表大会是在苏维埃政权下召开的首次电气技术人员代表大会,于1921年10月1—9日在莫斯科举行。代表大会是根据1921年2月8日人民委员会的专门决定召开的,目的是"为了全面讨论同实现俄罗斯电气化计划有关的技术经济问题并发动广大人民群众积极参

加国民经济电气化的工作"。参加代表大会的有来自俄国102个城市的893
名代表以及475名特邀来宾,在他们中间有国内最著名的科学家、经济工
作人员和专家,还有许多电气工业企业的工人。列宁被选为代表大会的名
誉主席。

代表大会的全体会议和分组会议共听取了200多篇报告和发言,其中
有格·马·克尔日扎诺夫斯基关于俄罗斯国家电气化委员会工作的报告,
阿·费·约飞关于物质结构的最新理论的报告,米·瓦·舒莱金关于发展无
线电报和无线电话的报告,列·康·拉姆津关于俄罗斯燃料产地和燃料供
应的报告,亨·奥·格拉夫季奥关于运输业电气化的报告,弗·费·米特克维
奇关于电流的本质的报告,亚·亚·哥列夫关于北美电气化新方案的报告
等。列宁对代表大会上的报告给予了高度评价(见《列宁全集》第2版第42
卷第341—342页)。代表大会通过了关于俄罗斯联邦电气化总计划的决
议,关于全国各地区(南方、西北、西伯利亚、乌拉尔、土耳其斯坦、东南)电
气化的决议,关于供应农村电力的决议,关于俄国金属工业任务的决议,
关于石油工业电气化和发展石油工业的决议,关于宣传电气技术知识的
决议以及其他决议。代表大会的建议在俄罗斯国家电气化计划的进一步
具体化和实施的过程中得到了考虑。——239。

132　奥吉亚斯的牛圈出典于希腊神话。据说古希腊西部厄利斯的国王奥吉亚
斯养牛3 000头,30年来牛圈从未打扫,粪便堆积如山。"奥吉亚斯的牛圈"
常被用来比喻藏污纳垢的地方。——241。

133　指在国内导致确立资本主义和建立资产阶级制度的17世纪英国资产阶级
革命。这次革命按其意义说乃是欧洲范围的第一次革命,它开辟了(在这
一方面它具有全世界历史意义)欧洲封建制度崩溃的纪元,为资本主义生
产方式代替封建主义生产方式奠定了基础。——241。

134　哈姆雷特是英国作家威·莎士比亚的同名悲剧中的主人公,是内心矛盾、
犹豫不决、耽于幻想而不能坚决行动的人的典型。——242。

135　凡尔赛和约即第一次世界大战后英、法、意、日等国对德和约,于1919年6
月28日在巴黎郊区凡尔赛宫签订。和约的主要内容是,德国将阿尔萨斯和
洛林归还法国,萨尔煤矿归法国;德国的殖民地由英、法、日等国瓜分;德
国向美、英、法等国交付巨额赔款;德国承认奥地利独立,限制德国军备,

把莱茵河以东50公里的地区划为非军事区。列宁在评价凡尔赛和约时指出：这是骇人听闻的、掠夺性的和约，它把亿万人，其中包括最文明的人，置于奴隶地位。——245、293。

136　这是列宁在全俄政治教育委员会第二次代表大会1921年10月17日下午的会议上作的报告。

全俄政治教育委员会第二次代表大会于1921年10月17—22日在莫斯科举行。出席大会的有307名代表，其中有表决权的代表193名，有发言权的代表114名。列宁当选为代表大会的名誉主席。代表大会的主要任务是批准1922年的工作计划，制定在新经济政策条件下开展群众鼓动工作的方式和方法。

政治教育委员会是根据人民委员会1920年11月12日的法令成立的，直接隶属于地方各级（乡、县、省）国民教育部门。各地政治教育委员会的工作受政治教育总委员会的指导。——249。

137　看来是指全俄中央执行委员会1918年4月29日的决议。这个决议表示完全赞同列宁关于苏维埃政权的当前任务的报告中的基本论点，决定委托全俄中央执行委员会主席团同报告人一起用这些论点编成一个简要的提纲，作为苏维埃政权的基本任务予以公布。——251。

138　**捷克斯洛伐克军的叛乱** 是协约国帝国主义者策划的。在俄国的捷克斯洛伐克军有两个师和一个预备旅，约5万人，是第一次世界大战期间由奥匈帝国军队的战俘和侨居俄国的捷克斯洛伐克人组成的。十月革命胜利以后，协约国帝国主义者决定利用该军反对苏维埃共和国，主动给它提供军费。捷克斯洛伐克民族委员会主席托·马萨里克征得法国同意后宣布该军是法军的部队，协约国代表随后要求苏俄政府遣送该军回法国。1918年3月26日，苏俄政府已经决定同意捷克斯洛伐克军通过符拉迪沃斯托克（海参崴）撤走，条件是要把主要武器交给当地苏维埃政府。但该军指挥人员却同协约国代表和右派社会革命党人于5月14日在车里雅宾斯克举行会议，决定举行叛乱。这些人煽惑士兵，妄说苏维埃政府要解除他们的武装，把他们关进战俘营等等，同时鼓动他们用武力开路，冲到符拉迪沃斯托克去。5月25日和26日，叛乱在马林斯克和车里雅宾斯克开始。接着，叛军同社会革命党白卫部队一起占领了乌拉尔、伏尔加河流域和西伯利亚的大部地区。在占领区,捷克斯洛伐克叛军大批逮捕和杀害当地党政工作人员和革命工农,消灭苏维埃政权的机关,协助建立反革命政府(萨马拉的立宪会议委员会,叶卡捷琳堡的乌拉尔政府,鄂木斯克的西伯利亚临时政府)。苏俄红军于1918年9月转入进攻,解放了伏尔加河流域。由于军事上的失利和共产党人的地下工作,捷克斯洛伐克军开始瓦解,拒绝站在白卫军一边作战。1919年下半年,该军随着高尔察克军队的败退而东撤。1920年2月7日,红军同该军签订了停战协定。1920年春,捷克斯洛伐克军集中于符拉迪沃斯托克,然后陆续撤出俄国。——251、274。

139　看来是指俄共(布)第十次代表大会(1921年3月)《关于以实物税代替余粮收集制的决议》(见《苏联共产党代表大会、代表会议和中央全会决议汇编》第2分册人民出版社1964年版第105—107页)和其他有关决定。——253。

140　指全俄扫除文盲特设委员会。

　　全俄扫除文盲特设委员会是根据人民委员会1920年7月19日的法令成立的,隶属于教育人民委员部。委员会的任务是实施人民委员会1919年12月26日关于在8—50年内扫除文盲的法令。委员会由5人组成,其成员由教育人民委员部提名,人民委员会批准。在扫盲委员会之下还设立一个有俄共(布)中央农村工作部、妇女工作部、共青团中央、全俄工会中央理事会、革命军事委员会总政治部和普遍军训部等单位的代表参加的常设会议。全俄扫除文盲特设委员会和各省、县的特设委员会在筹建扫盲学校、培训师资、出版识字课本和教学计划等方面做了大量工作。到1921年10月止,受到识字教育的人数达480万,红军中的文盲人数已降至5%(沙皇军队中的文盲达65%),海军则完全扫除了文盲。全俄扫除文盲特设委员会存在到1930年9月。——256。

141　指俄共(布)第一次清党。这次清党是在实行新经济政策后资本主义分子及其在党内的代理人有所活跃的情况下,根据俄共(布)第十次代表大会《关于党的建设的决议》进行的,目的是从党内清除非共产主义分子,纯洁党的队伍。因为是在全党进行,所以也称总清党。清党工作经过长期的和细致认真的准备。1921年6月21日,中央委员会和中央监察委员会通过了《关于党员审查、甄别和清党问题的决议》(载于1921年6月30日《真理报》

第146号),把征求党内外劳动群众对被审查党员的意见作为清党的一项必要条件,同时规定了成立地方审查委员会的程序。7月7日,中央政治局批准了中央清党领导机构——中央审查委员会(见注171)成员名单。7月27日,中央委员会在《真理报》上发表了致各级党组织的信,阐明了清党的任务和方法,提出以下清党方针:对于工人,在呈交证件、鉴定方面应放宽一些;对于农民,应严格区分富农和诚实的劳动农民;对于"摆委员架子的"和担任享有某种特权的职务的人应从严;对于旧官吏、资产阶级知识分子出身的人,应特别注意审查,对原属其他政党尤其是孟什维克和社会革命党人的人,应进行最细致的审查和清洗。这次清党从1921年8月15日开始,到俄共(布)第十一次代表大会(1922年3月)召开前夕结束。清党期间,一般停止接受新党员。俄共(布)第十一次全国代表会议和俄共(布)第十一次代表大会先后对清党工作进行了初步总结和最终总结。清党结果,共有159 355人被除名(占党员总数24.1%,不包括布良斯克、阿斯特拉罕两省和土耳其斯坦的材料)。在开除出党和退党的人中,工人占20.4%,农民占44.8%,职员和自由职业者占23.8%,其他占11%。——265。

142 工农检查院是苏维埃俄国的国家监察机关,1920年2月由国家监察人民委员部改组而成。它的主要任务是:监督各国家机关和经济管理机关的活动,监督各社会团体,同官僚主义和拖拉作风作斗争,检查苏维埃政府法令和决议的执行情况等。工农检查院在工作中依靠广大的工人、农民和专家中的积极分子。根据列宁的意见,1923年俄共(布)第十二次代表大会决定成立中央监察委员会—工农检查院这一党和苏维埃的联合监察机构。1934年工农检查院撤销,其职权移交给同年成立的苏联人民委员会苏维埃监察委员会。——266、361、366。

143 这里选收了列宁在莫斯科省第七次党代表会议上就新经济政策问题作的报告。

莫斯科省第七次党代表会议于1921年10月29—31日在莫斯科举行。出席会议的有637名代表。会议议程包括下列问题:国内外形势;省经济会议的报告;俄共(布)莫斯科委员会的工作总结报告;检查委员会的报告;监察委员会的报告。代表会议还听取了关于莫斯科和莫斯科省清党工作的报告。

列宁在大会的第一次全体会议上作了关于新经济政策的报告,并在总结发言中回答了弗·戈·索凌、英·尼·斯图科夫、尤·拉林、谢·莫·谢姆科夫、C.Л.哥尼克曼等人的意见(索凌、斯图科夫和拉林的发言见1921年11月4日《真理报》第249号的报道)。会议通过的决议表示完全拥护新经济政策。——270。

144　看来是指全俄中央执行委员会作为决议通过的《关于苏维埃政权的当前任务的提纲》。该提纲的第4条指出:"苏维埃政权在一定情况下不得不后退一步,或者说同资产阶级倾向实行妥协。例如,对许多资产阶级专家付给高额薪金,就是这种后退和对巴黎公社原则的背离。"(见《列宁全集》第2版第34卷第258页)——275。

145　《广告小报》(《Листок Объявлений》)是苏俄的一份私人办的出版物,1921年10月—1922年2月在莫斯科出版。——276。

146　《关于工会在新经济政策条件下的作用和任务的提纲草案》这一文件是对俄共(布)第十次代表大会到第十一次代表大会期间在改组工会方面积累的经验所作的总结。文件写于1921年12月30日—1922年1月4日。列宁原打算在1921年12月31日提交政治局批准,由于文件没有写完而改变了计划。列宁在12月30日给扬·埃·鲁祖塔克、安·安·安德列耶夫和维·米·莫洛托夫的电话稿里谈到了这件事(见《列宁全集》第2版第52卷第168页)。

　　《提纲草案》先交委员会成员(安德列耶夫和鲁祖塔克)和政治局委员讨论,在讨论过程中作了修改和补充。1922年1月12日,俄共(布)中央政治局审议了《提纲草案》,作为基础予以通过,并决定将它连同所有的修正意见一起交给由列宁、格·叶·季诺维也夫、安德列耶夫和尼·伊·布哈林组成的审订委员会最后核准,然后以中央名义发表。提纲最后文本于1月17日作为俄共(布)中央的决定(提交党的第十一次代表大会的中央关于工会问题的提纲草案)在《真理报》上公布。俄共(布)第十一次代表大会委托专门委员会对提纲草案作了一些修改,然后予以通过(见《苏联共产党代表大会、代表会议和中央全会决议汇编》第2分册人民出版社1964年版第154—164页)。——297。

147　莫斯科自来水厂总工程师弗·瓦·奥登博格尔于1921年11月30日夜自杀。12月7日,莫斯科苏维埃主席团同俄共(布)莫斯科委员会协商后任命亚·亚·索尔茨、尼·尼·奥弗相尼科夫、米·斯·奥里明斯基组成委员会以调查奥登博格尔工程师的死因。1922年1月3日《真理报》《新闻栏》刊登的报道说,调查委员会确认"死者不仅是一个精通业务的工作人员,而且是一个高度忠于职守的人。奥登博格尔自杀是由于处境恶劣使他无法进行日常工作。自来水厂三人特别小组个别成员不是协助改善莫斯科自来水厂的状况,反而极力阻碍该厂的日常工作,使之复杂化。工农检查人民委员部高级视察员谢苗诺夫工程师,作为这个三人小组的成员,对于奥登博格尔采取了粗暴、挑剔和官僚主义的态度。这个人民委员部的另一名高级视察员、前自来水厂办事员马卡罗夫-泽姆良斯基不断迫害奥登博格尔,而阿列克谢耶夫给水站的工人叶拉金和梅尔库洛夫竟毫无根据地把自来水厂技术上的混乱和职员同党支部关系不好归罪于奥登博格尔。所有这些不能不影响死者的精神状态。委员会认为马卡罗夫-泽姆良斯基不仅不能担任工农检查院的职务,而且也根本不能担任苏维埃的公职,因为他是一个混入苏维埃政权的坏分子,一个阴谋家和在自来水厂职工中声名狼藉的骗子。委员会认为,也不能允许工农检查院高级视察员谢苗诺夫继续担任工农检查院的工作,不能允许他与莫斯科自来水厂再有任何关系。委员会还认为,必须把叶拉金和梅尔库洛夫调离莫斯科自来水厂,转到其他企业"。——306。

148　《列宁全集》俄文第2、3、4版只收载了这封信的一部分,标题是《给德·伊·库尔斯基的便条》。该书俄文第5版发表的是全文。——308。

149　全俄肃反委员会(全称是全俄肃清反革命和怠工非常委员会)是根据人民委员会1917年12月7日(20日)的决定,为了同反革命、怠工和投机活动进行斗争而成立的,直属人民委员会。在国内战争和外国武装干涉时期,它在同反革命破坏活动作斗争和保卫苏维埃共和国的国家安全方面发挥了巨大作用。随着国家转入和平经济建设,列宁于1921年12月1日在全俄苏维埃第九次代表大会上建议改组全俄肃反委员会,缩小它的职权范围。1922年2月6日,全俄中央执行委员会根据全俄苏维埃第九次代表大会的决定通过法令,把全俄肃反委员会改组为俄罗斯联邦内务人民委员部国家政治保卫局。——308。

150　热那亚会议(国际经济和财政会议)是根据协约国最高会议1922年1月6日戛纳会议的决定召开的。会议名义上是为了寻求"中欧和东欧经济复兴"的办法,实质上主要是讨论帝国主义武装干涉失败后苏俄同资本主义世界之间的关系问题。苏俄政府也建议召开讨论欧洲和平与经济合作的国际会议(见《列宁全集》第2版第42卷第211—213页)。它在1月8日接受了参加会议的邀请。

　　1月27日,全俄中央执行委员会非常会议选出了参加热那亚会议的苏俄代表团:列宁为代表团团长,格·瓦·契切林为副团长,代表团成员有列·波·克拉辛、马·马·李维诺夫、纳·纳·纳里曼诺夫、瓦·瓦·沃罗夫斯基、扬·埃·鲁祖塔克、阿·阿·越飞、克·格·拉柯夫斯基、波·古·姆季瓦尼、亚·阿·别克扎江、亚·加·施略普尼柯夫。列宁领导了代表团的全部工作,拟订了党中央给苏俄代表团的指示和其他有关重要文件(见《列宁全集》第2版第42卷第405、409—411、412—413、421—422、436—438、439—440页)。但是由于列宁健康状况不佳和国务繁忙,同时出于安全考虑,根据俄共(布)中央后来作出的专门决定,列宁没有出席会议,而由契切林行使代表团团长的一切职权。

　　热那亚会议于1922年4月10日—5月19日举行。参加会议的有英、法、意、日、比、德、苏俄等29个国家和英国的5个自治领,美国派观察员列席。会上,资本主义国家的代表企图借助外交压力迫使苏俄承认沙皇政府和临时政府的一切债务,将苏维埃政权收归国有的企业归还外国资本家或给以补偿,取消对外贸易的垄断等等。苏俄代表团拒绝了这些要求,同时提出了帝国主义国家应赔偿由于武装干涉和封锁给苏俄造成的损失的反要求(俄国战前和战时债务为185亿金卢布,外国武装干涉和封锁给俄国造成损失为390亿金卢布)。苏俄代表团还声明,为了达成协议,它准备在承认苏维埃俄国、向它提供财政援助和废除战时债务的条件下,承认战前债务和给予原产权人以租让和租借原属他们的产业的优先权。苏俄代表团还提出了普遍裁军的建议。会议没有解决任何问题,只是决定将部分问题移交海牙会议审议。在热那亚会议期间,苏俄代表团利用德国同各资本主义国家的矛盾,于4月16日与德国缔结了拉帕洛条约,击破了帝国主义的反苏统一战线。——311、321。

151　指俄共(布)第十次代表大会,见注115。——314。

152　中央监察委员会是俄共(布)的最高监察机关。成立中央监察委员会的决定是1920年9月22—25日召开的俄共(布)第九次全国代表会议通过的。

1921年3月8—16日召开的俄共(布)第十次代表大会选出了首届中央监察委员会。——319、362、369。

153 指伊·谢·屠格涅夫的散文诗《俄罗斯语言》。——320。

154 40座金字塔这一典故是由拿破仑第一的一句话演变来的。1798年7月20日,拿破仑第一率部远征埃及到达金字塔附近,和埃及精锐的骑兵主力相遇。在投入战斗前,拿破仑第一为鼓舞士气对全军士兵说:"四十个世纪从这些金字塔的顶端看着你们。"意思是以金字塔为象征的四千年的历史注视着你们,期待着你们建立新的战功。由这句话变来的40座金字塔这一典故则是"举世瞩目"的意思。——322。

155 尼·伊·布哈林因在国外治病以及参加在柏林召开的三个国际的代表会议而没有出席俄共(布)第十一次代表大会。列宁想就国家资本主义问题同布哈林"稍微争论一下",是因为从1918年春天起布哈林是列宁在这个问题上的观点的主要反对者。——323。

156 指全俄五金工会第五次代表大会。
全俄五金工会第五次代表大会于1922年3月3—7日在莫斯科举行。出席大会的有318名代表(其中有282名共产党员),代表五金工会的534 626名会员。代表大会的任务首先是按照新经济政策改组五金工会的工作。大会讨论了下列问题:全俄五金工会中央委员会和中央监察委员会的工作报告,各经济机关(金属工业总管理局、军事工业委员会、电机工业总管理局)的工作报告,五金工会在新经济政策条件下的任务,工会的组织建设,关于国际组织宣传委员会的活动,关于全俄五金工会第四次代表大会选出的出席五金工人卢塞恩代表大会的代表团。——326。

157 工人反对派是俄共(布)党内的一个无政府工团主义集团,首领是亚·加·施略普尼柯夫、谢·巴·梅德维捷夫、亚·米·柯伦泰等。工人反对派作为派别组织是在1920—1921年的工会问题争论中形成的,但是这一名称在1920年9月俄共(布)第九次全国代表会议上即已出现。工人反对派的纲领则早在1919年就已开始形成。在1920年3—4月举行的俄共(布)第九次代表大会上,施略普尼柯夫提出了一个关于俄共(布)、苏维埃和工会之间关系的提纲,主张由党和苏维埃管政治,工会管经济。在1920年12月30日全俄苏维埃第八次代表大会俄共(布)党员代表、全俄工会中央理事会党员委员及莫斯科工会理事会党员委员联席会议上,施略普尼柯夫要求将国民经济的管理交给工会。将工人反对派的观点表达得最充分的是柯伦泰在俄共(布)第十次代表大会前出版的小册子《工人反对派》。它要求把整个国民经济的管理交给加入各产业工会的生产者的代表大会,由他们选举出中央机关来管理共和国的整个国民经济;各个国民经济管理机关也分别由相应的工会选举产生,而且党政机关不得否决工会提出的候选人。工人反对派曾一度得到部分工人的支持。1920年11月,在俄共(布)莫斯科省代表会议上,它的纲领获得了21%的票数。1921年初,在全俄矿工第二次代表大会共产党党团会议上则获得30%的票数。由于党进行了解释工作,工人反对派的人数到俄共(布)第十次代表大会时已大大减少,它的纲领在这次代表大会上得票不足6%。第十次代表大会批评了工人反对派的观点,并决定立即解散一切派别组织。但施略普尼柯夫、梅德维捷夫等在这次代表大会后仍继续保留非法的组织,并且在1922年2月向共产国际执行委员会送了一份题为《二十二人声明》的文件。1922年俄共(布)第十一次代表大会从组织上粉碎了工人反对派。——326。

158　本来要进这个门,结果却跑进了那个门这句话出自俄国作家亚·谢·格里鲍耶陀夫的喜剧《智慧的痛苦》第1幕第4场,意为主观上要做某一件事,结果却做了另外一件事。——326。

159　看来是指出席共产国际执行委员会第一次扩大全会的法国共产党代表团的部分代表——丹尼尔·勒努、路易·塞利埃等人。他们不理解新经济政策的实质和意义,认为新经济政策将导致资本主义在俄国复辟,削弱国际革命运动。

　　共产国际执行委员会第一次扩大全会于1922年2月21日—3月4日在莫斯科召开。出席全会的有来自36个国家的105名代表。全会的议程包括下列问题:关于德国、法国、捷克斯洛伐克、英国、意大利、美国、波兰和各巴尔干国家共产党的报告;共产国际执行委员会的工作报告;关于统一战线策略;关于工会运动;关于新战争的危险;关于新经济政策等等。全会的中心议题是统一战线策略问题。全会通过的《苏维埃俄国的新经济政策》提纲肯定了新经济政策的正确性并强调了它的国际意义。——326。

160 《共产国际》杂志(《Коммунистический Интернационал》)是共产国际执行委员会的机关刊物,1919年5月1日创刊,曾用俄、德、法、英、中、西班牙等各种文字出版,编辑部由参加共产国际的各国共产党代表组成。该杂志刊登理论文章和共产国际文件,曾发表列宁的许多篇文章。随着1943年5月15日共产国际解散,该杂志于1943年6月停刊。——328。

161 指拉科西·马蒂亚斯的文章《苏维埃俄国的新经济政策》。此文分析了奥·鲍威尔的小册子《苏维埃俄国的"新方针"》(1921年维也纳版)。文章发表在1922年3月出版的《共产国际》杂志第20期上。——328。

162 指侨居国外期间布尔什维克和孟什维克之间的斗争。——328。

163 指劳动国防委员会直属合营公司事务委员会。该委员会是根据劳动国防委员会1922年2月15日的决定成立的,由格·雅·索柯里尼柯夫任主席。根据1922年3月8日劳动国防委员会批准的条例,该委员会的任务包括"审查关于成立国家参与的工商业公司和信贷机构(合营公司)以及各种类型的股份公司的建议"。

　　　　1922年4月4日,劳动国防委员会决定设立劳动国防委员会直属租让和股份公司事务总委员会,撤销合营公司事务委员会。——329。

164 白海北部地区森林工业特别管理局是该地区的森林工业管理机关,根据1921年8月17日劳动国防委员会的决定而建立,属于林业总委员会系统。——329。

165 "劝说司令"是俄国士兵给临时政府陆海军部长亚·费·克伦斯基起的绰号。克伦斯基执行英法帝国主义和俄国资产阶级的意旨,在1917年夏巡视前线时喋喋不休地劝说士兵们向敌军发动进攻。——330。

166 路标转换派是1921年在流亡国外的白俄知识分子中间出现的一种社会政治流派。路标转换派还得到　些没有离开苏俄的旧资产阶级知识分子的支持。路标转换派因1921年在布拉格出版的《路标转换》文集而得名,文集的中心思想是:承认反苏维埃武装斗争彻底失败,苏维埃政权是唯一可能的俄罗斯国家政权;认为知识分子应该在对苏维埃政权的态度上转换路标,为复兴俄国工作。路标转换派的主要代表人物是流亡国外的立宪民主党人Ю. В. 克柳奇尼科夫、尼·瓦·乌斯特里亚洛夫、C. C. 卢基亚诺夫、亚·弗·博勃里舍夫-普希金、C. C. 查霍金、尤·尼·波捷欣等人。他们的刊物是《路标转换》杂志,该杂志于1921年10月—1922年3月在巴黎出版。

　　国内战争的结束和新经济政策的实行,是路标转换派形成的决定性因素。路标转换派的社会基础是资本主义因素由于实行新经济政策而在苏维埃共和国有了某种程度的复活。路标转换派把向新经济政策过渡看做是苏维埃政权向恢复资本主义方向演变,指望苏维埃国家蜕化为资产阶级国家。他们号召资产阶级知识分子同苏维埃政权合作,并曾协助一些资产阶级知识分子代表人物返回祖国。路标转换派中也有不少人愿意真心诚意地和苏维埃政权一起工作,后来成为科学文化界的积极活动家,如历史学家叶·维·塔尔列、作家阿·尼·托尔斯泰等。俄共(布)第十二次全国代表会议(1922年8月4—7日)在《关于反苏维埃的党派的决议》中指出:"所谓路标转换派迄今起了而且还有可能起客观的进步作用。这一派别过去和现在都团结着那些同苏维埃政权'和解'并准备同它一起复兴祖国的侨民和俄国知识分子集团。**就这一点来说**,路标转换派过去和现在都是值得欢迎的。但同时一分钟也不能忘记,在路标转换派中资产阶级复辟的倾向也是很强烈的,路标转换派分子同孟什维克和社会革命党人同样希望在经济上让步之后在政治上也会有向资产阶级民主方面的让步等等。"(见《苏联共产党代表大会、代表会议和中央全会决议汇编》第2分册人民出版社1964年版第237—238页)——331。

167　指尼·瓦·乌斯特里亚洛夫的文章《演变和策略》,该文载于1922年1月21日出版的《路标转换》杂志第13期。——332。

168　关于《路标转换》杂志(《Смена Вех》),参看注166。——332。

169　指亚·伊·托多尔斯基的小册子《持枪扶犁的一年》,1918年韦谢贡斯克县执行委员会出版。托多尔斯基当时任特维尔省韦谢贡斯克县县报编辑。他写的这本书既是在十月革命一周年之际就县苏维埃政权一年来的工作向党的特维尔省委员会的汇报,也是韦谢贡斯克苏维埃向全县劳动人民的汇报。该书共印1 000册,分发到全县各个乡、村,还以交换出版物和交流经验的形式寄给了中央和邻省各报纸编辑部。列宁读了此书后,当即记上:"一本出色的书!**亚历山大·托多尔斯基《持枪扶犁的一年》**……(题为《锯木厂和制革厂》的那一节或章特别可资借鉴,第**61、62**页)",并立即给值班秘书写了个便条:"请把托多尔斯基书中小标题为**《锯木厂和制革厂》**的一节(第**61—62**页,书上有准确标志)打两份,一份给我,另一份在我这里存档,以便查找。""……附言:打字、读校和复查后将此书还给我。"(《历史文献》杂志1958年第4期第4页)

列宁特别注意书中第62页的下面一段话:"痛打剥削者的手,使他们不能再祸害,或者说'制服'他们,这还只是任务的一半。只有当我们强迫他们工作并利用他们的工作成果来帮助改善新生活和帮助巩固苏维埃政权的时候,才算把工作做到家了。"列宁在这段话下面划了着重线,又在旁边划了三道线,写上"注意"字样,后来在1918年底或1919年初写的文章《一幅说明大问题的小图画》中加以引用。列宁指出,应该从这本书中吸取"在社会主义建设的重要问题上的重大教训"。(见《列宁全集》第2版第35卷第401—404页)——335。

170 1921年底苏维埃俄国财政危机的加剧是由一系列原因造成的,其中包括:工业遭到战争的破坏,不仅不能提供利润,并且本身也靠国家维持;粮食储备太少,饥荒引起价格的大幅度上涨;战时共产主义时期不征收货币税和实行公用事业(包括市内交通的运输业、邮政、住宅等等)免费制。1921年底全俄苏维埃第九次代表大会通过的国家预算中,支出超过收入几乎达10亿战前卢布。这些赤字要靠不断增发纸币来弥补。由于缺乏工业品和粮食,纸币的购买力下降到微不足道的程度。

俄共(布)第十一次代表大会《关于财政政策的决议》提出了一系列具体措施,以健全国家财政,恢复以黄金作基础的货币流通(见《苏联共产党代表大会、代表会议和中央全会决议汇编》第2分册人民出版社1964年版第165—170页)。——341。

171 **中央审查委员会**是根据俄共(布)中央委员会和中央监察委员会1921年6月25日的决定设立的,由5人组成,在清党期间领导各地审查委员会的工作(见1921年6月30日《真理报》第140号)。中央审查委员会曾在党的第十一次代表会议和第十一次代表大会上作过清党总结的报告。——341。

172 《日记摘录》一文,看来列宁是分两次口授的。苏共中央马克思列宁主义研究院中央党务档案馆保存着第一次口授的打字文本;这一文本中没有收入俄国识字状况表,以开头为"应当把我国国民教师……"的那一段结束。

列宁看了这次口授的文本,提出四点补充:"(1)补充1920年调查的识字人数,同1897年调查相对比,(2)补充关于城市工人支部对农村支部的支援,(3)补充说明,首先应当削减其他部门的开支以用于教育人民委员部,而不是削减教育人民委员部的开支,(4)补充说明,需要加强组织国民教师的工作,增加经费,以便使他们成为苏维埃制度的可靠支柱,同资产阶级制度不同,在我们这里这是可以做到的(特别注意下农村以及为此所需的开支,以便利用暑假来提高他们的教育水平)"(这四点均由秘书写在该打字文本上)。当天,1月2日,列宁口授了拟定的补充部分。打字稿上没有文章的标题。文章在《真理报》上发表时加了《日记摘录》这个标题。——343。

173　"无产阶级文化"是亚·亚·波格丹诺夫早在1909年提出的一种错误理论,基本主张是无产阶级必须创造一种和旧文化完全对立的"自己的"文化,首先是"自己的"哲学。这一理论,波格丹诺夫及其拥护者曾在意大利的卡普里岛(1909年)和博洛尼亚(1910—1911年)为俄国工人开办的学校里加以散布。十月社会主义革命胜利后,波格丹诺夫及其拥护者继续鼓吹这种观点,并通过无产阶级文化协会的活动加以贯彻。他们否认以往的文化遗产的意义,企图通过脱离实际生活的"实验室的道路"来创造"纯粹无产阶级的"文化。波格丹诺夫口头上承认马克思主义,实际上鼓吹马赫主义这种主观唯心主义哲学。

　　列宁对无产阶级文化协会的思想家们的反马克思主义观点进行了始终不渝的斗争。他在《关于无产阶级文化》这一决议草案中写道:"马克思主义这一革命无产阶级的思想体系赢得了世界历史性的意义,是因为它并没有抛弃资产阶级时代最宝贵的成就,相反却吸收和改造了两千多年来人类思想和文化发展中一切有价值的东西。只有在这个基础上,按照这个方向,在无产阶级专政(这是无产阶级反对一切剥削的最后的斗争)的实际经验的鼓舞下继续进行工作,才能认为是发展真正的无产阶级文化。"(见本书第167页)——343。

174　国家出版总局是第一个大规模的苏维埃出版机关。它是为建立国家统一的书刊出版机构,根据1919年5月21日全俄中央执行委员会的决定在莫斯科组建的,隶属于俄罗斯联邦教育人民委员部。该总局是由全俄中央执行委员会出版部门、莫斯科和彼得格勒苏维埃出版部门、教育人民委员部的出版部门、共产党人出版社和一些合作组织的出版社合并而成。除出版自己的出版物外,国家出版总局还负责编制统一的出版计划、领导其他出版社、监督图书的发行和制定纸张的生产计划等等。国家出版总局于1930年加入了俄罗斯联邦的国家图书杂志出版社联合公司。——345。

175 **职业教育总局**是于1921年在职业教育总委员会的基础上成立的,隶属于俄罗斯联邦教育人民委员部,主持为国民经济和文化各个部门的干部培训工作。工厂艺徒学校、职业培训班、中等技术学校、工农速成中学、高等学校、工人技能的提高都归它管辖。职业教育总局按照社会主义建设的任务对高等学校进行了改革,建立了基本上实行到1940年的初级的和中等的职业教育制度。在党中央七月全会(1928年)和十一月全会(1929年)的决定以后,由于各个职业教育机构移交给了相应的人民委员部和主管部门,职业教育总局就不再存在了。——345。

176 指全俄苏维埃第十次代表大会。

全俄苏维埃第十次代表大会于1922年12月23—27日在莫斯科举行。出席大会的有俄罗斯联邦的1 727名代表和来自外高加索联邦、乌克兰共和国和白俄罗斯共和国的488名贵宾——即将召开的苏联苏维埃第一次代表大会的代表。列宁由于健康状况恶化,未能出席代表大会,但被选为大会名誉主席。代表大会给列宁发了致敬电。

代表大会讨论了全俄中央执行委员会和人民委员会关于苏维埃共和国的对内对外政策的报告,还讨论了最高国民经济委员会、教育人民委员部、财政人民委员部和农业人民委员部的报告。代表大会表示完全赞同苏维埃政府的工作,并在决议中规定了一系列进一步巩固工业、农业和财政的措施。12月26日代表大会听取了关于各苏维埃共和国联合的报告。次日,在最后一次会议上就这一问题通过了一项决定,认为必须建立苏维埃社会主义共和国联盟。代表大会选举了出席苏联苏维埃第一次代表大会的代表团。

代表大会还通过了告世界人民书,代表俄国工农庄严表明要求和平的愿望,号召各国劳动人民与苏维埃俄国人民共同努力"保障和平","防止人类遭受骇人听闻的毁灭性的战争"。

代表大会选出了由270名委员和118名候补委员组成的全俄中央执行委员会。——346。

177　《论合作社》一文是1923年1月4—6日口授的。

列宁原打算在全俄苏维埃第十次代表大会的报告中谈合作社问题（见《列宁全集》第2版第43卷第325页）。1922年9月，他曾向中央消费合作总社理事会主席列·米·欣丘克索取关于合作社活动的资料（见《列宁全集》第2版第52卷第479—480页）。1923年1月，娜·康·克鲁普斯卡娅曾为列宁索取有关合作社的著作。给列宁送去了下列书籍：尼·美舍利亚科夫《合作社和社会主义》（文集）1920年莫斯科版；弗·施陶丁格尔《马克思主义和消费合作社》1919年莫斯科版；И.扎先《资本主义时代合作制理论的发展》1919年莫斯科版（这三本书藏于克里姆林宫列宁图书馆）；弗·施陶丁格尔《从舒尔采-德里奇到克罗伊茨纳赫》1919年莫斯科版；亚·恰扬诺夫《农民合作社的基本思想和组织形式》1919年莫斯科版；米·伊·杜冈-巴拉诺夫斯基《合作社的社会基础》1916年莫斯科版；谢·尼·普罗柯波维奇《俄国的合作社运动，其理论和实践》1913年莫斯科版。

《论合作社》一文由娜·康·克鲁普斯卡娅在1923年5月转交中央委员会。5月24日政治局通过下述决定："认为必须以最快速度刊载娜捷施达·康斯坦丁诺夫娜转交的弗拉基米尔·伊里奇的文章，并在文后注明日期。"——348。

178　文化主义是革命前俄国资产阶级知识分子中的一种力图用单纯教育活动来代替为人民利益进行实际斗争的思潮。列宁在这里借用这个词以强调俄国无产阶级夺取政权后文化教育工作的重要性。——354。

179　《论我国革命》一文是1923年1月16—17日口授的，评论了著名孟什维克尼·苏汉诺夫的《革命札记》一书第3卷和第4卷（1922年柏林—彼得堡—莫斯科格尔热宾出版社版）。《列宁值班秘书日志》有几次提到这件事（见《列宁全集》第2版第43卷第463—464页）。文章由娜·康·克鲁普斯卡娅转交《真理报》编辑部，无标题。标题是报纸编辑部加的。——356。

180　显然是指马克思在《法兰西内战》中说巴黎公社是"一个高度灵活的政治形式"（见《马克思恩格斯选集》第2卷人民出版社1972年版第378页）和1871年4月12日马克思给路·库格曼的信中称赞巴黎人"具有何等的灵活性"（见《马克思恩格斯选集》第4卷人民出版社1972年版第392页）等语。——357。

181　指1856年4月16日马克思给恩格斯的信中所说的话："德国的全部问题将取决于是否有可能由某种再版的农民战争来支持无产阶级革命,如果那样就太好了。"(见《马克思恩格斯选集》第4卷人民出版社1972年版第334页)——357。

182　《我们怎样改组工农检查院》一文同列宁的《给代表大会的信》有直接联系,它发展了信中的思想。1923年1月初,列宁着手写作此文;他先口授了文章的大纲,接着于1月9日和13日口授了文章的初稿《我们对工农检查院怎么办?》(见《列宁全集》第2版第43卷第430—438页)。1月19、20、22、23日,列宁口授了文章的第二稿即定稿《我们怎样改组工农检查院(向党的第十二次代表大会提出的建议)》。列宁的《宁肯少些,但要好些》一文则又继续并发挥了这篇文章的思想。

　　中央委员会根据列宁的指示,为俄共(布)第十二次代表大会拟定了关于改组和改善党的中央机关的工作,以及代表大会关于改组工农检查院和中央监察委员会的决议草案。

　　党的第十二次代表大会于1923年4月17—25日在莫斯科举行。这次代表大会接受了中央委员会所拟定的关于组织问题和《关于工农检查院和中央监察委员会的任务》的决议案。代表大会根据列宁的建议增加了中央委员会和中央监察委员会的成员,并成立了中央监察委员会和工农检查院的联合机关。——361。

183　列宁指的是如下的书:奥·阿·叶尔曼斯基《科学组织劳动和生产与泰罗制》和普·米·克尔任采夫《组织原则》(由国家出版社于1922年出版)。——372。

184　关于建筑沃尔霍夫水电工程的决定是人民委员会于1918年7月13日通过的。国内战争和外国武装干涉把该工程推迟到1921年才开工。发电站的第一批机组开始送电是1926年12月19日。——379。

人 名 索 引

A

阿德勒，弗里德里希（Adler，Friedrich 1879—1960）——奥地利社会民主党右翼领袖之一，"奥地利马克思主义"理论家，维·阿德勒的儿子。1907—1911年任苏黎世大学理论物理学讲师。1910—1911年任瑞士社会民主党机关报《民权报》编辑，1911年起任奥地利社会民主党书记。在哲学上是经验批判主义的信徒，妄图以马赫主义哲学"补充"马克思主义。第一次世界大战期间主张社会民主党对帝国主义战争保持"中立"和促使战争早日结束。1914年8月辞去书记职务。1916年10月21日因枪杀奥地利首相卡·施图尔克伯爵被捕。1918年11月获释后重新担任党的书记，走上改良主义道路。1919年当选为全国工人代表苏维埃执行委员会主席。第二半国际和社会主义工人国际的组织者和领袖之一，1923—1939年任社会主义工人国际书记。——154。

安德列耶夫，安德列·安德列耶维奇（Андреев，Андрей Андреевич 1895—1971）——1914年加入俄国布尔什维克党。1915—1917年任党的彼得堡委员会委员，是彼得格勒五金工会的组织者之一。十月革命期间在工人中做了大量工作。苏维埃政权建立初期，在乌拉尔和乌克兰担任工会和党政领导工作。在党的第九次和第十一至第二十次代表大会上当选为中央委员。1920—1922年任全俄工会中央理事会书记，1922—1927年任铁路工会中央委员会主席，1924—1925年兼任党中央书记。1926—1930年为党中央政治局候补委员，1932—1952年为中央政治局委员。1927—1930年任联共（布）北高加索边疆区委书记。1930—1931年任联共（布）中央监察委员会主席、苏联工农检查人民委员和人民委员会副主席，1931—1935年任交通人民委员。1935—1946年任联共（布）中央书记，1939—1952年任联共（布）中央所属党的监察委员会主席。1943—1946年任农业人民委员，1946—1953年任苏联部长会议副主席。1953—1962年任苏联最高苏维埃主席团委员。1957年起任苏中友好协会主席。——297。

奥登博格尔,弗拉基米尔·瓦西里耶维奇(Ольденборгер,Владимир Васильевич 1863—1921)——1893年起是俄国莫斯科自来水厂的机械师,1917年起是该厂总工程师。——306。

奥新斯基,恩·(**奥博连斯基,瓦列里安·瓦列里安诺维奇**)(Осинский,Н.(Оболенский,Валериан Валерианович)1887—1938)——1907年加入俄国社会民主工党。曾在莫斯科、特维尔、哈尔科夫等地做党的工作,屡遭沙皇政府迫害。斯托雷平反动时期是召回派分子,新的革命高涨年代参加布尔什维克的《明星报》、《真理报》和《启蒙》杂志的工作。1917年二月革命后在党的莫斯科区域局工作,参加布尔什维克的《社会民主党人报》编辑部。十月革命后任俄罗斯联邦国家银行总委员、最高国民经济委员会主席。1918年是"左派共产主义者"纲领起草人之一。1918—1919年在《真理报》编辑部和全俄中央执行委员会宣传部工作;是共产国际第一次代表大会的代表。1920年任图拉省执行委员会主席、粮食人民委员部部务委员。1920—1921年是民主集中派的骨干分子。1921—1923年任副农业人民委员、最高国民经济委员会副主席。1923年曾参加托洛茨基反对派。后历任苏联驻瑞典全权代表、国家计划委员会主席团委员、中央统计局局长、最高国民经济委员会副主席。在党的第十次和第十四至第十七次代表大会上当选为中央候补委员。——132、133。

B

巴洛德,卡尔(Ballod,Karl 1864—1931)——德国经济学家。1905年起任柏林大学教授,1919—1931年任拉脱维亚大学教授。写有一些关于经济问题的著作,其中包括《未来的国家。社会主义国家的生产和消费》一书。——189。

白拉克,威廉(Bracke,Wilhelm 1842—1880)——德国工人运动活动家,图书出版人和经销人。1865年起是全德工人联合会会员。1869年参与创建德国社会民主工党(即爱森纳赫派)。1871年创办出版社,是党的书刊的主要出版人和发行人之一。1877—1879年是社会民主党国会党团成员。曾进行反对拉萨尔派的斗争,反对党内的无政府主义和机会主义分子,但不够彻底。——23、24。

白里安,阿里斯蒂德(Briand,Aristide 1862—1932)——法国国务活动家,外交家;职业是律师。19世纪80年代参加社会主义运动,一度属社会党左翼。1902年被选入议会后,成了公开敌视工人阶级的资产阶级政客。1906年参加资产阶级政府,任教育部长,因此被开除出社会党;后参加"独立社会党人"集团,该集团于1911年取名为"共和社会党"。1909—1911年任"三叛徒(白里安、米勒兰、维维安尼)内阁"的总理。1910年宣布对铁路实行戒严,残酷地镇压了铁路工人的罢工。1913年任总理,1915—1917、1921—1922年任总理兼外交部长,1924年任法国驻国际联盟代表。1925年参与签订洛迦诺公约。1925—1931年任外交部长。1931年竞选总统失败后退出政界。——45。

鲍加耶夫斯基,米特罗范·彼得罗维奇(Богаевский,Митрофан Петрович 1881—1918)——俄国顿河反革命骨干分子。1917年6月18日—1918年1月29日是顿河哥萨克军阿塔曼卡列金将军的副手,1918年1月初起同时又参加了反革命的顿河政府。因猖狂进行反革命活动被捕判刑,并于1918年4月1日被枪决。——82、87、110、129。

鲍威尔,奥托(Bauer,Otto 1882—1938)——奥地利社会民主党和第二国际领袖之一,"奥地利马克思主义"理论家。同卡·伦纳一起提出资产阶级民族主义的民族文化自治论。1907年起任社会民主党议会党团秘书,同年参与创办党的理论刊物《斗争》杂志。1912年起任党中央机关报《工人报》编辑。第一次世界大战期间应征入伍,在俄国前线被俘。1917年二月革命后在彼得格勒,同年9月回国。敌视俄国十月革命。1918年11月—1919年7月任奥地利共和国外交部长,赞成德奥合并。1920年起为国民议会议员。第二半国际和社会主义工人国际的组织者和领袖之一。曾参与制定和推行奥地利社会民主党的机会主义路线,使奥地利工人阶级的革命斗争遭受严重损失。晚年修正了自己的某些改良主义观点。——328。

倍倍尔,奥古斯特(Bebel,August 1840—1913)——德国工人运动和国际工人运动活动家,德国社会民主党和第二国际的创建人和领袖之一,马克思和恩格斯的朋友和战友;旋工出身。19世纪60年代前半期开始参加政治活动,1867年当选为德国工人协会联合会主席,1868年该联合会加入第一国际。1869年与威·李卜克内西共同创建了德国社会民主工党(即爱森纳赫派),该党于1875年与拉萨尔派合并为德国社会主义工人党,后又改名为社会民主党。多次当选国会议员,利用国会讲坛揭露帝国政府反动的内外政策。1870—1871年普法战争期间持国际主义立场,在国会中投票反对军事拨款,支持巴黎公社,为此曾被捕和被控叛国,断断续续在狱中度过将近六年时间。在反社会党人非常法施行时期,有成效地领导了党的地下活动和议会活动。19世纪90年代和20世纪初同党内的改良主义和修正主义进行斗争,反对伯恩施坦及其拥护者对马克思主义理论的歪曲和庸俗化。倍倍尔是出色的政论家和演说家,对德国和欧洲工人运动的发展有很大影响。马克思和恩格斯高度评价他的活动,同时也批评了他的一些错误。——24、29、289。

彼得一世(彼得大帝)(Петр I Великий 1672—1725)——俄国沙皇(1682—1725),第一个全俄皇帝(1721—1725)。——124。

彼舍霍诺夫,阿列克谢·瓦西里耶维奇(Пешехонов, Алексей Васильевич 1867—1933)——俄国社会活动家和政论家。19世纪90年代为自由主义民粹派分子,《俄国财富》杂志的撰稿人,1904年起为该杂志编委;曾为自由派资产阶级的《解放》杂志和社会革命党的《革命俄国报》撰稿。他是小资产阶级政党——人民社会党的组织者(1906)和领袖之一,该党同劳动派合并后(1917年6月),参加劳动人民社会党中央委员会。1917年二月革命后任彼得格勒工兵代表苏维埃执行委员会委员,同年5—8月任临时政府粮食部长,后任预备议会副主席。十月革命后反对苏维埃政权,参加了反革命组织——俄罗斯复兴会,1922年被驱逐出境,成为白俄流亡分子。——45。

别林斯基,维萨里昂·格里戈里耶维奇(Белинский, Виссарион Григорьевич 1811—1848)——俄国革命民主主义者,文学批评家和政论家,唯物主义哲学家。1833—1836年为《望远镜》杂志撰稿,1838—1839年编辑《莫斯科观察家》杂志,1839—1846年主持《祖国纪事》杂志文学批评栏。1847年起领导《同时代人》杂志的批评栏,团结文学界进步力量,使这家杂志成为当时俄国最先进的思想阵地。别林斯基是奋起同农奴制作斗争的农民群众的思想家,在思想上经历了由唯心主义到唯物主义、由启蒙主义到革命民主主义的复杂而矛盾的发展过程。他是俄国现实主义美学和文学批评的奠基人。在评论普希金、莱蒙托夫、果戈理的文章中,以及在1840—1847年历年发表的对俄国文学的评论中,揭示了俄国文学的现实主义和人民性,肯定了所谓"自然派"的原则,同反动文学和"纯艺术"派进行了斗争。1847年赴国外治病,于7月3日写了著名的《给果戈理的一封信》,提出了俄国革命民主派的战斗纲领,是他一生革命文学活动的总结。别林斯基的活动对俄国社会思想的进一步发展和解放运动产生了巨大影响。——55。

别洛鲁索夫(**别列夫斯基**),阿列克谢·斯坦尼斯拉沃维奇(Белоруссов (Белевский), Алексей Станиславович 1859—1919)——俄国资产阶级政论家,右翼民粹派分子。1918年作为莫斯科地下反革命中心的代表参加了科尔尼洛夫将军的"苏维埃",后投靠高尔察克。在西伯利亚编辑反革命报纸《卫国新闻报》,任高尔察克政府成立的立宪会议选举委员会主席。——101。

波波夫,帕维尔·伊里奇(Попов, Павел Ильич 1872—1950)——苏联统计学

家,1924年加入俄共(布)。1918年起任中央统计局局长、苏联国家计划委员会主席团委员。1926—1949年任俄罗斯联邦国家计划委员会主席团委员和全苏列宁农业科学院主席团委员、俄罗斯联邦国家计划委员会农业局领导人,后任苏联中央统计局科学方法论委员会委员。写有统计学方面的著作。——211。

波克罗夫斯基,米哈伊尔·尼古拉耶维奇(Покровский, Михаил Николаевич 1868—1932)——1905年加入俄国社会民主工党,历史学家。曾积极参加1905—1907年革命,任党的莫斯科委员会委员。1907年在党的第五次(伦敦)代表大会上当选为中央候补委员。1908—1917年侨居国外。斯托雷平反动时期参加召回派和最后通牒派,后加入前进集团;1911年与前进派决裂。第一次世界大战期间持国际主义立场,从事布尔什维克书刊的出版工作,曾编辑出版列宁的《帝国主义是资本主义的最高阶段》一书。1917年8月回国,参加了莫斯科武装起义,是莫斯科河南岸区革命司令部的成员。1917年11月—1918年3月任莫斯科苏维埃主席。布列斯特和约谈判期间是第一个苏俄代表团的成员,一度持"左派共产主义者"立场。1918年5月起任俄罗斯联邦副教育人民委员。1923—1927年积极参加反对托洛茨基主义的斗争。在不同年代曾兼任共产主义科学院、共产主义科学院历史研究所、红色教授学院、中央国家档案馆、马克思主义历史学家协会等单位的领导人。1929年起为科学院院士。1930年起为党的中央监察委员。多次当选为全俄中央执行委员会和苏联中央执行委员会委员。——130。

布哈林,尼古拉·伊万诺维奇(Бухарин, Николай Иванович 1888—1938)——1906年加入俄国社会民主工党。1907年入莫斯科大学法律系经济学专业学习。1908年起任党的莫斯科委员会委员。1909—1910年几度被捕,1911年从流放地逃往欧洲。在国外开始著述活动,参加欧洲工人运动。1917年二月革命后回国,当选为莫斯科苏维埃执行委员会委员、党的莫斯科委员会委员,任《社会民主党人报》和《斯巴达克》杂志编辑。在党的第六次代表大会(1917)至第十六次代表大会(1930)上当选为中央委员。1917年10月起任莫斯科军事革命委员会委员,参与领导莫斯科的武装起义。同年12月起任《真理报》主编。1918年初反对签订布列斯特和约,是"左派共产主义者"集团的领袖。1919年3月当选为党中央政治局候补委员。1919年共产国际成立后任共产国际执行委员会委员和主席团委员。1920—1921年工会问题争论期间领导"缓冲"派。1924年6月当选为中央政治局委员。1926—1929年主持共产国际的工作。1929年被作为"右倾派别集团"的领袖受到批判,同年被撤销《真理报》主编、中央政治局委员、共产国际执行委员会委员和主席团委员职务。1931年起任苏联最高国民经济委员会主席团委员。1934—1937年任《消息报》主编。1934年当选为中央候补委员。1937年3月被开除出党。——66、77—78、126、128、130、180、323。

布利特,威廉·克里斯蒂安(Bullitt, William Christian 1891—1967)——美国外交家,新闻工作者。1917年领导美国国务院中欧情报局。1919年是美国出席巴黎和会代表团的随员。同年被威尔逊总统派往苏俄执行特别使命,后辞职。1933年重返外交界。1934—1936年为美国首任驻苏大使。1936—1941年任驻法大使。1942—1943年任美国海军部长特别助理。——164。

C

策列铁里,伊拉克利·格奥尔吉耶维奇(Церетели, Ираклий Георгиевич 1881—1959)——俄国孟什维克领袖之一。1902年参加社会民主主义运动。第二届国家杜马代表,在杜马中领导社会民主党党团,参加土地委员会。斯托雷平反动时期和新的革命高涨年代是取消派分子。第一次世界大战期间是中派分子。1917年二月革命后任彼得格勒苏维埃执行委员会委员、第一届中央执行委员会主席团委员,护国派分子。1917年5—7月任临时政府邮电部长,七月事变后任内务部长,是迫害布尔什维克的主谋之一。十月革命后领导立宪会议中的反苏维埃联盟;是格鲁吉亚孟什维克反革命政府首脑之一。1921年格鲁吉亚建立苏维埃政权后流亡法国。1923年是社会主义工人国际的组织者之一。1940年移居美国。——18、20、37、44、82、102、130、131。

车尔尼雪夫斯基,尼古拉·加甫里洛维奇(Чернышевский, Николай Гаврилович 1828—1889)——俄国革命民主主义者,作家,文艺批评家,经济学家,哲学家。1853年开始为《祖国纪事》和《同时代人》杂志撰稿,1856—1862年是《同时代人》杂志的领导人之一,是俄国19世纪60年代革命运动的领袖与土地和自由社的思想鼓舞者。因揭露1861年农民改革的骗局,号召人民起义,于1862年被沙皇政府逮捕,入狱两年,后被送到西伯利亚服苦役。1883年解除流放,1889年被允许回家乡居住。著述很多,涉及哲学、经济学、教育学、美学、伦理学等领域。在哲学上批判了贝克莱、康德、黑格尔等人的唯心主义观点,力图以唯物主义精神改造黑格尔的辩证法。对资本主义作了深刻的批判,认为社会主义是由整个人类发展进程所决定的,但作为空想社会主义者,又认为俄国有可能通过农民村社过渡到社会主义。所著长篇小说《怎么办?》(1863)和《序幕》(约1867—1869)表达了社会主义理想,产生了巨大的革命影响。——113。

D

邓尼金,安东·伊万诺维奇(Деникин, Антон Иванович 1872—1947)——俄国
反革命首领之一,国内战争时期协约国在俄国的傀儡,中将(1916)。第一次世
界大战期间曾任旅长和师长。1917年4—5月任俄军最高总司令的参谋长,后
任西方面军司令和西南方面军司令。积极参加了科尔尼洛夫叛乱。十月革命
后参与组建白卫志愿军,1918年4月起任志愿军司令。在协约国扶植下,1919
年1月起任"南俄武装力量"总司令。1919年夏秋进犯莫斯科,被击溃后率残部
退到克里木。1920年4月将指挥权交给弗兰格尔,自己逃亡国外。——252、
253、256、257、278、295。

杜勃罗留波夫,尼古拉·亚历山德罗维奇(Добролюбов, Николай Алексан-
дрович 1836—1861)——俄国革命民主主义者,文学批评家,唯物主义哲学
家,车尔尼雪夫斯基最亲密的朋友和战友。1857年参加《同时代人》杂志的编辑
工作,1858年开始主持杂志的书评栏,1859年又开辟了讽刺栏《哨声》。1859—
1860年发表了一系列论文:《什么是奥勃洛摩夫性格?》、《黑暗的王国》、《真正
的白天什么时候到来?》、《黑暗王国的一线光明》等,这些论文是战斗的文学
批评的典范。杜勃罗留波夫一生坚决反对专制制度和农奴制度,热情支持反
对专制政府的人民起义。杜勃罗留波夫与赫尔岑、别林斯基和车尔尼雪夫斯
基同为俄国社会民主主义的先驱。——113。

杜冈——见杜冈-巴拉诺夫斯基,米·伊·。

杜冈-巴拉诺夫斯基,米哈伊尔·伊万诺维奇(杜冈)(Туган-Барановский,
Михаил Иванович(Туган) 1865—1919)——俄国经济学家和历史学家。
1895—1899年任彼得堡大学政治经济学讲师,1913年起任彼得堡综合技术学
院教授。19世纪90年代是合法马克思主义的代表人物,曾为《新言论》和《开
端》等杂志撰稿,积极参加同自由主义民粹派的论战。20世纪初起公开维护
资本主义,修正马克思主义的基本原理,成了"马克思的批评家"。1905—1907
年革命期间加入立宪民主党。十月革命后成为乌克兰反革命势力的骨干分
子。1917—1918年任乌克兰中央拉达的财政部长。主要著作有《现代英国的工
业危机及其原因和对人民生活的影响》(1894)、《俄国工厂今昔》第一卷
(1898)等。——33。

杜托夫,亚历山大·伊里奇(Дутов, Александр Ильич 1879—1921)——俄国
乌拉尔哥萨克反革命首领之一,中将(1919)。第一次世界大战期间任哥萨克

团副团长。1917年二月革命后当选为反动的全俄哥萨克军联盟主席,同年6月
主持反革命的全俄哥萨克代表大会,同科尔尼洛夫保持密切联系;9月被选为
军政府主席和奥伦堡哥萨克军阿塔曼(统领)。十月革命后伙同孟什维克和社
会革命党人在奥伦堡建立反革命组织——拯救祖国和革命委员会,11月中旬
发动反革命叛乱,逮捕军事革命委员会委员,攫取了当地政权。1918年1月被
赤卫队逐出奥伦堡。1918—1919年在高尔察克手下指挥奥伦堡哥萨克独立集
团军。高尔察克部队被击溃后,于1920年3月率残部流窜中国,在中国被打死。
——87、108、110。

F

费奥菲拉克托夫,А. Е. (Феофилактов, А. Е.)——俄国左派社会革命党人,
1917年11月召开的全俄农民代表苏维埃非常代表大会的代表,会上被选为农
业人民委员部部务委员。——51—52。

弗兰格尔,彼得·尼古拉耶维奇(Врангель, Петр Николаевич 1878—
1928)——俄国南部反革命首领之一,国内战争时期协约国在俄国的傀儡,中
将(1918),男爵。第一次世界大战期间任骑兵军军长。十月革命后到克里木,
1918年8月参加白卫志愿军,先后任骑兵师师长、骑兵军军长、高加索集团军
司令、志愿军司令。1920年4月接替邓尼金任"南俄武装力量"总司令,11月起
任克里木"俄军"总司令;在克里木和南乌克兰建立了军事专政。1920年11月
中旬被红军击溃后逃亡国外。——176、177、252、256、278、295。

福煦,斐迪南(Foch, Ferdinand 1851—1929)——法国军事活动家,元帅。1887
年毕业于法国高等军事学院,1896—1900年任该院教授,1908—1911年任该
院院长。第一次世界大战期间,1915—1916年任北方集团军群司令,1917—
1918年任总参谋长,1918年4月起任盟军最高统帅。1919年起任协约国最高军
事委员会主席。1918—1920年是武装干涉苏维埃俄国的策划者之一。曾参与
起草凡尔赛和约。——148。

G

高尔察克,亚历山大·瓦西里耶维奇(Колчак, Александр Васильевич 1873—
1920)——俄国反革命首领之一,国内战争时期协约国在俄国的傀儡,海军上
将(1916)。第一次世界大战期间曾任波罗的海舰队作战部长、水雷总队长,
1916—1917年任黑海舰队司令。1918年10月抵鄂木斯克,11月起任白卫军"西

伯利亚政府"陆海军部长。11月18日在外国武装干涉者支持下发动政变,在西伯利亚、乌拉尔和远东建立军事专政,自封为"俄国最高执政"和陆海军最高统帅。叛乱被平定后,1919年11月率残部逃往伊尔库茨克,后被俘。1920年2月7日根据伊尔库茨克军事革命委员会的决定被枪决。——172、230、252、253、256、257、278、280、295、331、332。

格格奇柯利,叶夫根尼·彼得罗维奇(Гегечкори, Евгений Петрович 1881—1954)——格鲁吉亚孟什维克。第三届国家杜马代表,社会民主党杜马党团领袖之一。1917年二月革命后任临时政府外高加索特别委员会委员。1917年11月起任外高加索反革命政府——外高加索委员会的主席,后为格鲁吉亚孟什维克政府的外交部长和副主席。1921年格鲁吉亚建立苏维埃政权后为白俄流亡分子。——87、104、108、110。

格拉弗,让(Grave, Jean 1854—1939)——法国小资产阶级社会主义者,无政府主义理论家。无政府主义刊物《反抗者》和《反抗》的编辑,写过一些论述无政府主义的著作。20世纪初转向无政府工团主义立场。第一次世界大战期间是社会沙文主义者,《工团斗争报》的撰稿人。——38。

格里姆,罗伯特(Grimm, Robert 1881—1958)——瑞士社会民主党和第二国际领袖之一,职业是印刷工人。1909—1918年任《伯尔尼哨兵报》主编,1919年以前任瑞士社会民主党主席。第一次世界大战期间是中派分子,齐美尔瓦尔德代表会议和昆塔尔代表会议主席,国际社会党委员会主席。1921年参与组织第二半国际。1911年起为议员,1945—1946年任瑞士国民院议长。——6。

格沃兹杰夫,库兹马·安东诺维奇(Гвоздев, Кузьма Антонович 生于1883年)——俄国孟什维克取消派分子。第一次世界大战期间是社会沙文主义者,中央军事工业委员会工人团主席。1917年二月革命后任彼得格勒苏维埃执行委员会委员,在临时政府中先后任劳动部副部长和部长。——44。

格耶,亚历山大(Ге, Александр 1879—1919)——俄国无政府主义者,生于德国。十月革命后拥护苏维埃政权。曾任第三届和第四届全俄中央执行委员会委员。1918年参加北高加索苏维埃政府。——38、124、130。

郭茨,阿布拉姆·拉法伊洛维奇(Гоц, Абрам Рафаилович 1882—1940)——俄国社会革命党领袖之一。1906年参加社会革命党战斗组织,1907—1917年服苦役和流放。1917年二月革命后是彼得格勒苏维埃社会革命党党团领袖、第一届中央执行委员会副主席。十月革命期间加入反革命的拯救祖国和革命委员会,参与策划彼得格勒士官生叛乱。十月革命后极力反对苏维埃政权。1920

年被捕,1922年因右派社会革命党人案被判刑。获释后从事经济工作。——87、100、104、108、110。

果戈理,尼古拉·瓦西里耶维奇(Гоголь,Николай Васильевич 1809—1852)——俄国作家,俄国批判现实主义文学的奠基人之一。——55。

H

哈阿兹,胡戈(Haase,Hugo 1863—1919)——德国社会民主党领袖之一,中派分子。1911—1917年为德国社会民主党执行委员会主席之一。1897—1907年和1912—1918年为帝国国会议员,1912年起任社会民主党国会党团主席。第一次世界大战期间持中派立场。1917年4月同考茨基等人一起建立了德国独立社会民主党。1918年十一月革命期间参加所谓的人民代表委员会,支持镇压无产阶级革命运动。——13。

海德门,亨利·迈尔斯(Hyndman,Henry Mayers 1842—1921)——英国社会党人。1881年创建民主联盟(1884年改组为社会民主联盟),担任领导职务,直至1892年。1900—1910年是社会党国际局成员。1911年参与创建英国社会党,领导该党机会主义派。第一次世界大战期间是社会沙文主义者。1916年英国社会党代表大会谴责他的社会沙文主义立场后,退出社会党,组建了沙文主义的民族社会党(1918年改名为社会民主联盟)。敌视俄国十月革命,赞成武装干涉苏维埃俄国。——13。

韩德逊,阿瑟(Henderson,Arthur 1863—1935)——英国工党和工会运动领袖之一。1903年起为议员,1908—1910年和1914—1917年任工党议会党团主席,1911—1934年任工党书记。第一次世界大战期间是社会沙文主义者。1915—1917年先后参加阿斯奎斯政府和劳合-乔治政府,任教育大臣、邮政大臣和不管大臣等职。1917年二月革命后到俄国鼓吹继续进行战争。1919年参与组织伯尔尼国际,1923年起任社会主义工人国际执行委员会主席。1924年和1929—1931年两次参加麦克唐纳政府,先后任内政大臣和外交大臣。——13。

霍多罗夫斯基,约瑟夫·伊萨耶维奇(Ходоровский,Иосиф Исаевич 1885—1940)——1903年加入俄国社会民主工党。曾在尼古拉耶夫、莫斯科和其他城市工作,屡遭沙皇政府迫害。1917年参加莫斯科武装起义。十月革命后从事党的工作以及军事和苏维埃工作。历任劳动人民委员部部务委员(1918)、南方面军政治部主任和革命军事委员会委员(1918—1919)、喀山省和图拉省执行委员会主席(1919—1920)、俄共(布)中央西伯利亚局书记(1921—1922)、教育人民委员部部务委员和副教育人民委员(1922—1928)、驻意大利和土耳其商务代表(1928—1932)、苏联中央执行委员会高等技术教育委员会副主席(1932—1934)、苏联人民委员会医疗卫生局局长(1934—1938)等职。——346、347。

J

基什金,尼古拉·米哈伊洛维奇(Кишкин,Николай Михайлович 1864—1930)——俄国立宪民主党领袖之一,职业是医生。1917年二月革命后任临时政府驻莫斯科委员。在最后一届临时政府中任国家救济部长。1917年10月25日(11月7日)被任命为在彼得格勒"建立秩序"的临时政府特命全权代表。当天同临时政府其他成员一起在冬宫被捕,但很快获释。1919年是莫斯科反革命白卫组织——战术中心的骨干分子。1921年加入全俄赈济饥民委员会,伙同委员会中其他反苏维埃成员,利用该组织进行反革命活动,后被捕。获释后在俄罗斯联邦卫生人民委员部工作。——82。

加利费,加斯东·亚历山大·奥古斯特(Galliffet,Gaston Alexandre Auguste 1830—1909)——法国将军,法国一系列战争的参加者,镇压1871年巴黎公社的刽子手。1870—1871年普法战争期间在色当被俘,1871年3月被放回参与镇压巴黎公社。曾指挥凡尔赛军骑兵旅,滥杀公社战士。1872年残酷地镇压了阿尔及利亚的阿拉伯人起义。以后担任多种军事要职,1899—1900年任瓦尔德克-卢梭内阁陆军部长。——9。

K

卡芬雅克,路易·欧仁(Cavaignac,Louis-Eugène 1802—1857)——法国将军,政治活动家,资产阶级共和党人。1831—1848年参与征服阿尔及利亚,以野蛮的作战方式著称。1848年二月革命后任阿尔及利亚总督;5月被选入制宪议会,任陆军部长,6月起把持军事独裁大权,血腥镇压巴黎工人的六月起义。1848年6—12月任法兰西第二共和国政府首脑。卡芬雅克的名字已成为军事独裁者、屠杀工人的刽子手的通称。——102、121。

卡列林,弗拉基米尔·亚历山德罗维奇(Карелин,Владимир Александрович 1891—1938)——俄国左派社会革命党组织者之一,党中央委员。1917年11月在全俄苏维埃第二次代表大会上代表左派社会革命党被选进全俄中央执行委员会主席团,同年12月进入人民委员会,任国家产业人民委员,兼任司法人民委员部部务委员。1918年是苏俄布列斯特和谈代表团的成员,因反对签订布列斯特和约退出人民委员会。1918年7月参与领导莫斯科左派社会革命党人的叛乱。1919年2月被捕,获释后逃往国外,继续进行反苏维埃活动。——124、130。

考茨基,卡尔(Kautsky,Karl 1854—1938)——德国社会民主党和第二国际的领袖和主要理论家之一。1875年加入奥地利社会民主党,1877年加入德国社会民主党。1881年与马克思和恩格斯相识,在他们的影响下转向马克思主义。从19世纪80年代到20世纪初写过一些宣传和解释马克思主义的著作:《卡尔·马克思的经济学说》(1887)、《土地问题》(1899)等。1883—1917年任德国社会民主党理论刊物《新时代》杂志主编。曾参与起草1891年德国社会民主党纲领(爱尔福特纲领)。1910年以后逐渐转到机会主义立场,成为中派领袖。第一次世界大战前夕提出超帝国主义论,大战期间打着中派旗号支持帝国主义战争。1917年参与建立德国独立社会民主党,1922年拥护该党右翼与德国社会民主党合并。1918年后发表《无产阶级专政》等书,攻击俄国十月革命,反对无产阶级专政。——8、13、16、21、22、51、78、146、154、158、159、160、217、243、328、360。

科尔纳利森,克里斯蒂安(Cornelissen,Christian)——荷兰无政府主义者,克鲁泡特金的追随者,反对马克思主义。第一次世界大战期间是沙文主义者,曾为法国《工团斗争报》撰稿。——38。

科尔尼洛夫,拉甫尔·格奥尔吉耶维奇(Корнилов,Лавр Георгиевич 1870—1918)——俄国反革命首领之一,步兵上将(1917)。第一次世界大战期间曾任师长和军长。1917年二月革命后任彼得格勒军区司令,5—7月任第八集团军和西南方面军司令。1917年7月19日(8月1日)—8月27日(9月9日)任最高总司令。8月底发动叛乱,进军彼得格勒,企图建立反革命军事专政。叛乱很快被革命士兵、水兵和赤卫队员粉碎,本人被捕入狱。11月逃往新切尔卡斯克,和米·瓦·阿列克谢耶夫将军一起组建和领导白卫志愿军。在进攻叶卡捷琳诺达尔时被击毙。——43、44、94、96、97、100、102、104、108、110、230。

克尔任采夫(**列别捷夫**),普拉东·米哈伊洛维奇(Керженцев(Лебедев),Платон Михайлович 1881—1940)——1904年加入俄国社会民主工党,布尔什维克。1905—1911年在下诺夫哥罗德、彼得堡和基辅等地做党的工作。曾为《明星报》、《启蒙》杂志和《真理报》撰稿。1912年侨居国外,在伦敦、纽约和巴黎居住。1918年起任《全俄中央执行委员会消息报》副编辑,1919—1920年是罗斯塔社的领导人。1921—1923年任驻瑞典全权代表,1925—

1926年任驻意大利全权代表。此后任苏联中央统计局副局长、联共(布)中央鼓动宣传部副部长、共产主义科学院主席团副主席和共产主义科学院文学、艺术和语言研究所所长、苏联人民委员会办公厅主任、全苏无线电委员会主席和艺术事务委员会主席。写有历史问题、马克思列宁主义问题和苏联文化方面的著作。——372。

克拉斯诺夫，彼得·尼古拉耶维奇(Краснов, Петр Николаевич 1869—1947)——俄国顿河哥萨克反革命首领之一，中将(1917)。第一次世界大战期间任哥萨克旅长和师长、骑兵军军长。1917年8月积极参加科尔尼洛夫叛乱。十月革命期间伙同克伦斯基发动反苏维埃叛乱，担任从前线调往彼得格勒镇压革命的军队指挥。叛乱被平定后逃往顿河流域。1918年5月被选为顿河哥萨克军阿塔曼(统领)，依仗德国援助建立了哥萨克白卫军。1919年2月出走德国，继续进行反苏维埃活动。第二次世界大战期间与希特勒分子合作，被苏军俘获，由苏联最高法院军事庭判处死刑。——87。

克里茨曼，列夫·纳坦诺维奇(Крицман, Лев Натанович 1890—1938)——1918年加入俄共(布)。苏维埃政权初期从事经济工作，任最高国民经济委员会食品工业局局务委员会主席和化学工业局成员。1921年任国家计划委员会主席团委员和劳动国防委员会俄罗斯联邦资源利用委员会主席。1923—1924年任《真理报》编委、共产主义科学院主席团委员、第一版《苏联大百科全书》总编辑部成员。1925—1931年先后任苏联中央统计局局务委员和副局长、国家计划委员会副主席。1931年起从事科学研究工作，是经济学博士。曾任《经济百科全书》、《经济问题》杂志和《农业战线》杂志的编辑。写有一些经济和农业问题的著作。——185。

克鲁泡特金，彼得·阿列克谢耶维奇(Кропоткин, Петр Алексеевич 1842—1921)——俄国无政府主义的主要活动家和理论家之一，公爵。1872年出国，在瑞士加入第一国际，属巴枯宁派。回国后作为无政府主义者参加了民粹主义运动，为此于1874年被捕并被监禁在彼得保罗要塞。1876年逃往国外，在瑞士等国从事著述活动，宣传无政府主义，攻击马克思关于阶级斗争和无产阶级专政的学说。第一次世界大战期间是沙文主义者。1917年6月回国，仍坚持资产阶级立场，但在1920年发表了给欧洲工人的一封信，信中承认了十月革命的历史意义，并呼吁欧洲工人制止对苏维埃俄国的武装干涉。写有《科学和无政府主义》、《无政府主义及其哲学》、《1789—1793年法国大革命》以及一些地理学和地质学著作。——38。

克伦斯基, 亚历山大·费多罗维奇(Керенский, Александр Федорович 1881—1970)——俄国政治活动家,资产阶级临时政府首脑。1917年3月起为社会革命党人。第四届国家杜马代表,劳动派党团领袖。第一次世界大战期间是护国派分子。1917年二月革命后任彼得格勒工兵代表苏维埃副主席、国家杜马临时委员会委员。在临时政府中任司法部长(3—5月)、陆海军部长(5—9月)、总理(7月21日起)兼最高总司令(9月12日起)。执政期间继续进行帝国主义战争,七三事变时镇压工人和士兵,迫害布尔什维克。1917年11月7日彼得格勒爆发武装起义时,从首都逃往前线,纠集部队向彼得格勒进犯,失败后逃亡巴黎。在国外参加白俄流亡分子的反革命活动,1922—1932年编辑《白日》周刊。1940年移居美国。——44、82、83、84、87、96、97、100、108、125、129、130、172、230。

库尔斯基, 德米特里·伊万诺维奇(Курский, Дмитрий Иванович 1874—1932)——1904年加入俄国社会民主工党。1900年毕业于莫斯科大学法律系。1905年积极参加莫斯科十二月武装起义。1906年起是布尔什维克组织莫斯科区域局成员。1914年被征入伍,在士兵中进行革命宣传活动。1917年5—8月任罗马尼亚方面军第四集团军士兵代表苏维埃主席;是全俄苏维埃第一次代表大会代表。1917年10月任敖德萨军事革命委员会委员。1918—1928年任俄罗斯联邦司法人民委员、苏联第一任总检察长,在他的领导下制定了民法典和刑法典。1919—1920年兼任工农红军总参谋部政委和野战司令部政委、共和国革命军事委员会委员。1921年起任全俄中央执行委员会主席团委员,1923年起任苏联中央执行委员会主席团委员。1924—1927年任党中央检查委员会主席,1927—1930年任党中央监察委员会委员。1928—1932年任驻意大利全权代表。——308—312。

L

拉科西·马蒂亚斯(Rákosi Mátyás 1892—1971)——匈牙利政治活动家。1910年加入社会民主党。第一次世界大战期间被俄军俘虏,在战俘营同俄国革命者保持联系。1918年回国,同年加入匈牙利共产党。1919年匈牙利苏维埃共和国时期是革命政府成员。匈牙利反革命势力得胜后逃往莫斯科。1921—1924年是共产国际执委会书记之一。1924年12月回国,参加重建匈牙利共产党组织的工作。1925年被捕,监禁八年后,1934年又被判处终身监禁。1940年获释,流亡苏联,为匈共国外委员会领导人之一。1945年1月回国。1945—1948年任匈牙利共产党总书记,1948—1953年任匈牙利劳动人民党总书记,1952—

1953年兼任部长会议主席。1953—1956年任劳动人民党第一书记。1956年7月被免去第一书记职务,1962年8月被开除出党。——328。

拉林,尤·(卢里叶,米哈伊尔·亚历山德罗维奇)(Ларин, Ю. (Лурье, Михаил Александрович) 1882—1932)——1900年参加俄国社会民主主义运动,在敖德萨和辛菲罗波尔工作。1904年起为孟什维克。斯托雷平反动时期和新的革命高涨年代是取消派领袖之一,参加了"八月联盟"。第一次世界大战期间是中派分子。1917年二月革命后领导出版《国际》杂志的孟什维克国际主义派。1917年8月加入布尔什维克党。在彼得格勒参加十月武装起义。十月革命后在苏维埃和经济部门工作,曾任最高国民经济委员会主席团委员、国家计划委员会主席团委员等职。——185。

拉萨尔,斐迪南(Lassalle,Ferdinand 1825—1864)——德国工人运动活动家,小资产阶级社会主义者,德国工人运动中的一个机会主义变种——拉萨尔主义的鼻祖。积极参加了德国1848年革命。欧洲反动年代曾和马克思、恩格斯通信。19世纪60年代初曾帮助德国工人摆脱资产阶级影响,参与创建全德工人联合会,当选为联合会主席(1863)。联合会的建立对德国工人运动具有积极意义,但是,拉萨尔把它引上了机会主义道路。拉萨尔主张通过争取普选权和建立由国家资助的工人生产合作社来解放工人。曾同俾斯麦勾结并支持他在普鲁士霸权下自上统一德国的政策。马克思、恩格斯、列宁深刻地批判了拉萨尔主义。——24、31、32、33。

李伯尔(戈尔德曼),米哈伊尔·伊萨科维奇(Либер(Гольдман),Михаил Исаакович 1880—1937)——崩得和孟什维克领袖之一。1898年起为社会民主党人,1902年起为崩得中央委员。1903年率领崩得代表团出席俄国社会民主工党第二次代表大会,在会上采取极右的反火星派立场,会后成为孟什维克。1907年在党的第五次代表大会上代表崩得被选入中央委员会,是崩得驻中央委员会国外局的代表。斯托雷平反动时期是取消派分子,1912年是"八月联盟"的骨干分子,第一次世界大战期间是社会沙文主义者。1917年二月革命后任彼得格勒工兵代表苏维埃执行委员会委员和第一届中央执行委员会主席团委员,采取孟什维克立场,支持资产阶级联合临时政府,敌视十月革命。后脱离政治活动,从事经济工作。——131。

李维诺夫,马克西姆·马克西莫维奇(Литвинов,Максим Максимович 1876—1951)——1898年加入俄国社会民主工党。1902年流亡国外。作为《火星报》代办员,曾担任向国内输送《火星报》的工作。1903年俄国社会民主工党第二次代表大会后是布尔什维克。1905年参加了布尔什维克第一份合法报纸《新生活报》的出版工作。1908年起任布尔什维克伦敦小组书记,1914年6月起为俄国社会民主工党中央委员会驻社会党国际局的代表。十月革命后在外交部门担任负责工作。1918—1921年任外交人民委员部部务委员,1921年起任副外交人民委员。1922年是出席热那亚国际会议的苏俄代表团团员和海牙国际会议的苏俄代表团团长。1930—1939年任外交人民委员,1941—1943年任副外交人民委员兼驻美国大使。从美国回国后至1946年任副外交人民委员。在党的第十七次代表大会(1934)和第十八次代表大会(1939)上当选为中央委员。曾任苏联中央执行委员会委员、第一届和第二届苏联最高苏维埃代表。——164。

李沃夫,格奥尔吉·叶夫根尼耶维奇(Львов, Георгий Евгеньевич 1861—1925)——俄国公爵,大地主,地方自治人士,立宪民主党人。1903—1906年任图拉县地方自治局主席,曾参加1904—1905年地方自治机关代表大会。第一届国家杜马代表。第一次世界大战期间是全俄地方自治机关联合会主席和全俄地方自治机关和城市联合会军需供应总委员会的领导人之一。1917年3—7月任临时政府总理兼内务部长,是七月事变期间血腥镇压彼得格勒工人和士兵的策划者之一。十月革命后逃往法国,参与策划对苏维埃俄国的武装干涉。——19。

列金,卡尔(Legien, Karl 1861—1920)——德国右派社会民主党人,德国工会领袖之一。1890年起任德国工会总委员会主席。1903年起任国际工会书记处书记,1913年起任主席。1893—1920年(有间断)为德国社会民主党的国会议员。1919—1920年为魏玛共和国国民议会议员。第一次世界大战期间是社会沙文主义者。1918年十一月革命期间同其他右派社会民主党人一起推行镇压革命运动的政策。——13。

龙格,让(Longuet, Jean 1876—1938)——法国社会党和第二国际领袖之一,政论家,沙尔·龙格和燕妮·马克思的儿子。19世纪末至20世纪初积极为法国和国际的社会主义报刊撰稿。1914年和1924年当选为众议员。第一次世界大战期间领导法国社会党中派——和平主义少数派;是法国中派分子的报纸《人民报》的创办人(1916)和编辑之一。谴责外国武装干涉苏维埃俄国。反对法国社会党加入共产国际,反对建立法国共产党。1920年起是法国社会党中派领袖之一。1921年起是第二半国际执行委员会委员。1923年起是社会主义工人国际领导人之一。30年代主张社会党人和共产党人联合起来反对法西斯主义,参加了反法西斯和反战的国际组织。——13、22、154、243。

卢那察尔斯基,阿纳托利·瓦西里耶维奇(Луначарский, Анатолий Васильевич
1875—1933)——19世纪90年代初参加俄国革命运动,1895年加入俄国社会
民主工党,党的第二次代表大会后是布尔什维克。曾先后参加布尔什维克的
《前进报》、《无产者报》和《新生活报》编辑部。斯托雷平反动时期脱离布尔什
维克,参加前进集团;在哲学上宣扬造神说和马赫主义。第一次世界大战期间
持国际主义立场。1917年二月革命后参加区联派,在俄国社会民主工党(布)
第六次代表大会上随区联派集体加入布尔什维克党。十月革命后到1929年任
教育人民委员,以后任苏联中央执行委员会学术委员会主席。1930年起为苏
联科学院院士。在艺术和文学方面著述很多。——166、168。

卢森堡,罗莎(尤尼乌斯)(Luxemburg, Rosa (Junius) 1871—1919)——德国、
波兰和国际工人运动活动家,德国社会民主党和第二国际左翼领袖和理论家
之一,德国共产党创建人之一。生于波兰。19世纪80年代后半期开始革命活
动,1893年参与创建波兰王国社会民主党,为党的领袖之一。1898年移居德
国,积极参加德国社会民主党的活动,反对伯恩施坦主义和米勒兰主义。曾参
加俄国第一次革命(在华沙)。1907年在伦敦参加俄国社会民主工党第五次代
表大会,在会上支持布尔什维克。第一次世界大战期间持国际主义立场,是建
立国际派(后改称斯巴达克派和斯巴达克联盟)的发起人之一。参加领导了德
国1918年十一月革命,同年底参与领导德国共产党成立大会,作了党纲报告。
1919年1月柏林工人斗争被镇压后,于15日被反革命军队逮捕和杀害。列宁
对她评价很高,同时也批评了她的一些错误。——7。

卢托维诺夫,尤里·赫里桑福维奇(Лутовинов, Юрий Хрисанфович 1887—
1924)——1904年加入俄国社会民主工党。曾在俄国一些城市做党的工作,屡
遭沙皇政府迫害。十月革命后在顿河流域和乌克兰积极参加国内战争,1918
年是处于地下状态的乌克兰共产党(布)中央委员会委员。后从事工会工作和
苏维埃工作。1920年起任五金工会中央委员会委员和全俄中央执行委员会主
席团委员;是全俄工会中央理事会主席团委员。1920—1921年工会问题争论
期间是工人反对派的骨干分子。1921年被撤销工会负责职务,任命为俄罗斯
联邦驻德国副商务代表。——297。

鲁祖塔克,扬·埃内斯托维奇(Рудзутак, Ян Эрнестович 1887—1938)——1905
年加入俄国社会民主工党,布尔什维克。1906年任党的里加委员会委员。1907
年被捕并被判处十年苦役。1917年二月革命时获释。十月革命后担任工会领
导工作,后任最高国民经济委员会主席团委员、中央纺织工业委员会主席。从

1920年党的第九次代表大会起当选为中央委员。1920年起任运输工会中央委员会主席、全俄工会中央理事会总书记、全俄中央执行委员会土耳其斯坦委员会主席和俄共(布)中央委员会土耳其斯坦局主席。1922—1924年任俄共(布)中央委员会中亚局主席。1923—1924年任党中央委员会书记。1924—1930年任交通人民委员。1926年起任苏联人民委员会和劳动国防委员会副主席,1931年起同时任党中央监察委员会主席和苏联工农检查人民委员。1923—1926年为党中央政治局候补委员,1926—1932年为政治局委员,1934年起为政治局候补委员。曾任全俄中央执行委员会和苏联中央执行委员会主席团委员。——297。

M

马尔托夫,尔·**(策杰尔包姆,尤利·奥西波维奇)**(Мартов,Л. (Цедербаум, Юлий Осипович) 1873—1923)——俄国孟什维克领袖之一。19世纪90年代初参加社会民主主义运动。1895年参与组织彼得堡工人阶级解放斗争协会。1896年被捕并流放图鲁汉斯克三年。1900年参与创办《火星报》,为该报编委。在俄国社会民主工党第二次代表大会上,领导机会主义少数派,反对列宁的建党原则;从那时起成为孟什维克中央机关的领导成员和孟什维克报刊的编辑。斯托雷平反动时期和新的革命高涨年代是取消派分子,编辑《社会民主党人呼声报》,参与组织"八月联盟"。第一次世界大战期间是中派分子,曾参加齐美尔瓦尔德代表会议和昆塔尔代表会议。1917年二月革命后领导孟什维克国际主义派。十月革命后反对镇压反革命和解散立宪会议。1919年当选为全俄中央执行委员会委员,1919—1920年为莫斯科苏维埃代表。1920年9月侨居德国。曾参与组织第二半国际,在柏林创办和编辑孟什维克杂志《社会主义通报》。——14、100、101、102、113、146、159、160、230、234、243。

马赫诺,涅斯托尔·伊万诺维奇(Махно,Нестор Иванович 1889—1934)——苏联国内战争时期乌克兰反革命无政府主义富农部队的首领。农民出身。1909年因参加恐怖行动被判处十年苦役。1917年二月革命后获释,回到古利亚伊-波列村。1918年4月组织了一支无政府主义武装队伍。马赫诺一伙打着保护农民利益的幌子,骗取农民群众的支持。他们根据政治和军事形势的变化随风转舵,时而攻打白卫军,时而攻打红军。这是一伙极其残暴的政治匪徒,他们袭击苏维埃机关,制造暴行,抢劫居民,杀害共产党员和苏维埃工作人员。1921年春马赫诺匪帮被苏维埃军队彻底歼灭,马赫诺本人逃往国外。——172。

迈耶拉,巴泰勒米(Mayéras,Barthelemy 生于1879年)——法国社会党人,新闻
工作者。1914—1919年为众议员。第一次世界大战期间持中派—和平主义立
场,积极为《人民报》和法国中派的其他报刊撰稿。曾任法国社会党执行委员
会委员,赞成同党内公开的社会沙文主义者保持统一。1920年初参加第二国
际重建委员会。——13。

麦克唐纳,詹姆斯·拉姆赛(MacDonald,James Ramsay 1866—1937)——英国
政治活动家,英国工党创建人和领袖之一。1885年加入社会民主联盟,1886年
加入费边社,1894年加入独立工党(1906—1909年任主席)。1900年当选为工
人代表委员会书记,该委员会于1906年改建为工党。1906年起为议员,1911—
1914年和1922—1931年任工党议会党团主席。推行机会主义政策,鼓吹阶级
合作和资本主义逐渐长入社会主义的理论。第一次世界大战初期采取和平主
义立场,后来公开支持劳合-乔治政府进行帝国主义战争。1918—1920年竭力
破坏英国工人反对武装干涉苏维埃俄国的斗争。1924年和1929—1931年先后
任第一届和第二届工党政府首相。1931—1935年领导由保守党决策的国民联
合政府。——13、22、154、243。

米留可夫,帕维尔·尼古拉耶维奇(Милюков,Павел Николаевич 1859—1943)
——俄国立宪民主党领袖,俄国帝国主义资产阶级思想家,历史学家和政论
家。1905年10月参与创建立宪民主党,后任该党中央委员会主席和中央机关
报《言语报》编辑。第三届和第四届国家杜马代表。第一次世界大战期间为沙
皇政府的掠夺政策辩护。1917年二月革命后任第一届临时政府外交部长,推
行把战争进行到"最后胜利"的帝国主义政策;同年8月积极参与策划科尔尼
洛夫叛乱。十月革命后同白卫分子和武装干涉者合作。1920年起为白俄流亡
分子,在巴黎出版《最新消息报》。——234。

米柳亭,弗拉基米尔·巴甫洛维奇(Милютин,Владимир Павлович 1884—
1937)——1903年参加俄国社会民主主义运动,起初是孟什维克,1910年起为
布尔什维克。曾在库尔斯克、莫斯科、奥廖尔、彼得堡和图拉做党的工作,屡遭
沙皇政府迫害。1917年二月革命后任俄国社会民主工党(布)萨拉托夫委员会
委员、萨拉托夫苏维埃主席。在党的第七次全国代表会议(四月代表会议)和
第六次全国代表大会上当选为中央委员。十月革命后参加第一届人民委员
会,任农业人民委员。1917年11月主张成立有孟什维克和社会革命党人参加
的联合政府,遭到否决后声明退出党中央和人民委员会。1918—1921年任最

高国民经济委员会副主席。1924年起历任工农检查人民委员部部务委员、中央统计局局长、国家计划委员会副主席、苏联中央执行委员会学术委员会主席等职。1920—1922年为党中央候补委员，1924—1934年为中央监察委员。写有一些关于经济问题的著作。——185。

米雅斯尼科夫（**米雅斯尼克扬**），亚历山大·费多罗维奇（Мясников（Мясникян），Александр Федорович 1886—1925）——1906年加入俄国社会民主工党。曾在顿河流域、莫斯科和巴库做党的工作。1912—1914年在莫斯科当律师助理，并从事写作和宣传活动。1914年入伍，在士兵中进行革命宣传。1917年二月革命后任西方面军委员会执行委员会委员、党的明斯克委员会委员。十月革命后任西方面军总司令。1919年初任白俄罗斯共产党（布）中央局主席、白俄罗斯中央执行委员会主席。1919—1921年先后任俄共（布）莫斯科委员会军事组织员和书记。1921年任亚美尼亚人民委员会主席兼陆军人民委员，同时兼任外高加索联邦人民委员会副主席、俄共（布）中央委员会高加索局成员。1922年起先后任外高加索联邦联盟院主席、俄共（布）外高加索边疆区委第一书记。1923年起为党中央候补委员。曾任苏联中央执行委员会主席团委员。因飞机失事遇难。——214。

N

拿破仑第一（**波拿巴**）（Napoléon I（Bonaparte）1769—1821）——法国皇帝，资产阶级军事家和政治家。法国资产阶级革命时期参加革命军。1799年发动雾月政变，自任第一执政，实行军事独裁统治。1804年称帝，建立法兰西第一帝国，颁布《拿破仑法典》，巩固资本主义制度。多次粉碎反法同盟，严重打击了欧洲封建反动势力。但拿破仑的对外战争逐渐变为同英俄争霸和掠夺、奴役别国的侵略战争。1814年欧洲反法联军攻陷巴黎后，被流放于厄尔巴岛。1815年重返巴黎，再登皇位。滑铁卢之役战败后，被流放于大西洋圣赫勒拿岛。——121、359。

乃木希典（1849—1912）——日本将军，伯爵（1907）。1894—1895年中日战争时期任步兵旅旅长，战后晋升为师长，并被派往台湾任总督。1900—1904年退役。1904—1905年日俄战争时期重返军界。1904年6月起任第三军司令官，指挥围攻旅顺口。攻陷旅顺后参加了沈阳战役。战后任天皇的军事参议官和享有特权的贵族子弟学习院名誉院长。——272。

南森，弗里特奥夫（Nansen，Fridtjof 1861—1930）——挪威海洋地理学家，北极考察家,社会活动家。第一次世界大战期间曾从事改善各国战俘状况的工作。战后任国际联盟战俘事务高级专员。同情苏联。1921年苏维埃俄国饥荒时期参与组织国际赈济饥民委员会。曾当选为莫斯科苏维埃的名誉代表。1922年获诺贝尔和平奖金。1927年为挪威驻国际联盟裁军委员会的代表。——164。

尼古拉·罗曼诺夫——见尼古拉二世(罗曼诺夫)。

尼古拉二世(**罗曼诺夫**)(Николай II(Романов)1868—1918)——俄国最后一个皇帝,亚历山大三世的儿子。1894年即位,1917年二月革命时被推翻。1918年7月17日根据乌拉尔州工兵代表苏维埃的决定在叶卡捷琳堡被枪决。——256。

尼基京,A. M.(Никитин, A. M. 生于1876年)——俄国孟什维克,法学家。1917年七月事变后任临时政府邮电部长。——44。

O

欧文,罗伯特(Owen, Robert 1771—1858)——英国空想社会主义者。当过学徒和店员。1800—1829年在苏格兰新拉纳克管理一所大纺织厂,关心工人的工作和福利条件,使工厂变成模范新村。1820年在所著《关于减轻社会疾苦的计划致拉纳克郡的报告》中,论述了他的空想社会主义思想体系,提出组织劳动公社的计划。1824年到美国创办"新和谐村",结果失败。1829年回国后,在工人中组织生产合作社和工会。1832年试办"全国劳动产品公平交换市场",又告失败。1834年任全国总工会联合会主席。他尖锐地抨击资本主义私有制,首先提出工人有权享有自己的全部劳动产品,但认为社会不平等的主要原因在于教育不够普及,以为通过普及知识就能消除社会矛盾。同情无产阶级,但不主张工人进行政治斗争。主要著作还有《试论性格的形成》(1813)、《新道德世界书》(1836—1844)等。——354。

P

佩特留拉,西蒙·瓦西里耶维奇(Петлюра, Симон Васильевич 1879—1926)——俄国乌克兰反革命资产阶级民族主义运动首领之一。1917年5月被选入反革命的乌克兰中央拉达全乌克兰军队委员会,任委员会主席;后任中央拉达总书记处军事书记(部长)。1918年初在德国占领军协助下重建了被基辅起义工人推翻的中央拉达。1918年11月起是乌克兰督政府(1918—1919年间的乌克兰民族主义政府)成员和"乌克兰人民共和国"军队总盖特曼(统领),1919年2月起任督政府主席。在督政府军队被红军击溃后逃往华沙,与地主资产阶级波兰订立军事同盟,1920年参与波兰地主武装对乌克兰的进犯。1920年夏逃亡国外。1926年5月在巴黎被杀。——172。

普尔苏茨基,约瑟夫(Pilsudski,Józef 1867—1935)——波兰国务活动家,法西斯独裁者。早年参与创建波兰社会党,1906年起是波兰社会党—"革命派"的领导人。第一次世界大战期间统帅波兰军团配合德军对俄国作战。1918—1922年是地主资产阶级波兰的国家元首,残酷镇压革命运动。1920年是波兰进攻苏维埃俄国的积极策划者之一。1926年5月发动军事政变,建立法西斯独裁制度。1926—1935年任国防部长,1926—1928年和1930年任总理。1934年与希特勒德国订立同盟。——253、295。

普尔,德威特·克林顿(Poole,Dewitt Clinton 1885—1952)——美国外交家。1911—1914年任驻柏林副领事,1914—1916年任驻巴黎副领事。1917年7月起任驻莫斯科领事,1918年11月—1919年6月是驻白卫北方区域临时政府的美国代办。他是协约国武装干涉苏维埃俄国和俄国国内反革命行动的策划者之一。——164。

普雷斯曼,阿德里安(Pressemanne,Adrien 1879—1929)——法国社会党人。1912年是法国社会党常驻社会党国际局的代表。第一次世界大战期间持中派立场。——13。

普列奥布拉任斯基,叶夫根尼·阿列克谢耶奇(Преображенский,Евгений Алексеевич 1886—1937)——1903年加入俄国社会民主工党,布尔什维克。曾在奥廖尔、布良斯克、莫斯科、乌拉尔等地做党的工作,多次被捕和流放。1917年二月革命后在乌拉尔做党的工作,在党的第六次代表大会上当选为中央候补委员。十月革命后做党的工作和军事政治工作。1918年是"左派共产主义者"。国内战争时期任第三集团军政治部主任。1920年在党的第九次代表大会上当选为中央委员,被选为中央委员会书记。1920—1921年工会问题争论期间支持托洛茨基的纲领。党的第十次代表大会后任中央委员会和人民委员会的财政委员会主席、教育人民委员部职业教育总局局长、《真理报》编辑等职。1923年起是托洛茨基反对派的骨干分子。1927年被开除出党,1929年恢复党籍,后来再次被开除出党。——180。

普列汉诺夫,格奥尔吉·瓦连廷诺维奇(Плеханов,Георгий Валентинович 1856—1918)——俄国早期的马克思主义理论家,后来成为孟什维克和第二国际机会主义领袖之一。19世纪70年代参加民粹主义运动,是土地和自由社成员及土地平分社领导人之一。1880年侨居瑞士,逐步同民粹主义决裂。1883年创建俄国第一个马克思主义团体——劳动解放社。翻译和介绍了马克思和恩格斯的许多著作,对马克思主义在俄国的传播起了重要作用;写过不少优秀的马克思主义著作,批判民粹主义、合法马克思主义、经济主义、伯恩施坦主义、马赫主义。20世纪初是《火星报》和《曙光》杂志编辑部成员。俄国社会民主工党第二次代表大会后逐渐转向孟什维克。1905—1907年革命时期反对列宁的民主革命的策略,后来在孟什维克和布尔什维克之间摇摆。斯托雷平反动时期和新的革命高涨年代反对取消主义,领导了孟什维克护党派。第一次世界大战期间持社会沙文主义立场。1917年二月革命后返回俄国,支持资产阶级临时政府。对十月革命持否定态度,但拒绝支持反革命。——13、38。

普罗柯波维奇,谢尔盖·尼古拉耶维奇(Прокопович,Сергей Николаевич 1871—1955)——俄国经济学家和政论家。曾参加国外俄国社会民主党人联合会,是经济派的著名代表人物,伯恩施坦主义在俄国最早的传播者之一。1904年加入资产阶级自由派的解放社,为该社骨干分子。1905年为立宪民主党中央委员。1906年和叶·德·库斯柯娃一起出版半立宪民主党、半孟什维克的《无题》周刊,为左派立宪民主党人的《同志报》积极撰稿。从伯恩施坦主义–自由主义立场出发写过一些有关工人问题的著述。1917年二月革命后任临时政府工商业部长(8月)和粮食部长(9—10月)。十月革命后,1921年在全俄赈济饥民委员会工作,同反革命地下活动有联系。1922年被驱逐出境。——44。

Q

齐赫泽,尼古拉·谢苗诺维奇(Чхеидзе,Николай Семенович 1864—1926)——俄国孟什维克领袖之一。19世纪90年代末参加社会民主主义运动。俄国社会民主工党第二次代表大会后是孟什维克。第三届和第四届国家杜马代表,第四届杜马孟什维克党团主席。第一次世界大战期间是中派分子。1917年二月革命后任国家杜马临时委员会委员、彼得格勒工兵代表苏维埃主席和第一届中央执行委员会主席,极力支持资产阶级临时政府。1918年起是反革命的外高加索议会主席,1919年起是格鲁吉亚孟什维克政府——立宪会议主席。1921年格鲁吉亚建立苏维埃政权后流亡法国。——14、20、22。

切尔诺夫,维克多·米哈伊洛维奇(Чернов,Виктор Михайлович 1873—1952)——俄国社会革命党领袖和理论家之一。1902—1905年任社会革命党中央机关报《革命俄国报》编辑。曾撰文反对马克思主义,企图证明马克思的理论不适用于农业。第一次世界大战期间以左的词句掩盖其社会沙文主义立场,曾参加齐美尔瓦尔德代表会议和昆塔尔代表会议。1917年5—8月任临时政府农业部长,对夺取地主土地的农民实行残酷镇压。敌视十月革命。1918年1月任立宪会议主席;曾领导反革命政府——立宪会议委员会,参与策划反苏维埃叛乱。1920年流亡国外,继续反对苏维埃政权。——37、82、102、129、159、160、230、234、243。

S

萨文柯夫,波里斯·维克多罗维奇(Савинков, Борис Викторович 1879—1925)——俄国社会革命党领袖之一。1903年加入社会革命党,1903—1906年是该党"战斗组织"的领导人之一,多次参加恐怖活动。1911年侨居国外。第一次世界大战期间是社会沙文主义者。1917年二月革命后回国,任临时政府驻最高总司令大本营的委员、西南方面军委员、陆军部副部长、彼得格勒军事总督;根据他的提议在前线实行了死刑。十月革命后参加克伦斯基—克拉斯诺夫叛乱,参与组建顿河志愿军,建立地下反革命组织——保卫祖国与自由同盟,参与策划反革命叛乱。1921—1923年在国外领导反对苏维埃俄国的间谍破坏活动。1924年偷越苏联国境时被捕,被判处死刑,后改为十年监禁。在狱中自杀。——87、104。

桑巴,马赛尔(Sembat, Marcel 1862—1922)——法国社会党改良派领袖之一,新闻工作者。曾为社会党和左翼激进派刊物撰稿。1893年起为众议员。1905年法国社会党与法兰西社会党合并后,是统一的法国社会党的右翼领袖之一。第一次世界大战期间是社会沙文主义者。1914年8月—1917年9月任法国帝国主义"国防政府"公共工程部长。1915年2月参加协约国社会党伦敦代表会议,会议目的是在社会沙文主义纲领的基础上实现协约国社会党的联合。——13。

盛加略夫,安德列·伊万诺维奇(Шингарев, Андрей Иванович 1869—1918)——俄国立宪民主党人,地方自治人士;职业是医生。立宪民主党沃罗涅日省委员会主席,1907年起为立宪民主党中央委员。第二、第三和第四届国家杜马代表,立宪民主党杜马党团副主席。1917年二月革命后在第一届和第二届临时政府中分别任农业部长和财政部长。——46。

施略普尼柯夫,亚历山大·加甫里洛维奇(Шляпников, Александр Гаврилович 1885—1937)——1901年加入俄国社会民主工党。曾在索尔莫沃、穆罗姆、彼得堡和莫斯科做党的工作。1905—1906年两度被捕,1908年移居国外。第一次世界大战期间在彼得堡和国外做党的工作,负责在党中央国外局同俄国局和彼得堡委员会之间建立联系。1917年二月革命后任党的彼得堡委员会委员、彼得格勒工兵代表苏维埃执行委员会委员和彼得格勒五金工会主席。十月革命后参加第一届人民委员会,任劳动人民委员。1918年参加国内战争,先后任南方面军革命军事委员会委员和里海—高加索方面军革命军事委员会主席。1919—1922年任全俄五金工会中央委员会主席,1921年5月起任最高国民经济委员会主席团委员。1920—1922年是工人反对派的组织者和领袖。1921年在党的第十次代表大会上当选为中央委员。后来在经济部门担任负责职务。1933年清党时被开除出党。——297。

司徒卢威,彼得·伯恩哈多维奇(Струве, Петр Бернгардович 1870—1944)——俄国经济学家,哲学家,政论家,合法马克思主义主要代表人物。19世纪90年代编辑合法马克思主义者的杂志《新言论》和《开端》。在1894年发表的第一部著作《俄国经济发展问题的评述》中,就在批判民粹主义的同时,对马克思的经济学说和哲学学说提出"补充"和"批评"。20世纪初同马克思主义和社会民主主义彻底决裂,转到自由派营垒。1902年起编辑自由派资产阶级刊物《解放》杂志,1903年起是解放社的领袖之一。1905年起是立宪民主党中央委员,领导该党右翼。1907年当选为第二届国家杜马代表。第一次世界大战爆发后是俄国帝国主义思想家。十月革命后敌视苏维埃政权,是邓尼金和弗兰格尔反革命政府的成员,后逃往国外。——43。

斯米尔诺夫,弗拉基米尔·米哈伊洛维奇(Смирнов, Владимир Михайлович 1887—1937)——1907年加入俄国社会民主工党。1917年二月革命后在莫斯科工作,任布尔什维克报刊《社会民主党人报》和《斯巴达克》杂志编委。十月革命后任最高国民经济委员会主席团委员。1918年是"左派共产主义者"。国内战争期间任第五集团军和第十六集团军革命军事委员会委员。1919年在党的第八次代表大会上是军事反对派的首领之一。1920—1921年是民主集中派的骨干分子。1921—1922年任国家计划委员会主席团委员。1923年属托洛茨基反对派。1926年被开除出党,不久恢复党籍,1927年再次被开除出党。——66。

斯切克洛夫,尤里·米哈伊洛维奇(Стеклов, Юрий Михайлович 1873—1941)——1893年参加俄国社会民主主义运动,是敖德萨第一批社会民主主义小组的组织者之一。1903年俄国社会民主工党第二次代表大会后是布尔什维克。

斯托雷平反动时期和新的革命高涨年代为布尔什维克的《社会民主党人报》、《明星报》、《真理报》和《启蒙》杂志撰稿。参加过第三届和第四届国家杜马社会民主党党团的工作。1917年二月革命后当选为彼得格勒苏维埃执行委员会委员；最初持"革命护国主义"立场，后转向布尔什维克。十月革命后任全俄中央执行委员会和苏联中央执行委员会主席团委员、《全俄中央执行委员会消息报》和《苏维埃建设》杂志的编辑。1929年起任苏联中央执行委员会学术委员会副主席。写有不少革命运动史方面的著作。——20。

苏汉诺夫，尼·（吉姆美尔，尼古拉·尼古拉耶维奇）（Суханов, Н. (Гиммер, Николай Николаевич) 1882—1940)——俄国革命运动参加者，经济学家和政论家。早年是民粹派分子，1903年起是社会革命党人，1917年起是孟什维克。曾为《俄国财富》、《同时代人》等杂志撰稿；企图把民粹主义和马克思主义结合起来。第一次世界大战期间自称是国际主义者，为《年鉴》杂志撰稿。1917年二月革命后任彼得格勒苏维埃执行委员会委员、《新生活报》编辑之一；支持资产阶级临时政府。曾参加马尔托夫的孟什维克集团（直到1920年）。十月革命后在苏维埃经济机关工作。1922—1923年发表《革命札记》（共七卷），宣扬俄国没有实现社会主义的经济前提，受到列宁的尖锐批判。1931年因参加孟什维克地下组织被判刑。——356—360。

索柯里尼柯夫（**布里利安特**），格里戈里·雅柯夫列维奇（Сокольников (Бриллиант), Григорий Яковлевич 1888—1939)——1905年加入俄国社会民主工党。1905—1907年在莫斯科做宣传鼓动工作。1907年被捕，后流放西伯利亚，从流放地逃走。1909—1917年住在国外。第一次世界大战期间为托洛茨基的《我们的言论报》撰稿。1917年二月革命后是党的莫斯科委员会和莫斯科区域局成员、《真理报》编委。在党的第六、七、十一至十五次代表大会上当选为中央委员。十月革命后从事苏维埃、军事和外交工作。1918—1920年任几个集团军的革命军事委员会委员。1922年起任财政人民委员，1926年起任国家计划委员会副主席，后任副外交人民委员。1925年参加"新反对派"，后加入"托季联盟"。1934年当选为中央候补委员。1936年被开除出党。——66、329。

T

唐恩（**古尔维奇**），费多尔·伊里奇（Дан (Гурвич), Федор Ильич 1871—1947)——俄国孟什维克领袖之一，职业是医生。1894年参加社会民主主义运动，加入彼得堡工人阶级解放斗争协会。1903年成为孟什维克。斯托雷平反动时期和新的革命高涨年代在国外领导取消派,编辑取消派的《社会民主党人呼声报》。第一次世界大战期间是社会沙文主义者。1917年二月革命后任彼得格勒苏维埃执行委员会委员和第一届中央执行委员会主席团委员,支持资产阶级临时政府。十月革命后反对苏维埃政权,1922年被驱逐出境,在柏林领导孟什维克进行反革命活动。1923年参与组织社会主义工人国际。1923年被取消苏联国籍。——131。

特雷维斯,克劳狄奥(Treves,Claudio 1868—1933)——意大利社会党改良派领袖之一。1909—1912年编辑社会党中央机关报《前进报》。1906—1926年为议员。第一次世界大战期间是中派分子,反对意大利参战。敌视俄国十月革命。1922年意大利社会党分裂后,成为改良主义的统一社会党的领袖之一。法西斯分子上台后,于1926年流亡法国,进行反法西斯的活动。——14。

屠格涅夫,伊万·谢尔盖耶维奇(Тургенев,Иван Сергеевич 1818—1883)——俄国作家。他的作品反映了19世纪30—70年代俄国社会的思想探索和心理状态,揭示了俄国社会生活的特有矛盾。他反对农奴制,但寄希望于亚历山大二世,期望通过"自上而下"的改革使俄国达到渐进的转变,主张在俄国实行立宪君主制。——113、320。

屠拉梯,菲力浦(Turati,Filippo 1857—1932)——意大利工人运动活动家,意大利社会党创建人之一,该党右翼改良派领袖。1896—1926年为议员,领导意大利社会党议会党团。推行无产阶级同资产阶级阶级合作的政策。第一次世界大战期间持中派立场。敌视俄国十月革命。1922年意大利社会党分裂后,参与组织并领导改良主义的统一社会党。法西斯分子上台后,于1926年流亡法国,进行反法西斯的活动。——22、243。

托多尔斯基,亚历山大·伊万诺维奇(Тодорский,Александр Иванович 1894—1965)——1918年加入俄共(布)。1918—1919年是特维尔省韦谢贡斯克县执行委员会委员,曾任《韦谢贡斯克代表苏维埃消息报》和《红色韦谢贡斯克报》编辑。著有《持枪扶犁的一年》一书,得到列宁的高度评价。国内战争时期任旅长和师长,后在一些军事机关担任高级指挥职务。1955年起为苏军退役中将,从事著述活动。——335、336。

托马,阿尔伯(Thomas,Albert 1878—1932)——法国政治活动家,右派社会党人。1904年起为社会党报刊撰稿。1910年起为社会党议会党团领袖之一。第一次世界大战期间是社会沙文主义者。曾参加资产阶级政府,任军需部长。1917年二月革命后到俄国鼓吹继续进行战争。1919年是伯尔尼国际的组织者之一。1920—1932年任国际联盟国际劳工组织的主席。——13。

W

王德威尔得,埃米尔(Vandervelde,Émile 1866—1938)——比利时政治活动家,
比利时工人党领袖,第二国际的机会主义代表人物。1885年加入比利时工人
党,90年代中期成为党的领导人。1894年起多次当选为议员。1900年起任第二
国际常设机构——社会党国际局主席;一贯采取机会主义立场,曾为伯恩施
坦主义辩护。第一次世界大战爆发后成为社会沙文主义者,是大战期间欧洲
国家中第一个参加资产阶级政府的社会党人。1918年起历任司法大臣、外交
大臣、公共卫生大臣、副首相等职。1917年二月革命后到俄国鼓吹继续进行战
争,敌视俄国十月革命,支持武装干涉苏维埃俄国。曾积极参加恢复第二国际
的活动,1923年起是社会主义工人国际书记处书记和常务局成员。——13。

威尔逊,伍德罗(Wilson,Woodrow 1856—1924)——美国国务活动家。1910—
1912年任新泽西州州长。1913年代表民主党当选为美国总统,任期至1921年。
任内镇压工人运动,推行扩张政策,对拉丁美洲各国进行武装干涉,并促使美
国站在协约国一方参加第一次世界大战。十月革命后是武装干涉苏维埃俄国
的策划者之一。1918年提出帝国主义的和平纲领"十四点",妄图争夺世界霸
权。曾率领美国代表团出席巴黎和会(1919—1920)。1920年总统竞选中失败,
后退出政界。——164。

乌斯特里亚洛夫,尼古拉·瓦西里耶维奇(Устрялов,Николай Васильевич
1890—1938)——俄国法学家,政论家,立宪民主党的著名活动家。毕业于莫
斯科大学法律系。1916—1918年任莫斯科大学和彼尔姆大学讲师,为《俄国晨
报》等报刊撰稿。1918—1920年在西伯利亚任立宪民主党中央委员会东方部
主任,曾领导高尔察克政府的出版局。高尔察克匪帮被粉碎后流亡哈尔滨。
1921—1922年为在布拉格和巴黎出版的《路标转换》文集和杂志撰稿,是路标
转换派的思想家之一。1920—1934年任哈尔滨大学教授。1935年回到苏联后
从事教学工作。——332、333。

X

希尔奎特,莫里斯(Hillquit,Morris 1869—1933)——美国社会党创建人之一,
职业是律师。起初追随马克思主义,后来倒向改良主义和机会主义。出生在里
加,1886年移居美国,1888年加入美国社会主义工人党。该党分裂后,1901年

参与创建美国社会党。1904年起为社会党国际局成员;曾参加第二国际代表大会的工作。第一次世界大战期间是中派分子。敌视俄国十月革命,反对共产主义运动。——243。

希法亭,鲁道夫(Hilferding, Rudolf 1877—1941)——奥地利社会民主党、德国社会民主党和第二国际机会主义领袖之一,"奥地利马克思主义"理论家。1907—1915年任德国社会民主党中央机关报《前进报》编辑。1910年发表《金融资本》一书,对研究垄断资本主义起了一定的积极作用,但是书中有严重的理论错误和机会主义论点。第一次世界大战期间是中派分子,主张同社会帝国主义者统一。战后公开修正马克思主义,提出"有组织的资本主义"的理论,为国家垄断资本主义辩护。1917年起为德国独立社会民主党领袖之一。敌视苏维埃政权和无产阶级专政。1920年取得德国国籍。1924年起为国会议员。1923年和1928—1929年任魏玛共和国财政部长。法西斯分子上台后流亡法国。——243。

谢德曼,菲力浦(Scheidemann, Philipp 1865—1939)——德国社会民主党右翼领袖之一。1903年起参加社会民主党国会党团。1911年当选为德国社会民主党执行委员会委员,1917—1918年是执行委员会主席之一。第一次世界大战期间是社会沙文主义者。1918年10月参加巴登亲王马克斯的君主制政府,任国务大臣。1918年十一月革命期间参加所谓的人民代表委员会,借助旧军队镇压革命。1919年2—6月任魏玛共和国联合政府总理。1933年德国建立法西斯专政后流亡国外。——13、113。

兴登堡,保尔(Hindenburg, Paul 1847—1934)——德国军事活动家和国务活动家,元帅(1914)。普奥战争(1866)和普法战争(1870—1871)的参加者。第一次世界大战期间,1914年8月起任东普鲁士的德军第八集团军司令,11月起任东线部队司令,1916年8月起任总参谋长,实际上是总司令。1918年是武装干涉苏维埃俄国的策划者之一。曾参与镇压德国1918年十一月革命。1925年和1932年两度当选魏玛共和国总统。1933年授命希特勒组织政府,从而把全部政权交给了法西斯分子。——148。

Y

雅科比,约翰(Jacoby, Johann 1805—1877)——德国政论家,政治活动家,资产阶级民主主义者;职业是医生。1848年是普鲁士国民议会中的左翼领袖之一。60年代参加进步党,从资产阶级激进主义立场出发批评俾斯麦在德国统一问题上的政策。1872年加入社会民主党,1874年代表该党被选入帝国国会。马克思和恩格斯认为他是站到无产阶级运动方面来的民主主义者,但在许多问题上也批评了他的立场。——148。

叶尔曼斯基(科甘),奥西普·阿尔卡季耶维奇(Ерманский(Коган),Осип Аркадьевич 1866—1941)——俄国社会民主党人,孟什维克。19世纪80年代末参加革命运动。1899—1902年在俄国南方工作。俄国社会民主工党第二次代表大会后是孟什维克。1905年在俄国社会民主工党敖德萨委员会工作;是俄国社会民主工党第四次(统一)代表大会敖德萨组织的代表。斯托雷平反动时期和新的革命高涨年代是取消派分子,积极为孟什维克报刊撰稿。曾参加第三届国家杜马社会民主党党团的工作。第一次世界大战期间是中派分子。1917年是孟什维克国际主义者。1918年是孟什维克中央委员,孟什维克中央机关刊物《工人国际》杂志的编辑之一。1921年退出孟什维克党,在莫斯科从事学术工作。——371。

伊苏夫,约瑟夫·安德列耶维奇(Исув,Иосиф Андреевич 1878—1920)——俄国社会民主党人,孟什维克。1903年任俄国社会民主工党叶卡捷琳诺斯拉夫委员会委员,党的第二次代表大会后加入孟什维克,在莫斯科和彼得堡工作。1907年代表孟什维克参加中央委员会。斯托雷平反动时期和新的革命高涨年代是取消派分子,为《我们的曙光》杂志及其他取消派刊物撰稿。第一次世界大战期间是护国派分子。1917年任孟什维克的莫斯科委员会委员,进入莫斯科苏维埃执行委员会和第一届中央执行委员会。十月革命后在劳动博物馆工作。——131。

尤登尼奇,尼古拉·尼古拉耶维奇(Юденич,Николай Николаевич 1862—1933)——俄国西北部反革命首领之一,步兵上将(1915)。1905—1906年曾在亚美尼亚指挥讨伐队。第一次世界大战初期任高加索集团军参谋长,1915年1月起任高加索集团军司令。1917年3—4月任高加索方面军总司令。1918年秋侨居芬兰,后移居爱沙尼亚。1919年任俄国西北地区白卫军总司令,是反革命的"西北政府"成员。1919年两次进犯彼得格勒,失败后率残部退到爱沙尼亚。1920年起为白俄流亡分子。——172、208、252、295。

尤尼乌斯——见卢森堡,罗莎。

《论社会主义》编审人员

文献选编	李洙泗	杨祝华	刘燕明	高晓惠
题注编写	韦建桦	顾锦屏	王学东	李洙泗
	刘燕明			
资料工作	刘燕明	翟民刚		
全书审定	韦建桦	顾锦屏	王学东	

责任编辑：郇中建
装帧统筹：曹　春
编辑助理：崔继新
技术设计：程凤琴
责任校对：吴海平　赵立新　徐林香　张　彦

图书在版编目(CIP)数据

列宁专题文集.论社会主义／中共中央马克思恩格斯列宁斯大林著作编译局编.
－北京：人民出版社,2009.12(2020.11重印)
ISBN 978-7-01-007890-8

Ⅰ.列…　Ⅱ.中…　Ⅲ.列宁著作－社会主义　Ⅳ.A26

中国版本图书馆CIP数据核字(2009)第060691号

书　　名　**列宁专题文集**
　　　　　论社会主义
　　　　　LIENING ZHUANTI WENJI
　　　　　LUN SHEHUIZHUYI
编　　者　中共中央马克思恩格斯列宁斯大林著作编译局
出版发行　人 民 出 版 社
　　　　　(北京朝阳门内大街166号　邮编 100706)
邮购地址　100706 北京朝阳门内大街166号
邮购电话　(010)65250042　65289539
经　　销　新华书店
印　　刷　北京新华印刷有限公司
版　　次　2009年12月第1版　2020年11月第2次印刷
开　　本　700毫米×1000毫米 1/16
印　　张　31.75
字　　数　367千字
书　　号　ISBN 978-7-01-007890-8
定　　价　69.00元

ISBN 978-7-01-007890-8

9 787010 078908 >